Meine Rezeptebibliothek 12

von Ute-Marion Wilkesmann

Dies ist der zwölfte Band einer etwa 20-teiligen Reihe, in die ich meine gesamten Rezepte einarbeite. Dieser Band umfasst die Zeit April bis Oktober 2016, insgesamt sind das mehr als 1150 Rezepte.

Meine Rezeptebibliothek 12

April bis Oktober 2016

Von Ute-Marion Wilkesmann

Bibliografische Information der Deutschen Nationalbibliothek:
Die Deutsche Nationalbibliothek verzeichnet diese Publikation in der Deutschen Nationalbibliografie; detaillierte bibliografische Daten sind im Internet über dnb.dnb.de abrufbar.

© 2025 Ute-Marion Wilkesmann

Verlag:
BoD · Books on Demand GmbH, In de Tarpen 42, 22848 Norderstedt, bod@bod.de
Druck:
Libri Plureos GmbH, Friedensallee 273, 22763 Hamburg

ISBN: 978-3-7693-3909-3

Vorwort

Die Reihenfolge dieser Bände bzw. Rezepte ist rein chronologisch, statt eines Inhaltsverzeichnisses gibt es daher ein ausführliches Stichwortverzeichnis am Ende. Die meisten Bilder habe ich selbst aufgenommen. In diesem Zeitraum gab es auch einige Rezepte mit entweder gar keinen oder zu kleinen/ähnlichen Fotografien. In diesen Fällen bat ich KIs um ein entsprechendes Foto. Alle Aufnahmen sind aus Kostengründen (Buchpreis für den Endverbraucher) schwarzweiß im Druck.

Entschuldigen möchte ich mich für eventuell vorhandene Tipp- und/oder andere Fehler. Auch bei sorgfältiger Arbeit lassen sie sich nicht immer komplett vermeiden. Hier sei auch mein Dank an diejenigen gerichtet, die mir über die Jahre Fehler auf der Webseite gemeldet haben.

Beim Sachverzeichnis am Ende habe ich in diesem Band die Oberbegriffe weggelassen, um den Zugriff zu beschleunigen.

Persönliche Anmerkungen habe ich kursiv vom restlichen Text abgehoben. Es sind Texte, die beim Original-rezept stehen.

Bei manchen Zutaten verweise ich auf ein vorheriges Rezept oder einen älteren Band. Meist lässt sich diese Zutat einfach durch etwas anderes ersetzen. Wenn ich aber alles, was ich vorher aufgeschrieben habe, auch in jeden Band neu aufnehmen will, blockiert das wertvollen Platz für neue Rezepte, so meine Überlegung. Ich schreibe auch nicht „o. Ä." zu den Nummern. Das sollte jedem klar sein, dass der Verweis auf ein bestimmtes Rezept in der Regel eben etwas Ähnliches bedeutet und nicht sklavisch befolgt werden muss.

Eines kann ich garantieren: Meine Bücher enthalten ausnahmslos Alltagsrezepte, es wurden nicht nur die besten Dinge ausgesucht. Daher gibt es auch schon mal Reihen sehr ähnlicher Rezepte. Ich habe eben keine Auswahl getroffen, sondern alles zusammengeführt, so wie ich es für mich selbst auch verwahre.

Ich wünsche allen Lesern viel Spaß beim Durchblättern und Ausprobieren!

Februar 2025
Ute-Marion Wilkesmann

Allgemeines:

Ich verwende stets einen *Heißluftofen*. Im Laufe der Zeit bin ich dazu übergegangen, *Gewicht* nur noch in netto anzugeben, das heißt, nach Vorbereiten, Schälen, Entkernen usw. Ebenso wiege ich Flüssigkeiten in Gramm ab. Auch wenn ich vielleicht in zehn Rezepten *gleichartige Arbeitsvorgänge* vorgenommen habe, beschreibe ich sie jedes Mal neu. Wer will beim Kochen blättern? Es gibt eine Ausnahme: Bei häufig wiederkehrenden Anweisungen verweise ich auf ein voriges Rezept, wenn ich dadurch Platz gewinnen kann.

Kartoffeln, Möhren, Äpfel usw. schäle ich nicht. Seit Oktober 2016 begann eine Phase mit *Tiereiweiß* (*vegetarisch*).

Bei den Rezepten für diesen Band habe ich mein *Getreide* selbst gemahlen. Das geht nicht nur mit der Mühle, sondern auch z. B. mit einem Thermomix. Wer beides nicht hat, dem empfehle ich gekauftes Mehl (Vollkorn-mehl oder Typ 1050). Es verbackt sich sogar etwas leichter als Mehl aus der *eigenen Mühle*, es kann aber zu leichten Unterschieden bei der Menge der Flüssigkeit kommen, die zugegeben wird. *Nackthafer bedeutet keim-fähiger Hafer. Wer darauf keinen Wert legt, nimmt Hafer. Dasselbe gilt für Nacktgerste. Der Begriff Frühstück* bedeutet „Frühstück mit Flocken", das Brukersche Frühstück verwende ich seit Mitte 2016 kaum noch.

Mengenangaben: Was für den einen als Hauptspeise reicht, ist für den anderen nicht genug. Dennoch ist es ein Hinweis. Wenn ich bei einem Rezept keine Zahl der Portionen angebe, ist es ein Gericht für 1 Person. Wer nach *Smoothies* sucht, sollte auch bei „Suppe kalt" schauen. Sobald Dekoration dabei ist, die man „kauen" muss, habe ich „Suppe kalt" als Stichwort gewählt.

Abkürzungen:

EL = Esslöffel	geh. = gehäuft (vor Einheit) bzw. gehackt (nach Einheit)
TL = Teelöffel	gem. = gemahlen/ger. = gerieben/getr. = getr.
LS = Löffelspitze	FKG = Abkürzung für Frischkorngericht nach Bruker/für Frühstück
MS = Messerspitze	RT = Raumtemperatur
Min. = Min.(n);	schw. = schwarz
Sek. = Sekunde(n)	TK = Tiefkühl
Std. = Std.(n)	TM = Thermomix

Evtl. unbekannte Begriffe: *Garam Masala* ist eine indische Gewürzmischung (s. auch 6/4361). *Cumin* und *Kreuzkümmel* sind Synonyme, dasselbe gilt für *Bataten* und *Süßkartoffeln. Tamari* ist eine spezielle Sojasoße und lässt sich einfach durch eine beliebige Sojasoße ersetzen. Den Ausdruck *Apfelmark* verwende ich für Apfelmus ohne Zusätze, also auch ohne Zucker. *Essigpeperoni* sind in Stücken in Apfelessig eingelegte Peperoni (7/4573).

Gelegentlich beziehe ich mich auf ältere Rezepte und verweise auf Band und Nummer (3/2008 bedeutet Band 3, Nr. 2008). Was ich hier mitgebe, sind Standardstützcreme, Standard-Pflanzenmilch und die Gemüsepfanne, weil sie häufig vorkommen. *Die „bekannten" Dinge ohne Verweis sind immer die aus dieser Rubrik zuletzt hergestellten bzw. ihre Standardversionen und im Stichwortverzeichnis hinten zu finden.* Den Markennamen *Vitamix* verwende ich gelegentlich synonym für Hochleistungsmixer. *Peng-Schüsseln* sind Plastikschüssel, deren Deckel mit „Peng" aufspringt, wenn die Hefe ausreichend gegangen ist. *Grüne Rosinen* finde ich sehr lecker, sie färben auch in der Verarbeitung nicht alles dunkel ein. Sie sind teurer, lassen sich in Gerichten geschmacklich gleichwertig durch normale Rosinen (Sultaninen, Weinbeeren) ersetzen.

Milch bezeichnet hier als Oberbegriff eine *Pflanzenmilch*.

Standardstützcreme 2016

Im Hochleistungsmixer bis zum Stocken schlagen:
- 50 g Rundkornnaturreis
- 50 g gekochte rote Linsen
- 20-30 g Nüsse
- 350 g Wasser, halb Raumtemperatur, halb kochend

Standard-Pflanzenmilch 2016

Mache ich die Standardstützcreme, kann ich bei Bedarf gleich eine Standard-Pflanzenmilch anschließen. Ich hatte die schon mal, die war prima.
Im Vitamix ca. 1 Min. laufen lassen:
- 100 g Standardstützcreme 2016 (Rest im Becher)
- 350 g Wasser

Das Prinzip der Gemüsepfanne

Pfanne lieber zu groß als zu klein wählen. Angegebene Flüssigkeitsmenge in die Pfanne geben. Darauf die anderen Zutaten wie klein geschnittenes Gemüse usw. auflegen, mit Deckel schließen und auf höchster Einstellung zum Kochen bringen, bis Dampf unter dem Deckel austritt. Auf kleinste Einstellung bringen und 15 Min. dünsten. Dies ist eine durchschnittliche Zeitangabe. Je nach Rezept kann diese Zeit anders aussehen. Für 1 Portion eignet sich meist eine 20-cm-Pfanne, bei 2 Portionen ist ein Durchmesser von 24 cm besser.

Wilkesmannsche Formel
- Fett = gleiche Menge gekochte rote Linsen
- Eier = je Ei 60 g, davon 2/3 Stützcreme, 1/3 Apfelmus
- Backpulvermenge = verdoppeln; evtl. 10 % mehr Mehl nehmen.
- Zucker = selbe Menge Honig (mache ich immer identisch) oder Ahornsirup (minus 10 %)

9047. Rucola-Kartoffel-Tarte, April 2016

2 Portionen (nach einem Rezept aus Meine Familie & Ich, Mai 2016)

Für den Teig:
- 125 g Dinkel, fein gemahlen
- 1 Prise Salz
- 5 g frische Hefe
- 50 g Wasser
- 10-20 g Standardstützcreme (s. Vorwort)

Für den Belag:

200 g Pellkartoffeln, gepellt und in Scheiben geschnitten
- 1 Zwiebel, geschält und in feinen Halbscheiben (60 g)
- 50 g Rucola
- Sauerrahm-Alternative 11/9046 o. Ä.
- Salz
- Pfeffer
- Paprikapulver edelsüß

Teig: Hefe im Wasser auflösen (37°C/2 Min./Stufe 2). Trockene Zutaten miteinander mischen und mit der Stützcreme zugeben, verkneten (2 Min./Knetstufe). Mit der Hand nachkneten, zu einer Kugel unter Spannung formen und in einer Pengschüssel ca. 1 Std. gehen lassen, zwischendurch einmal kurz zusammenkneten. *Belag:* Teig teilen (je ca. 46 g) und passend zu Quicheformen, Durchmesser 20 cm, mit Hilfe von Streumehl ausrollen. Die Formen auslegen. Sauerrahm kräftig mit Salz, Pfeffer und Paprika würzen. Auf den Teig streichen. Mit Kartoffeln, Zwiebeln und Rucola belegen. In den auf 160 °C (Heißluft) vorgeheizten Ofen schieben und 30 Min. bei 160 °C backen.

Fazit: War ganz lecker, aber zu trocken.

9048. Sämige Beerenschüssel, April 2016

2 x Frühstück
- 2 EL Leinsamen
- 6 EL Nackthafer
- 10 g Zitronenfleisch
- 20 g Sonnenblumenkerne
- 1 Apfel (180 g)
- 235 g geputzte Erdbeeren
- 130 g Blaubeeren
- 1 Banane, geschält (95 g)

Leinsamen mit dem Getreide flocken, auf zwei Schüsselchen verteilen. Eine Hälfte der Blaubeeren beiseitelegen. Apfel und Banane in grobe Stücke teilen, mit Erdbeeren und einer Hälfte der Blaubeeren und Sonnenblumenkernen im Hochleistungsmixer pürieren, über das Getreide geben. Mit den restlichen Blaubeeren dekorieren.

9049. Leicht benusster Kakao, April 2016

Im Hochleistungsmixer, je nach Gerät, 2,5 bis 3 Min. auf höchster Stufe schlagen:
- 10 g Kakaonibs
- 5 g Carobpulver
- 15 g Chiasamen
- 2 Medjool-Datteln entsteint (35 g netto)
- 5 g frischer Ingwer
- 150 g Standard-Pflanzenmilch (s. Vorwort)
- 10 g Cashewnüsse
- Auf 500 ml (Markierung im Becher) mit Wasser/kochendem Wasser 1:1 auffüllen.

9050. Himbeer-Torte und Himbeer-Törtchen, April 2016

8 Stück Muffins plus eine Torte (20 cm)

Für die Streusel

- 40 g gekochte rote Linsen
- 80 g Dinkel, fein gemahlen
- 40 g Honig
- 20 g Standardstützcreme

Für den Teig

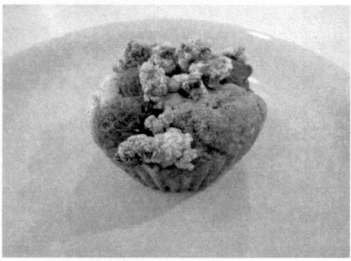

- 115 g gekochte rote Linsen
- 195 g Honig
- 170 g Standardstützcreme
- 60 g Apfelmark
- 150 g Dinkel, fein gemahlen
- 75 g Rundkorn-Naturreis, 2 x gemahlen
- 2 TL Weinsteinbackpulver
- 1 TL Natron

Für den Belag

- 250-260 g Himbeeren

Linsen und Honig aufschmelzen (2 Min./37°C/Stufe 2) und Dinkel hinzufügen. 1 Min. Knetstufe, Stützcreme hinzufügen und nochmals 20 Sek. Knetstufe. Auf einen Teller geben.

Linsen, Honig, Creme und Mark zu einer Flüssigkeit verarbeiten (30 Sek./Stufe 3; 30 Sek./Stufe 4). Die festen Zutaten miteinander mischen, zur Linsencreme geben und einarbeiten (20 Sek./Stufe 5). Jeweils 2 TL in Muffinförmchen geben. Den Restteig in eine (evtl. gefettete Springform) geben. Himbeeren gleichmäßig verteilen und mit den Streuseln bestreuen.

Die **Muffins** im auf 160 °C vorgeheizten Backofen (Heißluft) 25 Min. backen. Die **Torte**: Drei Silikonringe in den Varoma legen. Die Springform aufsetzen, mit Folie abdecken. Deckel schließen. Mixtopf bis fast unter „II" mit Wasser füllen, Deckel aufsetzen. Varoma aufsetzen und garen (45 Min./Varoma/Stufe 2).

9051. Buchweizenpfanne, April 2016

2 Portionen

Als Gemüsepfanne (24 cm) 20 Min. dünsten:

- 200 g Wasser (besser: 225 g)
- 100 g Buchweizen
- 40 g Zwiebel, abgezogen & gewürfelt
- 170 g Kartoffeln, in Scheiben
- 75 g Süßkartoffel, gewürfelt
- 20 g Mungkapern 11/8986

Zum Schluss unterrühren:

- 1 EL Apfelessig
- 1 gestr. TL Salz
- 2 Prisen Pfeffer
- 1 EL Sonnenblumenöl
- 50 g Standard-Pflanzenmilch

9052. Kokosmus-Topping, April 2016

2 x Frühstück

- 2 EL Leinsamen
- 6 EL Nackthafer
- 15 g Zitronenfleisch
- 1 Banane, geschält (110 g)
- 1 Apfel, vorgeschnitten (195 g)
- 280 g Mangofleisch, 60 g für die Deko
- 20 g Kokosmus

Leinsamen mit dem Getreide flocken, auf zwei Schüsselchen verteilen. Das Obst im Hochleistungsmixer pürieren, über das Getreide geben. Mit Kokosmus und Mangostücken dekorieren.

9053. Buchweizen-Lievito, April 2016

Lievito-Madre-Ansatz

1. Tag
- 150 g Buchweizenmehl
- 75 g Wasser
- 25 g Honig
- 1 EL Öl

verkneten. In einer Pengschüssel 2 Tage stehen lassen.

4. Tag

2. Tag (2 Tage später)
- 100 g Ansatz
- 100 g Buchweizen
- 50 g Wasser

Verrühren bzw. verkneten. Ist deutlich klebriger als der Weizenansatz. Roch nicht so toll; da der Anschnitt aber gut aussah, habe ich weitergemacht statt zu kompostieren.

3. Tag (2 Tage später)
- 100 g Buchweizen, fein gemahlen
- 100 g Ansatz
- 50 g Wasser

Ansatz und Wasser im TM auflösen (2 Min./Stufe 2). Mehl einkneten (2 Min./Knetstufe). Wird im TM sehr schön! In Pengdose, in den Kühlschrank stellen.

4. Tag (6 Tage später)

Sollte 5 Tage später sein, ich habe ihn vergessen.
- 100 g Buchweizen, fein gemahlen
- 100 g Ansatz
- 50 g Wasser

Ansatz und Wasser im TM auflösen (2 Min./37°C/Stufe 2). Mehl einkneten (1 Min./Knetstufe). In Pengdose, in den Kühlschrank stellen.

5. Tag (6 Tage später)
- 100 g Buchweizen, fein gemahlen
- 100 g Ansatz
- 50 g Wasser

Ansatz und Wasser im TM auflösen (2 Min./37°C/Stufe 2). Mehl einkneten (1 Min./Knetstufe). In Pengdose, in den Kühlschrank stellen.

6. Tag (6 Tage später)

EXPERIMENT beendet.

Fazit: Schon beim Herstellen des neuen Teigs fiel mir auf, dass er beim Kneten nicht zu einer Teigkugel wurde, sondern zu einer klebrigen Masse. Als ich dann Klöße (plus Hefe, Buchweizenmehl und Wasser) hergestellt habe, dasselbe. Die Klöße schmeckten dann ekelhaft-vergammelt. Weg ging das Zeug in den Müll. Schade um den Buchweizen.

9054. Streuselkakao, April 2016

Im Hochleistungsmixer, je nach Gerät, 2,5 bis 3 Min. auf höchster Stufe schlagen:

- 13 g Kakaonibs
- 10 g Chiasamen
- 2 Medjool-Datteln entsteint (35 g netto)
- 5 g frischer Ingwer
- 30 g Standardstützcreme
- 40 g Streusel z. B. von Himbeer-Törtchen
- 100 g Standardpflanzenmilch
- auf 500 ml (Markierung im Becher) mit Wasser/kochendem Wasser 1:1 auffüllen.

9055. Champignon-Buchteln, April 2016

Nach Meine Familie & Ich, Mai 2016, S. 28; 2-3 Portionen.

Für den Teig:

- 6 g frische Hefe
- 50 g Lievito Madre (von unten abgeschnitten)
- 75 g Standardpflanzenmilch
- 60 g Standardstützcreme
- 20 g gekochte rote Linsen
- 250 Dinkel
- 1 gestr. TL Salz
- 15 g Wasser

Für die Gemüsefüllung:

- 55 g Wasser
- 1 Knoblauchzehe, abgezogen und gewürfelt
- 170 g braune Champignons, in feine Stäbchen oder Würfel geschnitten
- 15 g getr. Tomaten, fein gewürfelt
- 1/2 Paprikaschote (hier: orange), (95 g netto), fein gewürfelt
- Salz
- Pfeffer
- 80 g gekochte Kichererbsen

Für die Cremefüllung:

- 75 g Standardstützcreme
- 1 TL Salz
- 1 MS Bärlauch in Öl
- 10 g Rucola, fein gehackt

Teig: Hefe, Lievito Madre und Milch auflösen (2 Min./Stufe 2/37°C). Creme und Linsen hinzufügen, verrühren (20 Sek./Stufe 2). Dinkel fein mahlen, mit Salz mischen und in den Mixtopf geben, 2 Min. kneten. Aus dem Mixtopf nehmen, mit der Hand nacharbeiten und dabei 15 g Wasser einkneten. In einer Pengdose bei 30 °C 30 Min. gehen lassen. *Gemüsefüllung:* Als Gemüsepfanne

10 Min dünsten. Mit Salz und Pfeffer abschmecken, Kichererbsen unterrühren. *Cremefüllung:* Zutaten verrühren.

Fertigstellung: Teig in 6 Stücke teilen (ca. 80 g). Zu einer handtellergroßen Fläche auseinanderdrücken, 1 EL Gemüsefüllung und 1 TL Cremefüllung in die Mitte geben. Oben zusammendrücken und auf einer leicht bemehlten Fläche, mit der „Öffnung" nach oben, stehenlassen. Wenn alle sechs fertig sind, das restliche Gemüse in eine runde ofenfeste Form mit 20 cm Durchmesser (oder entsprechend) geben. Die Buchteln zusammendrücken, mit der Öffnung nach unten dicht aneinander in die Form geben. Deckel o. Ä. auflegen. 15 Min. bei 35 °C gehen lassen, aus dem Ofen nehmen. Ofen auf 160 °C vorheizen, Form hineinsetzen und 30 Min. backen.

Hinweise: Ich hatte mich zeitlich verkalkuliert, der Teig hätte eigentlich am Anfang 45 Min. gehen sollen, da haben aber 30 Min. bei 30 °C gereicht. – Den 2. Gehdurchgang habe ich abgekürzt. Eigentlich sollten die Buchteln nämlich nochmals 30 Min. gehen und dann erst backen. Vom Volumen her ist das aber auch so prima gewesen. Mir ist das ein wenig zu teiglastig. Vielleicht ist das mit weißem Mehl weniger auffallend.

9056. Waldfrüchtebecher, April 2016

2 x Frühstück

- 2 EL Leinsamen
- 4 EL Nackthafer
- 2 EL Nacktgerste
- 10 g Zitronenfleisch
- 2 Äpfel (365 g)
- 150 g tiefgekühlte Waldfrüchte
- 1 Banane, geschält (105 g)
- 17 g Kokosmus
- Einige getr. Gojibeeren

Leinsamen mit dem Getreide flocken, auf zwei Schüsselchen verteilen. Einen halben Apfel würfeln und auf die Schüsseln verteilen. Den Rest der Äpfel und die Banane in grobe Stücke teilen und mit den Waldfrüchten im Hochleistungsmixer pürieren, über das Getreide/die Apfelwürfel geben. Mit Kokosmus und Gojibeeren dekorieren.

9057. After Pineapple Cocoa, April 2016

Im Hochleistungsmixer, je nach Gerät, 2,5 bis 3 Min. auf höchster Stufe schlagen:

- 10 g Kakaonibs
- 20 g getr. Ananaswürfel
- 1 g getr. Minze
- 2 Medjool-Datteln entsteint (41 g netto)
- 5 g frischer Ingwer
- 55 g Standardstützcreme
- 20 g gekochte rote Linsen
- auf 500 ml (Markierung im Becher) mit Wasser/kochendem Wasser 1:1 auffüllen.

9058. Frühlingstomaten in Kokossoße, April 2016

2 Portionen, Erics Kommentar: „Very nice!!!"

Als Gemüsepfanne (24 cm) 13 Min.:

- 10 g Kokosöl
- 55 g Wasser
- 100 g Frühlingszwiebeln, ohne Wurzelenden und in Ringe schnitten
- 250 g Tomaten (4 Stück), in Stücke geschnitten

Soße (mixen, unter das Gemüse rühren):

- 100 g Standardstützcreme
- 25 g gekochte rote Linsen
- 20 g Kokosmus
- 40 g Apfelmark
- 1 TL Salz
- 1 Prise Pfeffer. Becher mit
- ca. 40 g Wasser nachspülen. Dieses Wasser ebenfalls zum Gemüse geben, verrühren und aufkochen.

Hinweis: Bei mir gab es dazu Vollkorn-Jasminreis, 36 Min./Varoma/Stufe 2.

9059. Haselnuss-Frucht-Schokokugeln, April 2016

Ca. 50 Stück; beschrieben für den Thermomix, geht sicher auch anders; Vorläufer 11/9005.

- 90 g Kakaonibs
- 130 g Haselnüsse
- 20 g Walnüsse
- 4 Datteln (72 g)
- 80 g grüne Rosinen
- 115 g flüssiger Honig oder Ahornsirup

Kakaonibs mahlen (20 Sek./Stufe 6), Nüsse hinzufügen und weiter mahlen (20 Sek./Stufe 10). Zusammen mit den Trockenfrüchten nochmals mahlen (30 Sek. Stufe 6). Süßungsmittel hinzugeben und verkneten (2 Min./Knetstufe bzw. Stufe 1-2).

Mit einem Teelöffel Stücke abstechen und zwischen den Händen zu Kugeln formen. Nebeneinander auf zwei mit Haushaltsfolie bedeckte Frühstücksbrettchen setzen. Eine Std. im Kühlschrank fester werden lassen, in einer geschlossenen Plastikdose aufbewahren. Dabei die einzelnen Lagen mit Pergamentpapier oder Haushaltsfolie voneinander trennen.

9060. Heidelbeerklatsche, April 2016

2 x Frühstück

- 2 EL Leinsamen
- 6 EL Nackthafer
- 250 g tiefgekühlte Heidelbeeren (gekauft, klein)
- 2 Bananen, geschält (185 g)
- 15 g Cashewnüsse

Leinsamen mit dem Getreide flocken, auf zwei Schüsselchen verteilen. Obst im Hochleistungsmixer mit dem Stößel bis zur Raute „pürieren", über das Getreide geben. Mit Cashewnüssen dekorieren.

9061. Ananaskakao 3, April 2016

Im Hochleistungsmixer, je nach Gerät, 2,5 bis 3 Min. auf höchster Stufe schlagen:

- 10 g Kakaonibs
- 20 g getr. Ananaswürfel
- 20 g gekochte rote Linsen
- 10 g Chiasamen
- 7 g frischer Ingwer
- 2 Datteln entsteint (39 g)
- auf 500 ml (Markierung im Becher) mit Wasser/kochendem Wasser 1:1 auffüllen.

9062. Haselnuss-Rhabarber-Kuchen, April 2016

Nach einem Rezept von Eat Smarter. Dort waren für einen Rhabarberkuchen 125 g Zucker in den Teig für eine große Springform genommen worden. Mein halbierter Teig schmeckte roh sehr gesund. :-(Ich habe also die vollen 125 g Honig für eine kleinere Form genommen.

Belag:
- 295 g frischer, reifer Rhabarber (netto)
- 1 EL doppelt gemahlener Reis
- 40 g Haselnüsse

Für den Teig:
- 70 g gekochte rote Linsen
- 125 g Honig
- 40 g Apfelmark
- 90 g Stützcreme s. Vorwort
- 1 EL Wasser
- 175 g Dinkel
- 1 MS gem. getr. Orangenschale o. Ä.
- 1/2 P Weinsteinbackpulver (ca. 8,5 g)
- 1 TL Kokosöl für die Form (20 cm Springform)

Rhabarber waschen, Enden abschneiden und in 1-2 cm große Stücke schneiden. Mit dem Reis locker vermengen. Nüsse in einer Pfanne ohne Fett anrösten, herausnehmen und grob hacken (Zerkleinerer).

Für den Teig Linsen, Honig, Apfelmark, Stützcreme und Wasser verrühren (30 Sek./Stufe 3; 30 Sek./Stufe 4), mit dem Teigschaber den Rand frei machen. Dinkel fein mahlen, mit Schale und Backpulver mischen. In den Mixtopf geben und unterrühren (20 Sek./Stufe 5). Die Hälfte des Rhabarbers und die Hälfte der Nüsse unter den Teig rühren (10 Sek./Stufe 4/Linkslauf). Springformboden mit Öl fetten, Teig hineingeben. Restlichen Rhabarber mit den Nüssen darauf verteilen.

Abstandshalter (z. B. Silikonuntersetzer) in den Varoma geben, die Springform mit Haushaltsfolie bedecken und in den Varoma setzen. Varomadeckel aufsetzen, Mixtopf mit Wasser füllen und Varoma auf den Mixtopf setzen. Garen (60 Min./Varoma/Stufe 2). Aus dem Varoma nehmen, Deckel abnehmen und Folie abziehen.

Hinweis: Der Kuchen ist kaum gegangen und es ist trotz der Folie Wasser in der Form. Komisch. Da er für Besuch ist, ist das jetzt blöde. Wenn ich ihn probiere, so einen kleinen Kuchen, ist das nicht sehr nett. Ich werde wohl einfach einen neuen backen morgen, aber der kann dann nicht mehr so schön durchziehen.

9063. Sparschel in feinem Sößchen, April 2016

2 Portionen

Gemüse (als Gemüsepfanne 24 cm, 20 Min.):
- 100 g Wasser
- 210 g Spargel (netto), in 3-4 cm lange Stücke geschnitten
- 315 g Kartoffeln, in Scheiben geschnitten
- 1 Frühlingszwiebel, ohne abgeschnitten (30 g), in 1,5-cm-große Ringen
- 10 g Rucola, klein geschnitten

Soße:
- 65 g gekochte rote Linsen
- 20 g Zitronenfleisch
- 1 Eierlöffel Senf (4-5 g)
- 30 g Cashewnussmus
- 20 g Apfelmark
- 50 g (+ 45 g) Wasser

Im Mixer, hoch stehendes Messer, verquirlen und unter das Gemüse und mit dem Kochwasser verrühren. Becher mit 45 g Wasser nachspülen. Dieses Wasser ebenfalls zum Gemüse geben, verrühren und aufkochen.

Hinweis: *Natürlich schmeckt die Soße nicht wie eine Hollandaise, aber es ist wirklich eine leckere Alternative!*

9064. Amerikaner, April 2016

10 Stück
- 55 g gekochte rote Linsen
- 100 g Honig
- 100 g Stützcreme
- 40 g Apfelmark
- 100 g Pflanzenmilch
- 250 g Dinkel
- 1 P Weinsteinbackpulver
- 1 Prise Salz
- 1/2 TL gem. Vanille

Linsen, Honig, Stützcreme, Mark und Milch mischen (30 Sek./Stufe 3; 30 Sek. Stufe 4). Dinkel fein mahlen, mit Backpulver, Salz und Vanille mischen und einkneten (20 Sek./Stufe 5). Da fettlos, Backblech mit Dauerbackfolie auslegen. Mit einem Esslöffel 12 (ich war zu großzügig) Häufchen auf das Blech setzen.

Ofen auf 160 °C (Heißluft) vorheizen. Einschieben und 20 Min. bei 160 °C backen, im ausgestellten Ofen 5 Min. nachbacken. Abkühlen lassen und mit Zitronenguss 9066 zweimal bepinseln.

9065. Lievito (4. Verlängerung), April 2016
- 100 g aus der Mitte des alten Ansatzes (s. Band 11)
- 60 g Wasser
- 100 g Dinkel frisch gemahlen

Ansatz in das Wasser bröckeln und mit einem Teelöffel verrühren. Dinkel mit dem Löffel unterrühren, anschließend mit der Hand einkneten. Zu einer Kugel formen, kreuzförmig einschneiden und in einer Pengdose wieder in den Kühlschrank geben. War recht klebrig, ich werde zu 50 g Wasser zurückkehren.

9066. Zitronenguss 2, April 2016
- 50 g Kakaobutter
- 55 g Honig
- 15 g Zitronensaft (1/2 Zitrone)
- 20 g Standardstützcreme

In einer 20-cm-Keramikpfanne auf kleiner Einstellung erwärmen, bis die Kakaobutter geschmolzen ist. Immer wieder mit einem Schneebesen durchrühren.

Hinweis: *Die Zusammensetzung unterscheidet sich nur wenig vom ersten Guss (Bd. 11), aber er wird schön fest!*

9067. Dinkel-Lievito-Brot, April 2016

Vorläufer: 11/8984

Am **Vorabend**:

- 300 g Dinkel
- 100 g (reife) Lievito Madre
- 300 g Wasser

Lievito im Wasser lösen (2 Min./37°C/Stufe 2). Dinkel fein mahlen, mit Lievito und Wasser verkneten (1 Min./Knetstufe). Im Thermomixtopf über Nacht stehen lassen.

- 140 g Buchweizen Lievito Madre, Rest vom 1. Ansatz
- 140 g Wasser
- 65 g Dinkel

Buchweizen im Wasser verrühren, Dinkel einrühren. In einer Pengdose über Nacht stehen lassen.

Vorbereiten:

- 300 g Dinkel und
- 35 g Basmatireis fein mahlen, mit
- 50 g Sonnenblumenkernen
- 1 EL Salz mischen.

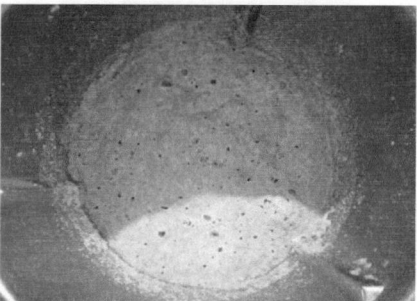

Am **Backmorgen**:

- 70 g Wasser
- 30 g Apfelessig
- 1 gestr. TL Honig
- Butter oder Kokosöl für die Form

Morgens die vorbereitete Dinkelmischung, angesetzten Buchweizen und die restlichen Zutaten in den Mixtopf geben, in dem sich noch der Lievito Madre-Ansatz befindet, und kneten (3 Min./Knetstufe, mit dem Spatel „verrühren", 2 Min./Knetstufe).

Dr. Oetker-Profi-Email-Brotbackform (30 x 12 cm Innenmaße) einfetten. Teig in die Form geben. Form eingewickelt in Gärfolie bei 35 °C (Heißluft) 4 Std. gehen lassen.

Brot aus dem Ofen nehmen, Backofen (Heißluft) auf 250 °C vorheizen. Form einschieben und 55 Min. bei 200 °C backen. Brot auf ein Kuchengitter geben und abkühlen lassen.

9068. Freitagsschummel-FKG, April 2016

2 x Frühstück

- 2 EL Leinsamen
- 6 EL Nackthafer
- 30 g getr. Mango
- 10 g getr. Ananaswürfel
- 25 g Cashewnüsse
- 295 g Wasser
- 10 g Zitronenfleisch
- 250 g + 2 Erdbeeren, geputzt
- 1 Banane, geschält (85 g)

Leinsamen mit dem Getreide flocken, auf zwei Schüsselchen verteilen. Mango in kleinere Stücke reißen. Mit Ananas, Nüssen, und Wasser im Vitamix zu einer lauwarmen Creme schlagen. Auf das Getreide gießen. Zitronenfleisch, Erdbeeren und Banane im Vitamix pürieren, auf die Schüsseln verteilen. Jeweils eine Erdbeere in die Mitte stecken.

Hinweis: *„Schummel" weil neben der getrockneten Mango auch getrocknete Ananaswürfel in die Creme eingearbeitet werden.*

9069. Kokosmus-Kakao, April 2016

Im Hochleistungsmixer, je nach Gerät, 2,5 bis 3 Min. auf höchster Stufe schlagen:

- 10 g Kakaonibs
- 10 g Chiasamen
- 30 g Kokosnussmus 10/7074 oder gekauft
- 2 Medjool-Datteln entsteint (37 g netto)
- 5 g frischer Ingwer
- auf 500 ml (Markierung im Becher) mit Wasser/kochendem Wasser 1:1 auffüllen.

9070. Indische Kartoffeltaschen, April 2016

Gibt 20 Stück; nach einem Rezept aus Meine Familie & Ich, Mai/20216, Seite 26. Sie sollten noch mit Schwarzkümmel bestreut werden, was ich vergessen habe.

Hefeteig:

- 450 g Dinkel + Streumehl
- 1/2 TL Currypulver
- 1/2 TL gem. Kreuzkümmel
- 1 gestr. TL Salz
- 1 TL Harissa
- 1 Würfel Hefe (42 g)
- 1 TL Honig
- 255 g Wasser
- 1 EL gekochte rote Linsen (35 g)

Füllung:

- 400 g Kartoffeln (mehligkochend) (440 g ungeschält bei mir)
- 150 g tiefgekühlte Erbsen
- 140 g tiefgekühlter Mais
- 5 g geschälter Ingwer
- 5-10 EL Wasser
- 1/2 TL Kreuzkümmel
- 1/4 TL Chilipulver
- 1/2 TL Currypulver
- 1 EL tiefgekühlte Petersilie
- 1 TL Salz
- Etwas gem. Pfeffer

Teig: Dinkel fein mahlen, mit Gewürzen und Salz mischen. Hefe, Honig, Wasser und Linsen auflösen (TM: 2 Min./37°C/Stufe 2), Mehlmischung hinzuschütten und kneten (2 Min. 30 Sek./Knetstufe). In einer Pengdose 30 Min. gehen lassen, zwischendurch einmal kurz mit nasser Hand zusammenfalten (bei mir ging der Teig rasant).

Füllung: Gewaschene Kartoffeln in Wasser ca. 30-35 min. kochen. Erbsen und Mais in dieser Zeit antauen lassen. Kartoffeln abgießen, abschrecken mit kaltem Wasser, pellen und zerdrücken.

Ingwer fein hacken, mit 1 EL Wasser in einer 24-cm-Pfanne zum Kochen bringen. Auf hoher Einstellung lassen und immer wieder etwas Wasser hinzugeben, insgesamt 2 Min. dünsten. Erbsen und Mais zugeben und 5 Min. mitdünsten. Gewürze hinzufügen, 1 Min. mitrösten. Kartoffeln zugeben, Mischung ca. 5 Min. anbraten, dabei ab und an esslöffelweise Wasser hinzugeben, damit es nicht anbrennt. Petersilie unterheben und mit Salz und Pfeffer abschmecken.

Fertigstellung: Backofen (Heißluft) auf 180 °C vorheizen. Teig vierteln. Aus jedem Viertel 5 Teigstücke machen. Jedes Teigstück mit Hilfe von Streumehl dünn zu einer Fläche von etwa 10 cm Durchmesser ausrollen. Vierecke sind es bei mir nicht geworden. Wenn man die Teigstücke nacheinander ausrollt und füllt, darauf achten, dass man die Füllung an einem anderen Platz vornimmt, weil die Ausrollfläche sonst nass werden kann. Auf jedes Teigstück ca. 1 EL Füllung geben. Irgendwie zusammenbringen. Ordentlich klappen ging bei mir selten. Eng nebeneinander auf ein Backblech setzen.

In den Ofen schieben. Wenn man die Teigtaschen am nächsten Tag verwenden will, 10 Min. backen, abkühlen lassen und gut verpackt im Kühlschrank aufbewahren. Ofen erneut aufheizen und 5-8 Min. backen. Ansonsten insgesamt einfach 15 Min. backen.

Tipp: *Bei mir gab es dazu den Minz-Dip Nr. 1 (9071).*

9071. Minz-Dip Nr. 1, April 2016

2 Portionen (für 5 Teigtaschen)

- 125 g Stützcreme
- 1 TL getr. Minze
- 1 gestr. TL Salz
- 25 g Cashewnussmus
- 2 EL Pflanzenmilch
- 10 g Zitronensaft

Alle Zutaten mit einem Löffel gut durchrühren.

Tipp: *Geht superfix. Nur die Minze schmeckt man kaum. Es ist ein Test für morgen, wenn meine Gäste kommen. Also schmeckt schon recht gut, ich würde einiges anders machen: noch etwas flüssiger, weniger Nussmus, mehr Zitronensaft.*

9072. Parige Erdbeeren-FKGs, April 2016

2 x Frühstück

- 2 EL Leinsamen
- 6 EL Nackthafer
- 250 g Erdbeeren geputzt, + 2 Deko-Erdbeeren
- 1 Banane, geschält (105 g)
- 1 Apfel (195 g)
- 20 g Cashewnüsse
- 8 Mandeln
- 2 Paranüsse

Leinsamen mit dem Getreide flocken, auf zwei Schüsselchen verteilen. Das Obst in grobe Stücke teilen und mit den Cashewnüssen im Hochleistungsmixer pürieren, über das Getreide geben. Mit Mandeln und Paranüssen dekorieren.

9073. Schokoladensoße Haselnuss 2, April 2016

1,5 Honiggläser; Vorläufer: 9027; geht nur im Vitamix, denn der TM bekommt die Kakaonibs nicht so fein. Für den TM müsste man die Kakaomenge entsprechend erhöhen.

Im 0,9-Liter-Becher des Vitamix mixen:

- 190 g Honig
- 25 g Kakaonibs
- 55 g Kakao
- 30 g Carob (Rohkost)
- 1 Prise Salz
- 1/2 TL Vanille
- 100 g Haselnüsse
- 50 g Wasser
- 250 g kochend heißSes Wasser

Stößel benutzen, später drin hängen lassen und ca. 3 Min. auf der Höchststufe bzw. bis sich das Geräusch ändert. Ist nicht ganz so deutlich wie bei der Stützcreme, aber ich höre es mittlerweile.

9074. Kakao Surprise 2, April 2016

Im Vitamix einfach bis zur gewünschten Temperatur laufen lassen:

- 100 g Schokoladensoße (bei mir Schokoladensoße Haselnuss 2, Rest von der Herstellung)
- 5 g Ingwer
- 15 g Chiasamen
- 2 Datteln (35 g netto)
- auf 500 ml (Markierung im Becher) mit Wasser/kochendem Wasser 1:1 auffüllen.

9075. Orangendressing, April 2016

4 Portionen

Im kleinen Mixer verquirlen:

- 1 Blutorange, geschält, geviertelt (115 g)
- 25 g Cashewnüsse
- 1 TL Salz
- 1 MS Pfeffer
- 1 EL (10 g) Apfelessig
- 1 MS Curry

9076. Kohlrabi-Vorspeise, April 2016

3 Portionen

- 1 größere Kohlrabi (465 g brutto)
- 130 g Chinakohl
- 2 Erdbeeren
- 1 Orangen-Dressing, hier Orangendressing-Variante 9075

Chinakohl in Streifen schneiden, drei Müslischalen damit auslegen. Kohlrabi mit der Küchenmaschine in feine Streifen schneiden, auf die Schüsseln verteilen. In die Mitte die Erdbeeren drücken, mit der Spitze nach oben. Dressing getrennt dazu reichen.

9077. Minz-Dip Nr. 2 perfekt, April 2016

3 Portionen

- 450 g Stützcreme
- 3 g getr. Minze
- 1 gestr. TL Salz
- 20 g Cashewnussmus
- 50 g Pflanzenmilch
- 45 g Zitronensaft

Alle Zutaten mit einem Schneebesen gut durchrühren. Geht superfix. Damit man die Minze durchschmeckt, einige Std. stehen lassen.

9078. Erdbeer fast pur-FKG, April 2016

2 x Frühstück

- 2 EL Leinsamen
- 6 EL Nackthafer
- 505 g geputzt Erdbeeren
- 1 Banane, geschält (90 g)
- 1 TL Honig (je nach Erdbeeraroma)
- 35 g Walnüsse, frisch geknackt geschenkt bekommen

Leinsamen mit dem Getreide flocken, auf zwei Schüsselchen verteilen. Das Obst mit dem Honig im Hochleistungsmixer pürieren, über das Getreide geben. Mit Walnüssen dekorieren.

9079. Kakao Surprise 3, April 2016

Im Vitamix einfach bis zur gewünschten Temperatur laufen lassen:

- 100 g Schokoladensoße Haselnuss 3; 9080
- 5 g Ingwer
- 10 g Chiasamen
- 2 Datteln (37 g netto)
- 190 g Honigwasser
- auf 500 ml (Markierung im Becher) mit kochendem Wasser auffüllen.

9080. Schokoladensoße Haselnuss 3, April 2016

1 Nussmusglas; Vorläufer 9073

Im 0,9-Liter-Becher des Vitamix mixen:

- 190 g Honig
- 20 g Kakaonibs
- 55 g Kakao
- 35 g Carob (Rohkost)
- 1 Prise Salz

- 1/2 TL Vanille
- 50 g Haselnüsse
- 50 g gekochte rote Linsen
- 50 g Wasser
- 250 g kochend heißes Wasser

Stößel benutzen, später drin hängen lassen und ca. 3 Min. auf der Höchststufe bzw. bis sich das Geräusch ändert. Ist nicht ganz so deutlich wie bei der Stützcreme, aber ich höre es mittlerweile.

9081. Erdbeer-Marzipan-Tarte, April 2016

Zwei 20-cm-Springformen, 1 x Backofen und 1 x Varoma, angelehnt an ein Rezept aus „Meine Familie & Ich".

Für den Teig:

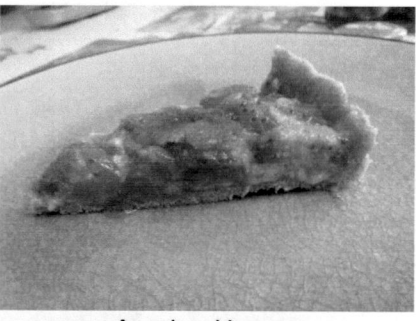

- 100 g gekochte rote Linsen
- 90 g Standardstützcreme
- 20 g Apfelmark
- 60 g Honig
- 1 Prise Salz
- 100 g Kamut, fein gemahlen
- 150 g Dinkel, fein gemahlen

Für die Erdbeeren:

- 500 g Erdbeeren
- 2 EL flüssiger Honig (60 g)

Für das Marzipan:

- 150 g Mandeln
- 60 g Honig

Für die Marzipancreme:

- 75 g Honig
- 125 g Standardstützcreme
- 85 g Marzipan (s.o.)

Aus dem Backofen

Für das Marzipan zum Ausrollen:

- 100 g Marzipan
- 10-20 g doppelt gemahlener Vollkornreis

Teig: Linsen, Creme, Apfelmark Honig und Salz im Thermomix pürieren (30 Sek./Stufe 3; 40 Sek./Stufe 4). Getreide fein mahlen, hinzufügen und verkneten (2 Min./Knetstufe). Mindestens 30 Min. abgedeckt in den Kühlschrank legen. Teig halbieren, jeweils etwas größer als 20 cm im Durchmesser ausrollen und zwei Springformen damit auslegen, einen Rand hochziehen. Springformen entweder dünn mit Öl einpinseln oder mit Backpapier überspannen. Die Form für den Backofen mehrmals mit der Gabel einstechen, bei 180 °C (Heißluft) 10 Min. backen.

Erdbeeren: Putzen, kleinschneiden, mit Honig mischen. Stehen lassen (am besten direkt nach dem Teig herstellen). **Marzipan:** Mandeln im Nutrition Mixer fein mahlen, mit dem Honig im Thermomix zu Marzipan kneten (40 Sek./Knetstufe). **Marzipancreme:** Honig und Stützcreme in den starken Mixer geben, Marzipan hineinbröseln und gut pürieren. Auf die beiden Springformen verteilen und glattstreichen. Die Form für den Ofen weitere 10 Min. backen.

Erdbeeren abtropfen lassen (Honigflüssigkeit auffangen), auf die Springformen verteilen. Marzipan mit Reis verkneten. Zwei dünne Kreise ausrollen. Jeweils in 1-1,5 cm breite Streifen schneiden. Beide Formen gitterförmig mit Marzipanstreifen belegen. Ofen auf 230 °C vorheizen, 10 Min. backen. Die andere Springform auf Abstandshaltern in den Varoma setzen und garen (35 Min./Varoma/Stufe 2).

Urteil: *Auch hier hat der Varoma geschmacklich die Nase vorn. Der Knetteig ist gebacken etwas „gummiartig", aus dem Varoma schöner.*

9082. Marinierter-Spargel-Salat, April 2016

2 Portionen

- 25 g gemischte Kräuter
- 45 g Honigwasser (z. B. Rest von der Erdbeer-Tarte)
- 30 g Mungkapern 11/8987 (oder echte Kapern)
- 40 g Essig
- 50 g Wasser
- 235 g geputzter Spargel, in feine Scheiben geschnitten
- 75 g Kopfsalat
- 75 g Kopfsalat

Alle Zutaten bis auf Spargel und Kopfsalat mischen und 2-3 Std. ziehen lassen. Spargelscheiben hinzufügen und ebenfalls ca. 1 Std. ziehen lassen. Flüssigkeit abtropfen lassen und auffangen. Salat waschen und trocken schleudern, in feine Streifen schneiden. Mit dem Spargel vermischen. Ich habe noch 2 Esslöffel von der aufgefangenen Flüssigkeit hinzugegeben und untergemischt.

9083. Zucchini-Drink mit leichtem Biss, April 2016

Im Mixer gut mixen:

- 1/2 Apfel (100 g)
- 105 g Zucchini
- 45 g Pastinake
- 15 g Cashewnüsse
- 280 g Wasser

9084. Erdbeer-Wochenend-Reste-FKG, April 2016

2 x Frühstück

- 2 EL Leinsamen
- 6 EL Nackthafer
- 240 g Erdbeeren, geputzt
- 2 Bananen, geschält (185 g)
- 1 Apfel (205 g)
- 15 g getr. Maulbeeren

Leinsamen mit dem Getreide flocken, auf zwei Schüsselchen verteilen. Das Obst in grobe Stücke teilen und im Hochleistungsmixer pürieren, über das Getreide geben. Mit Maulbeeren dekorieren.

9085. Montagskakao, April 2016

Im Vitamix 2,5 bis 3 Min. auf höchster Stufe schlagen:

- 15 g Kakaonibs
- 15 g Chiasamen
- 2 Medjool-Datteln entsteint (36 g netto)
- 7 g frischer Ingwer
- 50 g Stützcreme
- 200 g Honigwasser (Rest im Glas aufgelöst)
- Auf 500 ml mit Wasser/kochendem Wasser 1:1 auffüllen.

9086. Einer-Pfläumchen, April 2016

2 x Frühstück

- 2 EL Leinsamen
- 6 EL Nackthafer
- 10 g Zitronenfleisch
- 225 g aufgetaute Tiefkühl-Pflaumen
- 1 Banane, geschält (85 g)
- 10 g Kokosmus

Leinsamen mit dem Getreide flocken, auf zwei Schüsselchen verteilen. Das Obst im Hochleistungsmixer pürieren, über das Getreide geben. Mit Kokosmus dekorieren.

9087. Arrabbiata-Zöpfe, April 2016

Nach einem Rezept aus Meine Familie & Ich, Mai-Ausgabe; ich habe den Teig halbiert, weil ich schon ahnte, dass das bei mir in einem Mal nichts wird. – Hier mit Wildhefe.

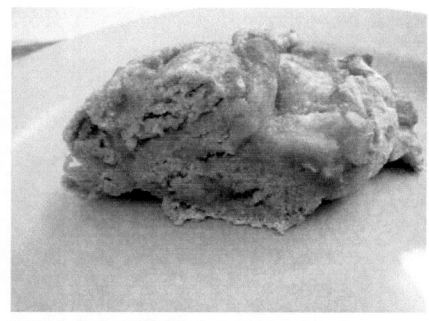

Vorabend:

- 100 g Dinkel, fein gemahlen
- 100 g Wildhefe

Verrühren, in einer Pengdose bis zum nächsten Morgen stehen lassen, es hat geploppt.

Morgens:

- Ansatz vom Vorabend
- 180 g wasser
- 180 g Dinkel, fein gemahlen

Verrühren, in einer größeren Pengdose 4 Std. gehen lassen.

Nach 4 Std.:

- Ansatz vom Morgen
- 100 g Buchweizen-Lievito (Rest vom 3. Tag) 9053
- 55 g gekochte rote Linsen
- 350 g Dinkel, fein gemahlen
- 1 TL Salz

Ansatz vom Morgen, Lievito und Linsen im TM verrühren (2 Min. 30 Sek./37°C/Stufe 2). Dinkelmehl mit Salz mischen, unterkneten (4 Min./Knetstufe). Den recht festen Teig in einer passenden Pengdose 4 Std. gehen lassen. Den Teig recht fest zu machen, erwies sich als richtig, denn Wildhefeteig neigen dazu, auseinanderzulaufen. In den letzten 90 Min. bei 35 °C gehen lassen.

Gemüsefüllung:

- 35 g Wasser
- 1 Möhre (130 g)
- 45 g Pastinake
- 1 Zwiebel, geschält (60 g netto)
- 13 g Essigpeperoni 7/4573
- 1 Dose Tomaten in Stücken (400 g)
- 1 TL Salz
- 55 g Linsen
- 2 EL Dinkelmehl

Wasser in eine 24-cm-Pfanne geben. Möhre, Pastinake und Zwiebel grob vorschneiden und fein hacken. Mit dem Inhalt der Dose Tomaten in die Pfanne geben. Als Gemüsepfanne 20 Min. dünsten. Mit Salz abschmecken. Linsen in einem kleinen Magic-Becher bis zur Hälfte mit Gemüse auffüllen und verquirlen, unter das Gemüse rühren. Dinkelmehl darüber streuen (dünn wie gesiebt), dabei ständig rühren.

Teig in zwei Teile teilen (wiegen). Jedes Teil zu einem Rechteck von ca. 30 x 35 cm ausrollen. Mit der Hälfte der Füllung bestreichen und aufrollen, Öffnung nach unten. Mit einem scharfen Messer längs durchschneiden, darauf achten, dass der Teig wirklich durchgetrennt ist. Die Hälften so rollen, dass die Schnittflächen oben liegen. Dann beide Stränge miteinander verdrehen. Vorsichtig auf Dauerbackfolie ziehen, die auf einem Loch-blech liegt. 20 Min. gehen lassen, in den letzten 15 Min. den Ofen auf 160 °C (Heißluft) vorheizen. 30 Min. backen.

Hinweis: *Es ist wunderbar saftig, recht mächtig. Ich würde aber ein zweites Mal bei 175 °C backen, teils ist es, nun nicht roh, aber nicht wirklich durch.*

9088. Ofengemüse, April 2016

2 Portionen

- 150 g grüner Spargel
- 150 g Möhren
- 200 g Kartoffeln, mehlig kochend
- 2 TL Öl
- 1-2 Prisen Salz

Enden vom Spargel und ggf. den Möhren abschneiden. Spargel dritteln, Möhren in etwa 1-cm-dicke Scheiben schneiden. Nebeneinander auf eine Form legen, Öl darüber träufeln. Kartoffeln wie für Ofenkartoffeln vorbereiten und in eine zweite Form geben.

In den kalten Ofen schieben, auf 200 °C (Heißluft) stellen. Sobald 100 °C erreicht sind, 25 Min. backen.

Tipp: Mit einem Dip wie 9089 servieren.

9089. Petersilien-Dip, April 2016

2 Portionen

- 250 g Stützcreme
- 15 g Zitronensaft
- 1 gestr. TL Salz
- 1-2 Prisen Pfeffer
- 1 EL tiefgekühlte geh. Petersilie
- 8 g Cashewnussmus
- 25 g Pflanzenmilch
- Etwas Tamari oder Sojasoße (ca. 1 g).
- Etwas Zitronenmelisse, frisch

Creme, Saft, Salz, Pfeffer, Petersilie, Nussmus, Milch und Tamari mit einem Schneebesen gut durchrühren. Auf zwei Schüsselchen verteilen, mit Melisse dekorieren.

Tipp: 200 g Stützcreme hätten vermutlich auch gereicht.

9090. Thermomix-FKG, April 2016

2 x Frühstück

Abends

- 6 EL Vier-Korn-Getreide BuHiRoWei 11/8381 grob schroten (15 Sek./Stufe 8) und auf zwei Schüsseln verteilen. Mit insgesamt
- 160 g Wasser übergießen. Abgedeckt mindestens 4 Std. bei RT.

Morgens

- 10 g Zitronenfleisch
- 1 Banane, geschält (85 g)
- 1 Apfel (205 g)
- 225 g aufgetaute Pflaumen (aus privatem Anbau)
- 10 g gestiftelte Mandeln
- Einige getr. Gojibeeren

Zitronenfleisch, Banane und vorgeschnittenen Apfel mit den Pflaumen grob pürieren (10 Sek./Stufe 3; 10 Sek./Stufe 6). Auf dem Getreide verteilen, Mandeln in die Mitte streue, je ein paar Gojibeeren darauf geben.

9091. Champs in Linsensoße, April 2016

2 Portionen

Als Gemüsepfanne (24 cm, 15 Min.):

- 55 g Wasser
- 40 g Zwiebel, geschält und gewürfelt
- 5 g Knoblauch, in dünnen Scheiben (1 größere Zehe)
- 255 g braune Champignons, geviertelt

Soße (mixen, unter das Gemüse rühren und aufkochen):

- 100 g gekochte rote Linsen
- 1 gestr. TL Salz
- 1-2 Prisen Pfeffer
- 25 g Cashewnussmus
- 100 g Wasser
- Einige Spritzer Zitronensaft

Köcheln lassen, bis die Soße etwas eingedickt ist. Bei mir gab es dazu Jasmin-Vollkornreis.

9092. Rhabarber-Erdbeer-Torte, April 2016

26-cm-Springform; Rezept aus „Dr. Oetker Rührkuchen A-Z", S. 222, Rhabarbertorte. Nach der Wilkesmannschen Formel (s. Vorwort)

Obstbelag:
- 30 g Ahornsirup
- 475 g Rhabarber, in 1-1,5 cm breiten Stücken
- 125 g Erdbeeren, klein geschnitten (netto)

Obst mit dem Sirup mischen und ziehen lassen.

9093. Mandelkrokant
- 100 g Mandelstifte
- 1 EL Ahornsirup

Mandelstifte in der Pfanne bräunen. Herdplatte ausstellen, mit Sirup ablöschen und gut verrühren. Klebt nicht so höllisch wie bei mit Honig gekochten Nüssen. Mit einem Spatel auflockern.

Flüssiger Teil (TM: 30 Sek./Stufe 3; 30 Sek./Stufe 5; mit dem Spatel nach unten schieben):

- 170 g gekochte rote Linsen
- 150 g Standardstützcreme
- 60 g Apfelmark
- 150 g Ahornsirup

Fester Teil (10 Sek./Stufe 5 einarbeiten, mit Spatel durchgehen, nochmals 5 Sek./Stufe 5):
- 300 g Dinkel, fein mahlen, mischen mit
- 1 P Weinsteinbackpulver, gesiebt

Springform am Boden auslegen mit Backpapier oder Dauerbackfolie. Teig darauf ausstreichen. Mit Mandelkrokant bestreuen, darauf das Obst geben. In den auf 160 °C vorgeheizten Backofen (Heißluft) schieben und 40 Min. backen. Auf einem Gitterrost auskühlen lassen. Rand mit einer Teigkarte von der Springform lösen.

9094. Schokoladensoße Mandel, April 2016

2 Honiggläser; Vorläufer: 9079.

Im 0,9-Liter-Becher des Vitamix mixen:

- 190 g Honig
- 20 g Kakaonibs
- 50 g Kakao
- 50 g Carob (Rohkost)
- 1 Prise Salz
- 1/2 TL Vanille
- 50 g Mandeln
- 50 g gekochte rote Linsen
- 60 g Wasser
- 265 g kochend heißes Wasser

Stößel benutzen, später drin hängen lassen und ca. 3 Min. auf der Höchststufe bzw. bis sich das Geräusch ändert. Ist nicht ganz so deutlich wie bei der Stützcreme, aber ich höre es.

9095. Unmögliches Frischkorngericht, April 2016

2 x Frühstück

- 2 EL Leinsamen
- 6 EL Nackthafer
- 420 g aufgetaute tiefgekühlte Pflaumen
- 275 g geputzte Erdbeeren
- 1 Banane, geschält (100 g)
- 30 g Walnüsse

Leinsamen mit dem Getreide flocken, auf zwei Schüsselchen verteilen. Das Obst im Hochleistungsmixer pürieren, über das Getreide geben. Mit Walnüssen bestreuen.

Hinweis: *Unmöglich ist das Frühstück deshalb, weil Pflaumen und Erdbeeren nie gleichzeitig reif sind.*

9096. Kakao Bad Surprise, April 2016

Im Vitamix 2-3 Min. mixen:

- 90 g Schokoladensoße Mandel 9094
- 10 g Chiasamen
- 150 g Honigwasser (Rest im Glas in Wasser aufgelöst)

Hinweis: Sah gut aus und hätte fast gut geschmeckt, wenn das Honigwasser nicht vergammelt gewesen wäre.

9097. Ananaskakao 4, April 2016

Im Hochleistungsmixer, je nach Gerät, 2,5 bis 3 Min. auf höchster Stufe schlagen:

- 10 g Kakaonibs
- 15 g Chiasamen
- 2 Medjool-Datteln entsteint (35 g netto)
- 20 g getr. Ananas
- 40 g gekochte Kichererbsen
- 5 g frischer Ingwer
- auf 500 ml (Markierung im Becher) mit Wasser/kochendem Wasser 1:1 auffüllen.

9098. Spargeleintopf, April 2016

2 Portionen

- 200 g Wasser
- 100 g rote Linsen
- 1 kleine Zwiebel, abgezogen und gehackt (32 g)
- 2 große Knoblauchzehen, abgezogen und in Scheiben (12 g)
- 210 g grüner Spargel, Enden abgeschnitten
- 2 Kartoffeln, unter fließendem Wasser abgebürstet, Schadstellen entfernt und in Scheiben geschnitten (145 g)

Zutaten in der angegebenen Reihenfolge in eine 24-cm-Pfanne geben. Als Gemüsepfanne 20 Min dünsten. Abschmecken mit:

- 1 TL Salz
- 1-2 Prisen Pfeffer
- 1-2 EL Apfelessig, leicht gesüßt

9099. Freitagsschummel-FKG Nr. 2, April 2016

Vorläufer 9068; 2 x Frühstück.

- 2 EL Leinsamen
- 4 EL Nackthafer
- 2 EL Nacktgerste
- 30 g getr. Mango
- 10 g getr. Ananaswürfel
- 30 g Cashewnüsse
- 275 g Wasser
- 1 Apfel (195 g)
- 250 g Erdbeeren, geputzt
- 40 g Schokoladensoße Haselnuss 2; 9073 *(nur weil Freitag ist, ist ja keine Rohkost!)*

Leinsamen mit dem Getreide flocken, auf zwei Schüsselchen verteilen. Mango in kleinere Stücke reißen. Mit Ananas, Nüssen, und Wasser im Vitamix zu einer lauwarmen Creme schlagen. Auf das Getreide gießen. In grobe Stücke geschnittenen Apfel und Erdbeeren im Vitamix pürieren, auf die Schüsseln verteilen. Jeweils einen Teelöffel Schokocreme in die Mitte setzen.

9100. Kartoffelpüree, April 2016

2 Portionen; nach dem Grundkochbuch für den Thermomix 5, Seite 183.

- 505 g geschälte, mehlig kochende Kartoffeln, in ca. 5 mm dicke Scheiben geschnitten (waren voller Keime und runzlig, daher geschält)
- 200 g Standardpflanzenmilch (oder Stützcreme und Wasser im Verhältnis 150 zu 450, im TM 30 Sek./Stufe 3 gemixt)
- 1 gestr. TL Salz
- Etwas gem. Muskatnuss
- 60 g Standardpflanzenmilch
- 15 g Mandelmus

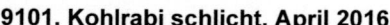

Rühraufsatz in den Mixtopf einsetzen. Kartoffeln, Milch und Salz in den Topf geben und ohne Messbecher garen (25 Min./98°C/Stufe 1). Muskat, Pflanzenmilch und Mandelmus hinzufügen, Messbecher einsetzen und pürieren (30 Sek./Stufe 3). Sofort servieren.

Hinweis: Demnächst mach ich das Püree wieder im Topf. Ein Topf ist einfach leichter zu leeren, wenn ich nicht als „Hausfrau" nachher kalte Reste auslöffeln will. Der Rühraufsatz verklebt und ist schlecht zu reinigen. Auch wenn das Püree nicht anbrennt, es setzt leicht an, das heißt, Reinigung ist relativer Aufwand. Dann ergibt sich das Problem, was der TM allgemein hat: Wenn ich genau weiß, wie etwas geht, kann ich das prima im TM machen. Abschmecken oder nachträglich die Konsistenz korrekt einschätzen, geht im Topf deutlich einfacher. Mir war das Püree zu fest, ich mag es cremiger (und ich habe schon die cremige Version gemacht). Im Topf hätte ich das gemerkt und gleich noch etwas mehr Milch zugegeben.

9101. Kohlrabi schlicht, April 2016

2 Portionen; dazu passt ein lockeres Püree.

- 50 g Wasser
- 1 größere Kohlrabiknolle, geschält und gewürfelt (370 g netto)
- 1 EL tiefgekühlte Petersilie
- 1 gestr. TL Salz
- 1 EL süßlicher Essig (Mischung aus Erdbeersaft/Honig und Essig)

Wasser und Kohlrabistücke in eine 20-cm-Pfanne geben. Deckel auflegen, auf höchster Einstellung zum Kochen bringen, bis Dampf unter dem Deckel austritt. Auf kleinste Einstellung drehen und 15 Min. dünsten, ohne den Deckel abzuheben. Petersilie, Salz und Essig unterrühren.

9102. Macakrönchen-FKG, April 2016

2 x Frühstück

- 2 EL Leinsamen
- 6 EL Nackthafer
- 20 g Zitronenfleisch
- 170 g Erdbeeren, geputzt
- 1 Banane, geschält (90 g)
- 1 Apfel (200 g)
- 17 Macadamianüsse (35 g)

Leinsamen mit dem Getreide flocken, auf zwei Schüsselchen verteilen.

Das Obst ggf. in grobe Stücke teilen und im Hochleistungsmixer pürieren, über das Getreide geben. Mit den Nüssen dekorieren.

9103. Ingwerlos, April 2016

Im Vitamix 3 Min. auf höchster Stufe schlagen:

- 10 g Kakaonibs
- 15 g Chiasamen
- 2 Medjool-Datteln entsteint (37 g netto)
- 40 g Schokoladensoße Haselnuss 3; 9080
- auf 500 ml mit Wasser/kochendem Wasser 1:1 auffüllen.

9104. Rhabarber-Kokos-Kuchen, April 2016

26-cm-Springform

Teig:

Zutaten für die flüssige Grundlage (30 Sek./Stufe 3; 30 Sek./Stufe 4):

- 110 g Standardstützcreme
- 60 g Wasser
- 40 g Apfelmark
- 40 g gekochte rote Linsen
- 100 g Honig

Zutaten für die feste Grundlage (einarbeiten mit 2 x 10 Sek./Stufe 5; dazwischen mit einem Spatel herunter):

- 125 g Dinkel, fein gemahlen
- 1/2 TL gem. Vanille
- 1 Prise Salz
- 1 P Weinsteinbackpulver

Rest:

Belag:

- 510 g Rhabarber
- 35 g Wasser
- 12 g Pinienkerne

Kokoscreme:

- 100 g Standardstützcreme
- 100 g Wasser
- 60 g gekochte rote Linsen
- 100 g Honig
- 200 g Kokosraspel

Eine 26-cm-Springform mit einem Stück Dauerbackfolie, rund, auslegen. Teig darin verstreichen. Mixtopf gut auskratzen, aber nicht reinigen. Ofen auf 180 °C (Heißluft) vorheizen und den Boden 15 Min. bei 180 °C backen. In der Zwischenzeit den Rhabarber in Stücke schneiden, mit dem Wasser 8 Min. erhitzen (gerechnet vom Aufsetzen auf den Herd). Abtropfen lassen.

Die Zutaten für die Kokoscreme in den ungespülten Mixtopf geben und aufkochen (5 Min./100 °C/Stufe 2-3). Kokoscreme auf dem vorgebackenen Boden verteilen, mit Rhabarber belegen und den Pinienkernen bestreuen. Wieder in den Ofen schieben und weitere 15 Min. bei 180 °C zu Ende backen.

9105. Lievito (5. Verlängerung), April 2016

Von 9066

- 100 g aus der Mitte des alten Ansatzes
- 55 g Wasser
- 100 g Dinkel frisch gemahlen

Ansatz mit dem Wasser im TM verrühren (2 Min./Stufe 2), Dinkel einkneten (1 Min./Knetstufe). Zu einer Kugel formen, kreuzförmig einschneiden und in einer Pengdose wieder in den Kühlschrank geben. War nicht ganz so klebrig, ich werde nochmals 50 g Wasser probieren, mit dem TM ist das einfacher.

9106. Versuch eines Standardkakaos 1, April 2016

Im Vitamix 3 Min. auf höchster Stufe schlagen:

- 10 g Kakaonibs
- 15 g Chiasamen
- 2 Medjool-Datteln entsteint
- 5 g frischer Ingwer
- 1 EL gekochte rote Linsen (50-60 g)
- auf 500 ml (Markierung im Becher) mit Wasser/kochendem Wasser 1:1 auffüllen.

9107. Spargel-Reis-Kasserolle, April 2016

2-3 Portionen

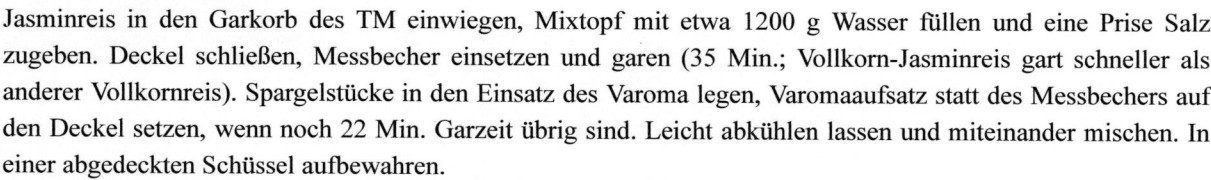

- 135 g Vollkorn-Jasminreis
- Wasser für den Mixtopf
- 1 Prise Salz
- 320 g Spargel, geschält und längs dreigeteilt (netto)
- 80 g Buchweizen-Lievito Madre, nach der 3. Verlängerung 9053
- 40 g Standardstützcreme
- 25 g Wasser
- 125 g Dinkel, fein gemahlen
- 1/2 TL Salz
- 75 g gekochte rote Linsen
- 90 g Standardstützcreme
- 1 gestr. TL Salz
- 5 g Senf
- 80 g Wasser
- 20 g Zitronenfleisch

Jasminreis in den Garkorb des TM einwiegen, Mixtopf mit etwa 1200 g Wasser füllen und eine Prise Salz zugeben. Deckel schließen, Messbecher einsetzen und garen (35 Min.; Vollkorn-Jasminreis gart schneller als anderer Vollkornreis). Spargelstücke in den Einsatz des Varoma legen, Varomaaufsatz statt des Messbechers auf den Deckel setzen, wenn noch 22 Min. Garzeit übrig sind. Leicht abkühlen lassen und miteinander mischen. In einer abgedeckten Schüssel aufbewahren.

Lievito Madre, Stützcreme und Wasser mischen (2 Min./37°C/Stufe 2). Mehl mit Salz mischen, hinzugeben und kneten (2 Min./Knetstufe). Zu einer Kugel unter Spannung formen und in einer geschlossenen Pengdose eine Std. gehen lassen.

Linsen, 90 g Creme, 1 TL Salz, Senf, 80 g Wasser und Zitronenfleisch im kleinen Mixer mixen. Unter die Reis-Spargelmischung heben und das Gemisch in eine ofenfeste Form, Durchmesser 20 cm, füllen. Teig etwas größer als die Form ausrollen und Ränder abschneiden, sodass der Teig den Reis komplett abdeckt. In die Mitte der Teigplatte ein kleines Loch schneiden, damit Dampf abziehen kann. Teigreste zu Rauten o. Ä. formen und auf die Teigplatte legen. In den kalten Ofen schieben und 30 Min. bei 200 °C (Heißluft) backen. Im ausgestellten Ofen 5 Min. nachbacken.

9108. Wilde Schokorolle, April 2016

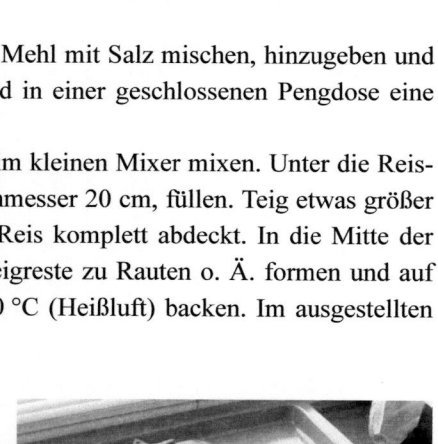

Abends:
- 100 g Wildhefe
- 100 g Kamut, fein gemahlen (Pengschüssel)

Morgens:
- 200 g Kamut, fein gemahlen
- 175 g Wasser
- Ansatz vom Abend

Vermischen und 2,5 Std. gehen lassen (Pengschüssel):
- 50 g Honig
- 250 g Kamut, fein gemahlen
- 1 Prise Salz
- Ansatz vom Morgen

In den Mixtopf geben und 5 Min. auf der Knetstufe bearbeiten, zwischendurch mit dem Spatel herunterschieben. Zu einer Kugel unter Spannung formen und in einer Pengschüssel auf der Fensterbank 3-4 Std. gehen lassen.

Mit Hilfe von etwas Streumehl zu einem Rechteck von ca. 35 x 40 cm ausrollen.

Füllung:
- 215 g Schokocreme, hier Schokoladensoße Haselnuss 3; 9073
- 95 g Orangeat, hier Orangeatwürze 11/8688

Schokocreme auf dem Rechteck verstreichen, Orangeatwürze darüber zerbröseln (sie ist mittlerweile fast fest geworden). Rolle vorsichtig aufrollen. An den Enden und an der Schnittfläche sorgsam zusammenkniffen, damit die Rolle auch eine längere Gehzeit „übersteht". Auf ein Backblech legen, mit Garfolie abdecken und 45 Min. gehen lassen. Oben ein paar Mal mit der Schere einschneiden. In den auf 170 °C vorgeheizten Ofen (Heißluft) schieben, auf 185 °C stellen und 30 Min. backen.

9109. Dinkel-Lievito-Brot mit Buchweizen, April 2016

Vorläufer: 9065

Am Vorabend:

- 300 g Dinkel
- 100 g (reife) Lievito Madre
- 300 g Wasser

Am Backmorgen:

- 85 g Buchweizen-Lievito-Madre-Rest (vom 3. Tag) 9053
- 100 g + 100 g Wasser
- 300 g Dinkel, fein gemahlen
- 100 g Roggen, fein gemahlen
- 75 g Sonnenblumenkerne
- 1 EL Salz
- Butter oder Kokosöl für die Form

Vorabend: Lievito im Wasser lösen (2 Min./37°C/Stufe 2). Dinkel fein mahlen, mit Lievito und Wasser verkneten (1 Min./Stufe 2). Im TM-Mixtopf über Nacht stehen lassen. ***Morgens*** die Buchweizen-Madre in 100 g Wasser auflösen. Dinkel und Roggen mahlen, mit Kernen und Salz mischen. Beides zur Lievito Madre im Mixtopf geben, 100 g Wasser hinzufügen und kneten, zwischendurch einmal mit dem Spatel nach unten schieben (4 Min./Knetstufe).

Dr. Oetker-Profi-Email-Brotbackform (30 x 12 cm Innenmaße) einfetten. Teig in die Form geben. Form in einer Plastiktüte 5 Std. gehen lassen. Brot in den kalten Ofen schieben und 1 Std. bei 200 °C (Heißluft), Klimagaren: automatisch, backen. Brot auf ein Kuchengitter geben und abkühlen lassen.

9110. Eilfrühstück, April 2016

2 x Frühstück

- 2 EL Leinsamen
- 6 EL Nackthafer
- 15 g Zitronenfleisch
- 340 g geputzte Erdbeeren
- 1 Banane, geschält (105 g)
- 8 Mandeln
- 2 Paranüsse

Leinsamen mit dem Getreide flocken, auf zwei Schüsselchen verteilen.

Das Obst in grobe Stücke teilen und im Hochleistungsmixer pürieren, über das Getreide geben. Mit den Nüssen dekorieren *(ich hatte meine vorher schon gegessen)*.

9111. Erdbeer unter Ananasdach-FKG, April 2016

2 x Frühstück

- 2 EL Leinsamen
- 6 EL Nackthafer
- 15 g Zitronenfleisch
- 350 g Erdbeeren, geputzt
- 1 Banane, geschält (95 g netto)
- 170 g Ananasfleisch, gewürfelt
- 20 g Walnüsse

Leinsamen mit dem Getreide flocken, auf zwei Schüsselchen verteilen.

Erdbeeren mit Banane im Hochleistungsmixer pürieren, über das Getreide geben. Mit Ananaswürfeln und Walnüssen bestreuen.

9112. Linsen-Tomaten-Soße für Spargel, April 2016

2 Portionen; ich kann's empfehlen.

Für den Spargel:

- 450 g Spargel (geschält und Enden abgeschnitten: 380 g)
- 1200 g Wasser

Schalen und Enden in den Mixtopf geben, 1200 g Wasser hineingeben. Spargelstangen in drei Stücke teilen, im Varomaeinsatz verteilen und garen (25 Min./Varoma/Stufe 2). Wasser und Spargelreste für andere Mahlzeiten (z. B. eine Suppe) aufbewahren, den Spargel im Varoma servieren.

Für die Soße:

- 200 g Wasser
- 100 g rote Linsen
- 150 g Kartoffeln, gewaschen und in feine Scheiben geschnitten
- 4 Tomaten (260 g), in Scheiben geschnitten
- 100 g Standardstützcreme
- 1 TL Salz
- 1 TL Paprikapulver, edelsüß (privat aus Ungarn)
- 1 Prise Pfeffer
- 10 g Sonnenblumenöl
- 20 g Cashewnussmus
- 70 g Wasser

Wasser, Linsen, Kartoffeln und Tomaten in eine 24-cm-Pfanne geben. Deckel auflegen, auf höchster Einstellung zum Kochen bringen, bis Dampf unter dem Deckel austritt. Auf kleinste Einstellung drehen und 20 Min. dünsten, einmal den Deckel heben und umrühren, dann weitergaren, ohne den Deckel abzuheben. Stützcreme, Salz, Gewürze, Öl, Nussmus und Wasser im kleinen Becher des Mixers verquirlen. In die Pfanne einrühren und aufkochen.

9113. Anatatensuppe roh, April 2016

Im Vitamix gründlich mixen:

- 150 g Ananasfleisch
- 100 g Süßkartoffel (Batate)
- 290 g Wasser
- 10 g Cashewnüsse

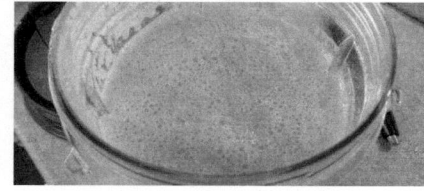

9114. Versuch eines Standardkakaos 2, April 2016

Im Vitamix 3 Min. auf höchster Stufe schlagen:

- 10 g Kakaonibs
- 20 g Chiasamen
- 2 Medjool-Datteln entsteint
- 5-8 g frischer Ingwer
- 1 EL Standardstützcreme (60 g)
- Auf 500 ml mit Wasser/kochendem Wasser 1:1 auffüllen.

9115. Heidelbeer unter Ananasdach-FKG, April 2016

2 x Frühstück

- 2 EL Leinsamen
- 6 EL Nackthafer
- 125 g tiefgekühlte Heidelbeeren
- 1 Banane, geschält (120 g netto)
- 1 Apfel, vorgeschnitten (190 g)
- 200 g Ananasfleisch, gewürfelt
- 20 g Kokosmus

Leinsamen mit dem Getreide flocken, auf zwei Schüsselchen verteilen. Heidelbeeren mit Banane und Apfel im Hochleistungsmixer pürieren, über das Getreide geben. Mit Ananaswürfeln und Kokosmus bestreuen.

9116. Tomatensoße mit Rucola, April 2016

2 Portionen; zu 170 g Nudeln (Rohgewicht) (im TM gegart).

Als Gemüsepfanne (20 cm) 15 Min. dünsten:

- 50 g Spargelkochwasser aus dem TM (oder einfach Wasser)
- 300 g Minirispen-Tomaten
- 30 g Rucola

Soße (im Mixer pürieren, unter das Gemüse rühren und aufkochen):

- 10 g Zitronenfleisch
- 100 g Standardstützcreme
- 1 gestr. TL Salz
- 1 gestr. TL Paprikapulver edelsüß
- 1 TL Basilikum gerebbelt (oder frisch)
- 1 TL getr. Majoran (erst nach dem Mixen mit einem Löffel einrühren)
- 50-60 g Spargelkochwasser (s.o.)

9117. Versuch eines Standardkakaos 3, April 2016

Im Hochleistungsmixer, je nach Gerät, 2,5 bis 3 Min. auf höchster Stufe schlagen:

- 10 g Kakaonibs
- 20 g Chiasamen
- 2 Medjool-Datteln entsteint
- 5-8 g frischer Ingwer
- 1 EL gekochte Kichererbsen (45 g)
- auf 500 ml (Markierung im Becher) mit Wasser/kochendem Wasser 1:1 auffüllen.

9118. Rhabarber-Batatensoße für Reis, April 2016

2 Portionen

Reis (waschen). (TM: 36 Min./Varoma/Stufe 2):

- 180 g Vollwert-Naturreis
- Wasser für den Mixtopf
- 1 Prise Salz

Gemüsepfanne (20 cm; 15 Min):

- 60 g Wasser (hier: Spargelkochwasser)
- 1 kleine Zwiebel, abgezogen und gehackt (45 g)
- 60 g Batate, gewürfelt
- 70 g Rhabarber, in 5 mm-dicken Scheiben
- 25 g Rucola, fein geschnitten

Soße (mixen, unter das Gemüse rühren und aufkochen):

- 100 g gekochte rote Linsen
- 100 g Standardstützcreme
- 70 g Wasser (hier: Spargelkochwasser)
- 5 g Essigpeperoni (in Essig eingelegte Peperoni) 7/4573
- 20 g Peperoniessig
- 4-5 g Ahornsirup bzw. Honig

9119. Versuch der Verwendung eines Standardkakaos, April 2016

Im Hochleistungsmixer, je nach Gerät, 2,5 bis 3 Min. auf höchster Stufe schlagen:

- 10 g Kakaonibs
- 15 g Chiasamen
- 2 Medjool-Datteln entsteint
- 5-8 g frischer Ingwer
- 15 g getr. Maronen
- auf 500 ml (Markierung im Becher) mit Wasser/kochendem Wasser 1:1 auffüllen.

9120. Heidelbeer unter Ananasdach-FKG again, April 2016

2 x Frühstück

Abends:

- 6 EL Acht-Korn-Mischung 11/8776 grob schroten & auf zwei Schüsseln verteilen. Mit insgesamt
- 160 g Wasser übergießen. Abgedeckt über Nacht (mindestens 4 Std.) bei Raumtemperatur stehen lassen.

Morgens:

- 125 g tiefgekühlte Heidelbeeren
- 1 Banane, geschält (105 g netto)
- 15 g Zitronenfleisch
- 1 Apfel, vorgeschnitten (175 g)
- 200 g Ananasfleisch, gewürfelt
- 20 g Kokosmus

Heidelbeeren mit Banane und Apfel im Hochleistungsmixer pürieren, über das Getreide geben. Mit Ananaswürfeln und Kokosmus bestreuen.

Hinweis: *Unterschied zu gestern: statt frischgeflocktem Hafer eingeweichter Schrot.*

9121. Schoko-Rhabarberkuchen, April 2016

26-cm-Springform

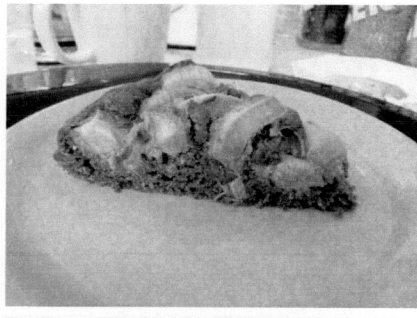

Rhabarber:

- 400 g Rhabarber, in Stücken
- 1 EL Ahornsirup

Rhabarber und Sirup mischen und eine Weile stehen lassen, immer wieder einmal durchrühren. (Jetzt die Mandeln mahlen, s.u.).

Flüssige Phase (30 Sek./Stufe 3; 30 Sek./Stufe 4):

- 100 g gekochte rote Linsen
- 80 g Schokoladensoße, hier Schokoladensoße Haselnuss 3; 9073
- 150 g Ahornsirup
- 100 g Stützcreme
- 60 g Apfelmark

Feste Phase (mischen, unter Flüssigphase rühren: 2 x 10 Sek./Stufe 5):

- 100 g Mandeln, gemahlen (10 Sek./Stufe 8)
- 1 gestr. TL gem. Vanille
- 125 g Dinkel, fein gemahlen
- 1 P Weinsteinbackpulver
- 50 g Kakaonibs

Ofen (Heißluft) auf 160 °C vorheizen. Eine Springform mit Dauerbackfolie auslegen oder mit Backpapier überspannen. Teig hineingeben und glattstreichen. Den Rhabarber (da ist kaum etwas Flüssigkeit gewesen) darüber verteilen. In den Ofen schieben und 40 Min. bei 160 °C backen, 5 Min. im ausgestellten Ofen nachbacken.

9122. Buchweizen-Brötchen (Lievito 5. Tag), April 2016

5 Stück

- 125 g Rest Buchweizen-Lievito Madre (5. Tag) 9053
- 50 g gekochte rote Linsen
- 50 g Stützcreme
- 100 g Nackthafer, fein gemahlen
- 1 TL Salz
- 1 TL Natron

Lievito, Linsen und Stützcreme im Thermomix verrühren (30 Sek./Stufe 3). Hafer, Salz und Natron hinzufügen und kneten (2 Min./Knetstufe). Zwischen den Händen 5 Kugeln formen, die in Muffinformen (Silikon) passen. In die Formen legen und in den kalten Ofen schieben. Klimagaren auf Automatik stellen und 25 Min. bei 200 °C (Heißluft) backen. Im ausgestellten Ofen 5 Min. nachbacken. Auf einem Kuchengitter auskühlen lassen.

9123. Süßsteckrübe, April 2016

2 Portionen

Gemüsepfanne (24 cm), 20 Min.:
- 110 g Wasser (hier: Spargelkochwasser)
- 185 g Süßkartoffel, gewürfelt
- 185 g Steckrübe, gewürfelt

Soße (mixen, unter das Gemüse rühren und aufkochen):
- 2 Tomaten (180 g), geviertelt
- 75 g Standardstützcreme
- 1 gestr. TL Salz
- 1 geh. TL gerebbeltes Basilikum
- 15 g Cashewmus
- 1 EL Apfelessig

Tipp: Bei mir gab es dazu Buchweizen-Brötchen.

9124. Ananase-FKG, April 2016

2 x Frühstück
- 2 EL Leinsamen
- 6 EL Nackthafer
- 20 g Zitronenfleisch
- 1 Banane, geschält (125 g)
- 1 Apfel (195 g)
- 205 g Ananasfleisch (netto)
- 1/2 EL getr. Maulbeeren
- 2 TL Walnüsse

Leinsamen mit dem Getreide flocken, auf zwei Schüsselchen verteilen. Das Obst in grobe Stücke teilen und im Hochleistungsmixer pürieren, über das Getreide geben. Eine Schüssel mit Maulbeeren, die andere mit Walnüssen dekorieren.

9125. Versuch eines Standardkakaos 4, April 2016

Im Hochleistungsmixer, je nach Gerät, 2,5 bis 3 Min. auf höchster Stufe schlagen:
- 10 g Kakaonibs
- 20 g Chiasamen
- 2 Medjool-Datteln entsteint
- 5-8 g frischer Ingwer
- 250 g „Honigwasser" (Lösungswasser für ein leeres Honigglas)
- auf 500 ml (Markierung im Becher) mit Wasser/kochendem Wasser 1:1 auffüllen.

9126. Nippy Strawberries (FKG), April 2016

2 x Frühstück
- 2 EL Leinsamen
- 6 EL Nackthafer
- 395 g Erdbeeren, geputzt + 2 Erdbeeren
- 1 Apfel (200 g), halbiert
- 1 Banane, geschält (105 g)
- 10 g Zitronenfleisch
- 25 g Kakaonibs

Leinsamen mit dem Getreide flocken, auf zwei Schüsselchen verteilen.

Einen halben Apfel würfeln und auf das Getreide geben. 395 g Erdbeeren, einen halben Apfel (in grobe Stücke geteilt), Banane und Zitronenfleisch im Hochleistungsmixer pürieren. Kakaonibs hinzugeben und nochmals auf kleiner Stufe durchrühren. Über die Apfelwürfel geben. Jeweils eine Erdbeere in die Mitte stecken.

9127. Ochsenherz-Tomaten, Buchweizen und Spargel, April 2016

2 Personen, angelehnt an ein Rezept aus „Lust auf vegetarisch" (TM).

Für die **Tomaten**:

- 2 Ochsenherz-Tomaten (450 g)
- 45 g Rucola
- 2 Knoblauchzehen, abgezogen (11 g)
- 3 Zwiebeln, abgezogen und halbiert (100 g)
- 1 Prise Pfeffer
- 1/2 TL Salz
- 65 g Buchweizen
- 70 g Wasser
- 30 g Erdnüsse, geröstet und gesalzen
- 2-3 EL Wasser für die Auflaufform/Pfanne

Den Deckel von den Tomaten abschneiden, die Tomaten mithilfe eines Speziallöffels aushöhlen (im Buch: Löffel, lächerlich, das klappt nie!), das Fruchtfleisch in eine kleine Schüssel geben.

Rucola in den Mixtopf geben und zerkleinern (5 Sek./Stufe 7), umfüllen. Knoblauch, Zwiebelhälften, Tomatenfruchtfleisch, Salz und Pfeffer in den Mixtopf geben. Zerkleinern (5 Sek./Stufe 5) und mit dem Spatel nach unten schieben. Buchweizen und Wasser zugeben und kochen (10 Min./100 °C/Stufe 1), anschließend 5 Min. im Mixtopf quellen lassen. Backofen (Heißluft) auf 160 °C vorheizen.

Rucola und Erdnüsse hinzugeben und vermischen (20 Sek./Linkslauf/Stufe 3). Die ausgehöhlten Tomaten mit der Buchweizenmischung füllen (der Rest der Füllung geht in die Spargelsoße ein), Tomaten in eine Auflaufform oder eine kleine ofenfeste Pfanne setzen. 2-3 EL Wasser hinzufügen, Tomatendeckel auf die Tomaten setzen und 30 Min. bei 160 °C backen. Heiß servieren.

Für den **Spargel**:

- 250 g Spargel brutto
- 130 g Wasser
- 135 g übriggebliebene Füllung
- 15 g Erdnüsse, geröstet und gesalzen
- 15 g Zitronenfleisch
- 1/2 gestr. TL Salz
- 2 g Ahornsirup
- 50 g Wasser

Spargel schälen (von oben), Enden abschneiden und in Stücke schneiden. Mit dem Wasser in eine 24-cm-Pfanne geben. Deckel auflegen, als Gemüsepfanne 25 Min. dünsten. Füllung, Erdnüsse, Zitronenfleisch, Salz, Ahornsirup und Wasser mit dem Mixer (hochstehendes Messer) verquirlen. Unterrühren und aufkochen.

Hinweis: Das Rezept soll eine Hauptspeise sein. Die Menge empfinde ich eher als eine Vorspeise.

9128. Freitagsschummel-FKG Nr. 3, April 2016

2 x Frühstück

Abends

- 6 EL Acht-Korn-Mischung 11/8776 grob schroten & auf zwei Schüsseln verteilen. Mit insgesamt
- 160 g Wasser übergießen. Abgedeckt über Nacht bei RT stehen lassen.
- 30 getr. Mango, in Stücke gerissen mit
- 10 g getr. Ananaswürfeln und
- 25 g Cashewnüssen in
- 290 g Wasser ebenfalls über Nacht, aber in getrennter Schüssel einweichen.

Morgens

- 5 g Zitronenfleisch
- 30 g Rhabarber
- 450 g Erdbeeren, geputzt
- 5 g Honig
- 15 g Kokosmus

Eingeweichte Mango mit Ananas, Nüssen, und Wasser im Vitamix zu einer lauwarmen Creme schlagen. Auf das Getreide gießen. Zitronenfleisch, Rhabarber, Erdbeeren und Honig im Vitamix pürieren, auf die Schüsseln verteilen. Mit Kokosmus dekorieren.

9129. Versuch eines Standardkakaos 1a, April 2016

Im Vitamix 2,5 bis 3 Min. auf höchster Stufe schlagen:

- 10 g Kakaonibs
- 20 g Chiasamen
- 2 Medjool-Datteln entsteint
- 5 g frischer Ingwer
- 25 g gekochte rote Linsen
- auf 500 ml mit Wasser/kochendem Wasser 1:1 auffüllen.

9130. Spargel-Auflauf, April 2016

2 Portionen; angelehnt an Leicht & lecker von TM, Seite 90.

- 290 g Kartoffeln (brutto), 4-5 Stück, also kleine
- 750 g Wasser für den Mixtopf
- 200 g weißer Spargel, geschält und Enden abgeschnitten
- 200 g grüner Spargel, Enden abgeschnitten
- 125 g Wasser
- 150 g Standardstützcreme
- 50 g gekochte rote Linsen
- 1-2 Prisen Schabziegerklee
- 1 gestr. TL Salz
- 1 Prise Pfeffer
- 1-2 Prisen gem. Muskatnuss
- 1 EL tiefgekühlte Petersilie
- 40 g Sonnenblumenkerne

Kartoffeln in den Gareinsatz einwiegen. 750 g Wasser in den Mixtopf füllen, Gareinsatz einhängen und Kartoffeln vorkochen (20 Min./Varoma/Stufe 1). Spargel in Stücke schneiden, in den Varoma schichten, aufsetzen und weiter garen (15 Min./Varoma/Stufe 1). Backofen auf 200 °C (Heißluft) vorheizen.

125 g Wasser, Stützcreme, Linsen, Gewürze und Salz im Mixer 35 Sek. schlagen. Kartoffeln pellen, in Scheiben schneiden und in eine Auflaufform legen (hier: 20-cm-Alugusspfanne). Spargel darüber verteilen. Stützcrememilch über den Auflauf gießen, zum Schluss die Sonnenblumenkerne darüber streuen und 5 Min. bei 200 °C und 35 Min. bei 180 °C backen. Im ausgestellten Ofen 5 Min. nachbacken.

9131. Wochenendstandardkakaoversuch 1, April 2016

Im Vitamix 2,5 bis 3 Min. auf höchster Stufe schlagen:

- 15 g Kakaonibs
- 10 g Chiasamen
- 45 g gekochte rote Linsen
- 3 Medjool-Datteln entsteint (52 g netto)
- 5 g frischer Ingwer
- 20 g Macadamianüsse
- auf 500 ml mit Wasser/kochendem Wasser 1:1 auffüllen.

9132. Schokoguss schnell & süß, April 2016

Vorläufer: 8948

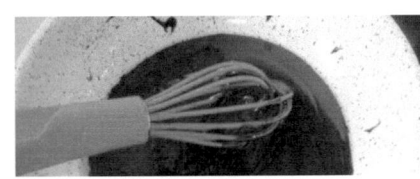

- 37 g Kakaobutter
- 75 g Schokosoße, z. B. Schokoladensoße Haselnuss 3; 9073
- 15 g Honig

In einer Pfanne auf kleiner Einstellung (4 von 14, Induktion) schmelzen, mit einem Schneebesen verquirlen und mit einem Pinsel auftragen oder auf den Kuchen gießen (bei flachen Kuchen) und dann mit dem Pinsel verteilen.

9133. Lumumbula-Kuchen, April 2016

Nach dem Rezept Lumumba-Kuchen (https://www.daskochrezept.de/ rezepte/lumumba-kuchen). Das Originalrezept taugt nix, aber das merkt man erst beim Backen bzw. wenn man erkennt, dass das Foto gar nicht zu diesem Kuchen gehört, sondern ein Agenturfoto ist. Der klitscht nach dem Backen zusammen, und das, obwohl Stützcreme und Linsen deutlich stabiler sind als Eier, wie ich von anderen Kuchen weiß. Geschmacklich top, wie Pralinen.

Vorarbeit: Nüsse mahlen (TM: 20 Sek./Stufe 8). Umfüllen.

*   300 g Haselnüsse

Flüssigphase im TM mixen: 30 Sek./Stufe 3; 30 Sek./Stufe 4.

*   300 g Stützcreme
*   100 g Apfelmark
*   150 g gekochte rote Linsen
*   200 g Honig
*   4 EL Rum

Feste Phase:

*   300 g gemahlene Haselnüsse (s.o.)
*   2 TL Backpulver
*   100 g Dinkel, fein gemahlen
*   40 g Kakaopulver
*   90 g Kakaonibs

Haselnüsse, Backpulver, Dinkel und Kakaopulver mit einem Löffel verrühren, zur Flüssigphase geben und rühren (10 Sek./Stufe 5). Mit einem Spatel nachrühren, Kakaonibs hinzugeben und erneut rühren (10 Sek./Stufe 5).

Springform (26 cm) mit einem Stück Dauerbackfolie auslegen, Teig hineingeben. Ofen (Heißluft) auf 160 °C vorheizen. Kuchen einschieben, 50 Min. bei 160 °C backen und 5 Min. im ausgestellten Ofen nachbacken lassen.

9134. Rucola-Haselnussdressing, April 2016

Vorläufer: 9045

Im Vitamix schlagen (wird im Kühlschrank fester):

*   150 g Haselnusskerne
*   150 g Apfelessig
*   40 g Rucola
*   25 g Salz
*   1 g gem. schw. Pfeffer
*   20 g Tamari oder Sojasoße
*   60 g grüne Rosinen
*   250 g Wasser (sollten 200 g sein!)
*   10 g Knoblauch, ungeschält

9135. Lievito (6. Verlängerung), April 2016

Von 9106

*   100 g aus der Mitte des alten Ansatzes
*   50 g Wasser
*   100 g Dinkel frisch gemahlen

Ansatz mit dem Wasser im Thermomix verrühren (2 Min./Stufe 2), Dinkel einkneten (1 Min./Knetstufe). Zu einer Kugel formen, kreuzförmig einschneiden und in einer Pengdose wieder in den Kühlschrank geben. War stark „auseinandergelaufen".

Hinweis: *Als ich ihn am 11. Mai verlängern wollte, ist er mir zäh geworden, wie die Buchweizen-Madre. Er schmeckte auch bitter. Also habe ich ihn komplett entsorgt.*

9136. Hörnchen gefüllt, April 2016

Sehr grob angelehnt an ein Rezept aus Meine Familie & Ich, Mai-Ausgabe „Käse-Hörnchen".

Für den Teig
- 150 g Lievito Madre, reif
- 20 g frische Hefe
- 150 g Wasser
- 30 g gekochte rote Linsen
- 325 g Dinkel
- 1 geh. TL Salz
- 2 TL gerebbelter getr. Majoran

Für die Füllung:
- 300 g gekochte rote Linsen
- 200 g rote Paprika, ohne Innenwände oder Kerne
- 1 EL Mandelmus, fertig gekauft (30 g)
- 1 TL gerebbeltes Basilikum (2 g)
- 1 EL tiefgekühlte Petersilie (7 g)
- 1 TL Salz
- 20 g Chiasamen

Für die Streichsahne siehe 9137.

Teig: Lievito Madre, Hefe, Wasser und Linsen lösen (TM: 2 Min./Stufe 2). Dinkel fein mahlen, mit Salz und Majoran mischen. In den Mixtopf geben und kneten (2 Min./Knetstufe). Der Teig ist weich, klebt aber erstaunlicherweise kaum. Mit der Hand kurz nachkneten, zu einer Kugel unter Spannung formen und in eine Pengschüssel legen. 45 Min. gehen lassen.

Füllung: Linsen in den Mixtopf geben. Paprika grob vorschneiden, zugeben. Mandelmus, Kräuter und Salz hinzufügen und mixen (30 Sek./Stufe 3). Chiasamen zugeben und vorsichtig unterheben (20 Sek./Linksstufe/ Stufe 1). Quellen lassen.

Teig kurz durchkneten, halbieren (wiegen) und mit Hilfe von Streumehl rund ausrollen mit einem Durchmesser von ca. 35 cm. Die Hälfte der Füllung gleichmäßig darauf verteilen, 1 cm Rand frei lassen. Kreis in 8 Tortenstücke teilen (ich mache das mit einem Teigschaber, damit meine Unterlage keinen Schaden nimmt), Stücke von der breiten Seite zur Spitze zu Hörnchen rollen, nebeneinander auf ein Backblech (PerfectClean, oder mit Dauerbackfolie/Backpapier) legen. Bei mir passten sie gerade auf ein Blech.

Backofen auf 180 °C (Heißluft) vorheizen. *Streichsahne* mit einem Pinsel auf die Hörnchen auftragen. Bei mir reichte das gerade für 16 Hörnchen. In den heißen Ofen einschieben, 25 Min. bei 180 °C backen und 5 Min. im ausgeschalteten Ofen nachbacken. Vorsichtig mit einem Pfannenwender auf einen Gitterrost legen, warm oder kalt essen. Die Hörnchen sind brüchig, daher nicht zu grob anfassen.

9137. Bestreich-Sahne-Alternative, April 2016

- 70 g Standardstützcreme
- 10 g Mandelmus (fertig gekauft)
- 1 Prise Salz
- 2 TL Pflanzenmilch

Zutaten mit einem Teelöffel verrühren.

9138. Sahne-Alternative, April 2016

Diese „Sahne" eignet sich zum Verfeinern von Suppen usw.
- 60 g Standardstützcreme
- 6 g Mandelmus (fertig gekauft)
- 1 Prise Salz
- 20 g Pflanzenmilch

Mit einem Teelöffel verrühren.

9139. Spargel-Rucola-Suppe, April 2016

2 Portionen; hier beschrieben für den TM.

- 1 kleine Zwiebel, geschält und halbiert (40 g)
- 1 Knoblauchzehe, abgezogen (5 g)
- 10 g Kokosöl
- 1 EL Wasser
- 100 g grüner Spargel, Enden abgeschnitten
- 60 g Pastinake, Ansatz abgeschnitten und geviertelt
- 15 g Rucola + 5 g Rucola
- 450 g Wasser
- 1 TL Salz
- 1 gute Prise Pfeffer
- 1 TL Honig (8 g)
- 60 g Standardstützcreme
- 20 g Pflanzenmilch
- 6 g Mandelmus (gekauft)
- 1 geh. TL getr. Basilikum gerebbelt
- 10 g Dinkelmehl

Zwiebel und Knoblauch in den Mixtopf geben, zerkleinern (3 Sek./Stufe 5) und mit dem Spatel nach unten schieben. Kokosöl und 1 EL Wasser zugeben und dünsten (3 Min./120 °C/Stufe 2). Spargel, Pastinake und 15 g Rucola hinzufügen und zerkleinern (5 Sek./Stufe 5).

Wasser, Salz, Pfeffer und Honig zugeben und garen (15 Min./100 °C/Stufe 2). Standardstützcreme, Milch, Mandelmus, Basilikum und Dinkelmehl mit einem Löffel verrühren. Mit 5 g Rucola in den Mixtopf geben, schrittweise ansteigend pürieren (40 Sek./Stufe 4-9). Nochmals aufkochen (3 Min./100 °C/Stufe 2), abschmecken und servieren.

9140. Erdbeerzauber-FKG, Mai 2016

2 x Frühstück

- 2 EL Leinsamen
- 6 EL Nackthafer
- 20 g Zitronenfleisch
- 405 g Erdbeeren, geputzt + 6 Stück für die Deko
- 2 Bananen, geschält (240 g)
- 8 Mandeln
- 4 kleine Paranüsse

Leinsamen mit dem Getreide flocken, auf zwei Schüsselchen verteilen.

Bananen in grobe Stücke teilen, mit 405 Erdbeeren und Zitronenfleisch im Hochleistungsmixer pürieren, über das Getreide geben. Mit den 6 Erdbeeren, Mandeln und Paranüssen dekorieren.

9141. Kokosmus-Kakao Nr. 2, Mai 2016

Im Vitamix 2,5 bis 3 Min. auf höchster Stufe schlagen:

- 10 g Kakaonibs
- 15 g Chiasamen
- 25 g Kokosmus
- 1 EL Ahornsirup
- 5 g frischer Ingwer
- 30 g gekochte rote Linsen
- auf 500 ml mit Wasser/kochendem Wasser 1:1 auffüllen.

9142. Rhabarber-Haferflocken-Muffins, Mai 2016

16 Muffins. Angelehnt an: „Apfel-Müsli-Muffins" aus dem rosa TM-Backbuch.

- 300 g Rhabarber, Enden und Blätter abgeschnitten
- 1 EL Ahornsirup
- 1 EL gemahlener Vollkorn-Naturreis
- 120 g gekochte rote Linsen

- 110 g Ahornsirup
- 70 g Stützcreme
- 40 g Apfelmark
- 1-2 Prisen Zimt
- 100 g Standardpflanzenmilch
- 200 g Dinkel
- 80 g Nackthafer
- 2 TL Backpulver

Rhabarber in feine Scheiben schneiden, mit Ahornsirup und gemahlenem Reis verrühren, ziehen lassen.

Flüssige Stufe: Linsen, Ahornsirup, Creme, Mark, Zimt und Milch pürieren (30 Sek./Stufe 3; 30 Sek./Stufe 4).

Feste Stufe: Dinkel fein mahlen. Nackthafer flocken und mit Backpulver verrühren.

Die feste Stufe in den Mixtopf geben und mithilfe des Spatels verrühren (30 Sek./Stufe 4). Rhabarberscheiben hinzugeben und einarbeiten (1 Min./Linkslauf/Rührstufe). Je 1 EL in Silikonmuffinförmchen füllen, nebeneinander auf ein Lochblech stellen. Ofen (Heißluft) auf 160 °C vorheizen, Blech einschieben und 30 Min. bei 160 °C backen. 5 Min. im ausgestellten Ofen nachbacken. Auf einem Kuchengitter auskühlen lassen.

9143. Weißer Pizzabelag Nr. 2, Mai 2016

Für 1 Pizza

Thermomix: 30 Sek./Stufe 3; 30 Sek./Stufe 4:

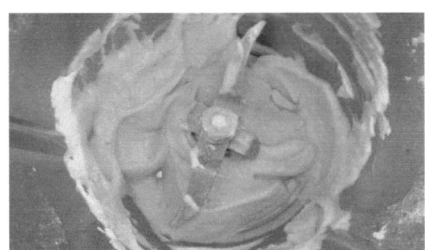

- 80 g gekochte rote Linsen
- 60 g Standardstützcreme
- 25 g Mandelmus
- 1 gute Prise Salz
- 1 Prise Schabzieger Klee

9144. Geapfelte Erdbeeren, Mai 2016

2 x Frühstück

- 2 EL Leinsamen
- 6 EL Nackthafer
- 15 g Zitronenfleisch
- 230 g geputzte Erdbeeren
- 2 Äpfel (385 g)
- 16 Haselnüsse

Leinsamen mit dem Getreide flocken, auf zwei Schüsselchen verteilen. Äpfel halbieren, eine Hälfte würfeln und auf das Getreide geben. Die anderen drei Hälften in grobe Stücke teilen, mit Zitronenfleisch und Erdbeeren im Hochleistungsmixer pürieren, über die Apfelwürfel geben. Mit je 8 Haselnüssen dekorieren.

9145. Standardkakao Cashewversion, Mai 2016

Im Vitamix 2,5 bis 3 Min. auf höchster Stufe schlagen:

- 10 g Kakaonibs
- 20 g Chiasamen
- 2 Medjool-Datteln entsteint
- 8 g frischer Ingwer
- 15 g Cashewnüsse
- auf 500 ml (Markierung im Becher) mit Wasser/kochendem Wasser 1:1 auffüllen.

9146. Cremedecke (Sahnealternative), Mai 2016

Reicht knapp für einen Tortenboden.

- 250 g Standardstützcreme
- 10 g Mandelmus
- 20 g Ahornsirup
- 2 g (1 gestr. TL) Flohsamenschalen

Im starken Mixer gründlich mixen.

9147. Pizza TM-Margherita gepimpt, Mai 2016

2 Portionen; nach dem Grundkochbuch, Seite 198.

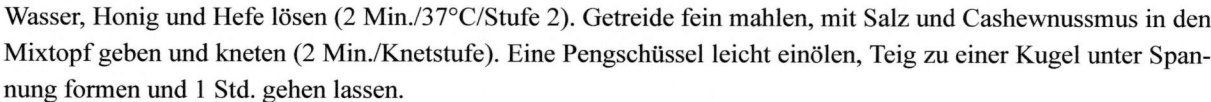

Teig:

- 110 g Wasser
- 1/2 TL Honig (2 g)
- 10 g frische Hefe (1/4 Würfel)
- 165 g Dinkel
- 35 g Weizen
- 1/2 TL Salz
- 15 g Cashewnussmus

Wasser, Honig und Hefe lösen (2 Min./37°C/Stufe 2). Getreide fein mahlen, mit Salz und Cashewnussmus in den Mixtopf geben und kneten (2 Min./Knetstufe). Eine Pengschüssel leicht einölen, Teig zu einer Kugel unter Spannung formen und 1 Std. gehen lassen.

Tomatenbelag:

- 200 g Tomaten aus der Dose, stückig (1/2 Dose)
- 1 gestr. TL Salz
- 1-2 Prisen Pfeffer
- 1/2 TL Honig (4 g)
- 1 geh. TL gerebeltes Basilikum

Zutaten in den Mixtopf geben und mixen (2 Sek./Stufe 3). Umfüllen.

Weißer Pizzabelag: 9143

Ferner:

- 1 Knoblauchzehe
- 15 g Rucola
- Reismehl

Backofen (Heißluft) auf 230 °C vorheizen. Etwas Reismehl in eine PerfectClean-Pizzaform (28 cm streuen). Teig in die Form geben und mit den Fingern passend auf die Größe drücken, außerdem einen kleinen Rand hochdrücken. Der Teig ist roh schon mal prima! Den roten Belag darauf verstreichen. Knoblauchzehe abziehen, in dünne Scheiben schneiden und auf dem Tomatenbelag verteilen. Rucola klein schneiden und auf die Pizza streuen. Weißen Belag oben drauf klecksen und mit einem Löffel leicht verstreichen, es muss nicht alles abgedeckt sein.

In den heißen Ofen schieben und 15 Min. backen. Im ausgeschalteten Ofen 5 Min. nachbacken.

Tipp: Der Teig ist sehr gut, könnte weniger süß sein, demnächst würde ich den Honig weglassen. Der weiße Belag ist auch sehr schön, bräunt auch, Konsistenz gut. Ein wenig säuerlicher würde mir gefallen. Eric war sehr angetan.

9148. Rhabarbersirup, Mai 2016

Mehr als 2 Honiggläser; ein Schnellversuch

Im Vitamix 5 Min. auf der Höchststufe laufen lassen:

- 320 g Rhabarber, gewaschen und in Stücke geschnitten
- 32 g Zitronenfleisch
- 150 g Honig (fest)
- 225 g kochendes Wasser

In die Gläser füllen, Schraubdeckel fest zudrehen und Gläser auf den Kopf stellen. Nach dem Abkühlen im Kühlschrank aufbewahren.

9149. Spitzkohl-Reis-Auflauf, Mai 2016

2 Portionen

- 1150 g Wasser für den Mixtopf
- 125 g Vollkorn-Jasminreis
- 25 g getr. Tomaten, in feine Streifen geschnitten
- 300 g Spitzkohl, klein geschnitten
- 35 g Wasser
- 1 kleine Zwiebel, abgezogen und gewürfelt (30 g)

- 1 Knoblauchzehe, abgezogen und in Scheiben
- 1/2 Dose stückige Tomaten (190 g)
- 115 g Standardstützcreme
- 15 g Mandelmus (fertig gekauft)
- 1 TL Salz
- 1 TL Paprika edelsüß
- 1 MS Pfeffer
- 1 Prise Cayennepfeffer
- 1 TL Sonnenblumenöl

Wasser in den Mixtopf geben, Reis in den Gareinsatz einwiegen. Die Tomaten zugeben und vermischen. Im TM garen (36 Min./Varoma/Stufe 2). Spitzkohl in den Varoma geben, wenn die Zeit noch 20 Min. anzeigt, Messbecher herausnehmen und Varoma aufsetzen.

Wasser, Zwiebel und Knoblauchzehe in eine 20-cm-Pfanne geben. Deckel auflegen, auf höchster Einstellung zum Kochen bringen, bis Dampf unter dem Deckel austritt. Auf kleinste Einstellung drehen und 10 Min. dünsten, ohne den Deckel abzuheben. Tomaten hinzufügen, einrühren. Stützcreme, Mandelmus, Salz und Gewürze verrühren und in die Pfanne geben. Unter Rühren aufkochen lassen. Ofen (Heißluft) auf 200 °C vorheizen.

Eine Auflaufform am Boden mit Öl bepinseln. Reis und Spitzkohl in die Form geben, den Pfanneninhalt darüber geben und 20 Min. bei 200 °C überbacken.

9150. Erdanas-Frühstück, Mai 2016

2 x Frühstück

Abends

- 6 EL Acht-Korn-Mischung 11/8775 grob schroten & auf zwei Schüsseln verteilen. Mit insgesamt
- 160 g Wasser übergießen. Mindestens 4 Std.) bei RT

Morgens

- 185 g Erdbeeren, geputzt
- 1 Apfel (200 g)
- 180 g Ananasfleisch
- 20 g Kokosmus
- Einige getr. Gojibeeren

Obst in grobe Stücke teilen und im Hochleistungsmixer pürieren. Auf das Getreide gießen. Mit Kokosmus und Gojibeeren dekorieren.

9151. Kakaoorangeade, Mai 2016

Im Vitamix 2,5 bis 3 Min. auf höchster Stufe schlagen:

- 10 g Kakaonibs
- 20 g Chiasamen
- 2 Medjool-Datteln entsteint (35 g netto)
- 5 g frischer Ingwer
- 25 g gekochte rote Linsen
- 1 TL gem. getr. Zitrusschalen, hier Orangenstaub 11/8663
- auf 500 ml mit Wasser/kochendem Wasser 1:1 auffüllen.

9152. Erdanase auf Gerste, Mai 2016

2 x Frühstück

- 2 EL Leinsamen
- 6 EL Nacktgerste
- 190 g Ananasfleisch
- 1 Banane, geschält (115 g)
- 235 g Erdbeeren, geputzt
- 2 Erdbeeren als Dekoration

Leinsamen mit dem Getreide flocken, auf zwei Schüsselchen verteilen. Das Obst in grobe Stücke teilen und im Hochleistungsmixer pürieren, über das Getreide geben. In die Mitte je eine Erdbeere stecken.

9153. Rotkohlsalat türkisch, Mai 2016

2 Portionen (Hauptmahlzeit). Nach einer Idee aus „Thermomix à la Turka".

- 1 Knoblauchzehe, abgezogen
- 315 g Rotkohl, in Stücken
- 60 g Pastinake, in Stücken
- 60 g Walnusshälften
- 1 gestr. TL Salz
- 10 g Sonnenblumenöl
- 15 g Apfelessig
- 25 g Rhabarbersirup 9147
- 20 g Rucola
- 2 EL Mungbohnensprossen

Knoblauch im Mixtopf zerkleinern (5 Sek./Stufe 7). Rotkohl, Pastinake und Walnusshälften hinzufügen und zerkleinern (3 Sek./Stufe 4,5 bzw. 5).

Salz, Öl, Essig und Rhabarbersirup hinzufügen und mischen (4 Sek./Linkslauf/Stufe 3). Rucola mit einem Messer klein schneiden, auf zwei Schüsseln verteilen. Den Rotkohlsalat darüber geben und mit zwei Löffeln gut mischen. Mungbohnensprossen in die Mitte geben.

Tipp: *Sofort auftragen, weil der Knoblauch sonst bitter werden könnte.*

9154. Spitzkohl-Paprika-Gemüse in E-Soße, Mai 2016

2 Portionen

Als Gemüsepfanne (24 cm) 17 Min.:
- 50 g Wasser
- 1 Zwiebel, abgezogen und gewürfelt (120 g)
- 1 Paprika orange, gewürfelt (190 g netto)
- 230 g Spitzkohl, in Streifen

Soße (mixen, unter das Gemüse rühren und aufkochen):
- 30 g Erdnüsse, geröstet und gesalzen
- 1 TL Salz
- 1-2 MS Pfeffer
- 15 g Apfelessig
- 30 g Apfelmark
- 50 g gekochte rote Linsen
- 75 g Wasser

9155. Auberginen-Zwiebel-Gemüse, Mai 2016

2 Portionen

- 95 + 25 g Kichererbsenkochwasser
- 2 Zwiebeln, geschält und in Halbscheiben geschnitten (170 g)
- 1 Aubergine, klein geschnitten (235 g)
- 20 g Rucola, klein geschnitten
- 50 g gekochte rote Linsen
- 30 g Rhabarbersirup 9147
- 1 TL Salz
- 1 gute Prise Pfeffer
- 10 g Apfelessig
- 20 g Mandelmus
- 275 g gekochte Kichererbsen

95 g Kichererbsenkochwasser, Zwiebeln, Aubergine und Rucola in eine 24-cm-Keramikpfanne geben. Als Gemüsepfanne 15 Min. dünsten.

Linsen, Sirup, Salz, Pfeffer, Essig, Mandelmus und 25 g Kichererbsenkochwasser mit dem Mixer pürieren. Mit den Kichererbsen in die Pfanne geben, unterrühren und erhitzen, bis alles gleichmäßig heiß ist.

9156. Erdbeer-viel-FKG, Mai 2016

2 x Frühstück

Abends s. 9150

Morgens

- 370 g Erdbeeren, geputzt
- 1 Banane, geschält (105 g)
- 20 g Macadamianüsse
- 130 g Ananasfleisch, gewürfelt

Erdbeeren, Banane und Nüsse im Hochleistungsmixer pürieren. Auf das Getreide gießen. Ananaswürfel darüber streuen.

9157. Biskuit Versuch 1, Mai 2016

1 Tortenbodenform

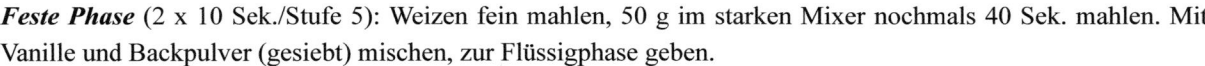

- 80 g Standardstützcreme
- 40 g Apfelmark
- 110 g Ahornsirup
- 1 EL Wasser
- 125 g Weizen
- 1/2 TL gem. Vanille
- 2 geh. TL Backpulver (8-9 g)

Flüssigphase (30 Sek./Stufe 3; 30 Sek./Stufe 4): Stützcreme, Apfelmark, Sirup und Wasser mixen.

Feste Phase (2 x 10 Sek./Stufe 5): Weizen fein mahlen, 50 g im starken Mixer nochmals 40 Sek. mahlen. Mit Vanille und Backpulver (gesiebt) mischen, zur Flüssigphase geben.

Teig in eine Silikon-Obsttortenform geben und möglichst gleichmäßig verstreichen. Ofen auf 160 °C (Heißluft) vorheizen, einschieben und mindestens 30 Min. backen. Wenn er zu kurz gebacken wird, löst er sich nicht aus der Silikonform. Nach 30 Min. klebte er immer noch ein bisschen, demnächst würde ich entweder heißer oder länger backen.

9158. Erdbeertorte, Mai 2016

- 1 Biskuitboden, hier Biskuit Versuch 1, 1957
- 60 g Schokocreme, hier Schokoladensoße Mandel 9094
- 250 g Erdbeeren, geputzt
- Cremeschicht, hier Cremedecke (Sahnealternative) 9146

Kalten Biskuitboden mit der Schokocreme bestreichen. Erdbeeren längs halbieren, dicht an dicht auf die Schokocreme legen. Mit der Cremeschicht bestreichen und kaltstellen.

9159. Schokoladensoße Cashew, Mai 2016

2 Honiggläser; alt: 9094

Im 0,9-Liter-Becher des Vitamix mixen:

- 190 g Ahornsirup
- 50 g Kakao
- 50 g Carob (Rohkost)
- 1 Prise Salz
- 1/2 TL Vanille
- 50 g Cashews
- 50 g gekochte rote Linsen
- 85 g Wasser
- 240 g kochend heißes Wasser

Stößel benutzen, später drin hängen lassen und ca. 3 Min. auf der Höchststufe bzw. bis sich das Geräusch ändert.

9160. Süßkartoffel in Kokossoße, Mai 2016

2 Portionen

- 50 g Kokosraspel
- 200 g + 50 g Wasser (bei mir 150 g Kichererbsenkochwasser)
- 320 g Süßkartoffeln, in Streifen geschnitten
- 10 g Rucola, fein geschnitten
- 1 Knoblauchzehe, abgezogen und in Scheiben (4 g)
- 115 g Ananasfleisch, gewürfelt
- Salz
- 1 TL Essig

Kokosraspeln mit 200 g Wasser mit einem Mixer zu Kokosmilch schlagen (sehr gut hier der Nutrition Mixer). Milch in eine Pfanne gießen, Becher mit 50 g Wasser ausschütteln, ebenfalls in die Pfanne geben. Gemüse hinzufügen. Deckel auflegen, als Gemüsepfanne 15 Min. dünsten, ohne den Deckel abzuheben. Mit Salz und Essig abschmecken, Ananaswürfel zufügen und gut durcherhitzen.

Hinweis: *Bei mir gab es dazu roten Vollkorn-Reis.*

9161. Freitagsdurcheinander-FKG, Mai 2016

2 Portionen; mal ein Versuch, die Mangocreme „einzuarbeiten", auch lecker.

- 6 EL Nackthafer
- 2 EL Leinsamen
- 10 g getr. Ananaswürfel
- 30 g getr. Mango
- 25 g Cashewnüsse
- 280 g Wasser
- 360 g Erdbeeren, geputzt
- 1 Banane, geschält & gedrittelt (135 g)
- 8 Mandeln
- 2 Paranüsse
- 1 TL Kakaonibs

Nackthafer und Leinsamen flocken, auf zwei Schüsseln verteilen. Trockenfrüchte, Cashewnüsse und Wasser im Vitamix zu einer glatten Creme schlagen. Erdbeeren und Bananendrittel hinzufügen, nochmals mixen. Über die Flocken gießen. Mit Nüssen und Kakaonibs dekorieren.

9162. Standardkakao „Linse" mit Erdnuss, Mai 2016

Im Vitamix 2,5 bis 3 Min. auf höchster Stufe schlagen:

- 10 g Kakaonibs
- 20 g Chiasamen
- 2 Medjool-Datteln entsteint
- 5 g frischer Ingwer
- 25 g gekochte rote Linsen
- 30 g Erdnüsse, gesalzen und geröstet
- auf 500 ml mit Wasser/kochendem Wasser 1:1 auffüllen.

9163. Spitzkohl-Ananas-Rohkost, Mai 2016

2 Portionen für den kleinen Appetit

- 30 g Standarddressing, hier Rucola-Haselnussdressing 9134
- 190 g Spitzkohl, grob vorgeschnitten
- 110 g Ananasfleisch, grob gewürfelt
- 25 g Mungbohnensprossen
- 1/2 TL getr. Gojibeeren

Dressing, Spitzkohl und Ananas im Mixtopf zerkleinern (4 Sek./Stufe 4,5). Auf zwei Schüsselchen verteilen, in die Mitte die Sprossen streuen. Mit Gojibeeren dekorieren. Wer es lieber gröber mag, sollte mit Stufe 3,5 probieren.

9164. Haferkekse, Mai 2016

1 Blech, angeregt von einer Idee aus dem Grundkochbuch vom TM5 (Seite 184).

- 110 g gekochte rote Linsen
- 175 g flüssiger Honig
- 120 g Weizen, fein gemahlen
- 120 g Nackthafer, geflockt
- 1/2 TL gem. Vanille
- 1 Prise Salz
- 1 geh. TL Backpulver

Linsen und Honig verrühren (10 Sek./Stufe 2; 30 Sek./Stufe 3). Die trockenen Zutaten mischen, zugeben und einrühren (10 Sek./Stufe 4).

Backofen auf 170 °C (Heißluft) vorheizen. Teigportionen zu je 1 geh. TL vom Teig abstechen, in ca. 2 cm Abstand zu einander auf das Backblech (PerfectClean, oder mit Dauerbackfolie/Backpapier) setzen. Haferkekse 12 Min. backen und 5 Min. im ausgestellten Ofen nachbacken. In einer Plätzchendose aufbewahren.

9165. Varoma-Nudeln, Mai 2016

2 Portionen. Es hat im Gareinsatz deutlich länger gedauert, als ich dachte. Dennoch lecker.

- 180 g Spirelli-Nudeln
- Mixtopf voll Wasser zwischen I und II
- Salz

Nudeln in den Gareinsatz wiegen. Mixtopf mit Wasser füllen, Salz zugeben und Gareinsatz einhängen. 25 Min. garen bei Varoma/Stufe 2. Weil es so klapperte, habe ich teils den Deckel aufgelassen.

9166. Lauchzwiebel-Tomaten-Soße, Mai 2016

2 Portionen (zu Nudeln)

Als Gemüsepfanne (24 cm) 15 Min.:

- 10 g Kokosöl
- 65 g Wasser
- 200 g Lauchzwiebeln, Wurzeln abgeschnitten, in Stücke geschnitten
- 1 Dose Tomaten stückig (400 g)

Soße (mixen, unter das Gemüse rühren und aufkochen):

- 20 g Apfelessig
- 35 g Rhabarbersirup 9148
- 1 TL Salz
- 1 geh. TL Paprika edelsüß
- 1 gute Prise Pfeffer
- 50 g gekochte rote Linsen
- 15 g Mandelmus
- 4 g Agavendicksaft

9167. Lecker-Ananas-FKG, Mai 2016

2 x Frühstück

- 2 EL Leinsamen
- 6 EL Nackthafer
- 1 Banane, geschält (130 g netto)
- 190 g Ananasfleisch
- 1 Apfel (185 g)
- 125 g Blaubeeren

Leinsamen mit dem Getreide flocken, auf zwei Schüsselchen verteilen. Banane, Ananas und Apfel in grobe Stücke teilen und im Hochleistungs-mixer pürieren, über das Getreide geben. Die Blaubeeren darüber streuen.

9168. Standardkakao „Linse" mit Macadamia, Mai 2016

Im Hochleistungsmixer, je nach Gerät, 2,5 bis 3 Min. auf höchster Stufe
schlagen:

- 10 g Kakaonibs
- 20 g Chiasamen
- 2 Medjool-Datteln entsteint
- 5 g frischer Ingwer
- 25 g gekochte rote Linsen
- 25 g Macadamia-Nüsse
- auf 500 ml (Markierung im Becher) mit Wasser/kochendem Wasser 1:1 auffüllen.

Hinweis: Eine Enttäuschung; ich hatte gedacht, mit Macadamias wird es besonders lecker, das ist aber nicht so.

9169. Reis mit Erdnuss, Mai 2016

2 Portionen; Thermomix

- 150 g Vollkorn-Jasminreis
- 50 g Erdnüsse, roh und geschält (Demeterhof Schwab)
- Wasser für den Mixtopf

Reis und Nüsse in den Gareinsatz einwiegen. Mixtopf mit Wasser so
füllen, dass der Wasserstand zwischen I und II liegt. Garen (36 Min./Va-
roma/Stufe 2).

9170. Paprika mit Feldsalat, Mai 2016

2 Portionen

- 50 g Wasser
- 1 mittelgroße Zwiebel, abgezogen und gewürfelt (100 g)
- 1 Knoblauchzehe, abgezogen und in Scheiben (4 g)
- 1 gelbe Paprikaschote, ohne Kerne und Innenwände, klein geschnitten (250 g)
- 75 g Feldsalat, klein geschnitten

Wasser, Zwiebel, Knoblauch und Paprikastücke in eine 24-cm-Pfanne
geben. Als Gemüsepfanne 12 Min. dünsten. Klein geschnittenen Feldsalat zugeben, erneut zum Kochen bringen und weitere 5-6 Min. dünsten.

- 50 g gekochte rote Linsen
- 50 g Stützcreme
- 50 g Wasser
- 1 Stück Essigpeperoni 7/4573
- 1 TL Salz
- 2 Prisen Pfeffer
- 15 g Mandelmus
- 1 TL getr. Thymian

Soßenzutaten mixen, Thymian erst anschließend mit dem Löffel unterrühren, zum Gemüse geben und aufkochen).

Tipp: Bei mir gab es dazu Reis mit Erdnuss.

9171. Sonniges Erdbeerröggelchen, Mai 2016

2 x Frühstück

- 2 EL Leinsamen
- 6 EL Roggen
- 2 EL Sonnenblumenkerne
- 500 g Erdbeeren (geputzt: 465 g)
- 1 Apfel (190 g)
- 145 g Ananasfleisch
- 2 TL Schokosoße, hier Schokoladensoße Cashew 9159

Leinsamen mit dem Getreide flocken, mit den Kernen mischen und auf zwei Schüsselchen verteilen. Erdbeeren putzen, Apfel in grobe Stücke teilen und im Hochleistungsmixer pürieren, über das Getreide geben. Ananas würfeln, auf die Oberfläche streuen und in die Mitte je einen Klecks Schokosoße geben.

9172. Standardkakao „Linse" mit Schokosoße, Mai 2016

Im Hochleistungsmixer, je nach Gerät, 2,5 bis 3 Min. auf höchster Stufe schlagen:

- 10 g Kakaonibs
- 20 g Chiasamen
- 2 Medjool-Datteln entsteint
- 5 g frischer Ingwer
- 25 g gekochte rote Linsen
- 30 g beliebige Schokosoße
- heißes Wasser (ca. 450 g)
- auf 500 ml (Markierung im Becher) mit kochendem Wasser 1:1 auffüllen.

9173. Pizzateig Wildhefe, Mai 2016

2 Portionen

Abends:

- 75 g Wildhefe verrühren mit
- 75 g Weizen, fein gemahlen

Morgens:

- Ansatz vom Vorabend
- 35 g Wasser
- 1 gute Prise Salz
- 10 g Mandelmus
- 125 g Weizen
- etwas Öl für die Form

Hefeansatz mit Wasser, Salz und Mandelmus lösen (1 Min./Stufe 2). Weizen fein mahlen und unterkneten (2,5 Min./Knetstufe). Mit der Hand nachkneten, eine Kugel unter Spannung formen. Bis zum späten Nachmittag in einer geölten Pengschüssel gehen lassen. Nicht mehr falten oder kneten.

9174. Muttis Nusskuchen vegan, Mai 2016

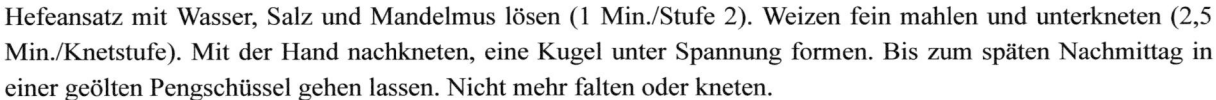

1 Gugelhupfform

Nüsse (im TM mahlen 10 Sek./Stufe 8):

- 300 g Haselnüsse
- 2 bittere Mandeln

Flüssige Phase (30 Sek./Stufe 2; 30 Sek./Stufe 3; 15 Sek./Stufe 4):

- 40 g gekochte rote Linsen
- 40 g Standardstützcreme
- 20 g Apfelmark
- 200 g Ahornsirup
- 150 g Standardpflanzenmilch

Feste Phase (einarbeiten 2 x 10 Sek./Stufe 5):

- 250 g Dinkel, fein gemahlen
- 1 P + 1 TL Weinsteinbackpulver
- Gemahlene Haselnüsse
- Kokosöl für die Form

Vor dem Zugeben in den TM miteinander mischen, Backpulver dafür sieben.

Teig in eine mit Kokosöl eingefettete Gugelhupfform geben. 45 Min. bei 180 °C (Heißluft) backen. Auf ein Gitterrost stürzen und kalt mit Schokoladenguss überziehen (hier 9175).

Tipp: Ist frisch lecker, erschien mir da etwas zu locker. Eventuell statt Linsen/Stützcreme/Pflanzenmilch doch nur Pflanzenmilch nehmen? Ich denke aber, dass er wie alle Formelkuchen mit der Zeit noch besser schmeckt.

9175. Standardschokoguss schnell & süß, vegan, Mai 2016

Reicht für 1 Gugelhupf.

- 40 g Kakaobutter
- 75 g Schokosoße, z. B. Schokoladensoße Cashew 9159
- 15 g Ahornsirup

In einer Pfanne auf kleiner Einstellung (4 von 14, Induktion) schmelzen, mit einem Schneebesen verquirlen und mit einem Pinsel auftragen oder auf den Kuchen gießen (bei flachen Kuchen) und dann mit dem Pinsel verteilen.

9176. Biskuit Versuch 2, Mai 2016

1 Tortenbodenform

- 120 g Standardstützcreme
- 60 g Apfelmark
- 155 g Ahornsirup
- 3 EL Wasser
- 60 g Dinkel
- 60 g Nackthafer
- 1/2 TL gem. Vanille
- 2 geh. TL Backpulver (8-9 g)

Flüssigphase (30 Sek./Stufe 3 30 Sek./Stufe 4):

- Stützcreme, Apfelmark, Sirup und Wasser mixen.

Feste Phase (2 x 10 Sek./Stufe 5):

Weizen fein mahlen. Hafer fein mahlen und im Mixer nochmals 40 Sek. mahlen. Mit Vanille und Backpulver (gesiebt) mischen, zur Flüssigphase geben.

Teig in eine Silikon-Obsttortenform geben und möglichst gleichmäßig verstreichen. Ofen auf 180 °C (Heißluft) vorheizen, einschieben und mindestens 30 Min. backen.

Tipp: *Der Teig war trotz 30 Min. und höherer Temperatur immer noch nicht okay,*

9177. Kokoscreme, Mai 2016

Reicht knapp für einen Tortenboden.

- 150 g Standardstützcreme
- 10 g Mandelmus
- 20 g Ahornsirup
- 50 g Kokosraspel
- 2 g (1 gestr. TL) Flohsamenschalen

Mit einem Teelöffel gut verrühren und auf einen Tortenboden streichen, mit Obst belegen.

9178. Blaubeertorte, Mai 2016

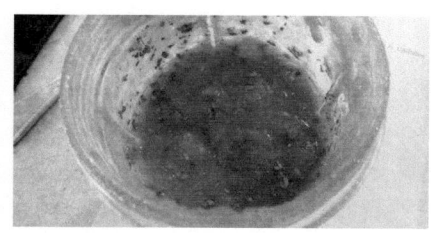

1 Tortenboden

- Biskuitboden, hier Biskuit Versuch 2; 9176
- Creme, hier Kokoscreme 9177
- 250 g Blaubeeren

Creme auf den kalten Boden streichen. Blaubeeren gleichmäßig darauf verteilen und leicht eindrücken.

9179. Roter Pizzabelag Nr. 25, Mai 2016

- 200 g Tomaten aus der Dose, stückig (1/2 Dose)
- 1 gestr. TL Salz
- 1-2 Prisen Pfeffer
- 1 Prise Zimt
- 1/2 TL Honig oder Ahornsirup (4 g)
- 1 geh. TL gerebeltes Basilikum

Zutaten in den Becher des Mixers geben und einmal kurz drehen.

9180. Weißer Pizzabelag Nr. 37, Mai 2016

Für 1 Pizza

Im Mixer:

- 75 g gekochte rote Linsen
- 55 g Standardstützcreme
- 20 g Mandelmus
- 10 g Zitronenfleisch
-
- 30 g Wasser
- 1 gute Prise Salz
- 1 Prise Schabziegerklee

9181. Pizza Spinachi (Wildhefe), Mai 2016

2 Portionen; siehe Grundkochbuch, Seite 198.

- Pizzateig für 28 cm, hier: Pizzateig Wildhefe 9173,
- roter Belag, hier: Roter Pizzabelag Nr. 25; 9179
- Spinatbelag (s.u.)
- Weißer Belag, hier: Weißer Pizzabelag Nr. 37; 9180

Spinatbelag:

- 200 g Babyspinat
- 30 g Wasser
- 1 Prise Salz

Spinat waschen (hier: 2 x im Gareinsatz mit 500 g Wasser, 30 Sek./Stufe 10, nicht erfolgreich, blieb sandig!), Wasser in eine 20-cm-Pfanne gießen. Spinat zugeben. Als Gemüsepfanne 9 Min. dünsten, ohne den Deckel abzuheben. Salz unterrühren. Kochwasser durch ein Sieb abtropfen lassen (kann man weiterverwenden). Abkühlen lassen.

Backofen (Heißluft) auf 230 °C vorheizen. Etwas Reismehl in eine PerfectClean-Pizzaform (28 cm streuen). Teig in die Form geben und mit den Fingern passend auf die Größe drücken, außerdem einen kleinen Rand hochdrücken. Der Teig ist roh ein wenig gummiartig, aber das gibt sich. Den roten Belag darauf verstreichen. Spinat in kleinen Klumpen darauf verteilen. Weißen Belag oben drauf klecksen, es muss nicht alles abgedeckt sein. In den heißen Ofen schieben und 15 Min. backen. Im ausgeschalteten Ofen 5 Min. nachbacken.

Tipp: *Hat uns beiden sehr gut geschmeckt. Ich würde beim nächsten Mal 250 °C versuchen, dafür 13 Min.*

9182. Hidden Bananas, Mai 2016

2 x Frühstück

- 2 EL Leinsamen
- 6 EL Nackthafer
- 15 g Zitronenfleisch
- 475 g geputzte Erdbeeren
- 160 g Ananasfleisch, gewürfelt
- 1 Banane (180 g brutto)
- 20 g Cashewnüsse

Leinsamen mit dem Getreide flocken, auf zwei Schüsselchen verteilen.

Banane schälen, in Scheiben schneiden und auf das Getreide geben. Zitronenfleisch, Erdbeeren und Ananas im Hochleistungsmixer pürieren, über die Bananenscheiben gießen. Mit Cashewnüssen dekorieren.

9183. Standardkakao „Linse" mit Rhabarber, Mai 2016

Im Vitamix ca. 3 Min. auf höchster Stufe:

- 10 g Kakaonibs
- 20 g Chiasamen
- 2 Medjool-Datteln entsteint
- 5 g frischer Ingwer
- 25 g gekochte rote Linsen
- 40 g Rhabarbersirup 9148
- auf 500 ml mit Wasser/kochendem Wasser 1:1 auffüllen.

9184. Erdnussmus gewürzt, Mai 2016

- 90 g Erdnüsse, geröstet und gesalzen
- 510 g Erdnüsse, ungesalzen, ungeröstet, geschält
- 1 EL Ahornsirup
- 2 EL Peperoniessig 7/4573
- 1 EL Sonnenblumenöl

Erdnüsse fein mahlen (5 Min./Stufe 5). Erneut mahlen (5 Min./Stufe 5), dabei nacheinander die übrigen Zutaten zugeben.

9185. Tomatenbutter-Alternative, Mai 2016

Vorläufer: 9019.

- Etwa 50 g Nussmus, hier Erdnussmus gewürzt 9184
- 200 g gekochte Kichererbsen
- 100 g gekochte rote Linsen
- 190 g Tomaten stückig, aus der Dose
- 1 TL Salz
- 1 TL Paprikapulver edelsüß
- 1 gute Prise Pfeffer
- 40 g Kokosöl

Alle Zutaten in den TM geben und zu einer glatten Creme schlagen (15 Sek./Stufe 8; 1 Min./Stufe 5). In Förmchen füllen; abgekühlte Förmchen im Kühlschrank aufbewahren. Die Butteralternative lässt sich auch sehr gut einfrieren. – Fettgehalt: 12 %.

9186. Spargel mit Lauchzwiebel, Mai 2016

2 Portionen

Gemüsepfanne 24 cm (20-25 Min.):

- 70 g Wasser
- 115 g Lauchzwiebeln, gewaschen und in kurze Röhren geschnitten
- 215 g grüner Spargel, in 3-4 cm lange Stücke geschnitten

Soße (mixen, unter das Gemüse rühren und aufkochen):

- 1 TL Salz
- 65 g gekochte rote Linsen
- 35 g Nussmus, hier Erdnussmus gewürzt 9184
- 1-2 Prisen Pfeffer
- 50 g (+ 40 g) Wasser

Becher mit 40 g Wasser nachspülen. Dieses Wasser ebenfalls zum Gemüse geben, verrühren und aufkochen.
Tipp: *Bei mir gab es dazu Jasmin-Vollkornreis.*

9187. Pineberry-FKG, Mai 2016

2 x Frühstück. Mit einer leckeren Ananas ein Hochgenuss!

- 2 EL Leinsamen
- 6 EL Nackthafer
- 15 g Zitronenfleisch
- 135 g gefrorene Beerenmischung
- 150 g Ananasfleisch
- 1 Banane, geschält (140 g)
- 1 Apfel (165 g)
- 10 Macadamianüsse

Leinsamen mit dem Getreide flocken, auf zwei Schüsselchen verteilen. Das Obst, wenn nötig, in grobe Stücke teilen und im Hochleistungsmixer pürieren, über das Getreide geben. Mit den Nüssen dekorieren.

9188. Standardkakao „Linse" mit Linse, Mai 2016

Im Hochleistungsmixer, je nach Gerät, 2,5 bis 3 Min. auf
höchster Stufe schlagen:

- 10 g Kakaonibs
- 20 g Chiasamen
- 2 Medjool-Datteln entsteint
- 5 g frischer Ingwer
- 35-40 g gekochte rote Linsen (statt 25 g)
- auf 500 ml (Markierung im Becher) mit Wasser/kochendem Wasser 1:1 auffüllen.

9189. Gemüsepfanne aus dem Ofen, Mai 2016

Zwei große Portionen

- 340 g geschälte Kartoffeln (waren alt, runzlig und voller Keime)
- ca. 400-425 g Gemüse (hier: 145 g grüner Spargel, 75 g Lauchzwiebel, 1 Paprikaschote (185 g)
- 100 g gekochte rote Linsen
- 100 g Standardstützcreme
- 215 g Wasser (hier: Kichererbsenkochwasser)
- 30 g Nussmus (hier: Erdnussmus gewürzt 9184)
- 1 TL Salz
- Etwas Pfeffer
- 1-2 Prisen Muskat

Kartoffeln grob vorschneiden, im Thermomix zerkleinern (5 Sek./Stufe 4; 5 Sek./Stufe 5) und umfüllen. Grob vorgeschnittenes Gemüse ebenfalls zerkleinern (10 Sek./Stufe 4), mit den Kartoffeln mischen. Linsen, Creme, Wasser, Nussmus, Salz und Gewürze mixen (30 Sek./Stufe 3-4; 20 Sek./Stufe 5 (langsam ansteigend)). Gemüse-Kartoffelmischung in eine 24-cm-Pfanne geben, mit der Creme übergießen. In den kalten Ofen schieben und 30 Min. bei 210 °C (Heißluft) backen. Da war das Essen noch halbroh. Ich habe dann noch 10 Min. bei 235 °C nachgeheizt. Besser, aber immer noch nicht perfekt.

Tipp: Wahrscheinlich sollte man vorheizen und 40 Min. bei 210 °C backen. Geschmacklich war es sehr gut.

9190. Ananasstifte, Mai 2016

2 x Frühstück

Abends:

- 6 EL Acht-Korn-Mischung 11/8775 grob schroten & auf zwei Schüsseln verteilen. Mit insgesamt
- 160 g Wasser übergießen. Abgedeckt über Nacht (mindestens 4 Std.) bei RT stehen lassen.

Morgens:

- 10 g Zitronenfleisch
- 250 g Erdbeeren, geputzt
- 2 Bananen, geschält (220 g)
- 1 Scheibe Ananas, geschält (195 g)

Banane in grobe Stücke teilen und mit den Erdbeeren im Hochleistungsmixer pürieren. Auf das Getreide gießen. Ananas längs in Streifen und dann quer schneiden. Die Hälfte der Scheibe möglichst an einem Stück auf eine Schüssel bringen, mit der zweiten Hälfte die andere Schüssel dekorieren.

Tipp: Das lohnt vor allem, wenn die Ananas so richtig lecker ist.

9191. Standardkakao, Mai 2016

Im Vitamix 3 Min. auf höchster Stufe schlagen:

- 10 g Kakaonibs
- 20 g Chiasamen
- 2 Medjool-Datteln entsteint
- 5 g frischer Ingwer
- 25 gekochte rote Linsen ODER 40 g Stützcreme
- auf 500 ml mit Wasser/kochendem Wasser 1:1 auffüllen.

9192. Gemüsepfanne aus dem Ofen richtig, Mai 2016

Zwei große Portionen

- 315 g geschälte Kartoffeln (waren alt, runzlig und voller Keime)
- ca. 350 g Gemüse (hier: 1 Möhre, 2 Lauchzwiebeln, 1 Stück Spitz-kohl)
- 100 g gekochte rote Linsen
- 100 g Standardstützcreme
- 200 g Wasser (hier: Kichererbsenkochwasser)
- 30 g Nussmus (hier: Erdnussmus gewürzt 9184)
- 1 TL Salz
- Etwas Pfeffer
- 1-2 Prisen Muskat
- 2 Stück Essigpeperoni (9 g) 7/4573
- 10 g Peperoniessig

Kartoffeln grob vorschneiden, im TM zerkleinern (5 Sek./Stufe 5) und umfüllen. Grob vorgeschnittenes Gemüse ebenfalls zerkleinern (10 Sek./Stufe 4; 2 Sek./Stufe 5), mit den Kartoffeln mischen. Linsen, Creme, Wasser, Nussmus, Salz, Gewürze, Peperoni und Essig mixen (30 Sek./Stufe 2-8 (langsam ansteigend, 10 Sek. auf Stufe 8)). Gemüse-Kartoffelmischung in eine 24-cm-Pfanne geben, mit der Creme übergießen. Backofen (Heißluft) auf 210 °C vorheizen und 45 Min. bei 210 °C backen.

Hinweis: *Heute war es sehr gut.*

9193. Schokosoßeneis, Mai 2016

2 Portionen, recht mächtig.

Herstellung im starken Mixer:

- 20 g Apfelmark
- 45 g Standardstützcreme
- 20 g Mandelmus
- 100 g Standardpflanzenmilch
- 15 g Ahornsirup
- 85 g (2 EL) Schokoladensoße, hier Schokoladensoße Cashew 9159

Die Zutaten im kleineren Becher ca. 40 Sek. mixen. Auf zwei Behälter verteilen und mind. 12 Std. in das Tiefkühlfach stellen. Die Rohmasse schmeckt schon mal gut.

9194. Sommerliches Frühstück, Mai 2016

2 x Frühstück

- 2 EL Leinsamen
- 6 EL Nackthafer
- 180 g Erdbeeren, geputzt
- 220 g Ananasfleisch
- 1 Banane, geschält (140 g netto)
- 20 g Walnüsse

Leinsamen mit dem Getreide flocken, auf zwei Schüsselchen verteilen. Das Obst ggf. in grobe Stücke teilen und im Hochleistungsmixer pürie-ren, über das Getreide geben. Walnüsse in die Mitte streuen.

9195. Gerstenmischbrot, Mai 2016

Vorläufer: 8841.

Stufe 1 (12 Std. vorher):

- 350 g Roggen
- 360 g Wasser
- 150 g Sauerteig (Herstellung in älteren Bänden beschrieben)

Roggen fein mahlen, mit Wasser und altem Sauerteig mischen. In einer Plastiktüte über Nacht stehen lassen. 150 g von der Stufe 1 abnehmen und in einem gut schließenden Schraubglas in den Kühlschrank stellen für das nächste Backen.

Abends schon vorbereiten:

- 200 g Dinkel
- 100 g Nacktgerste
- 150 g Roggen
- 1 EL Salz (20 g)
- 75 g Sonnenblumenkerne
- 75 g Leinsamen
- 1 EL Brotgewürz (Brecht)

Getreide fein mahlen, mit den restlichen Zutaten mischen und in einer gut schließenden Plastikdose verwahren.

Stufe 2 (Backen, bei mir am Morgen):

- 1 P Trockenhefe (9 g)
- Getreidemischung vom Vorabend
- 700 g Sauerteigansatz (Herstellung in älteren Bänden beschrieben)
- 400 g Wasser
- 20 g Butter für die Form

Hefe mit der Getreidemischung mischen. Restliche Zutaten (außer der Butter) hinzufügen und mit einem großen Löffel gründlich verrühren, bis kein Mehl mehr sichtbar ist. Eine 30-cm-Brotform, Profi-Email von Dr. Oetker, gut einfetten. Teig hineingeben, mit der nassen Hand herunterdrücken und glattstreichen. Mit einem scharfen Messer rautenförmig einschneiden. Form in eine Plastiktüte geben und knapp 2 Std. 30 Min. gehen lassen. Die Brotform ist dann ganz voll.

Brot in den kalten Ofen schieben und 60 Min. bei 190 °C (Heißluft) backen und 10 Min. im ausgestellten Ofen nachbacken. Das Brot ist nicht mehr viel gegangen.

9196. Completely-Exotic-FKG, Mai 2016

2 x Frühstück

- 30 g getr. Mango
- 10 g getr. Ananaswürfel
- 25 g Cashewnüsse
- 295 g Wasser
- 2 EL Leinsamen
- 6 EL Nackthafer
- 300 g Mangofleisch
- 155 g Ananasfleisch
- 1 Banane, geschält (110 g netto)
- 6 g getr. Maulbeeren

Mango in kleinere Stücke reißen. Mit Cashewnüssen, Ananaswürfeln und Wasser im Vitamix cremig schlagen. Leinsamen mit dem Getreide flocken, auf zwei Schüsselchen verteilen. Mangocreme über das Getreide gießen. Das Obst in grobe Stücke teilen und im Hochleistungsmixer pürieren, über die Mangocreme geben. Mit den Maulbeeren dekorieren.

9197. Eiskakao, Mai 2016

Titel täuscht. Da das Eis missraten ist, kommt es schrittweise in Kakaos.

- 1 Standardkakao 9191
- 45 g Schokosoßeneis, aufgetaut 9193

9198. Maronenkakao, Mai 2016

Im Vitamix ca. 3 Min. auf höchster Stufe schlagen:

- 10 g Kakaonibs
- 20 g Chiasamen
- 2 Medjool-Datteln entsteint
- 5 g frischer Ingwer
- 60 g Schokosoßeneis 9193 (oder Schokoladensoße)
- 20 g getr. Maronen
- auf 500 ml mit Wasser/kochendem Wasser 1:1 auffüllen.

9199. Flammkuchen mit Kräuterseitlingen, Wildhefe, Mai 2016

2 Personen

Teig:

- 200 g Dinkel
- 100 g Wildhefewasser
- 1/2 TL Salz
- 1 Prise schw. gem. Pfeffer
- 1 Prise geriebene Muskatnuss
- 1/2 TL Ahornsirup

Dinkel fein mahlen. 100 g mit dem Wildhefewasser mischen (TM: 1 Min./37 °C/Stufe 1). 100 g Dinkel mit Salz, Pfeffer und Muskatnuss mischen und mit dem Ahornsirup in den Mixtopf geben, kneten (2,5 Min./Knetstufe). Zu einer Kugel unter Spannung formen und in einer Pengschüssel 1 1/4 Std. ruhen lassen.

Teig halbieren (bei mir jede Hälfte 150 g) und passend zu einem Backblech (Streumehl bei mir nicht nötig) zu zwei dünnen Teigzungen ausrollen und auf das Backblech legen.

Flüssiger *Belag*:

- 50 g gekochte rote Linsen
- 50 g Stützcreme
- 20 g Mandelmus
- 10 g Apfelessig
- 1 gestr. TL Salz
- 1-2 Prisen schw. gem. Pfeffer

Belagzutaten mit dem Mixer (kleiner Becher) pürieren.

***Gemüse*belag:**

- 195 g Kräuterseitlinge
- 2 EL Sonnenblumenöl

Kräuterseitlinge in Scheiben schneiden.

Fertigstellung: Backofen (Ober- und Unterhitze) auf 250 °C vorheizen. Belag auf die Teigzungen streichen. Zungen mit Kräuterseitling belegen, Scheiben mit Öl bepinseln. 12 Min. im heißen Ofen backen.

9200. Exotika auf Schrot, Mai 2016

2 x Frühstück

Abends

- 6 EL Acht-Korn-Mischung 11/8775 grob schroten & auf zwei Schüsseln verteilen. Mit insgesamt
- 160 g Wasser übergießen. Mind. 4 Std. bei RT stehen lassen.

Morgens

- 15 g Zitronenfleisch
- 105 g Ananasfleisch
- 1 Banane, geschält (110 g)
- 270 g Mangofleisch von einer Mango
- 1/2 Apfel (95 g)
- 8 g Macadamianüsse

Obst in grobe Stücke teilen und im Hochleistungsmixer pürieren. Auf das Getreide gießen. Mit Nüssen dekorieren.

9201. Tortenguss rot, Mai 2016

Knapp für einen Boden einer Tortenbodenform 28 cm.

- 100 g Erdbeeren
- 15 g Agavendicksaft (1 EL)
- 30 g Wasser
- 1 geh. TL Flohsamenschalen (4 g)

Zutaten im gut durchmixen. Zum Auftragen hätte er noch dünner sein sollen, also mehr Wasser? Das liegt daran, wie steif der Guss wird.

9202. Schweizer Schokoladenkuchen, Mai 2016

Kastenform 30 cm; TM; aus dem Buch „modernes backen" (vergriffen).

Feste Phase (zerkleinert mit einem Löffel verrühren):

- 100 g Mandeln gem.
- 75 g Nackthafer (im Mixer 30 Sek. nachgemahlen)
- 150 g Dinkel, fein gem.
- 1 P Weinstein Backpulver (gesiebt)

Flüssige Phase (30 Sek./Stufe 3; 30 Sek./Stufe 4):

- 130 g Schokoladensoße (hier: 105 g Schokosoßeneis aufgetaut 9193 + 25 g Schokoladensoße Cashew 9159)
- 110 g gekochte rote Linsen (mehr hatte ich nicht, hätten 125 g sein sollen)
- 120 g Agavendicksaft
- 120 g Standardstützcreme
- 60 g Apfelmark
- 50 g Orangeatwürze 11/8688 (oder zerkleinertes Orangeat)
- 1 EL Rum
- Kokosöl für die Form

Feste Phase zur flüssigen Phase geben und vermischen (2 x 10 Sek./Stufe 5; zwischendurch mit dem Spatel nach unten schieben). 30 cm-Kastenform mit Kokosöl einfetten. Ofen (Heißluft) auf 175 °C vorheizen. Teig in die Form geben und 55 Min. bei 175 °C backen.

Hinweis: Meine Kastenform ist breiter als üblich, daher sieht der Kuchen flach aus, obwohl er gegangen ist.

9203. Biskuit: Versuch eines Standards, Mai 2016

1 Tortenbodenform 28 cm

- 180 g Standardstützcreme
- 125 g Agavendicksaft
- 3 EL Wasser
- 60 g Dinkel
- 60 g Nackthafer
- 1/2 TL gem. Vanille
- 2 geh. TL Backpulver (8-9 g)
- Butter für die Form

Flüssigphase (30 Sek./Stufe 3; 30 Sek./Stufe 4): Stützcreme, Dicksaft und Wasser mixen.

Feste Phase (2 x 10 Sek./Stufe 5): Dinkel fein mahlen. Hafer fein mahlen und im Mixer nochmals 30 Sek. mahlen. Mit Vanille und Backpulver (gesiebt) mischen, zur Flüssigphase geben.

Teig in eine mit Butter gefettete Tortenform geben und möglichst gleichmäßig verstreichen. Ofen auf 200 °C (Heißluft) vorheizen, einschieben und 12 Min. backen, 3 Min. im ausgestellten Backofen nachbacken.

Hinweis: Er löste sich sehr gut aus der gefetteten Keramikform. Aber er bekommt immer noch Risse.

9204. Obstkuchen wie konventionell, Mai 2016

- 1 Tortenboden, hier Biskuit: Versuch eines Standards 9203
- Obst zum Belegen, hier: 125 g Heidelbeeren + ca. 250 g Erdbeeren
- 1 Tortenguss, hier Tortenguss rot 9201

Den kalten Boden vom Gitterrost auf eine glatte Fläche ziehen (auf eine Unterlage, die drunter bleiben kann). Mit Obst belegen und den Tortenguss mit einem Löffel auftragen. Im Kühlschrank aufbewahren.

9205. Standardschokoguss schnell & süß, Agave, Mai 2016

Reicht für 1 Gugelhupf.

- 40 g Kakaobutter
- 60 g Schokosoße, z. B. Schokoladensoße Cashew 9159
- 15 g Agavendicksaft (1 EL)

In einer Pfanne auf kleiner Einstellung (4/ 14 Induktion) schmelzen, mit einem Schneebesen verquirlen und mit einem Pinsel auftragen oder auf den Kuchen gießen (bei flachen Kuchen) und dann mit dem Pinsel verteilen.

9206. Grüner Spargel säuerlich, Mai 2016

2 Portionen

Gemüsepfanne (24 cm, 17-18 Min.):

- 70 g Wasser
- 255 g grüner Spargel (Enden abgeschnitten), in 3-4 cm lange Stücke geschnitten
- 30 g Lauchzwiebel (eine), in Ringe geschnitten
- 90 g Kräuterseitlinge, in Scheiben geschnitten

Soße (Mixer):

- 50 g gekochte rote Linsen
- 45 g Stützcreme
- 3 g Zitronensaft
- 15 g Zitronenfleisch
- 1 TL Ras-el-Hanout
- 1 TL Salz
- 50 g Wasser
- 20 g Apfelmark

Soße unter Gemüse rühren. Eventuell etwas köcheln lassen, falls das Essen zu dünnflüssig ist.

Tipp: *Bei uns gab es dazu Vollkorn-Jasminreis.*

9207. Erdbeer-Apfel-FKG, Mai 2016

2 x Frühstück

- 2 EL Leinsamen
- 6 EL Nackthafer
- 15 g Zitronenfleisch
- 250 g Erdbeeren, geputzt
- 1 Apfel (210 g)
- 1 Banane, geschält (110 g)
- 25 g getr. Maulbeeren
- 8 Mandeln
- 2 Paranüsse

Leinsamen mit dem Getreide flocken, auf zwei Schüsselchen verteilen. Das Obst in grobe Stücke teilen und im Hochleistungsmixer pürieren, über das Getreide geben. Mit Maulbeeren, Mandeln und Paranüssen dekorieren.

9208. Standardkakao „Linse" mit Cashew, Mai 2016

Im Hochleistungsmixer, je nach Gerät, 2,5 bis 3 Min. auf höchster Stufe schlagen:

- 10 g Kakaonibs
- 20 g Chiasamen
- 1 EL Agavendicksaft
- 5 g frischer Ingwer
- 25 g gekochte rote Linsen
- 20 g Cashewnüsse
- auf 500 ml (Markierung im Becher) mit Wasser/kochendem Wasser 1:1 auffüllen.

9209. Königskuchen Dr. Oetker, Mai 2016

30-cm-Kastenform; Backen macht Freude, 26. Auflage, 1963, Seite 33.

Feste Phase:

- 400 g grüne Rosinen
- 500 g Dinkel
- 1 P. Weinsteinbackpulver
- 2 TL Natron
- 1/2 TL gem. Vanille
- 1 Prise Salz

Rosinen in eine Rührschüssel geben. Dinkel fein mahlen, hinzufügen. Backpulver (gesiebt), Natron, Vanille und Salz zugeben und alles mit einem Löffel verrühren.

Flüssige Phase:
- 250 g gekochte rote Linsen
- 185 g Agavendicksaft
- 200 g Standardstützcreme
- 100 g Apfelmark
- 2 EL Rum
- 100 g Pflanzenmilch

Im TM alle Zutaten der flüssigen Phase zusammen cremig rühren (30 Sek./Stufe 3; 30 Sek./Stufe 4). Bei dieser großen Menge wären der Vitamix oder eine dritte Rührzeit von 10 Sek./Stufe 5 besser gewesen.

Außerdem:
- 125 g Orangeat
- Kokosöl für die Form

Die flüssige Phase in die Rührschüssel mit der festen Phase gießen und mit einem Handgerät, Rührbesen, mischen, bis der Teig homogen ist. Orangeat hinzufügen und vorsichtig unterziehen. Form mit Kokosöl einfetten, Backofen (Heißluft) auf 175 °C vorheizen. Den Kuchen einschieben und 70 Min. bei 175 °C backen, die letzte Viertelstunde eine Dauerbackfolie auflegen.

Tipp: Den abgekühlten Kuchen evtl. mit Guss überziehen, hier Weißer Guss 9212.

9210. Wildhefe, 2. Verlängerung, Mai 2016
- 100 g Wildhefewasser
- 2,5 getr. Feigen (50 g), in 3 Teile geschnitten
- 1 TL Honig
- Ca. 850 g Wasser

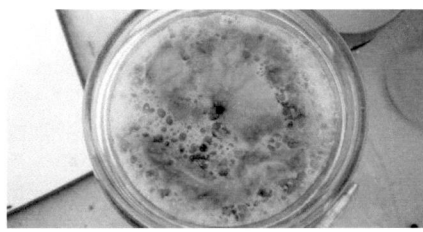

In das Glas geben, Deckel so zudrehen, dass ein bisschen „Luft" reinkommen kann. Ab und an umrühren. Ganz kleine Bläschen zeigen sich bereits abends.

9211. Pizzateig Wildhefe-Hefe, Mai 2016
Die Wildhefe hat hier, das sieht man an der Gehzeit, nur eine Funktion: einen Rest aufbrauchen, damit ich verlängern kann.
- 100 g Kamut
- 125 g Weizen
- 1/2 TL Salz
- 6 g eines Würfels Bio-Hefe
- 103 g Wildhefewasser
- 1 EL Stützcreme (25 g)

Mindestens 2 Std. vorm Servieren: Getreide mischen und fein mahlen, Salz unterrühren. Hefe und Stützcreme in der Wildhefe auflösen (1 Min./37°C/Stufe 1). Mehl hinzufügen und kneten (2,5 Min./Knetstufe). Mit den Händen kurz durchkneten. Teig zur Kugel formen, an einem warmen Ort zugedeckt (d.h. in einer gut bemessenen Pengdose) min. 2-3 Std. ruhen lassen. Wenn der Deckel abspringt, einmal zusammenfalten, die anderen Male einfach den Deckel wieder schließen.

Zum Servieren: Die gewünschten Beläge vorbereiten. Backofen (Heißluft) auf 240 °C vorheizen. Teig wie im Rezept beschrieben ausrollen, belegen und 15 Min. bei 240 °C backen.

9212. Weißer Guss, Mai 2016
- 100 g heiße Standardstützcreme
- 40 g sehr fein geraspelte Kakaobutter
- 1 EL (25 g) Agavendicksaft

Alle Zutaten im Vitamix gut durchmixen.

9213. Roter Pizzabelag Nr. 26, Mai 2016

Mit einem Löffel verrühren:

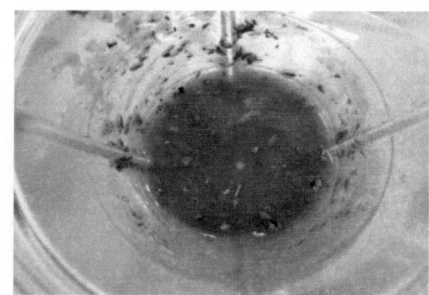

- 20 g Tomatenmark
- 1 Prise Salz
- 1 gestr. TL Paprika edelsüß
- 1 Prise Pfeffer
- 1 geh. TL gerebeltes Basilikum
- 1 TL Apfelessig
- 3 g Agavendicksaft

9214. Weißer Pizzabelag Nr. 38, Mai 2016

Für 1 Pizza, 28 cm = 2 Portionen

Im Mixer:

- 75 g gekochte rote Linsen
- 55 g Standardstützcreme
- 20 g Mandelmus
- 3 g Senf
- 1 TL Essig
- 35 g Wasser
- 1 gute Prise Salz
- 1 Prise Schabziegerklee

9215. Spargelpizza, Mai 2016

28 cm Form; 2 Portionen

- 1 Pizzateig, hier Pizzateig Wildhefe-Hefe 9211
- 1 roter Pizzabelag, hier Roter Pizzabelag Nr. 9123
- 1 Spargelbelag (s. unten)
- 1 weißer Pizzabelag, hier Weißer Pizzabelag Nr. 9214

Spargelbelag

- 2 EL Wasser
- 150 g grüner Spargel, Enden abgeschnitten
- 50 g Lauchzwiebel, Wurzelende abgeschnitten

Spargel in schräge Scheiben schneiden, Lauchzwiebel in schräge Röhr-chen schneiden. Zutaten in der angegebenen Reihenfolge in eine 24-cm-Pfanne geben. Als Gemüsepfanne 5 Min. dünsten.

Pizzafertigstellung: Backofen (Heißluft) auf 240 °C vorheizen. Pizza-teig in eine mit Reismehl ausgestreute 28-cm-Pizzaform geben und mit den Händen auseinanderdrücken, sodass sich ein kleiner Rand hoch-schiebt. Die rote Soße darauf gießen und mit einem Pinsel verteilen. Der Rand wird mit eingepinselt. Spargelbelag darauf verteilen. Kurz bevor die gewünschte Temperatur erreicht ist, den weißen Belag mit einem Löffel auf dem Spargel verteilen, es muss nicht alles abgedeckt sein. In den heißen Ofen schieben und 15 Min. bei 240 °C backen.

Hinweis: *Die Wildhefe hatte hier nur eine „Aufbrauchfunktion"; sie hat meiner Meinung nach aber auch „ge-arbeitet". Der Teig war anders, knuspriger.*

9216. Standardkakao „Linse" mit Peperoni, Mai 2016

Im Vitamix 3 Min. auf höchster Stufe schlagen:

- 10 g Kakaonibs
- 20 g Chiasamen
- 1 EL Agavendicksaft
- 5 g frischer Ingwer
- 25 g gekochte rote Linsen
- 1 g Peperoni (frisch)
- auf 500 ml (Markierung im Becher) mit Wasser/kochendem Wasser 1:1 auffüllen.

9217. Zitriges Mango-FKG, Mai 2016

2 x Frühstück

- 2 EL Leinsamen
- 4 EL Nackthafer
- 2 EL Nacktgerste
- 20 g Zitronenfleisch
- 300 g Mangofleisch
- 1 Banane, geschält (90 g)
- 1 mittelgroßer Apfel (200 g)
- 8 Mandeln
- 8 Haselnüsse
- 2 Paranüsse
- 1 TL getr. Gojibeeren

Leinsamen mit dem Getreide flocken, auf zwei Schüsselchen verteilen. Das Obst in grobe Stücke teilen und im Hochleistungsmixer pürieren, über das Getreide geben. Mit Nüssen und Gojibeeren dekorieren.

9218. Biskuit Versuch eines Standards Nr. 2, Mai 2016

1 Tortenbodenform 28 cm

- 180 g Standardstützcreme
- 125 g Agavendicksaft
- 3 EL Wasser
- 60 g Dinkel
- 60 g Nackthafer
- 1/2 TL gem. Vanille
- 2 geh. TL Backpulver (8-9 g)
- Butter für die Form

Flüssigphase (im Mixer 30 Sek., hochstehendes Messer): Stützcreme, Dicksaft und Wasser mixen.

Feste Phase (mit dem Handrührgerät): Dinkel fein mahlen. Hafer fein mahlen und im Mixer nochmals 2 x 15 Sek. mahlen. Mit Vanille und Backpulver (gesiebt) mischen, zur Flüssigphase geben. Mit den Rührbesen gründlich einarbeiten.

Teig in eine mit Butter gefettete Tortenform geben und möglichst gleichmäßig verstreichen. Ofen auf 200 °C (Heißluft) vorheizen, einschieben und 15 Min. backen.

Hinweis: *Er löste sich sehr gut aus der gefetteten Keramikform. Aber der Teigrand hat sich fast abgetrennt.*

9219. Tortenguss hell, Mai 2016

Reichlich für einen Boden einer Tortenbodenform 28 cm.

- 40 g Ananas
- 25 g Agavendicksaft (1 EL)
- 70 g Wasser (besser: 40 g)
- 1 geh. TL Flohsamenschalen (6 g)

Alle Zutaten im kleinen Mixer gut durchmixen.

9220. Ananastorte, Mai 2016

- 1 Tortenboden, hier Biskuit Versuch eines Standards Nr. 2; 9218
- 75 g Schokosoße, hier Standardschokoguss schnell & süß, vegan 9205
- Ca. 320 g Ananas brutto
- 1 heller Tortenguss, hier Tortenguss hell 9219

Den Tortenboden auf eine glatte Fläche legen, auf der er auch liegen bleiben kann (z. B. eine Kuchentransportform). Mit der Schokosoße bestreichen. Ananas in ca. 5 cm breite Scheiben schneiden, diese wiederum in Würfel. Den Tortenboden damit belegen. Es bleiben 40 g Ananas netto übrig (gut für den Guss). Mit Guss begießen (mit einem Esslöffel) und im Kühlschrank fest werden lassen.

9221. Risi Bisi Nuovo, Mai 2016

2 Portionen

- 110 g Vollkorn-Jasminreis
- Wasser zum Kochen
- 95 g Wasser für die Gemüsepfanne
- 35 g Lauchzwiebel, in Ringe geschnitten
- 210 g Kartoffeln, netto (wegen der schlechten Qualität, leider geschält), in Scheiben
- 90 g Süßkartoffel, in Scheiben
- 1 gestr. TL Salz
- 1-2 Prisen Pfeffer
- 1 EL Sonnenblumenöl

Jasminreis mit Wasser kochen (bei mir im TM, 36 Min./Varoma/Stufe 2). 95 g Wasser, Zwiebeln und beide Kartoffelsorten in eine 24-cm-Pfanne geben. Als Gemüsepfanne 16 Min. dünsten. Salzen, pfeffern und Öl unterrühren (vorsichtig, die Kartoffeln zerfallen sonst eventuell). Zum Schluss den Reis unterheben.

9222. Mango unter Ananasdach, Mai 2016

2 x Frühstück

- 2 EL Leinsamen
- 4 EL Nackthafer
- 2 EL Nacktgerste
- 1 Mango, geschält und entkernt (285 g)
- 2 Bananen, geschält (150 g)
- 1 Apfel (105 g)
- 140 g Ananasfleisch
- 15 g Walnusskerne

Leinsamen mit dem Getreide flocken, auf zwei Schüsselchen verteilen. Mango, Bananen und Apfel in grobe Stücke teilen und im Hochleistungsmixer pürieren, über das Getreide geben. Ananas würfeln, auf der Oberfläche verteilen. In die Mitte Walnusskerne geben.

9223. Fermentierter Kakao, Mai 2016

Im Vitamix 3 Min. auf höchster Stufe schlagen:

- 10 g Kakaonibs
- 20 g Chiasamen
- 2 Medjool-Datteln entsteint (40 g netto)
- 60 g fermentierte Feigen (aus einer Wildhefezubereitung)
- 5 g frischer Ingwer
- 4 g frische Peperoni
- auf 500 ml (Markierung im Becher) mit Wasser/kochendem Wasser 1:1 auffüllen.

9224. Kartoffel-Dhal, Mai 2016

2 Portionen

- 210 g Wasser (hier: Reis- und Kichererbsenkochwasser)
- 100 g rote Linsen
- 1 größere Zwiebel, abgezogen und klein geschnitten (145 g)
- 2 Knoblauchzehen, abgezogen und in Scheiben (5 g)
- 200 g Kartoffeln, geschält (alt) und in Scheiben
- 100 g Tiefkühlerbsen
- 1 TL Salz
- 1 Prise Pfeffer
- 1 Prise Kreuzkümmel
- 1/2 TL Ras-el-Hanout
- 1 EL Sonnenblumenöl

Wasser, Linsen, Zwiebel, Knoblauch und Kartoffeln in eine 24-cm-Pfanne geben. Als Gemüsepfanne 20 Min. dünsten. Erbsen unterziehen, würzen und Öl einrühren, nochmals gut erhitzen.

9225. Mangocreme in der Woche-FKG, Mai 2016

2 Portionen

- 2 EL Leinsamen
- 4 EL Nackthafer
- 2 EL Roggen
- 255 g Mangofleisch
- 1 Banane, geschält (90 g)
- 1 Apfel (180 g)
- 20 g Cashewnüsse
- 20 g Zitronenfleisch
- 130 g Heidelbeeren

Leinsamen mit dem Getreide flocken, auf zwei Schüsselchen verteilen. Mango, Banane und Apfel in grobe Stücke teilen und mit dem Zitronenfleisch und den Cashewnüssen im Hochleistungsmixer pürieren, über das Getreide geben. Mit Heidelbeeren bestreuen.

9226. Standardkakao „Linse" mit Peperoni Version 2, Mai 2016

Im Hochleistungsmixer, je nach Gerät, 2,5 bis 3 Min. auf höchster Stufe schlagen:

- 10 g Kakaonibs
- 20 g Chiasamen
- 2 Datteln Medjool
- 5 g frischer Ingwer
- 25 g gekochte rote Linsen
- 3 g Peperoni (frisch)
- auf 500 ml (Markierung im Becher) mit Wasser/kochendem Wasser 1:1 auffüllen.

9227. Porree-Tomaten mit Nudeln, Mai 2016

2 Portionen

- 200 g Vollkorn-Spiralnudeln garen (z. B. im Thermomix/Varoma garen).

Gemüse als Gemüsepfanne (24 cm, 15 Min.):
- 85 g Wasser
- 260 g Porree, geputzt, in Ringen
- 165 g Tomaten (2 Stück), gewürfelt

Soße (mixen, unter das Gemüse rühren und aufkochen):
- 30 g Nussmus, hier Erdnussmus gewürzt 9184
- 15 g gekochte rote Linsen
- 65 g Stützcreme
- 15 g Zitronenfleisch
- 2 g frische Peperoni
- 1 TL Salz

9228. Apfel mit Ananas-Deko, Mai 2016

2 x Frühstück

- 2 EL Leinsamen
- 6 EL Nackthafer
- 15 g Zitronenfleisch
- 3 Äpfel (465 g)
- 140 g Ananasfleisch, gewürfelt
- 30 g Cashewnüsse

Leinsamen mit dem Getreide flocken, auf zwei Schüsselchen verteilen.

Äpfel in grobe Stücke teilen und im Hochleistungsmixer pürieren, über das Getreide geben. Mit Ananaswürfeln bestreuen, in die Mitte einige Cashewnüsse geben.

9229. Standardkakao „Creme" mit Peperoni, Mai 2016

Im Hochleistungsmixer, je nach Gerät, 2,5 bis 3 Min. auf höchster Stufe schlagen:

- 10 g Kakaonibs
- 20 g Chiasamen
- 2 Datteln Medjool
- 5 g frischer Ingwer
- 40 g Standardstützcreme
- 4 g Peperoni (frisch)
- auf 500 ml (Markierung im Becher) mit Wasser/kochendem Wasser 1:1 auffüllen.

9230. Gemüsepfanne à la Thai, Mai 2016

2 Portionen

Für die Soße:

- 30 g Erdnussmus, hier Erdnussmus gewürzt 9184
- 10 g Ahornsirup
- 30 g Tamari oder Sojasoße
- 2 TL Apfelessig (10 g)
- 30 g Wasser
- 50 g Mungbohnenkeimlinge
- 15 g Reismehl

Nussmus, Sirup, Tamari, Apfelessig und Wasser im TM lösen (30 Sek./Stufe 2; 1 Min./37°C/Stufe 2). Mungbohnenkeimlinge und 15 g Reismehl unterrühren (30 Sek./Linkslauf/Stufe 2) und die Soße umfüllen.

Gemüse:

- 150 g Porree, gewaschen und ohne Enden
- 1 Knoblauchzehe, abgezogen (4 g)
- 7 g Ingwer, ungeschält
- 225 g Kartoffeln, unter fließendem Wasser gewaschen und grob vorgeschnitten
- 200 g Süßkartoffeln

Weiterhin gebraucht:

- 20 g Kokosöl
- 50 g + 100 g Wasser
- 1 gute Prise Salz
- 1 geh. EL Erdnüsse, gesalzen und geröstet

Porree, grob vorgeschnitten, mit Knoblauch und Ingwer zerkleinern (6 Sek./Stufe 5), umfüllen. Kartoffeln kleinschneiden (6 Sek./Stufe 4), umfüllen. Süßkartoffel grob vorschneiden und ebenfalls zerkleinern (5 Sek./Stufe 5). 20 g Kokosöl und 50 g Wasser in einer 24-cm-Pfanne erhitzen. Die Porreemischung hinzugeben und umrühren. Als Gemüsepfanne 5 Min. dünsten, ohne den Deckel abzuheben. Nun die Kartoffelstücke zugeben, gleichmäßig verteilen und erneut Deckel auflegen, auf höchster Einstellung zum Kochen bringen, bis Dampf unter dem Deckel austritt. Auf kleinste Einstellung drehen und 5 Min. dünsten, ohne den Deckel abzuheben. Süßkartoffeln, Soße und 100 g Wasser unterrühren, Deckel auflegen, auf höchster Einstellung zum Kochen bringen, bis Dampf unter dem Deckel austritt. Auf kleinste Einstellung drehen und 10 Min. dünsten, ohne den Deckel abzuheben. Salz unterrühren. Auf zwei Teller verteilen und mit Erdnüssen bestreuen.

9231. Unsupported cocoa with macadamia, Mai 2016

Im Hochleistungsmixer, je nach Gerät, 2,5 bis 3 Min. auf höchster Stufe schlagen:

- 10 g Kakaonibs
- 20 g Chiasamen
- 2 Datteln Medjool
- 5 g frischer Ingwer
- 20 g Macadamianüsse
- auf 500 ml (Markierung im Becher) mit Wasser/kochendem Wasser 1:1 auffüllen.

9232. Blueberry Mangomountain, Mai 2016

2 x Frühstück

- 30 g getr. Mango
- 10 g getr. Ananaswürfel
- 25 g Cashewnüsse
- 285 g Wasser
- 2 EL Leinsamen
- 6 EL Nackthafer
- 275 g Mangofleisch
- 1 Apfel (210 g)
- 60 g Blaubeeren

Mango in kleinere Stücke reißen. Mit Cashewnüssen, Ananaswürfeln und Wasser im Vitamix cremig schlagen. Leinsamen mit dem Getreide flocken, auf zwei Schüsselchen verteilen. Mangocreme über das Getreide gießen. Mango und Apfel in grobe Stücke teilen und im Hochleistungsmixer pürieren, über die Mangocreme geben. Mit den Blaubeeren dekorieren.

9233. Klarer Tortenguss, Mai 2016

Nach 15 Min. ist der Guss etwas visköser und bleibt auch auf dem Obst liegen.

- 4 g Flohsamenschalen
- 40 g Agavendicksaft
- 13 g Zitronensaft
- 50 g Wasser

Im kleinen Mixer verquirlen.

9234. Fruchtquark-Alternative, Mai 2016

- 50 g + 250 g Standardstützcreme
- 50 g Agavendicksaft
- 100 g Obst, hier: Heidelbeeren
- 2 TL Flohsamenschalen = 6 g

50 g Stützcreme, Agavendicksaft und Obst im kleinen Mixer, hochstehendes Messer, verquirlen. Flohsamenschalen zugeben, möglichst lange mixen. Zur restlichen Stützcreme geben und mit einem Schneebesen gut vermengen.

9235. Knetteig 1. Versuch, Mai 2016

Für eine 26-cm-Springform

- 210 g Dinkel
- 50 g Agavendicksaft
- 100 g Stützcreme
- 25 g gekochte rote Linsen

Dinkel fein mahlen. Dicksaft, Creme und Linsen im kleinen Mixer, hochstehendes Messer, möglichst fein schlagen. Mit dem Dinkel verkneten.

Fazit: *Ich bin nicht sonderlich beeindruckt. Einmal ist es für die geplante Torte zu dick bzw. die Biskuitschicht ist zu dünn. Dann ist der Teig zwar nicht direkt gummiartig, aber eben auch nicht mürbe. Würde es helfen, wenn er im Kühlschrank ruht vor dem Backen?*

9236. Standardstützcreme groß, Mai 2016

Im Vitamix 3 Min. auf Höchststufe:

- 100 g Rundkornnaturreis oder Vollkorn-Basmatireis
- 75 g gekochte rote Linsen
- 50 g Cashewnüsse
- 700 g Wasser, halb Raumtemperatur, halb kochend

9237. Blaubeertorte mit Fruchtquark, Mai 2016

26-cm-Springform

- 1 Knetteig, hier Knetteig süß, 1. Versuch 9235
- 1 Biskuit, hier Haferbiskuit 9237
- 1 Cremeschicht, hier Fruchtquark-Alternative 9234
- 270 g Heidelbeeren
- 1 Tortenguss, hier Klarer Tortenguss 9233

Springformboden mit Backpapier überspannen und schließen. Knetteig auf dem Boden ausrollen. Ofen (Heißluft) auf 190 °C vorheizen, Form einschieben und 5 Min. bei 190 °C backen. Biskuitteig darauf verteilen, in den Ofen schieben. Auf 200 °C stellen und 12 Min. backen, 3 Min. im ausgestellten Ofen nachbacken. Auskühlen lassen, vorsichtig den Teig vom Rand lösen und Rand abnehmen. Cremeschicht darauf verstreichen, Heidelbeeren darauf verteilen. Tortenguss über die Heidelbeeren geben und in den Kühlschrank stellen.

Fazit: Mäßiger Erfolg, siehe Knetteig. Am nächsten Tag ist der Teig unten zwar immer noch zu fest, aber der Geschmack ist bestens.

9238. Haferbiskuit, Mai 2016

Als zweite Schicht für eine 26-cm-Springform

- 120 g Stützcreme
- 50 g Agavendicksaft
- 2 EL Wasser
- 70 g Nackthafer
- 1 TL Backpulver

Stützcreme, Agavendicksaft und Wasser im kleinen Mixer verquirlen. Hafer fein mahlen und mit Backpulver mischen. Mit den Rührbesen des Handrührgeräts verrühren. Backen: 12 Min. im auf 200 °C (Heißluft) vorgeheizten Ofen.

Fazit: Der Mischbiskuit schmeckt mir besser.

9239. Zucchini-Knoblauch-Suppe, Mai 2016

2 Portionen

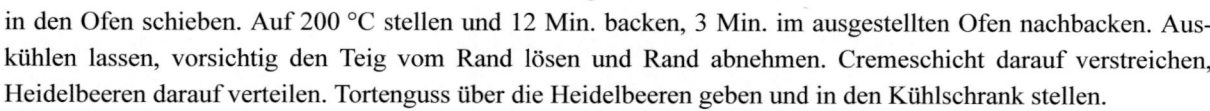

- 1 Zucchini (290 g)
- 1 größere Zwiebel, geschält (120 g)
- 30 g frische Knoblauchzehen (Frühjahrsknoblauch), abgezogen
- 500 g Wasser
- 15 g Zitronenfleisch
- 70 g gekochte rote Linsen
- 30 g Nussmus, hier Erdnussmus gewürzt 9184
- 1 TL Salz
- 1 gute Prise Pfeffer
- 1 geh. TL gerebbelter Basilikum

Zucchini und Zwiebel grob vorschneiden. Mit dem Knoblauch in den Mixtopf geben und zerkleinern (5 Sek./Stufe 5). Wasser hinzufügen und kochen (15 Min./100 °C/Stufe 2). Zitronenfleisch im kleinen Mixer zerschlagen, mit Linsen, Nussmus, Salz, Pfeffer und Basilikum zur heißen Suppe geben und gut mixen (20 Sek./Stufe 9; langsam hochdrehen). Auf zwei Schüsseln verteilen.

9240. Weich-Ei-FKG, Mai 2016

2 x Frühstück

- 6 EL Nackthafer
- 1 kleine Banane, geschält (75 g)
- 1 Apfel (190 g)
- 255 g Erdbeeren, geputzt
- 20 g Macadamianüsse
- 130 g Heidelbeeren

Getreide schroten (Stufe 3-4/9; Hawos Novum), auf zwei Schüsselchen verteilen. Banane und Apfel in grobe Stücke teilen und mit den Erdbeeren und den Nüssen im Hochleistungsmixer pürieren, über das Getreide geben. Heidelbeeren in die Mitte streuen.

9241. Standardkakao „Linse" mit Erdnuss intensiv, Mai 2016

Im Hochleistungsmixer, je nach Gerät, 2,5 bis 3 Min. auf höchster Stufe schlagen:

- 12 g Kakaonibs
- 20 g Chiasamen
- 2 Medjool-Datteln entsteint
- 5 g frischer Ingwer
- 20 g gekochte rote Linsen
- 40 g Erdnüsse, gesalzen und geröstet
- auf 500 ml (Markierung im Becher) mit Wasser/kochendem Wasser 1:1 auffüllen.

9242. Knetteig süß 2. Versuch, Mai 2016

Für eine 20-cm-Springform

- 95 g Dinkel, fein gemahlen
- 10 g Rundkorn-Naturreis, fein gemahlen
- 1 gute Prise Natron
- 25 g Honig
- 25 g Mandelmus (gekauft)
- 25 g Stützcreme
- 10 g gekochte rote Linsen

Trockene Zutaten mischen. Die anderen Zutaten mit einem Löffel gut verrühren. Miteinander verkneten. Zu einer Kugel formen und mind. 1 Std. in einer Pengschüssel in den Kühlschrank stellen.

Veränderungen: *Halbe Mengen; Teil des Mehls durch Reis ersetzt, um es mürber zu machen; Natron (oder Backpulver) hinzugefügt, damit der Teig auch ein wenig geht; Honig statt Agavendicksaft, dem messe ich keine Bedeutung zu; Mandelmus ersetzt Hälfte der Stützcreme, um einen kleinen Fettanteil zu bekommen.*

9243. Biskuit mit Gerste für 2 Eier, Mai 2016

Als zweite Schicht für eine 20-cm-Springform

- 120 g Stützcreme
- 50 g flüssiger Honig
- 3 EL Pflanzenmilch
- 35 g Nacktgerste
- 35 g Dinkel
- 1 TL Weinsteinbackpulver

Stützcreme, Honig und Pflanzenmilch im kleinen Mixer verquirlen. Gerste fein mahlen, im Mixer nachmahlen. Dinkel fein mahlen. Getreide mit Backpulver mischen. Mit den Rührbesen des Handrührgeräts verrühren. Backen: 12 Min. im auf 200 °C (Heißluft) vorgeheizten Ofen.

9244. Fruchtquark-Alternative Honigvariante, Mai 2016

- 50 g + 250 g Standardstützcreme
- 50 g dünnflüssiger Honig
- 40 g Obst, hier: Heidelbeeren
- 2 TL Flohsamenschalen = 7 g

50 g Stützcreme, Honig und Obst im kleinen Mixer, hochstehendes Messer, verquirlen. Flohsamenschalen zugeben, möglichst lange mixen. Zur restlichen Stützcreme geben und mit einem Schneebesen gut vermengen.

9245. Zucchini-Knoblauch-Suppe Variante, Mai 2016

2 Portionen

- 1 Zucchini (295 g)
- 1 größere Zwiebel, geschält (110 g)
- 3 große frische Knoblauchzehen (Frühjahrsknoblauch), abgezogen (25 g)
- 500 g Wasser
- 20 g Zitronenfleisch
- 70 g gekochte rote Linsen
- 30 g Nussmus, hier Erdnussmus gewürzt 9184
- 1 TL Salz
- 1 gute Prise Pfeffer
- 5-6 g frischer Basilikum, etwas vorgeschnitten

Zucchini und Zwiebel grob vorschneiden. Mit dem Knoblauch in den Mixtopf geben und zerkleinern (5 Sek./Stufe 5). Wasser hinzufügen und kochen (15 Min./100 °C/Stufe 2). Zitronenfleisch mit Nussmus, Salz, und Pfeffer im kleinen Mixer zerschlagen, Basilikum zugeben, nochmal mixen. Den Inhalt des Bechers zur heißen Suppe geben, Becher mit ca. 30 g Wasser nachspülen, ebenfalls in den Mixtopf geben und gut mixen (20 Sek./Stufe 10; langsam hochdrehen). Auf zwei Schüsseln verteilen. Mit frischem Basilikum dekorieren.

9246. Blaubeertorte mit Fruchtquark ohne Tortenguss, Mai 2016

20-cm-Springform

- 1 Knetteig, hier Knetteig süß, 2. Versuch 9242
- 1 Biskuit, hier Biskuit, mit Gerste, für 2 Eier 9243
- 1 Cremeschicht, hier Fruchtquark-Alternative, Honigvariante 9244
- 275 g Heidelbeeren

Springformboden mit Backpapier überspannen und schließen. Knetteig auf dem Boden ausrollen. *Das war schwierig, da der Teig kalt aus dem Kühlschrank kam. Ich würde ihn demnächst erst ausrollen und dann in den Kühlschrank geben.*

Ofen (Heißluft) auf 200 °C vorheizen, Form einschieben und 5 Min. bei 200 °C backen, 2 Min. im ausgestellten Ofen nachbacken. Biskuitteig darauf verteilen, in den Ofen schieben. Auf 200 °C stellen und 12 Min. backen, 3 Min. im ausgestellten Ofen nachbacken. Auskühlen lassen, vorsichtig den Teig vom Rand lösen und Rand abnehmen. Heidelbeeren darauf verteilen. Cremeschicht über die Heidelbeeren geben und in den Kühlschrank stellen.

Der Biskuit ist nicht sehr schön geworden, ich sollte bei der bewährten Mischung bleiben. Er ist ein bisschen wie Knetgummi. Dafür ist der Knetteig schöner, wenn auch noch nicht perfekt. Ich habe ja konsequent Honig genommen statt Agavendicksaft, das ist deutlich weniger süß.

9247. Haferpuder unter Mango, Mai 2016

2 x Frühstück

- 6 EL Nackthafer
- 260 g Erdbeeren, geputzt
- 285 g Mangofleisch
- 1 Banane, geschält (80 g)
- 65 g Blaubeeren

Hafer mahlen, auf zwei Schüsselchen verteilen. Erdbeeren sowie Mango und Banane (in groben Stücken) im Hochleistungsmixer pürieren, über das Getreide geben. Mit Blaubeeren bestreuen.

9248. Kakao leer mit Haselnüssen, Mai 2016

Leer bedeutet: Standardkakao ohne Creme oder Linsen.

Im Hochleistungsmixer, je nach Gerät, 2,5 bis 3 Min. auf höchster Stufe schlagen:

- 10 g Kakaonibs
- 20 g Chiasamen
- 2 Medjool-Datteln entsteint (35 g netto)
- 5 g frischer Ingwer
- 20 g Haselnüsse
- auf 500 ml (Markierung im Becher) mit Wasser/kochendem Wasser 1:1 auffüllen.

9249. Gerstenwildhefebrot (2016/13), Mai 2016

Vorläufer: 9195

Am Abend:

- 300 g Dinkel
- 300 g Wildhefewasser

Dinkel fein mahlen und mit Wildhefe mischen. In einer Pengschüssel in einer großen Plastiktüte über Nacht stehen lassen.

Am Morgen:

- 200 g Dinkel
- 100 g Nacktgerste
- 150 g Roggen
- 1 EL Salz (20 g)
- 75 g Sonnenblumenkerne
- 75 g Leinsamen
- 1 EL Brotgewürz (Brecht)
- 400 g Wasser
- 20 g Butter für die Form

Getreide fein mahlen, mit den restlichen trockenen Zutaten mischen. Restliche Zutaten (außer der Butter) hinzufügen und mit einem großen Löffel gründlich verrühren, bis kein Mehl mehr sichtbar ist. Eine 30-cm-Brotform, Profi-Email von Dr. Oetker, gut einfetten. Teig hineingeben, mit der nassen Hand herunterdrücken und glattstreichen. Mit einem Spatel eine Längslinie ziehen. Form in eine Plastiktüte geben und knapp 7 Std. gehen lassen. Der Teig ist wenig gegangen. Brot in den kalten Ofen schieben und 55 Min. bei 200 °C (Heißluft; Klimagaren, 1 Auto) backen und 10 Min. im ausgestellten Ofen nachbacken. Das Brot ist nicht mehr viel gegangen.

9250. Standardstützcreme ohne Linsen minus Cashew, Mai 2016

Im Hochleistungsmixer bis zum Stocken schlagen:

- 115 g Rundkorn- oder Basmatinaturreis
- 45 g Cashewnüsse
- 700 g Wasser, halb Raumtemperatur, halb kochend

Hinweis: *Ist einfacher, da ich nicht auf Linsen „warten" muss, falls ich mal keine parat habe. Im Nachtisch prima, im Kuchen (Biskuit für Tiramisu) war sie auch prima mit 50 g Nüssen. Ich habe die Cashewmenge um 5 g reduziert. Ich möchte auf 25 g Nüsse für diese Menge kommen, will es aber lieber schrittweise versuchen.*

9251. Standard-Pflanzenmilch zu 9281, Mai 2016

Im Vitamix ca. 1 Min. laufen lassen:

- 150 g Standardstützcreme ohne Linsen minus Cashew (Rest im Becher)
- 450 g heißes Wasser

9252. Marmorkuchen klassisch, Mai 2016

Altes Dr. Oetker-Rezept, nach Formel (s. Vorwort; mit kleinen Änderungen, d. h. mehr Feuchtigkeit).

- 250 g gekochte rote Linsen
- 225 g + 2 EL Agavendicksaft
- 160 g Stützcreme
- 80 g Apfelmark
- 2 EL Rum
- 125 g + 4 EL Standardpflanzenmilch
- 500 g Weizen
- 1 P. Weinsteinbackpulver
- 2 TL Natron
- 30 g Kakao
- Butter für die Form

Rührschüssel wiegen. Linsen, 225 g Agavendicksaft, Stützcreme, Apfelmark, Rum und 125 g Milch im Vitamix cremig schlagen. Weizen fein mahlen, mit Backpulver und Natron verrühren. Linsengemisch hinzugeben und mit dem Handrührgerät, Rührbesen, gründlich vermischen, bis der Teig schwer vom Rührbesen fällt. Eine Gugelhupfform einfetten.

Durch Subtrahieren Teiggewicht errechnen und etwa zwei Drittel in die Form geben. Unter den Rest des Teiges den gesiebten Kakao, 2 EL Agavendicksaft und so viel Milch mengen, dass er wieder schwer vom Löffel fällt. Den dunklen Teig auf dem hellen verteilen. Für das Marmormuster mit einer Gabel Spiralen durch die Teigschichten ziehen.

Ofen auf 175 °C (Heißluft) vorheizen und 50 Min. backen.

Auf ein nasses Tuch auf ein Kuchengitter stellen, 10 Min. stehen lassen. Umdrehen, vorsichtig die Form abnehmen und auf einem Gitterrost auskühlen lassen. Mit Schokoladenguss überziehen.

9253. Schokoladensoße Haselnuss 4, Mai 2016

2 Honiggläser; Vorläufer: 9159.

Im 0,9-Liter-Becher des Vitamix mixen:

- 180 g Agavendicksaft
- 50 g Kakao
- 50 g Carob (Rohkost)
- 1 Prise Salz
- 1/2 TL Vanille
- 50 g Haselnüsse
- 325 g kochend heißes Wasser

Stößel benutzen, später drin hängen lassen und ca. 4 Min. auf der Höchststufe laufen lassen. Eine Geräuschänderung habe ich nicht gehört.

9254. Standardschokoguss gekocht, Mai 2016

Reicht für 1 Gugelhupf.

- 45 g Kakaobutter
- 60 g Schokosoße, z. B. Schokoladensoße Cashew 9159
- 20 g Agavendicksaft

In einer Pfanne auf höchster Einstellung zum Kochen bringen, mit einem Schneebesen verquirlen und mit einem Pinsel auftragen oder auf den Kuchen gießen (bei flachen Kuchen) und dann mit dem Pinsel verteilen.

Hinweis: *Dass der Guss kocht, war ein Versehen. Wie mir das passiert ist, weiß ich nicht, ich bin mir ziemlich sicher, die richtige Einstellung gewählt zu haben.*

9255. Schokoladenpudding mit Blaubeeren, Mai 2016

2 Desserts

- 195 g Stützcreme
- 65 g Schokoladensoße, hier Schokoladensoße Haselnuss 4; 9251
- 10 g Agavendicksaft
- 70 g Blaubeeren

Stützcreme, Schokoladensoße und Dicksaft mit einem Löffel oder Schneebesen verrühren und auf zwei Schüsselchen verteilen. Blaubeeren darüber streuen und kalt stellen.

Fazit: Sehr lecker, dabei so einfach.

9256. Mediaterrane Zucchinipfanne, Mai 2016

2 Portionen; passt gut zu Nudeln.

- 70 g Wasser
- 15 g Kokosöl
- 1 größere Knoblauchzehe, abgezogen und in Scheiben (7 g)
- 1 Zwiebel, abgezogen, halbiert und in Scheiben (95 g)
- 3 Tomaten (280 g), in gröbere Stücke geschnitten
- 1/2 Zucchini (160 g), in Scheiben
- 4 g frischer Basilikum, klein geschnitten

Zutaten in der angegebenen Reihenfolge in eine 24-cm-Pfanne geben.

Als Gemüsepfanne 12-15 Min. dünsten.

Soße:

- Saft von einer halben Zitrone
- 1 TL Salz
- 2 Prisen Pfeffer
- 2 TL gem. Reis
- 2 EL Wasser

Mit Zitronensaft, Salz und Pfeffer abschmecken. Reis im Wasser verrühren, unter das Gemüse rühren und nochmals aufkochen.

9257. Mango mit Puder und Flocken, Mai 2016

2 x Frühstück

- 6 EL Nackthafer
- 1 EL Leinsamen
- 20 g Zitronenfleisch
- 300 g Mangofleisch
- 2 Bananen, geschält (185 g)
- 30 g Macadamianüsse
- 75 g Blaubeeren

3 EL Nackthafer in eine Schüssel mahlen, Leinsamen mit den restlichen

3 EL Hafer in eine zweite Schüssel flocken. Mango, Bananen und Zitrone in grobe Stücke teilen und mit den Macadamianüssen im Hochleistungsmixer pürieren, über das Getreide geben. Mit den Blaubeeren bestreuen.

9258. Kakao leer mit Schokosoße, Mai 2016

Leer bedeutet: Standardkakao ohne Creme oder Linsen.

Im Hochleistungsmixer, je nach Gerät, 2,5 bis 3 Min. auf höchster Stufe schlagen:

- 10 g Kakaonibs
- 20 g Chiasamen
- 2 Medjool-Datteln entsteint (35 g netto)
- 5 g frischer Ingwer
- 20 g Schokoladensoße
- auf 500 ml mit Wasser/kochendem Wasser 1:1 auffüllen.

9259. Kartoffelpfanne mit Zucchini, Mai 2016

2 Portionen

- 100 g Wasser
- 270 g Kartoffeln, unter fließendem Wasser abgebürstet, Schadstellen entfernt und in dünne Scheiben geschnitten
- 125 g Lauchzwiebeln, ohne Wurzelenden und in Scheiben geschnitten
- 215 g Zucchini, längs halbiert und in Scheiben geschnitten

Zutaten in der angegebenen Reihenfolge in eine 24-cm-Pfanne geben. Als Gemüsepfanne 20 Min. dünsten.

Soße (mixen, unter das Gemüse rühren und aufkochen):

- 50 g gekochte rote Linsen
- 8 g Reismehl (1 geh. TL)
- 1 TL Salz
- 1 Prise Pfeffer
- 20 g Mandelmus (gekauft)
- 25 g (+30 g) Wasser

Becher mit ca. 30 g Wasser nachspülen. Dieses Wasser ebenfalls zum Gemüse geben, verrühren und aufkochen.

9260. Blaubeermonster-FKG, Mai 2016

2 x Frühstück

- 1 EL Leinsamen
- 6 EL Nackthafer
- 15 g Zitronenfleisch
- 195 g Blaubeeren
- 1 Banane, geschält (100 g)
- 1 Birne (230 g)
- 1/2 Apfel (105 g)
- 2 EL Rhabarbersirup 9148

3 EL Nackthafer in eine Schüssel mahlen, Leinsamen mit den restlichen 3 EL Hafer in eine zweite Schüssel flocken. Zitronenfleisch und Blaubeeren in den Vitamix geben. Banane, Birne und Apfel in grobe Stücke teilen und auch in den Vitamix geben und pürieren, über das Getreide gießen. In die Mitte je einen Esslöffel Rhabarbersirup geben.

9261. Kakao leer und reichhaltig, Mai 2016

Leer bedeutet: Standardkakao ohne Creme oder Linsen.

Im Hochleistungsmixer, je nach Gerät, 2,5 bis 3 Min. auf höchster Stufe schlagen:

- 15 g Kakaonibs
- 20 g Chiasamen
- 2 Medjool-Datteln entsteint (35 g netto)
- 5 g frischer Ingwer
- auf 500 ml (Markierung im Becher) mit Wasser/kochendem Wasser 1:1 auffüllen.

9262. Knoblauchessig, Mai 2016

Frischer Knoblauch ist lecker, hat aber sehr viel Abfall. Leider habe ich nicht direkt reagiert, aber es reichte noch für eine kleine Menge.

- 12 g Schalen von frischem Knoblauch, in einem Schraubglas aufgießen mit
- 300 g Apfelessig

Im Kühlschrank 2-3 Wochen ziehen lassen, dann absieben.

9263. Tomaten-Zwiebel-Soße „Mesquite", Mai 2016

Mesquite wird auch peruanischer Carob genannt. Ich habe ihn mal zur Probe mitbestellt. Schmeckt so aus der Tüte schon mal besser als Carob. In der Soße passte es hervorragend. – 2 Portionen

Als Gemüsepfanne (24 cm) 10 Min. dünsten:

- 55 g Wasser
- 1 Zwiebel, geschält und klein geschnitten (80 g)
- 4 Lauchzwiebeln, Wurzeln abgeschnitten und in Ringen (135 g)
- 15 g frischer Knoblauch (netto)

Rest:

- 1 Dose Tomaten, stückig (400 g)
- 1 geh. TL Salz
- 1/2 TL Kreuzkümmel
- 1 Prise Pfeffer
- 20 g Essig
- 4 g Essigpeperoni 7/4573
- 50 g Linsen
- 2 TL Mesquitepulver
- 50 g Wasser

Etwa 250 g Tomaten in die Pfanne geben und weitere 5 Min. dünsten. Die restlichen Zutaten im Mixer verquirlen (auch der Rest der Tomaten), unter das Gemüse rühren. Becher mit ca. 35 g Wasser nachspülen. Dieses Wasser ebenfalls zum Gemüse geben, verrühren und aufkochen.

Tipp: Bei mir gab es dazu Vollkornnudeln.

9264. Erdbeermonster-FKG, Mai 2016

2 x Frühstück

- 6 EL Nackthafer
- 7 g Zitronenfleisch
- 370 g + 2 Stück (Deko) Erdbeeren, geputzt
- 2 Bananen, geschält (180 g)
- 1/2 Apfel (105 g)
- 105 g Blaubeeren

Nackthafer mahlen, auf zwei Schüsseln verteilen. Zitronenfleisch und Erdbeeren in den Vitamix geben. Banane und Apfel in grobe Stücke teilen und auch in den Vitamix geben und pürieren, über das Getreide gießen. In die Mitte je eine Erdbeere strecken, Blaubeeren im Kreis streuen.

9265. Mesquite-Kakao, Mai 2016

Im Vitamix ca. 3 Min. auf höchster Stufe schlagen:

- 10 g Kakaonibs
- 15 g Chiasamen
- 2 Medjool-Datteln entsteint (35 g netto)
- 10 g frischer Ingwer
- 10 g Mesquitepulver oder Carob
- auf 500 ml mit Wasser/kochendem Wasser 1:1 auffüllen.

Fazit: Hat mich nicht vom Stuhl gerissen. Kann ich auch ohne Mesquite trinken.

9266. Standardstützcreme ohne Linsen, Mai 2016

Im Hochleistungsmixer bis zum Stocken schlagen:

- 115 g Rundkorn- oder Basmatinaturreis
- 50 g Cashewnüsse
- 700 g Wasser, halb Raumtemperatur, halb kochend

Ist einfacher, da ich nicht auf Linsen „warten" muss, falls ich mal keine parat habe. Im Nachtisch prima, im Kuchen muss sie sich noch beweisen.

9267. Standard-Pflanzenmilch ohne Linsen, Mai 2016

Im Vitamix ca. 1 Min. laufen lassen:
- 100 g Standardstützcreme ohne Linsen 9264
- 450 g Wasser

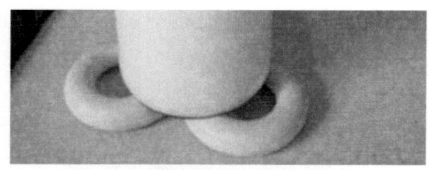

9268. Schokoladenpudding mit Früchten, Mai 2016

2 Desserts
- 200 g Stützcreme
- 50 g Schokoladensoße, hier Schokoladensoße Haselnuss 4; 9251
- 15 g Ahornsirup (1 EL)
- 75 g Blaubeeren + 2 Stück (Deko)
- 4 Erdbeeren

Stützcreme, Schokoladensoße und Ahornsirup mit einem Löffel oder Schneebesen verrühren, die 75 g Blaubeeren vorsichtig unterziehen. Auf zwei Schüsselchen verteilen. Erdbeeren längs halbieren, je vier an die „Uhrzeiten" legen und eine Blaubeere in die Mitte stecken.

9269. Champignons gedünstet, Mai 2016

2 Portionen als Beilage
- 1 TL Kokosöl
- 20 g Wasser
- 250 g Champignons, in Scheiben geschnitten

Zutaten in der angegebenen Reihenfolge in eine 20-cm-Pfanne geben. Als Gemüsepfanne 10 Min. dünsten. Eventuell nun noch auf größerer Einstellung einen Teil der Flüssigkeit verdunsten lassen.

Hinweis: Die Champignons waren auch ungesalzen sehr lecker. Da ich die Kochflüssigkeit nicht gebrauchen konnte, habe ich sie getrunken. Ein Genuss.

9270. Sate-Sauce, Mai 2016

2 Portionen

Für den Mixer:
- 50 g Erdnüsse, geröstet und gesalzen
- 5 g frischer Ingwer, ungeschält
- 30 g Kokosraspel
- 25 g Ahornsirup (1,5 EL)
- 175 g Wasser
- 1 TL Currypulver
- 1/2 TL gem. Kreuzkümmel
- 1 MS gem. Chili
- 1-2 Prisen gem. Pfeffer
- 1 TL Salz

Alle Zutaten mit einem starken Mixer, hoch stehendes Messer, 45 Sek. pürieren. Bei größeren Mengen bietet sich der Vitamix an.

Für die Pfanne:
- 30 g Wasser
- 1 Zwiebel, abgezogen und klein geschnitten (70 g)
- 1 Knoblauchzehe, abgezogen und gehackt
- 1 EL Zitronensaft

Wasser, Zwiebel und Knoblauchzehe in eine 20-cm-Pfanne geben. Als Gemüsepfanne 8 Min. dünsten, ohne den Deckel abzuheben. Die Soße hinzufügen und das Ganze bei geringer Hitze 5 Min. köcheln lassen. Zitronensaft

Hinweis: Bei mir gab es dazu Jasmin-Reis und gedünstete Champignons. Die Soße macht sehr satt. Ich fand sie extrem lecker.

9271. Blau- auf Erdbeere-Mango-Grund, Mai 2016

2 x Frühstück

- 6 EL Nackthafer
- 260 g Mangofleisch, in Stücken
- 260 g Erdbeeren, geputzt
- 1 Banane, geschält und in Stücken (75 g)
- 120 g Blaubeeren

Nackthafer mahlen, auf zwei Schüsseln verteilen. Mangofleisch, Erdbeeren und Banane in den Vitamix geben und pürieren, über das
Getreide gießen. Oberfläche mit Blaubeeren bestreuen.

9272. Kakao leer mit Erdnuss, Mai 2016

Leer bedeutet: Standardkakao ohne Creme oder Linsen.

Im Hochleistungsmixer, je nach Gerät, 2,5 bis 3 Min. auf höchster Stufe
schlagen:

- 10 g Kakaonibs
- 15 g Chiasamen
- 2 Medjool-Datteln entsteint (35 g netto)
- 5 g frischer Ingwer
- 25 g Erdnüsse, geröstet und gesalzen
- auf 500 ml (Markierung im Becher) mit Wasser/kochendem Wasser
  1:1 auffüllen.

9273. Biskuit Thermomix, Mai 2016

1 Springform 26 cm

- 60 g Nackthafer
- 60 g Dinkel
- 1/2 TL gem. Vanille
- 2 geh. TL Backpulver (8 g)
- 180 g Standardstützcreme
- 130 g Agavendicksaft
- 45 g Wasser
- Butter für die Form

Hafer im Thermomix mahlen (30 Sek./Stufe 10). Dinkel hinzufügen und zusammen mahlen (1 Min./Stufe 10).
Umfüllen. Stützcreme, Agavendicksaft und Wasser verrühren (10 Sek./Stufe 2; 30 Sek./Stufe 3; 10 Sek./Stufe 4).
Getreidemischung einarbeiten (2 x 10 Sek./Stufe 5; zwischendurch mit dem Spatel nach unten schieben). Boden
einer Springform einfetten, Teig hineingießen und verteilen. Ofen auf 200 °C (Heißluft) vorheizen. Form ein-
schieben, 15 Min. bei 200 °C backen und 1 Min. im ausgeschalteten Ofen nachbacken.
Den lauwarmen Kuchen vom Boden lösen und auf Backpapier auskühlen lassen.

9274. Amaretto, Mai 2016

- 1 bittere Mandel
- 1 EL Rum (10 g)
- 1 EL Agavendicksaft (15 g)

Die Mandel in einem kleinen Mixer mahlen. Flüssigkeiten hinzufügen
und nochmals durchmixen.

Tipp: Hier ist der kleine Mixer nicht ersetzbar. :-) Auf dem Foto ist der Amaretto schon in Kaffee eingerührt.

9275. Mascarpone-Alternative 2, Mai 2016

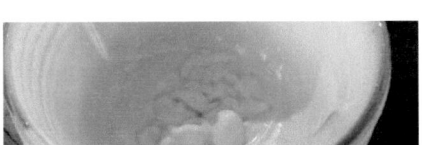

- 125 g Stützcreme (ohne Linsen)
- 25 g gekochte rote Linsen
- 15 g Mandelmus
- 20 g Ahornsirup

Mit dem kleinen Mixer, hoch stehendes Messer, gut vermischen.

9276. Tiramisu 2016, Mai 2016

6-8 Desserts; vegan

- 1 Biskuitboden, hier Biskuit Thermomix 9271
- 3 g (1 EL) Getreidekaffeepulver instant
- 125 g kochendes Wasser
- 1 x Amaretto 9272
- 1 x Mascarpone-alternative 9273
- 1 TL Kakaopulver
- 1 TL Carobpulver (Rohkostqualität)

Boden auskühlen lassen. Getreidekaffeepulver im Wasser auflösen, Amaretto hinzufügen und im kleinen Mixer verquirlen. Abkühlen lassen.

Boden in etwa 1,5-2 cm breite Streifen schneiden und eine viereckige Form (z. B. eine Lasagneform) damit auslegen. Mit der Hälfte des Amaretto-Kaffees begießen, etwa die Hälfte der Mascarpone-Alternative darauf verstreichen. Noch eine Teiglage, noch einmal tränken, noch einmal mit Creme bestreichen und im Kühlschrank durch gutziehen lassen. Vor dem Servieren Kakao und Carob mischen, auf das Tiramisu sieben.

Ich habe eine Lasagneform (die ist aber recht schmal) und zwei kleine Förmchen damit füllen können, das sind 6 Portionen für gute Esser. Sie ist sehr süß, wer aber Honig statt Agavendicksaft nimmt, hat schon etwa 10 % weniger Süße.

Hinweis: Meine Form ist schmal, daher fällt das Tiramisu beim Entnehmen schnell auseinander. Die Mengenverhältnisse waren genau richtig.

9277. Rote Linsen mit Champignons, Mai 2016

2 Portionen

- 350 g Wasser
- 175 g rote Linsen
- 2 Knoblauchzehen, abgezogen und in Scheiben (9 g)
- 220 g Champignons, in Scheiben
- 115 g Lauchzwiebeln, in Ringe geschnitten

Zutaten in der angegebenen Reihenfolge in eine 24-cm-Pfanne geben. Als Gemüsepfanne 20 Min. dünsten.

Zum Würzen Folgendes unterrühren, bis das Mandelmus gelöst ist:

- 1 TL Salz
- 1 TL getr. gerebbelter Thymian, zwischen den Händen zerrieben
- 1 geh. TL Mandelmus
- 1 EL Zitronensaft

9278. Mangobeerenmarmor, Mai 2016

2 x Frühstück

- 30 g getr. Mango
- 10 g getr. Ananaswürfel
- 25 g Cashewnüsse
- 290 g Wasser
- 6 EL Nackthafer
- 15 g Zitronenfleisch
- 170 g Erdbeeren, geputzt
- 1 Apfel (185 g)
- 95 g Blaubeeren
- 1 Banane, geschält (85 g)

Mango in kleinere Stücke reißen. Mit Cashewnüssen, Ananaswürfeln und Wasser im Vitamix cremig schlagen. Getreide mahlen, auf zwei Schüsselchen verteilen. Mangocreme über das Getreide gießen. Restliches Obst wenn nötig in grobe Stücke teilen und im Hochleistungsmixer pürieren, über die Mangocreme geben, sodass die Mangocreme sich spiralförmig nach oben drückt. Was sie leider nicht regelmäßig macht.

9279. Standardkakao superschlicht, Mai 2016

Im Vitamix 3 Min. auf höchster Stufe schlagen:

- 10 g Kakaonibs
- 15-20 g Chiasamen
- 2 Medjool-Datteln entsteint (35 g netto)
- 5 g frischer Ingwer
- auf 500 ml (Markierung im Becher) mit Wasser/kochendem Wasser 1:1 auffüllen.

9280. Champignons mit Mango in Erdnusssoße, Mai 2016

2 Portionen

Gemüsepfanne (24 cm, 15 Min.):

- 50 g Wasser
- 2 Lauchzwiebeln, in Ringen (85 g)
- 3-4 frische Knoblauchzehen, abgezogen und in Scheiben (25 g)
- 210 g weiße Champignons, in Scheiben
- 115 g Mango, geschält und klein geschnitten

Soße (mixen mit 25 mg Wasser, unter Gemüse rühren und aufkochen):

- 25 g Erdnüsse, geröstet und gesalzen
- 100 g Standardstützcreme
- 30 g gekochte rote Linsen
- 10 g Tamari
- 1 TL Salz
- 1 Prise Pfeffer
- 1 gestr. TL Curry
- 15 g Zitronenfleisch
- 1 TL Agavendicksaft (5 g)
- 25 g (+ 25-35 g) Wasser

Becher mit 25-35 g Wasser nachspülen. Dieses Wasser ebenfalls zum Gemüse geben, verrühren und aufkochen.

Tipp: Bei uns gab es dazu Jasminreis.

9281. Nektarinen-Premiere 2016, Mai 2016

2 x Frühstück

- EL Nackthafer
- 2 EL Leinsamen
- 10 g Zitronenfleisch
- 155 g Mangofleisch
- 2 Äpfel (375 g)
- 1 Nektarine (145 g brutto)
- 80 g Blaubeeren

Getreide mit dem Leinsamen mahlen, auf zwei Schüsselchen verteilen.

Mangofleisch und Äpfel in grobe Stücke teilen und im Hochleistungsmixer pürieren, über das Getreide geben. Nektarine vom Kern lösen, eine Hälfte würfeln, die andere in Streifen schneiden. Die Würfel auf die eine, die Scheiben auf die andere Obstmischung geben. Blaubeeren um die Nektarinenstücke streuen.

9282. Standardkakao „Linse" mit Kaffeearoma, Mai 2016

Im Vitamix 3 Min. auf höchster Stufe schlagen:

- 10 g Kakaonibs
- 15 g Chiasamen
- 2 Medjool-Datteln entsteint
- 5 g frischer Ingwer
- 25 g gekochte rote Linsen
- 1 geh. TL Getreidekaffe instant (3 g)
- auf 500 ml (Markierung im Becher) mit Wasser/kochendem Wasser 1:1 auffüllen.

9283. Selleriedressing, Mai 2016

Vorläufer: 9133

Im Vitamix schlagen:

- 125 g Sonnenblumenkerne
- 150 g Apfelessig, hier: Bärlauch-Essig 11/9015
- 90 g Selleriegrün von der Knolle
- 20 g Salz
- 1 g gem. schw. Pfeffer
- 60 g grüne Rosinen
- 250 g Wasser (sollten 200 g sein!)
- 2 geh. TL Gewürzmischung „Gute Laune" von Sonnentor

9284. Erdnuss-Sellerie-Aufstrich, Mai 2016

Vorläufer: 8/5874

Im Vitamix mithilfe des Stößels zu einer glatten Creme schlagen:

- 70 g Erdnüsse, gesalzen & geröstet
- 25 g Kokosöl
- 150 g Standardstützcreme ohne Linsen 9266
- 100 g gekochte weiße Bohnen
- 13 g Essigpeperoni
- 20 g Peperoniessig
- 1 TL (7 g) Salz
- 30 g getrocknete Tomaten
- 90 g Selleriegrün (nicht Stangensellerie)

9285. Brandteig 1. Versuch (Yorkshire Pudding), Mai 2016

Der erste Versuch ist relativ streng nach Formel.

- 125 g Wasser
- 40 g gekochte rote Linsen
- 1 Prise Salz
- 50 g Kamut
- 50 g Weizen
- 2 TL Backpulver
- 100 g Standardstützcreme ohne Linsen 9266
- 50 g Apfelmark

Wasser mit Linsen und Salz aufkochen (3 Min. 30 Sek./100 °C/Stufe 1). Getreide mahlen, mit Backpulver mischen und zugeben (1,5 Min./Stufe 4). Auf ca. 60 °C abkühlen lassen (10 Min.). Ofen (Heißluft) auf 180 °C vorheizen. Backblech mit Dauerbackfolie auslegen. Stützcreme mit Apfelmark verrühren, in den Mixtopf geben und einrühren (2 Min./Stufe 5; 1 Min./Stufe 5). Teig in einen Plastikbeutel (Gefrierbeutel) füllen, ein Ende offenschneiden und 4 Windbeutel nicht zu dicht nebeneinander auf die Backbleche spritzen. Backblech einschieben und 25-30 Min. bei 200 °C backen. Auf dem Backblech abkühlen lassen.

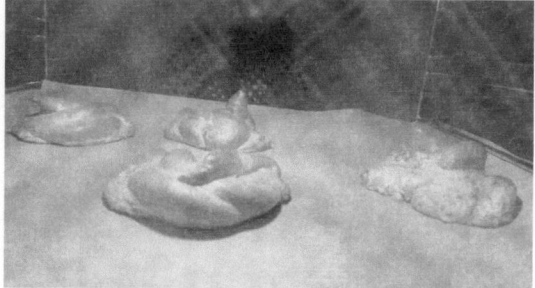

Hinweis: Ein zweites Mal mache ich das garantiert nicht im Thermomix, das klebt einfach zu sehr und die Teigverluste sind zu hoch. Dasselbe gilt für die Plastiktüte zum Spritzen. Leider funktioniert es in den Muffinförmchen nicht, der Teig geht nicht richtig und bleibt innen roh. – Mich wundert auch das Backpulver im Mehl. Backpulver verliert seine Kraft, wenn es im Feuchten ist. Es ist ja aber im rohen heißen Teig bis zum Backen.

9286. Champignon-Auberginen-Pfanne, Mai 2016

2 Portionen

Gemüsepfanne (24 cm, 12 Min.):

- 15 g Kokosöl
- 25 g Wasser
- 195 g weiße Champignons, in Scheiben
- 1 große Tomate, gewürfelt (135 g)
- 1/2 Aubergine, gewürfelt (130 g)

Abschmecken mit:

- 1 gestr. TL Salz
- 1-2 Prisen Pfeffer
- 1 EL Zitronensaft
- 1 geh. TL Mandelmus (dickt die Soße ein)

Tipp: *Dazu gab es bei mir Yorkshire Pudding.*

9287. Milchreis im Schnellkochtopf eingeweicht, Mai 2016

- 300 g Rundkorn-Naturreis
- 900 g Wasser (Verhältnis Reis zu Wasser = 1 zu 3)

Reis im Wasser im Schnellkochtopf 1-2 Std. einweichen. 12 Min. auf Stufe II kochen. Langsam abdampfen: 10 Min. Platte auf 2 (von 14), 10 Min. auf 1 (von 14) und 10 Min. geschlossen stehen lassen.

Tipp: *Es hätte etwas mehr Wasser sein können.*

9288. Gerstenwildhefebrot (2016/14), Mai 2016

Vorher: 9249

Am **Vortag**, 14 Uhr:

- 85 g Weizen
- 85 g Wildhefewasser

Weizen fein mahlen und mit Wildhefe mischen. In einer Pengschüssel bis 20 Uhr stehen lassen.

Am **Vorabend**, 20 Uhr:

- Ansatz vom Mittag
- 215 g Weizen
- 215 g Wasser

Weizen fein mahlen und mit Ansatz vom Mittag und Wasser mischen. In einer Pengschüssel in einer großen Plastiktüte über Nacht stehen lassen.

Am **Morgen**:

- 200 g Weizen
- 100 g Nacktgerste
- 150 g Roggen
- 1 EL Salz (20 g)
- 75 g Sonnenblumenkerne
- 75 g Leinsamen
- 1 EL Brotgewürz (Brecht)
- 400 g Wasser
- 20 g Butter für die Form

Getreide fein mahlen, mit den restlichen trockenen Zutaten mischen. Restliche Zutaten (außer der Butter) hinzufügen und mit einem großen Löffel gründlich verrühren, bis kein Mehl mehr sichtbar ist. Eine 30-cm-Brotform, Profi-Email von Dr. Oetker, gut einfetten. Teig hineingeben, mit der nassen Hand herunterdrücken und glattstreichen. Mit einem Spatel eine Längslinie ziehen. Form in eine Plastiktüte geben und knapp 2,5 Std. gehen lassen. Der Teig ist wenig gegangen.

Brot in den kalten Ofen schieben und 55 Min. bei 200 °C backen und 10 Min. im ausgestellten Ofen nachbacken. Das Brot ist nicht mehr gegangen.

9289. Milchreis Tiramisu mit Blaubeeren, Mai 2016

2 Desserts; veganer Vorläufer 9276

- 2 g (1 EL) Getreidekaffeepulver instant
- 75 g Wasser
- 1 x Amaretto 2; 9290 (bleibt viel übrig)
- 200 g gekochter Milchreis, hier Milchreis im Schnellkochtopf 8287
- 20 g Ahornsirup
- 30 g Stützcreme
- 1 x Mascarpone-Alternative 2; 9294
- 40 g Blaubeeren
- 1/2 TL Kakaopulver
- 1/2 TL Carobpulver (Rohkostqualität)

Getreidekaffeepulver im Wasser auflösen, Amaretto hinzufügen und mit einem Löffel verrühren.

Zwei Whiskygläser (Gläser mit geradem Rand) bereitstellen. Milchreis mit Ahornsirup, Stützcreme und 6-8 TL der Kaffeemischung verrühren. Die Hälfte auf die beiden Gläser verteilen. Darüber die Hälfte der Mascarpone-Alternative geben, mit Blaubeeren bestreuen und mit der zweiten Hälfte Reis bedecken. Mit je einer Lage Mascarpone-Alternative beenden. In den Kühlschrank stellen. Vor dem Servieren Kakao und Carob mischen, auf das Tiramisu sieben.

9290. Amaretto 2, Mai 2016

- 1 bittere Mandel
- 1 EL Rum (10 g)
- 1 EL Ahornsirup (10 g)

Die Mandel in einem kleinen Mixer mahlen. Flüssigkeiten hinzufügen und nochmals durchmixen.

Hinweis: *Auf dem Foto ist der Amaretto schon in Kaffee eingerührt.*

9291. MaBaBi-EffKaaGee, Mai 2016

2 x Frühstück

- 2 EL Leinsamen
- 6 EL Nackthafer
- 1 Mango (220 g netto); etwas säuerlich
- 1 Banane, geschält (90 g)
- 1 Birne (200 g)
- 130 g Blaubeeren
- 30 g Kokosmus

Leinsamen mit dem Getreide flocken, auf zwei Schüsselchen verteilen.

Mango, Banane und Birne in grobe Stücke teilen und im Hochleistungsmixer pürieren, über das Getreide geben. Mit Blaubeeren und Kokosmus (in die Mitte klecksen) dekorieren.

9292. Tomaten-Auberginen-Soße, Mai 2016

2 Portionen; passt gut zu Nudeln.

Als Gemüsepfanne (kein Wasser!), 24 cm; 15 Min.

- 15 g Kokosöl
- 1 Zwiebel, abgezogen und gewürfelt (70 g)
- 3 Knoblauchzehen (20 g)
- 4 Tomaten, gewürfelt (410 g)
- 160 g Aubergine, gewürfelt

Soße (mixen, unter das Gemüse rühren und aufkochen):

- 55 g Standardstützcreme
- 45 g gekochte rote Linsen
- 30 g Nussmus, hier Erdnussmus gewürzt 9184

- 1 TL Salz
- 1 Prise Pfeffer
- 1 TL Paprikapulver edelsüß
- 40 g Wasser
- 10 g Ahornsirup
- 10 g Essigpeperoni 7/4573
- 10 g Senf

Becher mit ca. 30 g Wasser nachspülen. Dieses Wasser ebenfalls zum Gemüse geben, verrühren und aufkochen.

Tipp: Ich habe der Gemüsepfanne kein Wasser beigegeben, da es alles stark wasserziehende Gemüse sind. So meine Vermutung. Das war korrekt.

9293. Kakao leicht mesquitisiert, Mai 2016

Im Hochleistungsmixer, je nach Gerät, 2,5 bis 3 Min. auf höchster Stufe schlagen:

- 10 g Kakaonibs
- 15 g Chiasamen
- 2 Medjool-Datteln entsteint
- 5 g frischer Ingwer
- 40 g gekochte weiße Bohnen
- 1 TL Mesquitepulver (10 g) oder Carob
- auf 500 ml (Markierung im Becher) mit Wasser/kochendem Wasser 1:1 auffüllen.

9294. Mascarpone-Alternative 2, Mai 2016

- 125 g Stützcreme (ohne Linsen)
- 25 g gekochte rote Linsen
- 15 g Mandelmus
- 20 g Ahornsirup

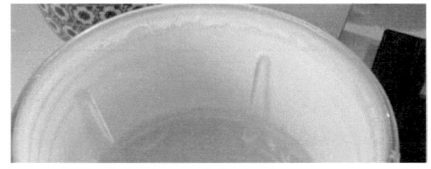

Mit dem kleinen Mixer, hoch stehendes Messer, gut vermischen. Für 2 Portionen Tiramisu passend.

9295. Blauhauch-wird-Braun-FKG, Mai 2016

2 x Frühstück

- 2 EL Leinsamen
- 6 EL Nackthafer
- 380 g Mangofleisch
- 1 Banane, geschält (90 g)
- 1/2 Apfel (105 g)
- 50 g Blaubeeren + 100 g Blaubeeren

Leinsamen mit dem Getreide flocken, auf zwei Schüsselchen verteilen. Mango, Banane und Apfel in grobe Stücke teilen und mit 50 g Blaubeeren im Hochleistungsmixer pürieren, über das Getreide geben. Mit 100 g Blaubeeren bestreuen.

Hinweis: Ich hatte mir, die Farblehre mal kurz vergessend, so nett ausgemalt, dass 50 g Blaubeeren dem Essen nur einen blauen Hauch verpassen. Nö, orange und blau gibt nicht hellblau.

9296. Amaretto-Kakao, Mai 2016

Im Vitamix etwa 3 Min. auf höchster Stufe schlagen:

- 10 g Kakaonibs
- 15 g Chiasamen
- 2 Medjool-Datteln entsteint (35 g netto)
- 5 g frischer Ingwer
- 60 g Amaretto-Mischung (hier Amaretto 2; 9290)
- Auf 500 ml mit Wasser/kochendem Wasser 1:1 auffüllen.

9297. Marmorkuchen klassisch 2, Mai 2016

Altes Dr. Oetker-Rezept, nach Formel (mit kleinen Änderungen, d.h. mehr Feuchtigkeit).

- 135 g gekochte rote Linsen
- 115 g gekochte weiße Bohnen (ich hatte nicht mehr genug Linsen, besser wären: 250 g gekochte rote Linsen)
- 225 g + 50 g Agavendicksaft
- 160 g Stützcreme
- 80 g Apfelmark
- 2 EL Rum (20 g)
- 150 g + 50 g Standardpflanzenmilch
- 500 g Weizen
- 1,5 P. Weinsteinbackpulver
- 2 TL Natron
- 30 g Kakao
- 10 g Mesquitepulver oder Carob
- Kokosöl für die Form

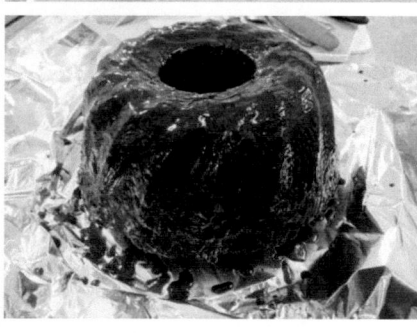

Thermomix wiegen (1120 g). Linsen, Bohnen, 225 g Agavendicksaft, Stützcreme, Apfelmark, Rum und 150 g Milch cremig schlagen (30 Sek./Stufe 3; 30 Sek./Stufe 4; 20 Sek./Stufe 5). Weizen fein mahlen, mit Backpulver und Natron verrühren. In den Mixtopf geben, gründlich vermischen (2 x 20 Sek./Stufe 5; dazwischen kurz mit einem Spatel verrühren). Eine Gugelhupfform einfetten, in den Kühlschrank stellen, damit das Kokosöl fest wird. Durch Subtrahieren das Teiggewicht errechnen und etwa zwei Drittel des Teigs in die Form geben (bei mir musste etwa 450 g im TM bleiben, somit die Waage 1570 g zeigen). Unter den Rest des Teiges den gesiebten Kakao mit Mesquitepulver, 50 g Agavendicksaft und 50 g Milch mengen (20 Sek./Stufe 5, langsam hochdrehen). Den dunklen Teig auf dem hellen verteilen. Für das Marmormuster mit einer Gabel Spiralen durch die Teigschichten ziehen.

Ofen auf 160 °C (Heißluft) vorheizen und 50 Min. backen. Auf ein nasses Tuch auf ein Kuchengitter stellen, 10 Min. stehen lassen. Umdrehen, vorsichtig die Form abnehmen und auf einem Gitterrost auskühlen lassen. Mit Schokoladenguss 9299 o. Ä. überziehen.

Fazit: Konsistenz ist viel besser, aber der Kuchen ist nicht süß genug. Beim nächsten Mal nehme ich für den Hauptteig doch 250 g Agavendicksaft. Das Mesquitepulver unterstreicht den Schokoladengeschmack, das werde ich beibehalten (obwohl es sicher auch ohne lecker ist).

9298. Sommerliches Milchreis-Dessert, Mai 2016

2 Desserts

- 200 g gekochter Milchreis, hier Milchreis im Schnellkochtopf 9287
- 65 g Fruchtsirup, hier Rhabarbersirup 9147
- 70 g Erdbeeren, geputzt und geviertelt
- 2 Erdbeeren als Dekoration

Reis mit dem Sirup verrühren. Erdbeeren untermischen, Masse auf zwei Schüsselchen verteilen. Jeweils 1 Erdbeere in die Mitte stecken.

9299. Schokoguss verlinst, Mai 2016

Reicht für 1 Gugelhupf; vorher: 9253.

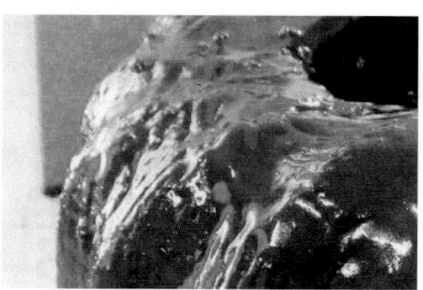

- 40 g Kakaobutter
- 60 g Schokosoße, z. B. Schokoladensoße Cashew
- 20 g Ahornsirup
- 25 g gekochte rote Linsen (noch warm)

In einer Pfanne auf höchster Einstellung zum Kochen bringen, mit einem Schneebesen verquirlen und mit einem Pinsel auftragen oder auf den Kuchen gießen (bei flachen Kuchen) und dann mit dem Pinsel verteilen.

Tipp: Mit kalten Linsen dürfte es problematischer werden.

9300. Spitzkohl mit frischem Knofi, Mai 2016

2 Portionen; Garzeiten für äußere kräftige Blätter!

- 85 g Wasser
- 1 Zwiebel, abgezogen und klein geschnitten (115 g)
- 3-4 Knoblauch (frisch), abgezogen und in Scheiben (20 g)
- 30 g Selleriestängel und Blätter (oben von einer Knolle), in feinen Streifen

Als Gemüsepfanne (24 cm; 10 Min). Dann zugeben:

- 200 g Spitzkohl-Blätter (3 große, dunkle Blätter), gerollt und in feine Streifen geschnitten

Soße (mixen, unter das Gemüse rühren und aufkochen):

- 1 TL Salz
- 30 g Nussmus, hier Erdnussmus gewürzt
- 55 g Standardstützcreme
- 30 g gekochte rote Linsen
- 1 Prise Pfeffer
- 1 Prise gem. Muskatnuss
- 1 TL Ahornsirup (bei Innenblättern nicht nötig)
- 100 g (+ 50 g) Wasser

Becher mit 50 g Wasser nachspülen. Dieses Wasser ebenfalls zum Gemüse geben, verrühren und aufkochen.

Tipp: *Wir hatten Jasminreis dazu.*

9301. Bursting With Fruit-FKG, Mai 2016

2 x Frühstück

- 2 EL Leinsamen
- 4 EL Nackthafer
- 2 EL Nacktgerste
- 1 Banane, geschält (85 g)
- 1 Apfel (185 g)
- 265 g Erdbeeren, geputzt
- 1 Nektarine, ohne Stein (85 g)
- 4 Aprikosen
- 2 Erdbeeren (Deko)

Leinsamen mit dem Getreide flocken, auf zwei Schüsselchen verteilen. Banane und Apfel in grobe Stücke teilen und mit den Erdbeeren im Hochleistungsmixer pürieren, über das Getreide geben. Nektarine würfeln, auf das Obstpüree streuen, Aprikosen entsteinen und halbieren, an die vier „Ecken" legen und in die Mitte je eine Erdbeere stecken.

9302. Kakao leer mit Milchreis, Mai 2016

Im Hochleistungsmixer, je nach Gerät, 2,5 bis 3 Min: auf höchster Stufe schlagen:

- 10 g Kakaonibs
- 15 g Chiasamen
- 2 Medjool-Datteln entsteint (35 g netto)
- 5 g frischer Ingwer
- 25 g gekochter Milchreis, hier Milchreis im Schnellkochtopf 9287
- Auf 500 ml mit Wasser/kochendem Wasser 1:1 auffüllen.

Fazit: *Hat mir gut gefallen!*

9303. Standardstützcreme ohne Linsen – Cashew klein, Mai 2016

Im Hochleistungsmixer, 0,9-Liter-Becher, bis zum Stocken schlagen:

- 60 g Rundkorn- oder Basmatinaturreis
- 20 g Cashewnüsse
- 360 g Wasser, halb Raumtemperatur, halb kochend

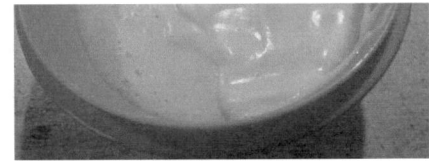

9304. Standard-Pflanzenmilch ohne Linsen – Cashew klein, Mai 2016

Im Vitamix ca. 1 Min. laufen lassen:
- 100 g Standardstützcreme ohne Linsen minus Cashew klein
- 365 g heißes Wasser

9305. Milchreisschichtler, Mai 2016

2 Desserts

Milchreisschicht:
- 100 g gekochter Milchreis, z. B. 9287
- 50 g Standardstützcreme, z. B. 9203
- 1 EL Ahornsirup (15 g)

Aprikosenschicht:
- 3 weiche Aprikosen, entsteint (130 g)
- 1 EL Ahornsirup (15 g)

Dekoration:
- 2 Erdbeeren

Die drei Zutaten für die Milchreisschicht mit einem Löffel glatt rühren und auf zwei Sektgläser (keine Flöten) verteilen. Halbe Aprikosen mit dem Ahornsirup im kleinen Becher des kleinen Mixers, hochstehendes Messer, zu einer glatten Creme schlagen. Auf den Milchreis geben. Je eine Erdbeere in die Mitte stecken und kalt stellen.

9306. Kohlrabi überbacken, Mai 2016

2 Portionen

Gemüsepfanne (20 cm, 12 Min.):
- 30 g Wasser
- 2 Tomaten, gewürfelt (200 g)
- 1 Prise Salz
- 215 g Kohlrabi, geschält und in Stiften

Linsencreme:
- 300 g gekochte rote Linsen
- 100 g Stützcreme, z. B. 9303
- 1 TL Salz
- 20 g Cashewnussmus
- 1 Prise Pfeffer
- 1 EL Apfelessig, hier Bärlauch-Essig 11/9015

Zutaten z. B. in den TM geben und mixen (30 Sek./Stufe 3; 30 Sek./Stufe 4). Creme auf dem Gemüse verteilen. Ohne Deckel in den kalten Ofen (Heißluft) schieben und 30 Min. bei 200 °C backen.

Tipps: Man kann vor dem Überbacken zerkleinerte Nüsse oder Samen auf die Oberfläche streuen.

9307. Säuerliches FKG, Juni 2016

2 x Frühstück

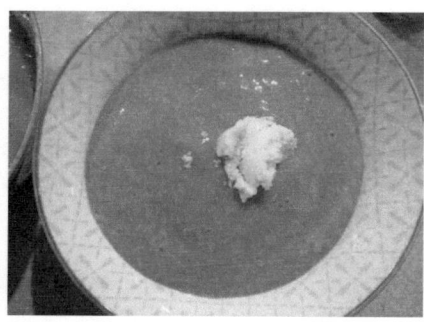

- 2 EL Leinsamen
- 4 EL Nackthafer
- 2 EL Roggen
- 220 g Erdbeeren, geputzt
- 215 g Aprikosen, entsteint
- 1 Banane, geschält in Stücken (100 g)
- 1/2 Apfel, in Stücken (100 g)
- 20 g Kokosmus

Leinsamen mit dem Getreide flocken, auf zwei Schüsselchen verteilen. Das Obst im Hochleistungsmixer pürieren, über das Getreide geben. Kokosmus in die Mitte setzen.

9308. Mangomilchreis, Juni 2016

2 x Dessert

- 100 g gekochter Milchreis, z. B. 9287
- 65 g Standardstützcreme, z. B. 9303
- 20 g Ahornsirup
- 110 g Mangofleisch
- 1 Aprikose

Milchreis, Creme und Ahornsirup mit einem Löffel glatt rühren und auf zwei Schüsseln verteilen. Mangofleisch würfeln, auf den Reis geben. Aprikose halbieren, entsteinen und in je 4 Streifen schneiden. Die vier Streifen auf die Mangowürfel legen.

9309. Kohlrabi überbacken mit Knofi, Juni 2016

2 Portionen

- Gemüsepfanne (20 cm, 12 Min.):
- 30 g Wasser
- 2 Tomaten, gewürfelt (210 g)
- 1 Prise Salz
- 20 g Knoblauch, abgezogen und in Scheiben
- 240 g Kohlrabi, geschält und in Stiften
- Linsencreme s. 9306

Creme auf dem Gemüse verteilen. Ohne Deckel in den auf 210 °C vorgeheizten Ofen (Heißluft) schieben und 20 Min. bei 210 °C backen. 5 Min. im ausgestellten Ofen nachbacken.

9310. Kakaoleerbohne, Juni 2016

Im Vitamix 3 Min. auf höchster Stufe:

- 15 g Kakaobohnen
- 15 g Chiasamen
- 2 Medjool-Datteln entsteint (35 g netto)
- 5 g frischer Ingwer
- auf 500 ml mit Wasser/kochendem Wasser 1:1 auffüllen.

9311. Standardstützcreme ohne Linsen minus Cashew 2, Juni 2016

Vorläufer 9303; minus bedeutet weniger.

Im Hochleistungsmixer bis zum Stocken schlagen:

- 115 g Rundkorn- oder Basmatinaturreis
- 35 g Cashewnüsse
- 700 g Wasser, halb Raumtemperatur, halb kochend

Hinweis: *Im Nachtisch prima, im Kuchen noch zu testen. Ich habe die Cashewmenge um weitere 10 g reduziert.*

9312. Schokoladensoße Haselnuss 5 mit Mesquite, Juni 2016

2 Honiggläser; Vorläufer: 9251.

Im 0,9-Liter-Becher des Vitamix mixen:

- 185 g Agavendicksaft
- 15 g Kakaonibs
- 50 g Kakao
- 40 g Mesquitepulver oder Carob
- 10 g Chiasamen
- 1 Prise Salz
- 50 g Haselnüsse
- 325 g kochend heißes Wasser

Stößel benutzen, später drin hängen lassen und ca. 3 Min. auf der Höchststufe laufen lassen. Noch heiß in Gläser füllen.

9313. Standard-Pflanzenmilch ohne Linsen minus Cashew 2, Juni 2016

Vorläufer: 9282

Im Vitamix ca. 1 Min. laufen lassen:
- 150 g Standardstützcreme ohne Linsen minus Cashew 2; 9311
- 450 g heißes Wasser

9314. Schokomilchreis Juni 2016

2 Portionen; geht sehr schnell, wenn die Zutaten bereits fertig sind.
- 125 g Milchreis, z. B. 9283
- 125 g Stützcreme, z. B. 9313
- 75 g Schokoladensoße, z. B. 9312
- 20 g Ahornsirup
- 6 Kakaobohnen
- Etwas Kokosmus (hier: 5 g)

Reis, Creme, Soße und Sirup gut verrühren, auf zwei Schüsselchen verteilen. Mit Kakaobohnen und Kokosmus dekorieren. Wer keine Kakaobohnen hat, nimmt Kakaonibs oder auch frisches Obst (Himbeeren eignen sich sehr gut.)

9315. Sommersuppe (roh), Juni 2016
- 1 kleine Orange, geschält und entkernt (105 g)
- 20 g Sellerieblätter (von einer Knolle)
- 2 Aprikosen, entsteint (65 g)
- 60 g Möhre
- 10 g Cashewnüsse
- 290 g Wasser

Im Vitamix gründlich pürieren, ist dann cremig und leicht warm.

9316. Rahmspinat, Juni 2016

2 Portionen

Gemüsepfanne (20 cm, 13 Min.):
- 70 g Wasser
- 1/2 Zwiebel, abgezogen und gewürfelt (7 g)
- 1 große Knoblauchzehe, abgezogen und gewürfelt (8 g)
- 235 g Spinat, gewaschen, trocknen gelassen und klein geschnitten

Soße (mixen, unter das Gemüse rühren und aufkochen):
- 1 TL Salz
- 2 Prisen Muskat
- 100 g Standardstützcreme
- 30 g Erdnussmus gewürzt 9184
- 25 g gekochte rote Linsen
- 45 g (+55 g)Wasser

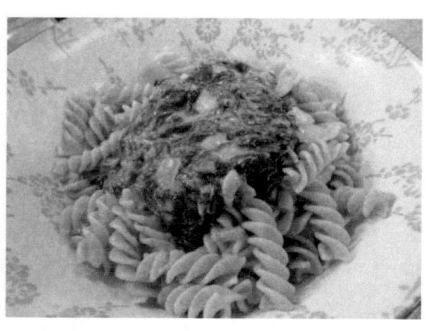

Becher mit 55 g Wasser nachspülen. Dieses Wasser ebenfalls zum Gemüse geben, verrühren und aufkochen.

Tipp: Die Wassermenge richtet sich auch danach, wie viel Wasser nach der Garzeit übrig war und wie nass der Spinat ist.

9317. Nektarinenfluseln-FKG, Juni 2016

2 x Frühstück
- 2 EL Leinsamen
- 6 EL Nackthafer
- 240 g Mangofleisch
- 185 g Aprikosen, entsteint
- 195 g Erdbeeren, geputzt
- 1 Nektarine, in „Schuppen" geschnitten

Leinsamen mit dem Getreide flocken, auf zwei Schüsselchen verteilen. Mango in grobe Stücke teilen, mit Aprikosen und Erdbeeren im Vitamix pürieren, über das Getreide geben. Mit Nektarinen-Schuppen bestreuen.

9318. Kakaoleerbohne intensiver, Juni 2016

Im Vitamix ca. 3 Min. auf höchster Stufe schlagen:
- 20 g Kakaobohnen
- 15 g Chiasamen
- 2 Medjool-Datteln entsteint (35 g netto)
- 5 g frischer Ingwer
- auf 500 ml mit Wasser/kochendem Wasser 1:1 auffüllen.

9319. Landunter-FKG, Juni 2016

2 x Frühstück

- 40 g grüne Rosinen
- 30 g Cashewnüsse
- 285 g Wasser
- 6 EL Nackthafer
- 2 EL Leinsamen
- 320 g Mangofleisch
- 1 Banane, geschält (100 g)
- 1 Nektarine, ohne Kern (70 g)

Rosinen mit Cashewnüssen und Wasser im Vitamix schlagen. Getreide und Leinsamen mahlen, auf zwei Schüsselchen verteilen. Rosinenflüssigkeit über das Getreide gießen. Restliches Obst wenn nötig in grobe Stücke teilen und im Hochleistungsmixer pürieren, über die Creme geben. Es verteilt sich etwas.

9320. Kakaoleerbohne mit Milch, Juni 2016

Im Vitamix ca. 3 Min. auf höchster Stufe schlagen:
- 20 g Kakaobohnen
- 15 g Chiasamen
- 2 Medjool-Datteln entsteint (35 g netto)
- 5 g frischer Ingwer
- 80 g Standardpflanzenmilch
- auf 500 ml (Markierung im Becher) mit Wasser/kochendem Wasser 1:1 auffüllen.

9321. Melonenpudding, Juni 2016

2 Desserts

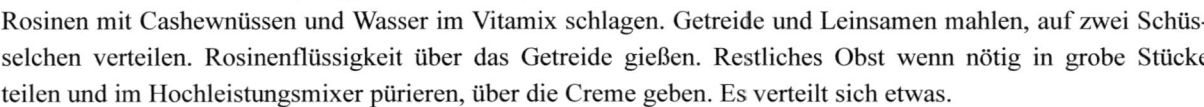

- 2 geh. TL Flohsamenschalen (7 g)
- 300 g Wassermelone, geschält (Sorte kernarm)
- 10 g Zitronenfleisch
- 1 TL getr. Gojibeeren

Flohsamenschalen fein mahlen (flaches Messer z. B. starker Mixer) und umfüllen. Melonenfleisch in Stücke schneiden, mit dem Zitronenfleisch im starken Mixer 30 Sek. (hoch stehendes Messer) mixen. Gemahlene Flohsamenschalen zugeben, nochmals 20 Sek. mixen. Auf zwei Schüsselchen verteilen und mit Gojibeeren dekorieren.

9322. Schokoguss Kokos, Juni 2016

Reicht für 1 Gugelhupf; vorher: 9300.

- 40 g Kakaobutter
- 60 g Schokosoße, z. B. Schokoladensoße Cashew 9159
- 20 g Agavendicksaft
- 10 g Kokosöl

In einer Pfanne auf höchster Einstellung zum Kochen bringen, mit einem Schneebesen verquirlen und mit einem Pinsel auftragen oder auf den Kuchen gießen (bei flachen Kuchen) und dann mit dem Pinsel verteilen.

9323. Champignon-Paella, Juni 2016

2 Portionen

- 100 g Vollkorn-Jasminreis
- 80 g weiße Riesenbohnen
- 200 g + 240 g Wasser
- 0,1 g Safran gemahlen
- 1 EL Wasser
- 10 g Kokosöl
- 25 g Wasser (2 EL)
- 40 g Zwiebel, geschält und gewürfelt
- 1 Knoblauchzehe, abgezogen und fein gewürfelt
- 1 Tomate, gewürfelt (125 g)
- 200 g Champignons, in nicht zu dünnen Scheiben
- 20 g getr. Tomaten, in Streifen geschnitten
- 1 gestr. TL Salz
- 1 Prise Pfeffer
- 1 TL Paprikapulver edelsüß
- 75 g tiefgekühlte Erbsen
- 1 EL Zitronensaft
- 10 g Pistazien, geschält oder Cashewnüsse

Jasminreis in 200 g und Bohnen getrennt in 240 g Wasser 6-7 Std. einweichen. Bohneneinweichwasser auf 250 g auffüllen und im Schnellkochtopf garen (35 Min./Stufe 2), abdampfen lassen.

Safran in 1 EL Wasser auflösen. Kokosöl und 25 g Wasser in eine 24-cm-Pfanne geben. Zwiebeln, Knoblauchzehe und Tomaten in die Pfanne geben. Reis mit restlichem Einweichwasser und dem aufgelösten Safran hinzufügen. Mit Champignons und den Tomatenstreifen belegen. Deckel auflegen und zum Kochen bringen. Auf kleiner Einstellung 20 Min. leicht kochen lassen. Bohnen, Salz, Pfeffer und Paprikapulver unterrühren, weitere 10 Min. kochen. Angetaute Erbsen unterrühren und erhitzen. Mit Zitronensaft beträufeln, wahlweise mit Nüssen belegen und nach Wunsch auf hoher Einstellung kochen lassen, bis Restwasser verdampft ist oder auch sich unten eine Kruste bildet.

9324. Marmorkuchen klassisch 3, Juni 2016

Vorläufer: 9297

- 1 TL Kokosöl für die Form
- 250 g gekochte rote Linsen
- 250 g + 50 g Agavendicksaft
- 160 g Stützcreme
- 80 g Apfelmark
- 2 EL Rum (20 g)
- 175 g + 50 g Standardpflanzenmilch
- 355 g Dinkel
- 145 g Weizen
- 1,5 P. Weinsteinbackpulver
- 1 Prise Salz
- 2 TL Natron
- 40 g Kakao

Kokosöl in der Gugelhupfform gleichmäßig verteilen und in den Kühlschrank stellen, damit das Kokosöl fest wird.

TM wiegen (1120 g). Linsen, 250 g Agavendicksaft, Stützcreme, Apfelmark, Rum und 175 g Milch cremig schlagen (30 Sek./Stufe 3; 30 Sek./Stufe 4; 20 Sek./Stufe 5). Getreide fein mahlen, mit Backpulver (gesiebt), Salz und Natron verrühren. In den Mixtopf geben, gründlich vermischen (2 x 20 Sek./Stufe 5; dazwischen kurz mit einem Spatel verrühren). Durch Subtrahieren das Teiggewicht errechnen und etwa zwei Drittel des Teigs in die Form geben (bei mir musste etwa 480 g im TM bleiben, somit die Waage 1600 g zeigen). Unter den Rest des Teiges den gesiebten Kakao mit 50 g Agavendicksaft und 50 g Milch mengen (20 Sek./Stufe 5, langsam hochdrehen). (Etwa hier vorheizen.) Den dunklen Teig auf dem hellen verteilen. Für das Marmormuster mit einer Gabel Spiralen durch die Teigschichten ziehen. Ofen auf 160 °C (Heißluft) vorheizen und 50 Min. backen.

Auf ein nasses Tuch auf ein Kuchengitter stellen, 10 Min. stehen lassen. Umdrehen, vorsichtig die Form abnehmen und auf einem Gitterrost auskühlen lassen.

Da mein Kuchen einen sehr hohen „Sockel" hatte, habe ich den unten abgeschnitten und anderweitig verwendet. Mit einem Schokoladenguss (z. B. 9322) überziehen.

Tipp: Interessant wäre es, diesen Kuchen insgesamt auf 400 g Getreide herunterzurechnen.

9325. Fruchtkorngericht, Juni 2016

2 x Frühstück

- 2 EL Leinsamen
- 4 EL Nackthafer
- 2 EL Weizen
- 20 g getr. Ananaswürfel
- 170 g Wassermelone, geschält
- 1 Birne (200 g)
- 1 Banane, geschält (90 g)
- 1 Nektarine, entsteint (85 g)
- 185 g Erdbeeren, geputzt
- 20 g Kokosmus

Leinsamen mit dem Getreide flocken, auf zwei Schüsselchen verteilen. Das Obst ggf. in grobe Stücke teilen und im Hochleistungsmixer pürieren, über das Getreide geben. Mit Kokosmus dekorieren.

9326. Kakao-Satt, Juni 2016

Im Vitamix ca. 3 Min. auf höchster Stufe:

- 20 g Kakaobohnen
- 20 g Cashewnüsse
- 10 g Chiasamen
- 2 Medjool-Datteln entsteint (35 g netto)
- 5 g frischer Ingwer
- auf 500 ml (mit Wasser/kochendem Wasser 1:1 auffüllen.

9327. Biskuit Mesquite, Juni 2016

1 Springform 20 cm; Vorläufer 9271

- 60 g Nackthafer
- 60 g Dinkel
- 1/2 TL gem. Vanille
- 2 geh. TL Backpulver (8 g)
- 1 EL Mesquitepulver (10-13 g) oder Carob
- 180 g Standardstützcreme
- 130 g Agavendicksaft
- 55 g Wasser
- Backpapier

Hafer und Dinkel mischen und in der Mühle fein mahlen. Mit Backpulver (gesiebt), Vanille- und Mesquitepulver mischen. Stützcreme, Agavendicksaft und Wasser verrühren (10 Sek./Stufe 2; 30 Sek./Stufe 3; 10 Sek./Stufe 4). Getreidemischung einarbeiten (2 x 10 Sek./Stufe 5; zwischendurch mit dem Spatel nach unten schieben). Boden einer Springform mit Backpapier überspannen, Teig hineingießen und verteilen. Ofen auf 200 °C (Heißluft) vorheizen. Form einschieben, ca. 20 Min. bei 200 °C backen und 1 Min. im ausgeschalteten Ofen nachbacken. Den lauwarmen Kuchen vom Boden lösen und auskühlen lassen.

Hinweis: Durchschneiden lässt sich der Boden zwar nicht, aber er schmeckt sehr gut.

9328. Kuchencreme, Juni 2016

- 70 g Kuchen, hier Marmorkuchen klassisch 3 (unteres „Sockelstück"); 9324
- 15 g gekochte rote Linsen
- 80 g Stützcreme, z. B.9311
- 7 g Flohsamenschalen (2 geh. TL)
- 100 g Pflanzenmilch, z. B. 9313
- 35 g Ahornsirup

Alle Zutaten z. B. im starken Mixer gut verquirlen. Geht lecker als Nachtisch oder auch als Kuchenfüllung.

9329. Nektarinentorte, Juni 2016

20 cm-Torte

- Ein etwas dickerer Biskuitboden, hier Biskuit Mesquite 9327
- 3 kleine Nektarinen, 250 g brutto
- Creme, hier Kuchencreme 9328
- 1/2 TL Schokoguss, hier Schokoguss Kokos 9322

Nektarinen in Flocken vom Kern schneiden, die Obststücke auf den Boden legen. Mit Creme bestreichen und ein bisschen Schokoguss drauf tröpfeln.

Hinweis: *Obwohl er eigentlich nur ein „Aufbrauchkuchen" ist, war er ein toller Erfolg!*

9330. Melonensalat, Juni 2016

2 Portionen

- 2 kleine Nektarinen, entsteint (130 g)
- 225 g Wassermelone, ohne Schale
- 3 g frischer Ingwer
- 15 g Zitronenfleisch
- 10 g Orangeatwürze 11/8688
- 50 g Wasser
- Ggf. Honig

Nektarinen in „Chips", Melone in Würfel schneiden. Die restlichen Zutaten im kleinen Mixer verquirlen, über das Obst gießen. Mindestens 1 Std. in den Kühlschrank stellen und ab und zu die Soße wieder über das Obst gießen. Auf zwei Schüsselchen verteilen, das braucht keine Deko.

Hinweise: *Die Orangeatwürze war insoweit ein Fehler, weil sie mittlerweile so herb ist, dass es nötig war, recht viel Honig hinzuzufügen, was gar nicht sein sollte. Ich habe zwei gehäufte Teelöffel Honig zusätzlich genommen. – Bei einem nächsten Mal würde ich die Orangeatwürze einfach weglassen und stattdessen 10 g Honig nehmen.*

9331. All-in-One-Spinat, Juni 2016

2 Portionen

Gemüsepfanne (24 cm, 20 Min.*):

- 15 g Sonnenblumenöl
- 90 g Wasser
- 260 g Kartoffeln, in 2-3 mm dünne Scheiben geschnitten
- 160 g Champignons, in 6-7 mm dicke Scheiben geschnitten
- 1/2 TL Salz
- 1 TL getr. gerebbelter Thymian
- 200 g Spinat, gewaschen, gut trockengeschleudert und in Streifen geschnitten
- Salz, zum Abschmecken

* Da ich nur festkochende deutsche Bio-Kartoffeln bekommen habe, musste ich trotz der dünnen Scheiben 20 Min. kochen. Auch bei festkochenden Kartoffeln gibt es offenbar durchaus noch Unterschiede.

9332. Pistazien-Maulbeeren-Wiese, Juni 2016

2 x Frühstück

- 2 EL Leinsamen
- 6 EL Nackthafer
- 220 g Erdbeeren, geputzt
- 120 g Mangofleisch
- 155 g Nektarine (ohne Kern, 2 Stück)
- 1 Banane, geschält (105 g)
- 20 g getr. Maulbeeren
- 15 g geschälte Pistazien, ungeröstet

Leinsamen mit dem Getreide flocken, auf zwei Schüsselchen verteilen. Das Obst ggf. in grobe Stücke teilen und im Hochleistungsmixer pürieren, über das Getreide geben. Gemischt mit Maulbeeren und Pistazien bestreuen.

9333. Sonntagsschlemmerkakao, Juni 2016

Im Vitamix ca. 3 Min.:

- 20 g Kakaobohnen
- 20 g Cashewnüsse
- 3 Datteln, entsteint, Sorte Medjool (ca. 55 g)
- 10 g frischer Ingwer, ungeschält
- auf 500 ml (Markierung im Becher) mit Wasser/kochendem Wasser 1:1 auffüllen.

9334. Jumbobohnen im Schnellkochtopf, Juni 2016

- 250 g weiße Jumbobohnen (große weiße Bohnen)
- Wasser

Bohnen 24 Std. in reichlich Wasser einweichen. Abgießen, mit Wasser abspülen und mit reichlich Wasser (sollte etwa 5 mm über den Bohnen stehen) im Schnellkochtopf, Stufe II, 30 Min. kochen.

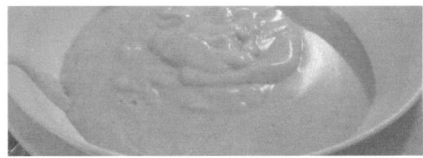

9335. Standardstützcreme ohne Linsen – Mandeln klein, Juni 2016

Im Hochleistungsmixer, 0,9-Liter-Becher, bis zum Stocken schlagen:

- 60 g Rundkorn- oder Basmatinaturreis
- 15 g Cashewnüsse
- 350 g Wasser, halb Raumtemperatur, halb kochend

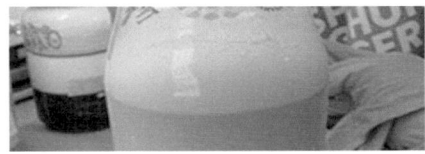

9336. Standard-Pflanzenmilch ohne Linsen minus Mandeln klein, Juni 2016

Im Vitamix ca. 1 Min. laufen lassen:

- 100 g Standardstützcreme ohne Linsen minus Mandeln klein 9335
- 400 g heißes Wasser

9337. Wassermango-FKG, Juni 2016

2 x Frühstück

- 2 EL Leinsamen
- 6 EL Nackthafer
- 120 g Wassermelone, geschält
- 285 g Mangofleisch
- 1 Banane, geschält (105 g)
- 1/2 Apfel (95 g)
- 10 g Kokosraspel
- 6 Kakaobohnen

Leinsamen mit dem Getreide flocken, auf zwei Schüsselchen verteilen. Das Obst in grobe Stücke teilen und im Hochleistungsmixer pürieren, über das Getreide geben. Am Rand mit Kokosraspeln bestreuen, in die Mitte je 3 Bohnen legen.

9338. Chia-Sonnenblumen-Mischbrot, Juni 2016

An einem Tag gemacht.

Morgens (8:30 Uhr):

- 300 g Roggen
- 320 g Wasser
- 150 g Sauerteig (Herstellung in älteren Bänden beschrieben)

Nachmittags (15.30 Uhr):

Getreidemischung:

- 300 g Dinkel
- 150 g Roggen
- 1 EL Salz
- 150 g Sonnenblumenkerne
- 50 g Chiasamen
- 1 EL Brotgewürz (Brecht)

Abschluss:

- 1/2 Würfel frische Hefe (20 g)
- 150 g lauwarmes Wasser
- Getreidemischung
- 600 g Sauerteigansatz
- 250 g Wasser
- 20 g Butter für die Form

Roggen fein mahlen, mit Wasser und altem Sauerteig mischen. In einer Plastiktüte stehen lassen. 150 g von der Stufe 1 abnehmen und in einem gut schließenden Schraubglas in den Kühlschrank stellen für das nächste Backen. Nachmittags trockene Zutaten mischen. Hefe im Wasser auflösen. Restliche Zutaten (außer der Butter) hinzufügen und mit einem großen Löffel gründlich verrühren, bis kein Mehl mehr sichtbar ist. Eine 30-cm-Brotform, Profi-Email von Dr. Oetker, gut einfetten. Teig hineingeben, mit der nassen Hand herunterdrücken und glattstreichen. Mit einem scharfen Messer dreimal schräg einschneiden. Form in eine Plastiktüte geben und etwa 1 Std. 15 Min. gehen lassen. Die Brotform ist dann ganz voll.

Brot in den kalten Ofen einschieben, 60 Min. bei 190 °C (Heißluft) backen und 10 Min. im ausgestellten Ofen nachbacken. Das Brot ist im Ofen nicht mehr viel gegangen.

9339. Dalmatinische Spinatpfanne, Juni 2016

2 Portionen

Gemüsepfanne (24 cmm, 12 Min.):

- 50 g Wasser
- 1 Zwiebel, abgezogen, halbiert und in Scheiben (95 g)
- 1 Knoblauchzehe, abgezogen und klein gehackt (5 g)
- Zwei Spitzpaprika, geputzt und in Streifen (125 g)
- 1 Tomate (100 g), gewürfelt
- 200 g Spinat, gewaschen, trockengeschleudert und in Streifen geschnitten

Bohnen:

- 325 g Jumbobohnen (große weiße Bohnen), gekocht
- 1 TL Salz
- 1 Prise Pfeffer
- 5 g Essigpeperoni 7/4573
- 1 geh. TL getr. ger. Mangoschalen
- 1 TL Paprika edelsüß
- 30 g Cashewnussmus
- 50 g Stützcreme
- 60 g Wasser

Bohnen in die Pfanne geben. Die restlichen Zutaten im Mixer verquirlen, unter das Gemüse rühren. Becher mit etwas Wasser nachspülen. Dieses Wasser ebenfalls zum Gemüse geben, verrühren und aufkochen.

Urteil: „The best you made for a long time – and all your meals are delicious!" (Zitat Eric) ich stimme zu, diese Pfanne war extrem lecker!

9340. Montagsschlemmerkakao, Juni 2016

- 15 g Kakaobohnen
- 15 g Cashewnüsse
- 2 Datteln, entsteint, Sorte Medjool (ca. 55 g)
- 10 g frischer Ingwer, ungeschält
- 45 g Standard-Pflanzenmilch
- auf 500 ml (Markierung im Becher) mit Wasser/kochendem Wasser 1:1 auffüllen.

9341. Schneller Schokoladenkuchen, Juni 2016

26-cm-Springform

TM 30 Sek./Stufe 3; 30 Sek./Stufe 4:

- 150 g gekochte rote Linsen
- 200 g Agavendicksaft
- 120 g Standardstützcreme
- 40 g Apfelmark
- 65 g Standard-Pflanzenmilch

TM 2 x 10 Sek./Stufe 5 (vorher gemischt):

- 150 g Dinkel, gemahlen zusammen mit
- 25 g Nackthafer
- 40 g Kakaopulver
- 10 g Mesquitepulver oder Carob
- 1 Prise Salz
- 1/2 TL Vanillepulver
- 1,5 P Weinsteinbackpulver

Springformboden mit Backpapier überspannen, Ofen auf 160 °C (Heißluft) vorheizen. TM 10 Sek./Stufe 5:

- 65 g kochendes Wasser einarbeiten.

Backen 40 Min. bei 160 °C. Noch warm mit Schokogusscreme 9342 überziehen.

9342. Schokogusscreme, Juni 2016

Reicht zum Überziehen eines Kuchens Durchmesser 26 cm.

Im starken Mixer durchmischen:

- 110 g Schokosoße, z. B. 9312
- 105 g Standardstützcreme, z. B. 9335
- 50 g Kokosöl
- 25 g Ahornsirup

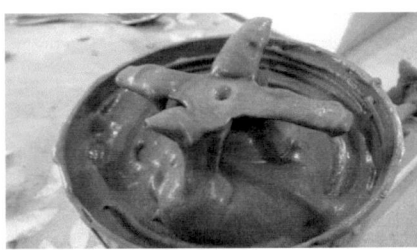

9343. Rote Linsen mit gemischtem Restgemüse, Juni 2016

2 Portionen. Da ich abgelenkt wurde, sind die Linsen zu weich gekocht.
Geschmeckt hat es trotzdem sehr lecker.

Als Gemüsepfanne (24 cm, 20 Min.):

- 190 g rote Linsen
- 380 g Wasser
- 130 g Spitzkohl, klein geschnitten
- 1 rote Spitzpaprika, geputzt und in Streifen (90 g)
- 85 g Spinat, gewaschen & getrocknet, in Streifen geschnitten

Soße (mixen, unter das Gemüse rühren und aufkochen):

- 1 Stück Essigpeperoni (5 g) 7/4573
- 25 g Standardstützcreme
- 50 g gekochte rote Linsen
- 1 TL Salz
- 1/2 TL gem. Kreuzkümmel
- 1/2 TL Ras-el-Hanout
- 30 g Cashewnussmus
- 50 g Wasser

9344. Aprideko-FKG, Juni 2016

2 x Frühstück

- 2 EL Leinsamen
- 6 EL Nackthafer
- 250 g Erdbeeren, geputzt
- 1 Banane, geschält (100 g)
- 1 Apfel (210 g)
- 1 Aprikose, in 8 Streifen zur Deko
- 8 Pekannusshälften (25 g)

Leinsamen mit dem Getreide flocken, auf zwei Schüsselchen verteilen.
Das Obst ggf. in grobe Stücke teilen und im Hochleistungsmixer pürieren, über das Getreide geben. Je 4 Aprikosenstreifen und Pekannusshälften abwechselnd wie eine „Uhr" auf das Obst legen.

9345. Pekanbohnenkakao, Juni 2016

Im Vitamix etwa 3 Min. höchste Stufe:

- 15 g Kakaobohnen
- 15 g Pekannüsse
- 2 Medjool-Datteln entsteint (35 g netto)
- 10 g frischer Ingwer
- auf 500 ml mit Wasser/kochendem Wasser 1:1 auffüllen.

9346. Bunter Reis, Juni 2016

2 Portionen

In den Garkorb des TM einwiegen:

- 190 g Vollkorn-Jasminreis
- 20 g getr. Tomaten, in schmale Streifen geschnitten
- 20 g ungesalzene Pistazien
- 30 g grüne Rosinen

Mit Wasser durchwaschen. Mixtopf bis zwischen die Markierungen I und II mit Wasser füllen. Garkorb einhängen und garen (36 Min./Varoma/Stufe 2).

9347. Tomaten-Paprika-Soße, Juni 2016

2 Portionen

- 50 g Wasser
- 2 Tomaten, gewürfelt (210 g)
- 2 rote Spitzpaprika, ohne Stiele etc., in Streifen geschnitten (110 g)
- 1 Knoblauchzehe, abgezogen und gewürfelt

Zutaten in der angegebenen Reihenfolge in eine 20-cm-Pfanne geben. Als Gemüsepfanne 15 Min. dünsten.

Soße

- 1 Aprikose, vorgeschnitten und entsteint (70 g)
- 1 TL Salz
- 1 TL Paprika edelsüß
- 40 g gekochte rote Linsen
- 1 Stück Essigpeperoni (6 g) 7/4573
- 10 g Apfelessig
- 20 g Sonnenblumenöl
- 55 g (+ 20 g) Wasser
- 1 TL Ahornsirup

Soßenzutaten im kleinen Mixer verarbeiten, unter das Gemüse rühren und aufkochen. Becher mit 20 g Wasser nachspülen. Dieses Wasser ebenfalls zum Gemüse geben, verrühren und aufkochen.

Tipp: *Bei uns gab es dazu „bunten Reis".*

9348. Erdbeer-Birnen-FKG, Juni 2016

2 x Frühstück

- 2 EL Leinsamen
- 6 EL Nackthafer
- 210 g Erdbeeren, geputzt
- 1 Birne (190 g)
- 1 Banane, geschält (105 g)
- 1 Apfel (230 g)
- 25 g Pekannüssen

Leinsamen mit dem Getreide flocken, auf zwei Schüsselchen verteilen.

Das Obst in grobe Stücke teilen und im Hochleistungsmixer pürieren, über das Getreide geben. Dekorieren mit den Pekannüssen.

9349. Ingwerstarker Kakao, Juni 2016

Im Hochleistungsmixer, je nach Gerät, 2,5 bis 3 Min. auf höchster Stufe schlagen:

- 15 g Kakaobohnen
- 15 g Chiasamen
- 2 Medjool-Datteln entsteint
- 12 g frischer Ingwer
- auf 500 ml (Markierung im Becher) mit Wasser/kochendem Wasser 1:1 auffüllen.

9350. Standardstützcreme nur Linsen, Juni 2016

Im Hochleistungsmixer, 0,9-Liter-Becher, bis zum Stocken schlagen:

- 50 g Langkornnaturreis
- 30 g gekochte rote Linsen
- 350 g Wasser, halb Raumtemperatur, halb kochend

Hinweis: *Lässt sich leichter aus dem Becher entnehmen, da erst recht flüssig. Wird dann aber fest(er), ein bisschen „gelatinous".*

9351. Spitzer Paprikakohl, Juni 2016

2 Portionen

Gemüsepfanne (24 cm, 15 Min.):

- 70 g Wasser
- 1 orangefarbene Paprikaschote, ohne Innenwände, Stiel und Kerne, gewürfelt (200 g)
- 190 g Spitzkohl, klein geschnitten
- 30 g Haselnüsse, grob gehackt (im Zerkleinerer)
- 20 g getr. Tomaten, in feine Streifen geschnitten

Soße (mixen, unter das Gemüse rühren und aufkochen):

- 75 g Standardstützcreme
- 1 TL Salz
- 1 Prise Pfeffer
- 6 g Essigpeperoni 7/4573
- 8 g Zitronenfleisch
- 35 g (+ 40 g) Wasser

Becher mit 40 g Wasser nachspülen. Dieses Wasser ebenfalls zum Gemüse geben, verrühren und aufkochen.

9352. Herbes Studentenfutter, Juni 2016

Mischen:

- 1 EL Kakaobohnen, unfermentiert
- 1 EL grüne Rosinen
- 1 EL Pistazien, ungesalzen
- 1 EL Cashewnüsse

9353. TM-Mango-FKG, Juni 2016

2 x Frühstück

- 2 EL Leinsamen
- 6 EL Nackthafer
- 2 Äpfel (320 g)
- 240 g Mangofleisch
- 1 Banane, geschält (100 g)
- 20 g Walnüsse
- 4 Kakaobohnen

Leinsamen mit dem Getreide flocken, auf zwei Schüsselchen verteilen.
Das Obst in grobe Stücke teilen und im TM stark zerkleinern (5 Sek./Stufe 5), über das Getreide geben. Walnüsse am Rand entlang streuen, Kakaobohnen in die Mitte legen.

9354. Erdnussbohnenkakao, Juni 2016

Im Vitamix 3 Min. höchste Stufen:

- 15 g Kakaobohnen
- 15 g Chiasamen
- 15 g Erdnüsse, roh, ungesalzen, ungeröstet
- 2 Medjool-Datteln entsteint
- 10 g frischer Ingwer
- auf 500 ml mit Wasser/kochendem Wasser 1:1 auffüllen.

9355. Möhrenmittagsrohkost, Juni 2016

2 kleinere Portionen

- 250 g Möhren in Stücken
- 1 größerer Apfel, in 8 Teilen
- 1 gute Prise Salz
- 1 Prise Pfeffer
- 2 EL Knoblauchessig 9262 oder Apfelessig
- 8 Cashewnüsse

Möhren, Apfel, Salz, Pfeffer und Essig in den TM geben und zerkleinern (5 Sek./Stufe 5). Auf zwei Müslischalen verteilen und mit den Nüssen dekorieren. Einfach, leicht und lecker.

9356. Erdbeer pur mit Mango stur-FKG, Juni 2016

2 x Frühstück

2 EL Leinsamen	300 g Wasser
6 EL Nackthafer	410 g Erdbeeren, geputzt
40 g getr. Mango	1 Banane, geschält (125 g)
25 g Cashewnüsse	2 Erdbeeren zur Dekoration

Leinsamen mit dem Getreide flocken, auf zwei Schüsselchen verteilen.
Mango in kleinere Stücke reißen. Mit Nüssen und Wasser im Vitamix zu einer lauwarmen Creme schlagen. Auf das Getreide gießen. Obst im Hochleistungsmixer pürieren, über das Mangopüree geben. In die Mitte jeweils eine Erdbeere stecken.

9357. Erdnussbohnenkakao Zwao, Juni 2016

Im Vitamix etwa 3 Min. Höchststufe:

- 15 g Kakaobohnen
- 20 g Chiasamen
- 10 g Erdnüsse, roh, ungesalzen, ungeröstet
- 2 Medjool-Datteln entsteint
- 7 g frischer Ingwer
- auf 500 ml (Markierung im Becher) mit Wasser/kochendem Wasser 1:1 auffüllen.

Fazit: Sehr schön sämig! Sicherlich nicht für jedermann süß genug.

9358. Schokoladensoßen-Brownies, Juni 2016

Nach einem Rezept von daskochrezept.de https://www.daskochrezept.de/ rezepte/schokoladen-sirup-brownies.

Beschrieben mit dem TM.

30 Sek./Stufe 3; 30 Sek./Stufe 4
- 110 g gekochte rote Linsen
- 240 g Stützcreme, hier Standardstützcreme nur Linsen 9350
- 175 g Ahornsirup
- 215 g Schokoladensoße, hier Schokoladensoße Haselnuss 5 mit Mesquite 9312.

Feste Zutaten miteinander mischen, dann in die Flüssigphase einarbeiten: 2 x 10 Sek./Stufe 5:
- 50 g Nackthafer, 2 x gemahlen
- 130 g Dinkel, fein gemahlen
- 2 TL Weinsteinbackpulver
- 125 g Walnüsse, grob gehackt (Vorsicht, werden im TM ja nochmals zerkleinert)

In eine etwa 33 x 22 cm, mit Kokosöl eingefettete Form füllen. Ofen (Heißluft) auf 170 °C vorheizen. Kuchen 40 Min. bei 170 °C backen, in der Form 10 Min. stehen lassen, herausstürzen (ging einfach). Lauwarm mit einer Schokoladencreme bestreichen, hier Schokoladencreme für Brownies 9359.

9359. Schokoladencreme für Brownies, Juni 2016

Reicht für eine Fläche von ca. 33 x 22 cm.
- 20 g Kakaobutter
- 35 g Stützcreme, hier Standardstützcreme nur Linsen 9350
- 25 g gekochte rote Linsen
- 25-30 g Agavendicksaft
- 40 g Schokoladensoße, hier Schokoladensoße Haselnuss 5 mit Mesquite 9312

Kakaobutter in einer 20-cm-Pfanne bei kleiner Einstellung (Induktion 4 von 14) zerlassen. Die restlichen Zutaten im kleinen Mixer verquirlen, mit einem Schneebesen unter die flüssige Kakaobutter rühren und gemeinsam auf der kleinen Einstellung erhitzen. Mit einem Spatel auftragen.

9360. Schokoladensoße viel Nibs mit Mesquite, Juni 2016

2 Honiggläser; Vorläufer: 9312

Im 0,9-Liter-Becher des Vitamix mixen:

- 185 g Agavendicksaft
- 50 g Kakaonibs
- 15 g Kakaopulver
- 40 g Mesquitepulver (oder Carob)
- 15 g Chiasamen
- 1 Prise Salz
- 50 g rohe Erdnüsse, geschält
- 333 g kochend heißes Wasser

Stößel benutzen, später drin hängen lassen und ca. 3 Min. auf der Höchststufe laufen lassen. Das Geräusch ändert sich deutlich. Noch heiß in Gläser füllen.

9361. Champignon-Nudel-Ofenpfanne, Juni 2016

2 Portionen

- 100 g Spaghetti, in 5-6 cm große Stücke gebrochen
- 2 mittelgroße Tomaten (265 g), in 8-9 mm dicke Scheiben geschnitten
- 70 g Linsensprossen (ca. 3-4 Tage alt)
- 230 g braune Champignons, in 6-7 mm dicke Scheiben geschnitten

Spaghetti auf dem Boden einer 24-cm-Woll-Pfanne verteilen. Ich brauche diese Pfanne nicht einzufetten! Tomatenscheiben darauf verteilen, mit Linsensprossen bestreuen. Die Pilzscheiben bilden die oberste Lage. Backofen (Heißluft) auf 200 °C vorheizen.

Im Mixer gut mixen:

- 100 g gekochte rote Linsen
- 20 g Stützcreme
- 50 g Cashewnussmus (habe mich vertan, sollten 30 g sein)
- 50 g Standardpflanzenmilch
- 25 g fein gemahlener Naturreis
- 5 g Essigpeperoni 7/4573
- 10 g Peperoniessig
- 1 TL Salz
- 1 Prise Pfeffer
- 300 g Wasser

Vorsichtig über das Gemüse gießen, am Rand noch 125 g Wasser zugeben. Deckel auflegen. In den heißen Ofen schieben und 30 Min. mit und 15 Min. ohne Deckel backen. In der Pfanne 5 Min. stehen lassen, damit sich alles „setzen" kann.

Hinweis: *Ich fand das total lecker, Eric meinte, lecker. Was bei ihm heißt: Es geht. ;-) „Not one of my all time favorites".*

9362. Erdbeersalat mit Minze, Juni 2016

2 Portionen

- 15 g Zitronensaft
- 15 g flüssiger Honig
- 25 g Wasser
- 1 TL getr. Minze, zwischen den Handflächen zerrieben
- 210 g geputzte, klein geschnittene Erdbeeren

In einer Schüssel die flüssigen Zutaten miteinander verrühren, bis sich der Honig gelöst hat. Minze unterrühren und die Erdbeerstücke hinzugeben. Etwa 30 Min. in den Kühlschrank stellen und immer wieder „bewegen". Da ich eine Pengschüssel genommen hatte, habe ich die Schüssel einfach ab und an umgedreht. Kurz vor dem Servieren auf zwei Schüsselchen verteilen.

9363. Erdbeercreme-FKG, Juni 2016

2 x Frühstück

- 2 EL Leinsamen
- 6 EL Nackthafer
- 15 g Zitronenfleisch
- 20 g Cashewnüsse
- 1 Banane, geschält (135 g)
- 400 g geputzte Erdbeeren
- 15 g Kokosmus

Leinsamen mit dem Getreide flocken, auf zwei Schüsselchen verteilen. Cashewnüsse und Obst im Hochleistungsmixer pürieren, über das Getreide geben. In die Mitte etwas Kokosmus geben.

Hinweis: *Durch die mitpürierten Nüsse wird das sehr schön cremig.*

9364. Erdnussbohnenkakao Drao, Juni 2016

Im Hochleistungsmixer, je nach Gerät, 2,5 bis 3 Min. auf höchster Stufe schlagen:

- 15 g Kakaobohnen
- 20 g Chiasamen
- 20 g Erdnüsse, roh, ungesalzen, ungeröstet
- 3 Medjool-Datteln entsteint
- 7 g frischer Ingwer
- auf 500 ml (Markierung im Becher) mit Wasser/kochendem Wasser 1:1 auffüllen.

Fazit: Sehr schön sämig, kurz vor Pudding.

9365. Erdbeereis Micromaxx, Juni 2016

500 g Rohmasse = 2 Portionen

- 255 g Erdbeeren, geputzt
- 55 g Ahornsirup
- 105 g Standardstützcreme

Zutaten in einem starken Mixer gut und glatt mixen. Bis zur Weiterverarbeitung in den Kühlschrank stellen.

In den Eisbehälter füllen, 50 Min. laufen lassen.

Hinweis: *Erster Test der Eismaschine von Medion. Die Teile sind alle etwas „dünn", die Folie am Bedienungsfeld war leicht angehoben, habe sie wieder festgedrückt.*

9366. Walnusssuppe mit Bohnen, Juni 2016

2 Portionen. Nach Thermomix-Buch „à la Turka" (S. 76).

- 100 g weiße Riesenbohnen
- Wasser zum Einweichen und zum Kochen
- 1 große Knoblauchzehe, abgezogen (12 g)
- 25 g Kichererbsenmehl
- 30 g Standardstützcreme
- 50 g Walnusshälften
- 1 Prise Pfeffer
- 1 TL Salz
- 35 g Spaghetti, in 1-2 cm lange Teile gebrochen
- 20 g Zitronensaft
- 3-4 Prisen Paprikapulver edelsüß

Bohnen 24 Std. in Wasser einweichen. Abtropfen lassen, spülen und im Schnellkochtopf, Stufe II, 30 Min. garen. Knoblauch, Mehl und Creme in den Mixtopf des TM geben und zerkleinern (4 Sek./Stufe 6). Walnüsse zugeben und grob zerkleinern (3 Sek./Stufe 5). Bohnenkochwasser auf 500 g auffüllen, hinzufügen, außerdem Salz, Pfeffer und Nudeln und garen (13 Min./100 °C/Linkslauf/Stufe 2).

Bohnen und Zitronensaft in den Mixtopf geben und erhitzen (1 Min./100 °C/Linkslauf/Stufe 1). Auf zwei Schüsseln verteilen und mit Paprika edelsüß bestreuen. (Chili wie im Original ist mir zu scharf).

9367. Erdbeerschaum-FKG, Juni 2016

2 x Frühstück

- 2 EL Leinsamen
- 6 EL Nacktgerste
- 15 g Zitronenfleisch
- 2 Bananen, geschält (230 g)
- 330 g geputzte Erdbeeren
- 20 g rohe Erdnüsse

Leinsamen mit dem Getreide flocken, auf zwei Schüsselchen verteilen. Obst im Hochleistungsmixer pürieren, über das Getreide geben. Mit Erdnüssen bestreuen.

9368. Erdnussbohnenkakao Drao Bee, Juni 2016

Im Vitamix etwa 3 Min. auf höchster Stufe schlagen:

- 15 g Kakaonibs
- 20 g Chiasamen
- 20 g Erdnüsse, roh, ungesalzen, ungeröstet
- 3 Medjool-Datteln entsteint
- 7 g frischer Ingwer
- auf 500 ml mit Wasser/kochendem Wasser 1:1 auffüllen.

9369. Lasagnesoße rot Nr. 4, Juni 2016

Beschrieben im TM, geht mit Sicherheit auch anders! Für 2 Portionen.

- 1 Zwiebel, abgezogen (75 g) und halbiert
- 2 Knoblauchzehen, abgezogen (10 g)
- 10 g getr. Tomaten
- 1 kleine Möhre (30 g), halbiert
- 30 g Selleriegrün von Knolle
- 3 Tomaten, halbiert (340 g)
- 1 TL Salz
- 1 Prise Pfeffer
- 1 TL Paprika edelsüß
- 1 TL Honig (10 g)
- 50 g Wasser
- 15 g Naturreis, fein gemahlen

Die Zutaten ohne Wasser und Reismehl im Mixtopf zerkleinern (5 Sek./Stufe 6). Wasser hinzufügen und kochen (10 Min./100 °C/Stufe 1/Linkslauf). Reismehl zugeben, nochmals aufkochen (2-3 Min./100 °C/Stufe 2/Linkslauf).

9370. Spaghetti aus dem TM, Juni 2016

2 Portionen

- 150 g Spaghetti
- Wasser
- 1 TL Salz

Spaghetti abwiegen. Mixtopf mit Wasser bis zwischen Markierung I und II füllen, Salz hinzufügen. Aufkochen (14 Min./100 °C/Stufe 2), auf

Linkslauf und Stufe 1 stellen und die Spaghetti durch die Öffnung stellen. Zeit auf 8 Min. (oder nach Wunsch) stellen und fertig garen lassen.

Hinweis: *Nicht so weich gekocht, wie ich sie normalerweise esse, weil sie noch in eine „Spaghetti-Lasagne" sollen. Sonst würde ich sie 10 Min. kochen.*

9371. Lasagnesauce weiß Nr. 6, Juni 2016

Für 2 x Lasagneformen, also 2 Personen

- 25 g Cashewnussmus
- 50 g gekochte rote Linsen
- 100 g Standardstützcreme
- 170 g Wasser
- 1 gestr. TL Salz
- 1/2 TL Schabziegerklee

Mit einem Mixer gut verquirlen.

9372. Kleiner Schokoerdbeerkuchen (Pudding), Juni 2016

1 kleine Silikonform (oder 18-cm-Springform, dann einfetten).

- 110 g Stützcreme
- 45 g gekochte rote Linsen
- 60 g Schokosoße, hier Schokoladensoße viel Nibs mit Mesquite 9360
- 50 g flüssiger Honig

- 70 g Erdbeeren
- 75 g Natur-Langkornreis, fein gemahlen
- 1 TL Natron
- 1 größere Erdbeere

Stützcreme, Linsen, Schokosoße, Honig und Erdbeeren mixen (starker Mixer). Reismehl und Natron mit einem Löffel unterrühren. In die Form gießen. Erdbeere vierteln und oben auflegen. In den Varoma stellen, in die Seite Löffel als Abstandshalter stecken und Folie darüber legen. Garen (35 Min./Varoma/Stufe 2).

Hinweise: Backpulver wäre besser gewesen, wir mussten am 2. Tag wegwerfen, da ungenießbar. Ich habe zu spät an dabei die Abstandshalter gedacht, als ich nach 2/3 der Zeit nachguckte, musste ich die Folie runternehmen und habe die Oberfläche beschädigt. Es hätte aber schlimmer kommen können.

9373. Spaghetti-Lasagne, Juni 2016

2 Portionen

- 2 Portionen rote Soße, hier Lasagnesoße rot Nr. 4; 9369
- 2 Portionen gekochte Spaghetti, hier Spaghetti aus dem TM 9370
- 2 Portionen weiße Soße, hier Lasagnesauce weiß Nr. 6; 9372

Etwas weniger als die Hälfte der roten Soße auf zwei Lasagneformen verteilen. Spaghettimenge halbieren, mit der Schere oder einem Messer klein schneiden und mit nassen Händen eine Hälfte auf der roten Soße verteilen. Jeweils 3-4 EL weiße Soße darüber geben, mit dem Rest roter Soße bedecken, darauf die restlichen Spaghettistücke. Ofen (Heißluft) auf 200 °C vorheizen, wenn die Temperatur erreicht ist, den Rest weiße Soße auf die Nudeln geben und einschieben. 20-25 Min. bei 200 °C backen.

9374. Vanillesoße, Juni 2016

- 5 g Flohsamenschalen
- 20 g Ahornsirup
- 1 MS Vanillepulver
- 175 g Pflanzenmilch

Flohsamenschalen fein mahlen, mit den restlichen Zutaten mixen.

Tipp: Wird für eine Soße zu fest, sieht nicht schön aus, schmeckt aber recht gut.

9375. Pistazienhäufchen, Juni 2016

2 x Frühstück

- 2 EL Leinsamen
- 6 EL Dinkel
- 1 Banane, geschält (130 g)
- 1 Mango, geschält und vom Kern abgelöst (225 g)
- 275 g Erdbeeren, geputzt
- 15 g Pistazien, geschält, ungesalzen

Leinsamen mit dem Getreide flocken, auf zwei Schüsselchen verteilen. Das Obst wenn nötig in grobe Stücke teilen und im Hochleistungsmixer pürieren, über das Getreide geben. Mit Pistazien bestreuen.

9376. Chiastarker Bohnenkakao, Juni 2016

Im Vitamix 3 Min. auf höchster Stufe:

- 15 g Kakaobohnen
- 25 g Chiasamen
- 2 Medjool-Datteln entsteint
- 7 g frischer Ingwer
- auf 500 ml mit Wasser/kochendem Wasser 1:1 auffüllen.

9377. Jasminreis auf dem Herd, Juni 2016

Hier: 100 g = 1 Portion

- 100 g Jasminreis
- 225 g Wasser

Zusammen zum Kochen bringen, auf kleinster Einstellung im geschlossenen Topf 35 Min. quellen/köcheln lassen.

Tipp: *Wird sehr schön und es hätte vielleicht sogar mit 200 g Wasser gereicht.*

9378. Haferkekse Wunderkessel, Juni 2016

http://www.wunderkessel.de/t/haferflockenkekse-vorsicht-suchtpotenti-al.76800/

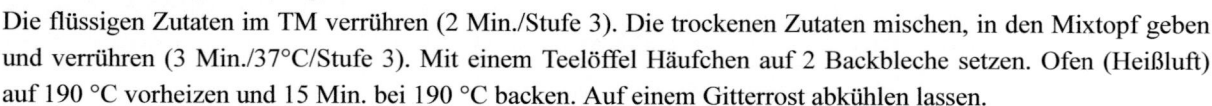

Flüssig:

- 175 g gekochte rote Linsen
- 25 g Cashewnussmus
- 200 g flüssiger Honig
- 60 g Apfelmark

Fest:

- 250 g Nackthafer, gemahlen (Stufe 4/9, Hawos Novum)
- 100 g Dinkel, fein gemahlen
- 1 P Weinsteinbackpulver, gesiebt
- 1 EL Mesquitepulver (15 g) oder Carob

Die flüssigen Zutaten im TM verrühren (2 Min./Stufe 3). Die trockenen Zutaten mischen, in den Mixtopf geben und verrühren (3 Min./37°C/Stufe 3). Mit einem Teelöffel Häufchen auf 2 Backbleche setzen. Ofen (Heißluft) auf 190 °C vorheizen und 15 Min. bei 190 °C backen. Auf einem Gitterrost abkühlen lassen.

Hinweis: *Sie sind okay, aber unter Suchtpotenzial verstehe ich wirklich etwas anderes. Eric: „Sie sind lecker, aber du hast schon bessere gebacken!"*

9379. Gefüllte Paprikaschoten 2016, Juni 2016

2 Portionen

- 2 große Paprikaschoten (brutto ca. 350 g)
- 100 g gekochte Kichererbsen
- 50 g Nackthafer, geflockt
- 1 TL Salz
- 1 Prise Pfeffer
- 1/2 TL Kreuzkümmel
- 10 g tiefgekühlte Petersilie
- 15 g Knoblauch, abgezogen und fein gehackt
- 50 g tiefgekühlte Erbsen
- 100 g Jasminreis, gekocht (roh gewogen)
- 3 EL Kichererbsenkochwasser
- 12 g Kokosöl (1 TL)
- 100 g Kichererbsenkochwasser

Den Deckel der Schoten möglichst knapp abschneiden, sodass der Stiel herausfällt. Mit einem scharfen Messer die Innenteile von der Wand trennen und herausziehen. Sollten die Schoten nicht gerade stehen, vorsichtig nachschneiden.

Kichererbsen, Hafer, Salz, Gewürze, Petersilie, Knoblauch, Erbsen, Reis und 3 EL Flüssigkeit miteinander verrühren. Die Masse in die leeren Schoten füllen, festpressen. Bei mir reichte die Menge genau (Zufall!). Deckel aufsetzen.

Öl und 50 g Kichererbsenkochwasser in eine hohe Pfanne geben, erhitzen. Schoten hineinsetzen, auf mittlerer Einstellung ca. 5-6 Min. andünsten. In der Zwischenzeit den Ofen (Heißluft) auf 100 °C vorheizen. Einschieben und mit dem Deckel 30 Min. backen. Temperatur auf 110 °C erhöhen, weitere 30 Min. backen. Deckel abnehmen, auf 220 °C erhitzen und 15 Min. backen, eventuell noch etwas Flüssigkeit nachgießen.

9380. Tomaten pseudogeröstet, Juni 2016

2 Portionen

- 3 Tomaten (290 g), geviertelt
- Wasser 1-10 EL
- Salz

Tomaten mit der Rundung nach unten in eine 20-cm-Keramikpfanne setzen. 1 EL Wasser hinzufügen, Deckel auflegen. Auf hoher Einstellung erhitzen, bis die Flüssigkeit verbraucht ist. Esslöffelweise Flüssigkeit hinzufügen, salzen, Deckel immer wieder auflegen und schließlich auf kleinster Einstellung 12 Min. dünsten.

9381. Nektarine-Erdbeeren-Kuss, Juli 2016

2 x Frühstück

- 100 g Nackthafer-Flocken (6 EL ungeflockter Hafer)
- 1 Banane, geschält (135 g netto)
- 1 Nektarine, ohne Stein (135 g)
- 425 g geputzte Erdbeeren
- 15 g Kokosraspel
- 5 g Kakaonibs

Flocken auf zwei Schüsselchen verteilen. Das Obst, ggf. in groben Stücken, im Hochleistungsmixer pürieren, über das Getreide geben. Mit Kokosraspeln bestreuen, in die Mitte die Kakaonibs geben.

9382. Chiastarker Bohnennibskakao, Juli 2016

Im Hochleistungsmixer, je nach Gerät, 2,5 bis 3 Min. auf höchster Stufe schlagen:

- 10 g Kakaobohnen
- 5 g Kakaonibs
- 20 g Chiasamen
- 2 Medjool-Datteln entsteint
- 6 g frischer Ingwer
- auf 500 ml (Markierung im Becher) mit Wasser/kochendem Wasser 1:1 auffüllen.

9383. Standardstützcreme chiagestützt, Juli 2016

Im Hochleistungsmixer, 0,9-Liter-Becher, bis zum Stocken schlagen:

- 50 g Langkornnaturreis
- 30 g Cashewnüsse
- 5 g weiße Chiasamen (1 TL)
- 350 g Wasser, halb Raumtemperatur, halb kochend

9384. Standard-Pflanzenmilch dicht, Juli 2016

Im Vitamix ca. 1 Min. laufen lassen:

- 100 g Standardstützcreme chiagestützt 9384
- 300 g heißes Wasser

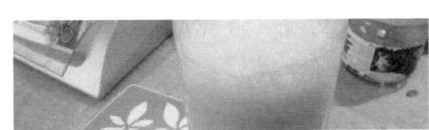

9385. Curryreis, Juli 2016

2 Portionen

- 185 g Jasmin-Naturreis
- 1/2 TL Currypulver (oder mehr nach Geschmack)
- 1 Prise Salz
- 380 g Wasser

Reis in einem Sieb durchspülen, mit den anderen Zutaten in einen Topf geben. Mit aufgelegtem Deckel zum Kochen bringen, auf kleinste Einstellung bringen und 35 Min. dünsten lassen.

9386. Brokkignons in Fruchtsoße, Juni 2016

2 Personen

- 55 g Wasser
- 1/2 Zwiebel, abgezogen & klein geschnitten (40 g)
- 195 g braune Champignons, in Scheiben
- 180 g Brokkoliröschen, nicht zu klein

Zutaten in der angegebenen Reihenfolge in eine 24-cm-Pfanne geben. Als Gemüsepfanne 15 Min. dünsten, ohne den Deckel abzuheben.

Soße:

- 3 Aprikosen, entsteint und geviertelt (115 g)
- 1 gestr. TL Salz
- 1 Prise Pfeffer
- 30 g Nussmus, hier Erdnussmus gewürzt 9184
- 50 g (+ 25 g) Wasser
- 35 g Standardstützcreme

Soßenzutaten mixen, unter das Gemüse rühren und aufkochen. Becher mit 25 g Wasser nachspülen. Dieses Wasser ebenfalls zum Gemüse geben, verrühren und aufkochen.

Tipp: *Dazu gab es Curryreis 9385, und es hat ausgezeichnet geschmeckt!*

9387. Aprikosen-Erdbeeren-Kuss, Juni 2016

2 x Frühstück.

- 100 g Nackthafer-Flocken (6 EL ungeflockter Hafer)
- 1 Banane, geschält (120 g netto)
- 3 Aprikosen, ohne Stein (110 g)
- 505 g geputzte Erdbeeren
- 1 Aprikose in 8 Streifen, für die Deko
- 20 g Schokosoße, hier Schokoladensoße Naturella 9389

Flocken auf zwei Schüsselchen verteilen. Das Obst ggf. in groben Stücken im Hochleistungsmixer pürieren, über das Getreide geben. Mit Aprikosenstreifen am Rand dekorieren, in die Mitte Schokosoße geben.

9388. Schokosoßenstarker Nibskakao, Juni 2016

Im Hochleistungsmixer, je nach Gerät, 2,5 bis 3 Min auf höchster Stufe schlagen:

- 40 g Schokoladensoße, hier Schokoladensoße Naturella 9389
- 15 g Kakaonibs
- 15 g weiße Chiasamen
- 1 Medjool-Dattel entsteint
- 6 g frischer Ingwer
- auf 500 ml (Markierung im Becher) mit Wasser/kochendem Wasser 1:1 auffüllen.

9389. Schokoladensoße Naturella, Juni 2016

2 Honiggläser; Vorläufer: 9360
Im 0,9-Liter-Becher des Vitamix mixen:

- 185 g weiche Datteln, entsteint (etwa 10 Stück)
- 100 g Kakaonibs
- 20 g Carob (Rohkost)
- 1 Prise Salz
- 50 g rohe Erdnüsse, geschält
- 320 g kochend heißes Wasser

Stößel benutzen, später drin hängen lassen und ca. 3 Min. auf der Höchststufe laufen lassen. Das Geräusch ändert sich deutlich. Noch heiß in Gläser füllen.

9390. Pao de Milho, angeblich, Juni 2016

2 Fladen; nach einem Rezept von daskochrezept https://www.daskochrezept.de/rezepte/pao-de-milho-hefe-maisbrot-aus-portugal.

- 250 g Dinkel
- 250 g Mais
- 1 Würfel frische Bio-Hefe (42 g)
- 450 g Wasser
- 15 g Salz

Dinkel und Mais in den TM geben, 2 x mahlen: 1 Min./Stufe 10. Hefe darüber bröseln, Wasser und Salz hinzufügen und kneten (3 Min./Knetstufe). Es ist Suppe! Mit dem Spatel ggf. Klumpen auflösen und erwärmen (1 Min./40 °C/Stufe 3). Nochmals kneten (3,5 Min./Knetstufe). Auf zwei runde 20-cm-Formen verteilen und 30 Min. bei 35 °C (Ober-/Unterhitze) gehen lassen. Ofen (Heißluft) auf 220 °C stellen, die Fladen bleiben im Ofen und 40 Min. bei 220 °C backen. Auf einem Gitterrost auskühlen lassen.

Tipp: *Frisch schmeckten sie gut.*

9391. Schneller Schokoladenkuchen nach Sabine Grote, Juni 2016

Vorgänger 9341 mit Änderungen von Sabine Grote; 26-cm-Springform.
TM 30 Sek./Stufe 3; 30 Sek./Stufe 4:

- 150 g gekochte rote Linsen
- 200 g Agavendicksaft
- 125 g Standardstützcreme
- 50 g Apfelmark
- 65 g Standard-Pflanzenmilch

TM 2 x 10 Sek./Stufe 5 (vorher gemischt):

- 175 g Dinkel, fein gemahlen
- 40 g Kakaopulver
- 10 g Mesquitepulver oder Carob
- 1 Prise Salz
- 1/2 TL Vanillepulver
- 1,5 P Weinsteinbackpulver (25 g)
- 1/2 TL Natron

Springformboden mit Backpapier überspannen, Ofen auf 160 °C (Heißluft) vorheizen. Backen 40 Min. bei 160 °C. Auf einem Gitterrost abkühlen lassen und mit Schokogusscreme 2; 9392 überziehen.

9392. Schokogusscreme 2, Juni 2016

Reicht für einen Kuchendurchmesser von 26 cm; Vorläufer: 9342
Im starken Mixer durchmischen:

- 100 g Schokosoße, hier Schokoladensoße Naturella 9389
- 100 g Standardstützcreme
- 50 g Kokosöl
- 25 g Agavendicksaft

Hinweis: *Ich habe leider den kleinen Mixer genommen, der hat das nicht geschafft und das Kokosöl wurde nicht fein genug, sondern blieb teilweise in Flöckchen.*

9393. Kardamombohnenkakao intensiv, Juni 2016

Im Vitamix ca. 3 Min. Höchststufe:

- 15 g Kakaobohnen
- 15 g weiße Chiasamen
- 2 Medjool-Datteln entsteint
- 10 g frischer Ingwer
- 4 grüne Kardamomschoten
- 25 g gekochte rote Linsen
- auf 500 ml mit Wasser/kochendem Wasser 1:1 auffüllen.

9394. Wirsing sauer, Juni 2016

2 Portionen

Gemüsepfanne (24 cm, 20 Min.):

- 65 g Wasser
- 10 g Sonnenblumenöl
- 275 g Kartoffeln, in Scheiben geschnitten
- 1/2 Zwiebel, abgezogen und klein geschnitten (40 g)
- 245 g Wirsing, in feine Streifen geschnitten
- 4 Aprikosen, entsteint und in Streifen geschnitten (105 g)

Soße (mixen, unter das Gemüse rühren und aufkochen):

- 45 g Standardstützcreme
- 1 gestr. TL Salz
- etwas schw. gem. Pfeffer
- 20 g Cashewnussmus
- 40 g (+ 30 g) Wasser
- 5 g Zitronenfleisch

Becher mit 30 g Wasser nachspülen. Dieses Wasser ebenfalls zum Gemüse geben, verrühren und aufkochen.

9395. 400 g-Sauerteigbrot für M. mit Kamut 2, Juni 2016

Vorläufer: 9/7260

Stufe 1 (12 Std. vorher):

- 400 g Roggen
- 420 g Wasser
- 150 g Sauerteig (Herstellung in älteren Bänden beschrieben)
- 100 g Roggen
- 250 g Kamut
- 1 EL Salz
- 85 g Haselnüsse, ganz

Roggen fein mahlen, mit Wasser und altem Sauerteig mischen. In einer Plastiktüte über Nacht stehen lassen. 150 g von der Stufe 1 abnehmen und in einem gut schließenden Schraubglas in den Kühlschrank stellen für das nächste Backen. Getreide fein mahlen, mit den restlichen Zutaten mischen und in einer gut schließenden Plastikdose verwahren.

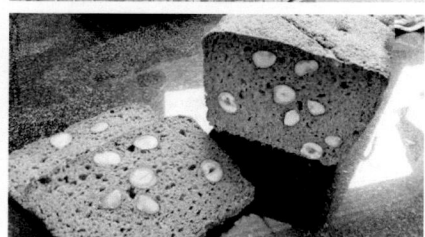

Stufe 2 (Backen, bei mir am Morgen)

- 1 P Trockenhefe (9 g)
- 200 g lauwarmes Wasser
- Getreidemischung vom Vorabend
- 75 g Standardpflanzenmilch
- 2 EL Apfelessig (20 g)
- Etwa 800 g Sauerteigansatz (s.o.)
- 20 g Butter für die Form

Alle Zutaten (außer der Butter) mit einem großen Löffel gründlich verrühren, bis kein Mehl mehr sichtbar ist. Eine 30-cm-Brotform, Profi-Email von Dr. Oetker, gut einfetten. Teig hineingeben, mit der nassen Hand herunterdrücken und glatt streichen. Mit einem scharfen Messer dreimal schräg einschneiden. Form in eine Plastikdose stecken und 2 Std. gehen lassen. In der letzten Viertelstunde Ofen auf 250 °C (Heißluft) vorheizen, 55 Min. bei 190 °C backen und 5 Min. im ausgestellten Ofen nachbacken.

9396. Pistazienreis, Juni 2016

2 Portionen

- 200 g Jasmin-Naturreis
- 1 Prise Salz
- 20 g Pistazien, ungesalzen
- 415 g Wasser

Reis in einem Sieb durchspülen, mit den anderen Zutaten in einen Topf geben. Mit aufgelegtem Deckel zum Kochen bringen, auf kleinste Einstellung stellen und 35 Min. dünsten lassen.

9397. Aroma-FKG, Juni 2016

2 x Frühstück

- 6 EL Nackthafer
- 1 Banane, geschält (115 g)
- 1 Nektarine, entsteint (120 g)
- 1 Aprikose, entsteint (35 g)
- 245 g Erdbeeren, geputzt (245 g)
- 8 (= 20 g) Pekannüsse
- 1 TL getr. Gojibeeren

Getreide flocken, auf zwei Schüsselchen verteilen. Das Obst in grobe Stücke teilen und im Hochleistungsmixer pürieren, über das Getreide geben. Mit Nüssen und Gojibeeren dekorieren.

9398. Bananenloses Sommer-FKG, Juni 2016

2 x Frühstück

- 2 EL Leinsamen
- 6 EL Nackthafer
- 40 g getr. Mango
- 25 g Cashewnüsse
- 275 g Wasser
- 220 g Erdbeeren, geputzt
- 1 Nektarine, ohne Stein (110 g)
- 4 Aprikosen, ohne Stein (145 g)
- 2 Erdbeeren zur Dekoration

Leinsamen mit dem Getreide flocken, auf zwei Schüsselchen verteilen.

Mango in kleinere Stücke reißen. Mit Nüssen und Wasser im Vitamix zu einer lauwarmen Creme schlagen. Auf das Getreide gießen. Frisches Obst im Hochleistungsmixer pürieren, über das Mangopüree geben. Erdbeeren für die Deko halbieren und am Rand verteilen.

9399. Kardamomnibskakao, Juni 2016

Im Hochleistungsmixer, je nach Gerät, 2,5 bis 3 Min. auf höchster Stufe schlagen:

- 10 g Kakaonibs
- 20 g Chiasamen
- 2 Medjool-Datteln entsteint
- 8 g frischer Ingwer
- 4 grüne Kardamomschoten
- 75 g Standardpflanzenmilch
- auf 500 ml mit Wasser/kochendem Wasser 1:1 auffüllen.

9400. Brokkoli in Tomatensoße 2016, Juni 2016

2 Portionen

Gemüsepfanne (24 cm, 12 Min.):

- 55 g Wasser
- 205 g Brokkoli, in kleine Röschen geteilt

Soße (mixen, unter das Gemüse rühren und aufkochen):

- 200 g Tomaten, stückig (Dose)
- 50 g Wasser
- 1 gestr. TL Salz
- 1 Prise Pfeffer
- 10 g Peperoniessig
- 5 g Tamari
- 10 g Sonnenblumenöl

Tipp: *Bei mir gab es dazu Pistazienreis.*

9401. Marmorkuchen klassisch 4, Juni 2016

Vorläufer: 9323

- 1 TL Kokosöl für die Form
- 200 g gekochte rote Linsen
- 250 g + 50 g Agavendicksaft
- 160 g Stützcreme
- 80 g Apfelmark
- 2 EL Rum (20 g)
- 150 g + 50 g Standardpflanzenmilch
- 400 g Weizen
- 2 P. Weinsteinbackpulver
- 1 Prise Salz
- 40 g Kakao

Kokosöl in der Gugelhupfform gleichmäßig verteilen und in den Kühlschrank stellen, damit das Kokosöl fest wird.

Linsen, 250 g Agavendicksaft, Stützcreme, Apfelmark, Rum und 150 g Milch cremig schlagen (30 Sek./Stufe 3; 30 Sek./Stufe 4). Getreide fein mahlen, mit Backpulver (gesiebt) und Salz verrühren. In den Mixtopf geben, gründlich vermischen (2 x 20 Sek./Stufe 5; dazwischen kurz mit einem Spatel verrühren). Durch Subtrahieren das Teiggewicht errechnen und etwa zwei Drittel des Teigs in die Form geben. Unter den Rest des Teiges den gesiebten Kakao mit 50 g Agavendicksaft und 50 g Milch mengen (20 Sek./Stufe 5, langsam hochdrehen). (Etwa hier vorheizen.) Den dunklen Teig auf dem hellen verteilen. Für das Marmormuster mit einer Gabel Spiralen durch die Teigschichten ziehen. Ofen auf 160 °C (Heißluft) vorheizen und 45 Min. backen. Auf ein nasses Tuch auf ein Kuchengitter stellen, 10 Min. stehen lassen. Umdrehen, vorsichtig die Form abnehmen und auf einem Gitterrost auskühlen lassen. Mit Schokoladenguss überziehen.

9402. Schokoguss halb und halb, Juni 2016

Reicht für 1 Gugelhupf.

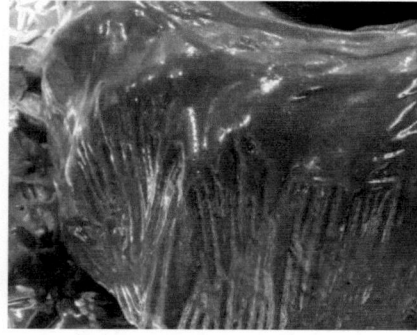

- 25 g Kakaobutter
- 15 g Kokosöl
- 60 g Schokoladensoße viel Nibs mit Mesquite 9360
- 20 g Ahornsirup
- 5 g Kakaopulver
- 15 g Standardstützcreme

In einer Pfanne auf kleiner Einstellung schmelzen, verrühren mit einem Schneebesen und mit einem Pinsel auftragen.

Hinweis: *War zum Verstreichen sehr angenehm, weil etwas dickflüssiger.*

9403. Halber-Freitag-Ganzer-Samstag, Juni 2016

2 x Frühstück

- 2 EL Leinsamen
- 6 EL Nackthafer
- 30 g getrocknete Mangoscheiben
- 20 g Cashewnüsse
- 200 g Wasser
- 460 g geputzte Erdbeeren
- 1/2 großer Apfel (120 g), vorgeschnitten
- 2 Erdbeeren als Deko
- 8 Mandeln
- 2 Paranüsse

Leinsamen mit dem Getreide flocken, auf zwei Schüsselchen verteilen. Mango in Stücken mit den Nüssen im Wasser zu einer Creme verarbeiten. Das Obst in grobe Stücke teilen und pürieren, über das Getreide geben. Mit Nüssen dekorieren.

9404. Schlichter Weißkakao, Juni 2016

Im Hochleistungsmixer, je nach Gerät, 2,5 bis 3 Min. auf höchster Stufe schlagen:

- 10 g Kakaonibs
- 20 g weiße Chiasamen
- 2 Medjool-Datteln entsteint
- 8 g frischer Ingwer
- auf 500 ml (Markierung im Becher) mit Wasser/kochendem Wasser 1:1 auffüllen.

9405. Standardstützcreme minus Cashew 3 plus Salz, Juni 2016

Vorläufer: 9311

Im Hochleistungsmixer bis zum Stocken schlagen:

- 115 g Langkornnaturreis
- 30 g Cashewnüsse
- 1 Prise Salz
- 300 g Wasser, Raumtemperatur
- 400 g Wasser, kochend

Tipp: *Das ist der letzte Schritt vor „25 g Nüsse". Die Creme wird gut, aber es setzt sich etwas Wasser ab.*

9406. Standard-Pflanzenmilch minus Cashew 3 plus Salz, Juni 2016

Vorher: 9313

Im Vitamix ca. 1 Min. laufen lassen:

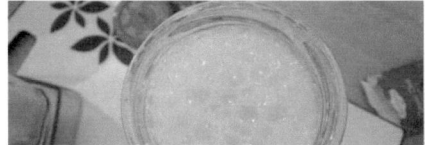

- 150 g Standardstützcreme minus Cashew 3 plus Salz 9405
- 450 g heißes Wasser

9407. Melonensalat soßenlos, Juni 2016

2 Portionen

- 390 g Honigmelone (netto)
- 2 Aprikosen
- 2 große Erdbeeren
- 10 g Mandelsplitter

Obst klein schneiden, in der angegebenen Reihenfolge auf zwei Schüsseln verteilen. Ist das Obst aromatisch, schmeckt das wunderbar ohne Soße!

9408. Roggensonntag mit Doppelbanane, Juni 2016

2 x Frühstück

- 2 EL Leinsamen
- 6 EL Roggen
- 15 g Zitronenfleisch
- 220 g Erdbeeren, geputzt
- 1 Nektarine, ohne Stein (115 g)
- 2 Bananen, geschält (250 g)
- 5 g Kakaonibs
- Evtl. Nüsse

Leinsamen mit dem Getreide flocken, auf zwei Schüsselchen verteilen. Das Obst in grobe Stücke teilen und im Hochleistungsmixer pürieren, über das Getreide geben. Kakaonibs in die Mitte streuen, evtl. noch mit Nüssen dekorieren.

9409. Wirsing mit Kartoffeln überbacken, Juni 2016

2 Portionen

Wirsing vorbereiten (Gemüsepfanne 24 cm, 15 Min.; = 5 Min. weniger als normal für Wirsing):

- 70 g Wasser
- 290 g Wirsing, klein geschnitten

Kartoffeln vorbereiten (Gemüsepfanne 20 cm, 15 Min.; = 5 Min. weniger als sonst):

- 65 g Wasser
- 260 g Kartoffeln, unter fließendem Wasser abgebürstet, Schadstellen entfernt und in Scheiben geschnitten (die Scheiben müssen zum Abdecken eines Kreises mit 24 cm Durchmesser reichen)

Soße vorbereiten (im starken Mixer gut verquirlen):

- 120 g Standardstützcreme
- 55 g Apfelmark
- 75 g gekochte rote Linsen
- 10 g Knoblauch, netto
- 5 g Salz
- 1 Prise Pfeffer
- 4 g Essigpeperoni 7/4573
- 10 g Peperoniessig
- 125 g Wasser
- 10 g Reis, fein gemahlen

Fertigstellen:

- Salz
- 20 g Sonnenblumenkerne

Soße zum Wirsing geben und verrühren, bis alles mit der Soße benetzt ist. Kartoffeln leicht versetzt darauf legen. Fein salzen und mit Sonnenblumenkernen bestreuen.

Ofen (Heißluft) auf 200 °C vorheizen. Pfanne ohne Deckel einschieben, 20 Min. backen. Auf Grill/240 °C umschalten und 5-10 Min. grillen, bis die Kartoffeln braun, aber nicht schwarz sind. Das hat bei mir keine 10 Min. gedauert.

9410. Bohnenkakao zart kardamomös, Juni 2016

Im Vitamix 2,5 bis 3 Min. auf höchster Stufe schlagen:

- 15 g Kakaobohnen
- 20 g Chiasamen
- 3 Medjool-Datteln entsteint (47 g netto, sie waren relativ klein)
- 6 g frischer Ingwer
- 1 Kardamomschote
- Auf 500 ml (Markierung im Becher) mit Wasser/kochendem Wasser 1:1 auffüllen.

9411. Pizzateig Wildhefe-Hefe mit kicher, Juni 2016

Vorläufer 9211

- 50 g Kichererbsen, fein gemahlen
- 175 g Weizen, fein gemahlen
- 1 Prise Salz
- 5 g frische Bio-Hefe
- 100 g Wildhefewasser
- 1 EL Stützcreme (25 g)

Mindestens 4-5 Std. vorm Servieren: Kichererbsen und Getreide mischen, Salz unterrühren. Hefe und Stützcreme in der Wildhefe auflösen (1 Min./37°C/Stufe 1). Mehl hinzufügen und kneten (2,5 Min./Knetstufe). Mit den Händen kurz durchkneten. Teig zur Kugel formen, an einem warmen Ort zugedeckt (d.h. in einer gut bemessenen Pengdose) min. 4

Std. ruhen lassen. Wenn der Deckel abspringt, einmal zusammenfalten, die anderen Male einfach den Deckel wieder schließen.

Zum Servieren: Die gewünschten Beläge vorbereiten. Backofen (Heißluft) auf 240 °C vorheizen. Teig wie im Rezept beschrieben ausrollen, belegen und 15 Min. bei 240 °C backen.

Hinweis: *Die Wildhefe hat auch hier, das sieht man an der Gehzeit, nur eine Funktion: einen Rest aufbrauchen, damit ich verlängern kann. Es waren Schlieren oben drauf, ich hoffe, das ist kein Schimmel. Ich habe sie daher abgesiebt und in ein neues Glas gegeben, dabei ist mir ein ordentlicher Teil übergeschwappt.*

9412. Melone unten und oben, Juni 2016

2 Desserts

- 100 g Standardstützcreme
- 40 g Schokoladensoße viel Nibs mit Mesquite 9360
- 1 Banane, geschält und in Scheiben (110 g)
- Ca. 150-200 g Honigmelone (etwa 1/4 Melone), ohne Kerne

Creme, Soße und Banane pürieren (hoch stehendes Messer). Melone mit einem Löffel aushöhlen, möglichst so, dass sich Melonenkügelchen ergeben. Bis auf zwei Kugeln auf zwei Schüsseln verteilen, mit dem Pudding bedecken und jeweils eine Melonenkugel in die Mitte legen.

9413. Roter Pizzabelag Nr. 27, Juni 2016

Vorläufer: 9179

- 200 g Tomaten aus der Dose, stückig (1/2 Dose)
- 1 gestr. Eierlöffel Salz
- 1-2 Prisen Pfeffer
- 1 TL Paprika edelsüß
- 1 MS Kreuzkümmel
- 1/2 TL Honig oder Ahornsirup (3 g) und
- 10 g Peperoniessig 7/4573 im Mixer verquirlen.

9414. Weißer Pizzabelag Nr. 39, Juni 2016

Für 1 Pizza, 28 cm = 2 Portionen

Im Mixer pürieren:
- 75 g Standardstützcreme
- 55 g gekochte rote Linsen
- 20 g Cashewnussmus
- 3 g Senf
- 15 g Essig
- 35 g Wasser
- 1 gute Prise Salz
- 1 Prise Schabziegerklee

9415. Pizza Margarita mit Mais, Juni 2016

Wildhefepizza für 2 Personen (1 x 28 cm)

- 1 Teig, hier Pizzateig Wildhefe-Hefe mit kicher 9411
- 1 roter Belag, hier Roter Pizzabelag Nr. 27; 9413
- 45 g tiefgekühlter Mais
- 1 TL Pizzakräuter
- 1 große Knoblauchzehe, in dünnen Scheiben (9 g)
- 1 weißer Belag, hier Weißer Pizzabelag Nr. 39; 9414

Teig mit Hilfe von Reismehl grob in Größe der Form (PerfectClean) ausrollen. In die Form legen, anpassen und Rand hochziehen. Roten Belag mit einem Spatel verstreichen. Mais und Knoblauchscheiben darüber verteilen, Pizzakräuter zwischen den Händen verrieben darüber streuen. Ofen (Heißluft) auf 240 °C vorheizen. Wenn er etwa auf 220 °C steht, die weiße Soße über die Pizza verteilen. In den Ofen schieben, 15 Min. bei 240 °C backen.

9416. Cherry Slush, Juni 2016

2 Desserts

- 2 EL Leinsamen
- 6 EL Roggen
- 275 g Erdbeeren, geputzt
- 275 g Süßkirschen, tiefgekühlt
- 20 g Pekannüsse (8 Stück)

Leinsamen mit dem Getreide flocken, auf zwei Schüsselchen verteilen. Obst im Hochleistungsmixer pürieren, über das Getreide geben. Mit je 4 Pekannüssen dekorieren.

9417. Kardamomnibskakao II, Juni 2016

Im Vitamix 3 Min. höchste Stufe:

- 10 g Kakaonibs
- 20 g Chiasamen
- 2 Medjool-Datteln entsteint
- 10 g frischer Ingwer
- 4 grüne Kardamomschoten
- auf 500 ml mit Wasser/kochendem Wasser 1:1 auffüllen.

9418. Nektarinenblume auf Mel-Pudden, Juni 2016

2 Desserts.

- 15 g weiße Chiasamen
- 15 g Honig
- 140 g Honigmelone, ohne Kerne oder Schale, in Stücken
- 10 g Zitronenfleisch
- 1 Nektarine (130 g brutto)

Chiasamen mit dem Mixer, flaches Messer, fein mahlen. Honig, Melonenstücke und Zitronenfleisch hinzufügen und mit dem hoch stehenden Messer zu einer Creme mixen. Auf zwei Schüsselchen verteilen. Nektarine in Vierteln vom Kern lösen. Je zwei Viertel nebeneinandergelegt in Scheiben schneiden. Mit der Schale nach oben in die Melonencreme drücken. Gut kalt stellen.

9419. Flammkuchen mit Speck-Alternative und Zwiebeln, Juni 2016

2 Personen

Belag:

- 20 g getr. Tomaten
- Etwas Wasser
- 1 Zwiebel, abgezogen (90 g)
- 1 Tomate (125 g)

Teig:

- 200 g Weizen
- 120 g Wasser
- 1/2 TL Salz
- 15 g Standardstützcreme
- 1 Prise geriebene Muskatnuss
- 1/2 TL Agavendicksaft (2 g)

Flüssiger Belag:

- 50 g gekochte rote Linsen
- 80 g Stützcreme
- 20 g Cashewnussmus
- 10 g Peperoniessig 7/4573 (oder Apfelessig)
- 1 gestr. TL Salz
- 1-2 Prisen schw. gem. Pfeffer
- 10 g Tomateneinweichflüssigkeit

Getrocknete Tomaten 2-3 Std. in Wasser einweichen (das nicht verwendete Wasser kann man trinken oder für ein Dressing verwenden). Abtropfen lassen, in feine Streifen schneiden. Zwiebel fein würfeln. Die Tomate in dünne Scheiben schneiden. Weizen fein mahlen. Mit den restlichen Zutaten verkneten (2,5 Min./Knetstufe). Zu einer Kugel unter Spannung formen und in einer Pengschüssel ca. 1 Std. ruhen lassen.

Teig halbieren (bei mir jede Hälfte 150 g) und evtl. mit Hilfe von Streumehl passend zu einem Backblech zu zwei dünnen Teigzungen ausrollen und auf das Backblech legen. Belagzutaten mit dem Mixer (kleiner Becher) mixen.

Fertigstellung: Backofen (Ober- und Unterhitze) auf 250 °C vorheizen. Belag auf die Teigzungen streichen. Zungen gleichmäßig mit Tomatenstreifen und Zwiebelwürfeln bestreuen, Tomatenscheiben darauf legen. 12 Min. im heißen Ofen backen.

Tipp: Lässt sich am besten mit einer Haushaltsschere in Stücke schneiden und aus der Hand essen – Ich hatte mit nur 100 g Wasser angefangen, aber das war viel zu trocken (Streusel). Keine Ahnung, wie das kommt.

9420. Beeren-Karussell, Juni 2016

2 x Frühstück

- 2 EL Leinsamen
- 6 EL Nackthafer
- 3 Nektarinen, entsteint (305 g)
- 125 g Himbeeren
- 125 g Brombeeren
- 20 g Mandelsplitter

Leinsamen mit dem Getreide flocken, auf zwei Schüsselchen verteilen. Nektarinen in grobe Stücke teilen und mit den Beeren im Hochleistungsmixer pürieren, über das Getreide geben. Mit Mandelsplittern bestreuen.

9421. Chiamilch-Kakao, Juni 2016

Im Vitamix 3 Min. höchste Stufe:

- 10 g Kakaonibs
- 20 g weiße Chiasamen
- 2 Medjool-Datteln entsteint
- 8 g frischer Ingwer
- 125 g Standard-Pflanzenmilch (aus dem Kühlschrank)
- auf 500 ml mit kochendem Wasser auffüllen.

9422. Zitronenreis mit Rosinen, Juni 2016

2 Portionen

- 200 g Vollkorn-Jasminreis
- 15 g Zitronenfleisch
- 400 g Wasser
- 1 Prise Salz
- 1/2 TL fein gem. getr. Orangen- oder Zitronenschale
- 20 g grüne Rosinen

Alle Zutaten in einen kleinen Topf geben. Deckel auflegen. Aufkochen, dann auf kleiner Stufe (3 von 14, Induktion) 35 Min. garen lassen.

9423. Wirsing mit Lauchzwiebeln, Juni 2016

2 Portionen. Gelungen mit Zitronenreis.

Gemüsepfanne (24 cm, 20 Min.):

- 65 g Wasser
- 230 g Wirsing, klein geschnitten
- 70 g Lauchzwiebel, Wurzelenden abgeschnitten und in Ringen
- 2 Knoblauchzehen, abgezogen und in Scheiben

Soße (Mixer) mixen, unter das Gemüse rühren und aufkochen:

- 75 g gekochte rote Linsen
- 20 g Erdnussmus gewürzt 9184
- 1 gestr. TL Salz
- 1 Prise Pfeffer
- 10 g Peperoniessig
- 1/2 TL Kreuzkümmel
- 100 g (+ 20-30 g) Wasser

Becher mit 20-30 g Wasser nachspülen. Dieses Wasser ebenfalls zum Gemüse geben, verrühren und aufkochen.

9424. Sommerfrüchte angeschickert, Juni 2016

2 x Frühstück

- 2 EL Leinsamen
- 6 EL Nackthafer
- 20 g fermentierte Feigen (aus Wildhefeansatz)
- 400 g Erdbeeren, geputzt
- 3 Nektarinen, entsteint (305 g)
- 20 g Erdnüsse, Rohkostqualität

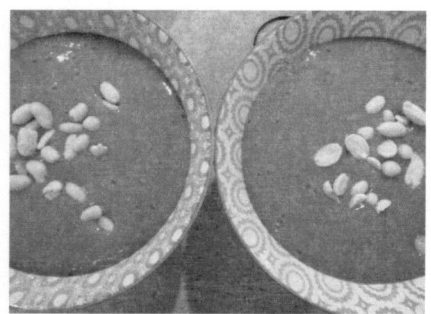

Leinsamen mit dem Getreide flocken, auf zwei Schüsselchen verteilen. Das Obst ggf. in grobe Stücke teilen und im Hochleistungsmixer pürieren, über das Getreide geben. Mit Erdnüssen bestreuen.

9425. Kakao olala, Juni 2016

Im Vitamix ca. 3 Min. Höchststufe:

- 85 g fermentierte Feigen, aus Wildhefeansatz
- 15 g Kakaonibs
- 15 g Chiasamen
- 2 Medjool-Datteln entsteint (35 g netto)
- 6 g frischer Ingwer
- auf 500 ml (Markierung im Becher) mit Wasser/kochendem Wasser 1:1 auffüllen.

9426. Standardstützcreme mit Roh-Erdnüssen, Juni 2016

Vorläufer: 9405

Im Hochleistungsmixer bis zum Stocken schlagen:

- 60 g Langkornnaturreis
- 20 g Erdnüsse, geschält & roh
- 350 g Wasser, davon die Hälfte kochend

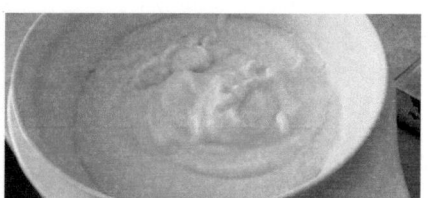

9427. Standard-Pflanzenmilch mit Roh-Erdnüssen, Juni 2016

Vorläufer: 9406

Im Vitamix ca. 1 Min. laufen lassen:

- 100 g Standardstützcreme mit Roh-Erdnüssen (Rest im Becher)
- 400 g heißes Wasser

9428. Aprikosenkuchen, sehr fein, Juni 2016

26-cm-Springform; angelehnt an das Dr. Oetker-Rezept: Apfelkuchen, sehr fein (S. 32, Backen mit Liebe).

Teig:

- 100 g gekochte rote Linsen
- 125 g flüssiger Honig
- 120 g Standardstützcreme
- 60 g Apfelmark
- 40 g Standard-Pflanzenmilch
- 200 g Weizen
- 1 TL fein gem. Zitronen- oder Orangenschale
- 1 P Salz
- 1 P Weinsteinbackpulver

Belag:

- 600 g Aprikosen (brutto)
- 50 g Walnusskerne, halbiert und geviertelt
- 45 g flüssiger Honig

Linsen, Honig, Stützcreme, Apfelmark und Milch im TM mixen (30 Sek./Stufe 3; 30 Sek./Stufe 4). Weizen fein mahlen, mit Salz, Schale und Backpulver verrühren. In die „flüssige Phase" einarbeiten (2 x 10 Sek./Stufe 5). Den Boden einer Springform mit Backpapier überspannen, Teig gleichmäßig darin verteilen. Aprikosen halbieren, entsteinen und mit der Schnittfläche nach unten in die Form legen. Walnüsse in die Zwischenräume stecken und mit dem Honig beträufeln.

Ofen (Heißluft) auf 160 °C vorheizen. Kuchen einschieben und 40 Min. bei 160 °C backen.

9429. Deutsche Kartoffelpfanne, Juni 2016

2 Personen – „Deutsch" deshalb, weil es mir nach langer Suche endlich gelungen ist, in Deutschland deutsche Kartoffeln zu kaufen.

Als Gemüsepfanne (24 cm, 15 Min.):
- 80 g Wasser
- 8 g Sonnenblumenöl
- 360 g Kartoffeln, unter fließendem Wasser abgebürstet, Schadstellen entfernt und in Scheiben geschnitten
- 90 g Lauchzwiebeln, ohne Wurzelenden und in Ringen
- 1 Knoblauchzehe, abgezogen und in Scheiben
- 225 g Möhren, in Scheiben

Soße (mixen, unter das Gemüse rühren und aufkochen):
- 70 g Standardstützcreme
- 1 gestr. TL Salz (5 g)
- 1 Prise Pfeffer
- 10 g Peperoniessig
- 1/2 TL gem. Kümmel
- 15 g Cashewnussmus
- 50 g Standardpflanzenmilch
- (20 g Wasser)

Becher mit 20 g Wasser nachspülen. Dieses Wasser ebenfalls zum Gemüse geben, verrühren und aufkochen.

9430. Avocadocremesuppe, Juni 2016

Im Vitamix gut verquirlen:
- Fleisch von einer halben Avocado (70 g)
- 95 g Pastinake
- 1 Nektarine, entsteint (90 g)
- 285 g Wasser

9431. Obstquartett-FKG, Juni 2016

2 x Frühstück
- 2 EL Leinsamen
- 6 EL Nackthafer
- 320 g Erdbeeren, geputzt
- 1 Banane, geschält (115 g)
- 1 Nektarine, entsteint (90 g)
- 3 Aprikosen, entsteint (135 g)
- 10 g Sonnenblumenkerne
- 1 TL getr. Gojibeeren

Leinsamen mit dem Getreide flocken, auf zwei Schüsselchen verteilen. Das Obst ggf. in grobe Stücke teilen und im Hochleistungsmixer pürieren, über das Getreide geben. Mit Kernen bestreuen, Gojibeeren in die Mitte legen.

9432. Mesquite-Kakao II, Juni 2016

Im Vitamix 3 Min. Höchststufe:
- 15 g Kakaonibs
- 20 g Chiasamen
- 2 Medjool-Datteln, entsteint
- 9 g frischer Ingwer
- 10 g Mesquitepulver (oder Carob)
- 120 g Honigwasser (Rest im Glas aufgelöst in Wasser)
- auf 500 ml mit Wasser/kochendem Wasser 1:1 auffüllen.

9433. Mayonnaise-Alternative, Juni 2016

Reicht für einen Kartoffelsalat für 2 Personen.

Im Mixer verquirlen:

- 100 g Standardstützcreme
- 50 g gekochte rote Linsen
- 1 gestr. TL Salz (6 g)
- 1-2 Prisen Pfeffer
- 10 g Senf
- 10 g Peperoniessig 7/4573 oder Apfelessig

9434. Bunter Kartoffelsalat, Juni 2016

2 Portionen

- 370 g Kartoffel, ungeschält
- Wasser
- 1 x Mayonnaise-alternative 9433
- 1 Stück Zwiebel, geschält und fein gewürfelt (15 g)
- 1/2 rote Paprika, entkernt und ohne Innenwand, fein gewürfelt (115 g)
- 155 g Salatgurke, fein gewürfelt

Die Kartoffeln in Wasser kochen, die Kochzeit richtet sich nach der Größe. Test: Ein scharfes Messer in die Kartoffel stecken, wenn es leicht und weich hineingleitet, sind die Kartoffeln gar. Ich habe für mittelgroße Kartoffeln (es waren 4 Stück) 25 Min. benötigt. Kurz unter kaltem Wasser abschrecken und abkühlen lassen, bis sie lauwarm sind. Schale abziehen.

Mayonnaise-Alternative in eine Schüssel geben. Kartoffeln in Scheiben schneiden und mit der Mayonnaise vermengen, darauf achten, dass die Scheiben nicht zusammenkleben. Das restliche Gemüse hinzufügen, vorsichtig mischen und gut abgedeckt mindestens eine Std. im Kühlschrank ziehen lassen. Auf zwei Schüsselchen verteilen.

9435. Sommerobstsalat, Juni 2016

2 Portionen

- 195 g Honigmelone, geschält und ohne Kerne, in Stücke geschnitten
- 1 Nektarine, entsteint (115 g) und klein geschnitten
- 2 Aprikosen, entsteint (90 g) und gewürfelt
- 10 g Mandelstifte (Schwab)
- 1 TL Agavendicksaft (oder entsprechendes)

Alle vorbereiteten Zutaten vorsichtig mit zwei Löffeln mischen, abdecken und mindestens 45 Min. in den Kühlschrank stellen. Auf zwei Schüsselchen verteilen.

9436. Erdbeerprinzessin, Juni 2016

2 x Frühstück

- 2 EL Leinsamen
- 6 EL Nackthafer
- 40 g getr. Mango
- 25 g Cashewnüsse
- 290 g Wasser
- 1 Banane, geschält (115 g)
- 1 Nektarine, ohne Stein (115 g)
- 3 Aprikosen, ohne Stein (140 g)
- 8 Erdbeeren zur Dekoration

Leinsamen mit dem Getreide flocken, auf zwei Schüsselchen verteilen. Mango in kleinere Stücke reißen. Mit Nüssen und Wasser im Vitamix zu einer lauwarmen Creme schlagen. Auf das Getreide gießen. Frisches Obst im Hochleistungsmixer pürieren, über das Mangopüree geben. Erdbeeren im „Kreis" auf den Rand setzen. Sollten noch mehr Erdbeeren vorhanden sein (bei mir nur 1), ist auch noch eine in der Mitte schön.

9437. Hafermesquite-Kakao, Juni 2016

Im Hochleistungsmixer, je nach Gerät, 2,5 bis 3 Min. auf höchster Stufe schlagen:

- 10 g Kakaonibs
- 20 g Nackthafer
- 2 Medjool-Datteln entsteint (25 g netto, d. h. sie waren unterdurchschnittlich klein)
- 5 g frischer Ingwer
- 5 g Mesquitepulver oder Carob
- auf 500 ml (Markierung im Becher) mit Wasser/kochendem Wasser 1:1 auffüllen.

9438. Schokoladensoße Naturella glatt, Juni 2016

2 Honiggläser; Vorläufer: 9389.

- 190 g weiche Datteln, entsteint (etwa 10 Stück)
- 100 g Kakaonibs
- 50 g Cashewnüsse
- 380 g Wasser

Alle Zutaten in eine Pengschüssel geben und bei Raumtemperatur gut verschlossen 6-7 Std. quellen lassen. In den Vitamix umfüllen, mit dem Stößel arbeiten. 3 Min. auf der Höchststufe laufen lassen, die Creme ist dann heiß. In zwei Honiggläser füllen und im Kühlschrank aufbewahren.

9439. Riesenbohnen-Salat, Juni 2016

2-3 Portionen

Bohnen:

- 200 g Riesenbohnen
- Wasser zum Kochen

Für die Salatsoße:

- 3 EL Apfelessig
- 2 EL Sonnenblumenöl
- 3 EL Wasser
- 1 TL Salz
- 1 Prise Pfeffer
- 7 g tiefgekühlte gehackte Petersilie

Gemüse:

- 400-640 g gekochte Bohnen (ich habe 400 genommen, alle Bohnen wären auch okay gewesen)
- 1/2 rote Paprikaschote, „gerupft" (120 g) und in kleine Stücke geschnitten
- 155 g Salatgurke, in Viertelscheiben
- 2 feste Tomaten, gewürfelt (220 g)
- 60 g tiefgekühlter Mais

Bohnen etwa 24 Std. in reichlich Wasser einweichen. „Spülen" und mit genügend Wasser im Schnellkochtopf 30 Min. garen. Das ergibt 640 g gekochte weiße Bohnen.

Bohnen und Gemüse zum Dressing geben, mit zwei Löffeln vorsichtig untereinander heben. Bei Raumtemperatur ca. 1 Std. stehen lassen. Auf 2 bzw. 3 Schüsseln verteilen und lauwarm servieren.

9440. Hafermilch-Kakao, Juni 2016

Im Vitamix 3 Min. Höchststufe:

- 12 g Kakaonibs
- 20 g Nackthafer
- 2 Medjool-Datteln entsteint (25 g netto)
- 50 g Standard-Pflanzenmilch
- 5 g frischer Ingwer
- 10 g Schokoladensoße z. B. 9438
- auf 500 ml (mit Wasser/kochendem Wasser 1:1 auffüllen.

9441. Schokokrönchen-FKG, Juni 2016

2 x Frühstück

- 2 EL Leinsamen
- 2 EL Roggen
- 4 EL Nackthafer
- 275 g Erdbeeren, geputzt
- 2 Nektarinen, entsteint (240 g)
- 2 Aprikosen, entsteint (105 g)
- 8 Mandeln
- 30 g Schokocreme, hier Schokoladensoße viel Nibs mit Mesquite 9360
- 2 Paranüsse

Leinsamen mit dem Getreide flocken, auf zwei Schüsselchen verteilen. Das Obst ggf. in grobe Stücke teilen und im Hochleistungsmixer pürieren, über das Getreide geben. Mit Nüssen und 2 Schokoklecksen dekorieren.

9442. Erdbeerkönig, Juni 2016

2 x Frühstück

- 2 EL Leinsamen
- 6 EL Nackthafer
- 1 Banane, geschält (125 g)
- 2 Nektarinen, ohne Stein (205 g)
- 4 Aprikosen, ohne Stein (235 g)
- 10 nicht zu kleine Erdbeeren zur Dekoration

Leinsamen mit dem Getreide flocken, auf zwei Schüsselchen verteilen. Das Obst in grobe Stücke teilen und im Hochleistungsmixer pürieren, über das Getreide geben. Mit den Erdbeeren dekorieren.

9443. Sonntäglicher Bohnenkakao, Juni 2016

Im Hochleistungsmixer, je nach Gerät, 2,5 bis 3 Min. auf höchster Stufe schlagen:

- 15 g Kakaobohnen
- 15 g Cashewnüsse
- 3 Medjool-Datteln entsteint
- 5 g frischer Ingwer
- auf 500 ml (Markierung im Becher) mit Wasser/ kochendem Wasser 1:1 auffüllen.

9444. Standardstützcreme minus Cashew 4 plus Salz, Juni 2016

Vorläufer: 9405

Im Hochleistungsmixer bis zum Stocken schlagen:

- 120 g Langkornnaturreis
- 40 g Cashewnüsse
- 1 P Salz
- 350 g Wasser, RT
- 350 g Wasser, kochend

Fazit: *Mit etwas mehr Nüssen wird die Creme doch besser.*

9445. Standard-Pflanzenmilch zu 9444, Juni 2016

Vorläufer: 9406

Im Vitamix ca. 1 Min. laufen lassen:

- 120 g Standardstützcreme minus Cashew 4 plus Salz, (Rest im Becher)
- 430 g heißes Wasser

9446. Berner Schokoladenkuchen, Juni 2016

26-cm- Springform.

Flüssige Phase (30 Sek./Stufe 3; 30 Sek./Stufe 4):

- 100 g gekochte rote Linsen
- 50 g Apfelmark (hätten sein sollen 100 g, ich hatte aber gerade nur 50 g zur Hand)
- 250 g Stützcreme
- 250 g Agavendicksaft
- 250 g Schokocreme 9438

Feste Phase (einarbeiten: 2 x 10 Sek./Stufe 5):

- 100 g geriebene Mandeln (TM: 30 Sek./Stufe 7)
- 1/2 TL Natron
- 1/2 P Weinsteinbackpulver (9 g)
- 15 g Kakaopulver
- 35 g Weizen, fein gemahlen

Backofen (Heißluft) auf 160 °C vorheizen. Springformboden mit Backpapier überspannen, Teig hineingießen. In den heißen Ofen schieben und 55 Min. bei 160 °C backen, 5 Min. im ausgeschalteten Ofen nachbacken.

Hinweise: Ich kenne diesen Kuchen noch von zu Hause. Er war immer recht kompakt und feucht. Deshalb war ich ganz verwundert, als meine Version in große Höhen stieg, toll. Nee, nicht toll, es klappte dann noch während der Backzeit wieder in sich zusammen, was mich sehr wunderte. Vielleicht habe ich auch zu kalt gebacken? In der Vorgabe steht „1 Std. 175 °C". Ich habe dann 160 °C Heißluft genommen. Eric schmeckt er sehr gut, er ist aber eher noch wie Pudding. Bei einem nächsten Mal würde ich vielleicht doch 100 g Mehl nehmen.

9447. Bärlauchdressing mild, Juni 2016

Vorläufer: 9284

Im Vitamix schlagen:

- 125 g Sonnenblumenkerne
- 165 g Apfelessig, hier: Knoblauchessig 9262
- 20 g Salz
- 1 g gem. schw. Pfeffer
- 80 g grüne Rosinen
- 200 g Wasser
- 10 g Senf
- 30 g eingelegter Bärlauch (gekauft)

9448. Sahnealternative, Juni 2016

- 10 g weiße Chiasamen
- 200 g Stützcreme
- 15 g Honig
- 35 g Pflanzenmilch

Chiasamen mit dem flachen Messer r fein mahlen. Restliche Zutaten hinzufügen und mit dem hochstehenden Messer gut durcharbeiten.

Fazit: Schmeckt zu Kuchen, ist aber optisch gewöhnungsbedürftig.

9449. Weißer Pizzabelag Nr. 40, Juni 2016

Für 1 Pizza, 28 cm = 2 Portionen; Vorläufer 9414

Im Mixer:

- 75 g Standardstützcreme
- 50 g gekochte rote Linsen
- 20 g Cashewnussmus
- 1 MS Currypulver
- 15 g Knoblauchessig 9262
- 35 g Wasser
- 1 P Salz
- 1 P Schabziegerklee

9450. Pizzateig Wildhefe-Hefe mit Mais, Juni 2016

Vorläufer 9411

- 55 g Maiskörner
- 170 g Weizen, fein gemahlen
- 2 Prise Salz
- 1 MS gem. Kümmel
- 5 g frische Bio-Hefe
- 100 g Wildhefewasser
- 20 g gekochte rote Linsen
- 25 g Stützcreme

Mindestens 4-5 Std. vorm Servieren: Mais im TM fein mahlen (30 Sek./Stufe 10). Mit Weizen, Salz und Kümmel mischen. Hefe, Linsen und Stützcreme in der Wildhefe auflösen (2 Min./37°C/Stufe 2). Mehlmischung hinzufügen und kneten (2,5 Min./Knetstufe). Mit den Händen kurz durchkneten. Teig zur Kugel formen, an einem warmen Ort zugedeckt (d.h. in einer gut bemessenen Pengdose) min. 4 Std. ruhen lassen. Wenn der Deckel abspringt, zusammenfalten, nach dem 3. Mal einfach den Deckel wieder schließen.

Zum Servieren: Die gewünschten Beläge vorbereiten. Backofen (Heißluft) auf 240 °C vorheizen. Teig wie im Rezept beschrieben ausrollen, belegen und 15 Min. bei 240 °C backen.

9451. Roter Pizzabelag Nr. 28, Juni 2016

Vorläufer: 9413

- 200 g frische Tomaten, in Stücke geschnitten
- 1 gestr. Eierlöffel Salz
- 1-2 Prisen Pfeffer
- 1 TL Paprika edelsüß
- 1 MS Kreuzkümmel
- 1/2 TL Honig oder Ahornsirup (4-5 g)
- 15 g Peperoniessig 7/4573

Zutaten im Mixer verquirlen.

9452. Nektarinenpudding auf Krümeln, Juni 2016

2 Desserts

- 2 Haferkekse, hier Haferkekse Wunderkessel 9378
- 1 geh. TL Flohsamenschalen
- 2 Nektarinen, entsteint (220 g)
- 85 g Standardstützcreme
- 1 MS gem. Vanille
- 6 g Kakaobohnen, unfermentiert

Kekse zu Krümeln zerdrücken und auf zwei Schüsselchen verteilen. Flohsamenschalen im Nutritionmixer (hoch stehendes Messer) fein mahlen. Nektarinen vierteln, mit Stützcreme und Vanille hinzufügen. Gut verquirlen (30-40 Sek.). Über die Kekskrümel geben und mit je 3 Kakaobohnen dekorieren. Kalt stellen.

9453. Pizza Margarita mit Zucchini, Juni 2016

Wildhefepizza für 2 Personen (1 x 28 cm); Vorläufer 9415

- 1 Teig, hier Pizzateig Wildhefe-Hefe mit Mais 9450
- 1 roter Belag, hier Roter Pizzabelag Nr. 28; 9451
- 95 g Zucchini, in sehr dünnen Scheiben
- 1 TL Pizzakräuter
- 1 große Knoblauchzehe, abgezogen in dünnen Scheiben (6 g)
- 1 weißer Belag, hier Weißer Pizzabelag Nr. 40; 9449

Teig in der Form (PerfectClean) mit den Händen auseinanderdrücken und mit einem kleinen Pizzaroller weiter anpassen und einen Rand hochziehen. Roten Belag mit einem Spatel verstreichen. Zucchinischeiben und Knoblauchscheiben darüber verteilen, Pizzakräuter zwischen den Händen verrieben darüber streuen. Ofen (Heißluft) auf 240 °C vorheizen. Wenn er etwa auf 220 °C steht, die weiße Soße über die Pizza verteilen.

Form in den Ofen schieben und 15 Min. bei 240 °C backen.

Fazit: Die Pizza war ausgesprochen lecker, hätte aber noch 1 Min. länger backen können.

9454. Pekangeknöpfte Nektarinen, Juni 2016

2 x Frühstück

- 2 EL Leinsamen
- 6 EL Nackthafer
- 1 Apfel (175 g)
- 3 Nektarinen, entsteint (335 g)
- 1 Banane, geschält (120 g)
- 8 Pekannüsse

Leinsamen mit dem Getreide flocken, auf zwei Schüsselchen verteilen.
Das Obst in grobe Stücke teilen und im Hochleistungsmixer pürieren,
über das Getreide geben. Jeweils vier Pekannüsse senkrecht in die Mitte untereinanderlegen.

9455. Kardamom-Milch-Kakao, Juni 2016

Im Vitamix ca. 3 Min. Höchststufe:

- 15 g Kakaonibs
- 20 g Chiasamen
- 3 grüne Kardamomkapseln
- 2 Medjool-Datteln entsteint (35 g netto)
- 10 g frischer Ingwer
- 125 g Standard-Pflanzenmillch
- auf 500 ml (Markierung im Becher) mit kochendem Wasser 1:1 auffüllen.

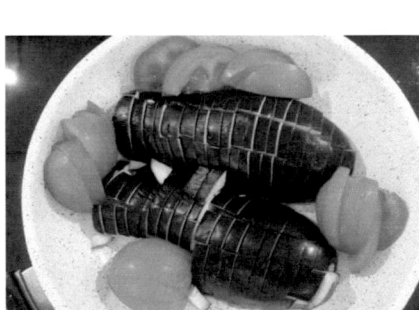

9456. Dill-Auberginen, Juni 2016

2 Portionen; bei mir gab es dazu Jasmin-Naturreis.

- 30 g Wasser
- 10 g Sonnenblumenöl
- 1 Aubergine, Blütenende abgeschnitten (330 g)
- 2 Tomaten (240 g)
- 1 Bund Dill

Wasser und Öl in eine 24-cm-Keramikpfanne geben. Aubergine längs
halbieren und beide Hälften so in kleine Stücke schneiden, dass die
Hälften stehen bleiben. Zusammendrücken und so nebeneinander in die
Pfanne setzen. Mit den Tomaten ähnlich vorgehen. Als Gemüsepfanne
12 Min. dünsten.

Die Dillstängel wegschneiden, den Rest möglichst fein schneiden, bei
mir gab das 13 g.

Soße mixen, mit dem Dill unter das Gemüse rühren und aufkochen:

- 75 g Linsen
- 1 EL Apfelessig
- 50 g Wasser
- 1 TL Salz
- 1-2 Prisen Pfeffer

9457. Kirschtüpfelchen auf dem FKGi, Juni 2016

2 x Frühstück

- 6 EL Nackthafer
- 325 g Erdbeeren, geputzt
- 1 Nektarine, entsteint (115 g)
- 4 Aprikosen, ohne Kerne (170 g)
- 10 g Mandelstifte
- 2 große süße Kirschen

Getreide flocken, auf zwei Schüsselchen verteilen. Das Obst ggf. in grobe Stücke teilen und im Hochleistungsmixer pürieren, über das Getreide geben. Mandelstifte im Kreis streuen, in die Mitte eine Kirsche setzen.

9458. Schokosoße-vom-14.6.-Kakao, Juni 2016

Im Vitamix ca. 3 Min. Höchststufe:

- 10 g Kakaonibs
- 15 g Chiasamen
- 2 Medjool-Datteln entsteint
- 6 g frischer Ingwer
- 25 g Schokoladensoße Naturella 9389 (auf dem Glas stand „14.6.")
- auf 500 ml mit Wasser/kochendem Wasser 1:1 auffüllen.

9459. Kirschkrümel, Juni 2016, Juni 2016

2 Desserts

- 200 g entsteinte Süßkirschen
- 80 g Kekse, hier: Haferkekse Wunderkessel 9378
- 2 g Flohsamenschalen
- 25 g Schokoladensoße Naturella glatt 9438
- 2 Kakaobohnen, geschält
- 2 Cashewnüsse

Süßkirschen mit den zerbröckelten Keksen pürieren (Nutrition Mixer). Flohsamenschalen hinzufügen, nochmals durchmixen und auf zwei Schüsselchen verteilen. In die Mitte je einen Klecks Schokosoße geben, eine Bohne und eine Cashewnuss in die Schokosoße stecken.

9460. Kartoffeln mit Kohlrabi, Juni 2016

2 Portionen

Gemüsepfanne (24 cm, 25-30 Min.):

- 20 g Sonnenblumenöl
- 50 g Wasser
- 355 g Kartoffeln, in Scheiben geschnitten
- 310 g Kohlrabi, geschält und in Stifte geschnitten
- 1 Tomate (110 g), gewürfelt

Zugeben in die Pfanne und vorsichtig unterheben:

- 1 gestr. TL Salz
- 1-2 Prisen Pfeffer
- 1 EL Apfelessig

9461. Kirschen unter Kokostupfer-FKG, Juni 2016

2 x Frühstück

- 2 EL Leinsamen
- 6 EL Nackthafer
- 130 g entsteinte Süßkirschen
- 1 Banane, geschält (125 g)
- 4 Aprikosen, entsteint (165 g)
- 2 Nektarinen, entsteint (225 g
- 35 g Kokosmus

Leinsamen mit dem Getreide flocken, auf zwei Schüsselchen verteilen. Das Obst in grobe Stücke teilen und im Hochleistungsmixer pürieren, über das Getreide geben. In die Mitte jeweils einen Klecks Kokosmus geben.

9462. Ute-Futter, Juni 2016

- 1 kleine Handvoll grüne Rosinen
- 1 kleine Handvoll Cashewnüsse
- 1 kleine Handvoll Sonnenblumenkerne
- 6-7 Walnusskerne (Hälften)

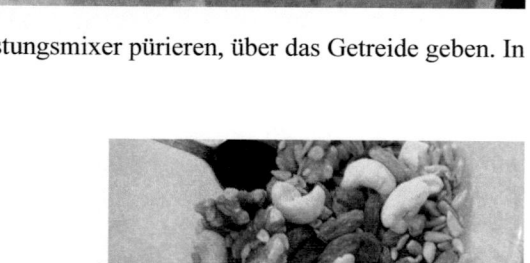

In einer kleinen Schüssel mischen.

9463. Flache Bohnen mit Kartoffeln schlicht, Juni 2016

2 Portionen

- 60 g Wasser
- 15 g Sonnenblumenöl
- 355 g Kartoffeln, unter fließendem Wasser abgebürstet, Schadstellen entfernt und in Scheiben geschnitten
- 65 g Zwiebel, abgezogen und gewürfelt
- 300 g flache Bohnen, Spitzen abgeknipst und in 4-5 cm lange Stücke geschnitten

Zutaten in der angegebenen Reihenfolge in eine 24-cm-Pfanne geben. Als Gemüsepfanne 20-25 Min. dünsten.

- 1 TL Salz
- 1-2 Prisen Pfeffer
- 1 EL Apfelessig (z. B. Knoblauchessig 9262)

unter das Gemüse rühren.

9464. Hafer-Chia-Kakao, Juni 2016

Im Vitamix bis 3 Min. auf höchster Stufe schlagen:

- 10 g Kakaonibs
- 10 g Chiasamen
- 10 g Nackthafer
- 2 Medjool-Datteln entsteint
- 8 g frischer Ingwer
- auf 500 ml mit Wasser/kochendem Wasser 1:1 auffüllen.

9465. Erdikosen-FKG, Juni 2016

2 x Frühstück

- 2 EL Leinsamen
- 6 EL Nackthafer
- 285 g Erdbeeren, geputzt
- 1 Banane, geschält (120 g)
- 195 g Aprikosen, entsteint
- 20 g Pekannüsse

Leinsamen mit dem Getreide flocken, auf zwei Schüsselchen verteilen. Das Obst in grobe Stücke teilen und im Hochleistungsmixer pürieren, über das Getreide geben. Pekannüsse in die Mitte streuen.

9466. Nudeln noncarbonara mit Avocada, Juni 2016

- 125 g Spiralnudeln
- 55 g Wasser
- 1 Tomate (100 g), in Würfeln
- 45 g Zwiebel, abgezogen und gewürfelt
- 1/2 Avocado, ohne Stein, geschält (75 g)
- 40 g gekochte rote Linsen
- 10 g Cashewnussmus
- 10 g Apfelessig
- 1 Prise Pfeffer
- 1 TL Salz
- 30 g Wasser

Nudeln in ausreichend Salzwasser kochen. In der Zwischenzeit eine Gemüsepfanne aus Wasser, Tomate und Zwiebeln kochen (10 Min.). Avocadofleisch würfeln. Linsen, Nussmus, Essig, Pfeffer, Salz und Wasser verquirlen, mit den Avocadowürfeln in die Gemüsepfanne einrühren und kurz zum Kochen bringen. Abgetropfte Nudeln in eine Schüssel geben, die Soße in die Mitte gießen.

9467. Hafer-Chia-Kakao mit Honig, Juni 2016

Im Vitamix bis 3 Min. auf höchster Stufe schlagen:

- 10 g Kakaonibs
- 10 g Chiasamen
- 10 g Nackthafer
- 30 g Honig
- 5 g frischer Ingwer
- auf 500 ml mit Wasser/kochendem Wasser 1:1 auffüllen.

9468. Mango-Nektarinen-Creme-FKG, Juli 2016

2 x Frühstück

- 2 EL Leinsamen
- 6 EL Nackthafer
- 40 g getr. Mango
- 30 g Cashewnüsse
- 290 g Wasser
- 140 g Erdbeeren, geputzt
- 1 Banane, geschält (95 g)
- 2 Nektarinen, ohne Stein (220 g)
- 2 Erdbeeren zur Dekoration

Leinsamen mit dem Getreide flocken, auf zwei Schüsselchen verteilen. Mango in kleinere Stücke reißen. Mit Nüssen und Wasser im Vitamix zu einer lauwarmen Creme schlagen. Auf das Getreide gießen. Frisches Obst im Hochleistungsmixer pürieren, über das Mangopüree geben. Je eine Erdbeere in die Mitte setzen.

9469. Linsenreicher Kakao, Juli 2016

Im Vitamix ca. 3 Min. Höchststufe:

- 10 g Kakaonibs
- 10 g Chiasamen
- 35 g gekochte rote Linsen
- 30 g Honig
- 10 g Cashewnüsse
- 5 g frischer Ingwer
- auf 500 ml) mit Wasser/kochendem Wasser 1:1 auffüllen.

9470. Schokoladensoße Haselnuss 6 mit Honig, Juli 2016

2 Honiggläser; Vorläufer: 9312.

Im 0,9-Liter-Becher des Vitamix mixen:

- 200 g Honig
- 50 g Kakaopulver
- 15 g Mesquitepulver (oder mehr Carob)
- 35 g Carobpulver
- 20 g Chiasamen
- 1 Prise Salz
- 50 g Haselnüsse
- 325 g heißes Wasser (demnächst besser wieder frisch kochend)

Stößel benutzen, später drin hängen lassen. Ca. 3 Min. auf der Höchststufe. Noch heiß in Gläser füllen.

9471. Mousse au Tralala, Juli 2016

2 Portionen; sättigend.

- 80 g Schokoladensoße Naturella glatt 9438
- 60 g Cashewnussmus
- 1 kleine Aprikose
- 2 Kakaobohnen

Jeweils 40 g Schokocreme und 30 g Cashewnussmus in eine kleine Dipschale geben, mit einem Teelöffel verrühren und den Löffel stecken lassen. Aprikose halbieren, mit der Rundung nach unten auf die Creme legen, in die Höhlung je eine Kakaobohne legen.

9472. Buschbohnenpfanne 2016, Juli 2016

2 Portionen

Als Gemüsepfanne (24 cm) 20 Min.:

- 70 g Wasser
- 15 g Sonnenblumenöl
- 250 g Kartoffeln, unter fließendem Wasser abgebürstet, Schadstellen entfernt und in Scheiben geschnitten
- 55 g Zwiebel (netto), gewürfelt
- 1/2 Apfel, gewürfelt (95 g)
- 310 g Buschbohnen, ohne Endstücke und in 3-4 cm Stücke geschnitten

Abschmecken mit:

- 1 TL Salz
- Prise Pfeffer
- 1 EL Knoblauchessig 9262

9473. Apribeeren-FKG, Juli 2016

2 x Frühstück

- 2 EL Leinsamen
- 6 EL Nackthafer
- 275 g geputzte Erdbeeren
- 1 Banane, geschält (95 g)
- 160 g Aprikosen, entsteint
- 1 Aprikose als Dekoration

Leinsamen mit dem Getreide flocken, auf zwei Schüsselchen verteilen. Das Obst in grobe Stücke teilen und im Hochleistungsmixer pürieren, über das Getreide geben. Je eine Aprikosenhälfte als Deko auflegen.

9474. All-in-one-Kakao, Juli 2016

Im Vitamix 3 Min. auf höchster Stufe schlagen:

- 13 g Kakaonibs
- 15 g Chiasamen
- 20 g Schokoladensoße
- 20 g gekochte rote Linsen
- 25 g Honig
- 7 g frischer Ingwer
- auf 500 ml mit Wasser/kochendem Wasser 1:1 auffüllen.

9475. Erd- trifft Stachelbeere-FKG, Juli 2016

2 x Frühstück

- 2 EL Leinsamen
- 6 EL Nacktgerste
- 170 g Erdbeeren, geputzt + 4 Stück zur Deko
- 100 g Stachelbeeren, Stielchen entfernt + 4 Stück zu Deko
- 190 g Zuckeraprikosen, ohne Kerne

Leinsamen mit dem Getreide flocken, auf zwei Schüsselchen verteilen. Das Obst in grobe Stücke teilen und im Hochleistungsmixer pürieren, über das Getreide geben. Mit den restlichen Früchten dekorieren.

9476. Versunkene Aprikosentorte, Juli 2016

26-cm-Springform mit Backpapier überspannt; Roland Gööck, Backen mit Lust und Liebe (ca. 1990), S. 124.

Flüssig (TM 30 Sek./3; 30 Sek./4):
- 100 g gekochte rote Linsen
- 100 g Honig
- 1 MS gem. Vanille
- 120 g Stützcreme
- 60 g Apfelmark
- 75 g Standardpflanzenmilch

Fest (TM 2 x 10 Sek./5):
- 250 g Weizen, fein gemahlen
- 1 P Weinsteinbackpulver

Belag:
- 600 g Aprikosen
- 50 g gestiftelte Mandeln
- 75 g Honig

Aprikosen halbieren & Kern entfernen, Hälften mit der Schnittfläche nach unten auf den Teig legen. Mit Mandeln bestreuen, Honig auftröpfeln. Backen (vorgeheizt, Heißluft): 50 Min.; 170 °C.

9477. Braune Stachelbeertorte, Juli 2016

26-cm-Springform mit Backpapier überspannt; Roland Gööck, Backen mit Lust und Liebe (ca. 1990), S. 124

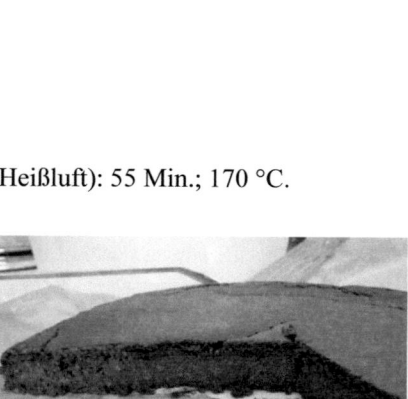

Flüssig (TM 30 Sek./3; 30 Sek./4):
- 140 g gekochte rote Linsen
- 140 g Agavendicksaft
- 180 g Stützcreme
- 60 g Apfelmark

Mandeln, mahlen (10 Sek./Stufe 8):

55 g Kakaonibs

250 g Mandeln

Fest (einarbeiten: TM 2 x 10 Sek./5; Linkslauf):
- 50 g Nackthafer, fein gemahlen
- 2 TL Weinsteinbackpulver
- 25 g Mandelsplitter
- Mandelmischung

Belag:
- 250 g Stachelbeeren, geputzt

Teig in die Form geben. Mit Stachelbeeren bestreuen. Backen (vorgeheizt, Heißluft): 55 Min.; 170 °C.

9478. Berner Schokoladenkuchen II, Juli 2016

26-cm- Springform, Vorläufer 9446.

Flüssige Phase (30 Sek./Stufe 3; 30 Sek./Stufe 4):
- 100 g gekochte rote Linsen
- 50 g Apfelmark (hätten sein sollen 100 g)
- 250 g Stützcreme
- 240 g Agavendicksaft
- 250 g Schokoladensoße Haselnuss 6 mit Honig 9470

Feste Phase (einarbeiten: 2 x 10 Sek./Stufe 5):
- 100 g geriebene Mandeln (Nutrition Mixer)
- 1/2 P Weinsteinbackpulver (9 g)
- 15 g Kakaopulver
- 100 g Weizen, fein gemahlen

Backofen (Heißluft) auf 160 °C vorheizen. Springformboden mit Backpapier überspannen, Teig hineingießen. In den heißen Ofen schieben und 55 Min. bei 160 °C backen, 5 Min. im ausgeschalteten Ofen nachbacken.

9479. Parmesan-Alternative, Juli 2016

Im kleinen Mixer nicht zu fein mixen, flaches Messer:

- 20 g Sonnenblumenkerne
- 15 g Pistazien, ohne Außenschale, ungesalzen & ungeröstet
- 1 Prise Salz

9480. Spaghetti Carbonara-Variante, Juli 2016

2 Portionen

Nudeln:

- Wasser
- 1 TL Salz
- 225 g Spaghetti
- 50 g Wasser
- 20 g getr. Tomaten, in feinen Streifen
- 100 g Shiitake-Pilze, fein gewürfelt
- 100 g rote Paprika (netto), fein gewürfelt

Soßenzutaten

- 20 g gem. Kichererbsen
- 20 g gekochte rote Linsen
- 40 g Standardstützcreme
- 180 g Wasser
- 1 gute Prise Salz

Genügend Wasser zum Kochen bringen, Spaghetti 10 Min. kochen lassen und in einem Sieb abtropfen lassen. Restliche Nudelzutaten in der angegebenen Reihenfolge in eine 24-cm-Pfanne geben. Als Gemüsepfanne 15 Min. dünsten. Soßenzutaten mixen, unter das Gemüse rühren und köcheln, bis sie eindickt. Eventuell noch Wasser hinzugeben, je nach Vorliebe. Spaghetti zugeben und gut unterziehen. Auf zwei Teller verteilen, auf Wunsch mit gemahlenen Mandeln oder Parmesan-Alternative 9478 bestreuen.

9481. Kirsch-Eiscreme mit Kokobinen, Juli 2016

3-4 Portionen

- 1 Aprikose
- 1 TL Kakaonibs
- 2-4 TL Kokosraspel
- 2 reife Bananen, geschält (aus dem Kühlschrank; 225 g)
- 20 g Kokosmus
- 330 g tiefgekühlte Süßkirschen

Aprikose fein würfeln und mit den Kakaonibs mischen. 3-4 Glasteller mit Kokosraspeln bestreuen. Bananen in 3-4 Stücke teilen, mit dem Kokosmus in den TM-Mixtopf geben und pürieren (30 Sek./Stufe 2; 15 Sek./Stufe 4). Gefrorene Kirschen hinzufügen und zu einem weichen, cremigen Eis verarbeiten (20 Sek./Stufe 4-5). Mit einem Eisportionierer auf die Teller verteilen, Aprikosen-Kakao-Gemisch an eine Seite legen.

Tipp: *Das weiche Kokosmus gefriert in kleinen Kügelchen beim Mixen mit den Kirschen. Das funktioniert auch mit Sauerkirschen oder anderem Obst. Ist das zugefügte Obst sehr sauer, kann man einen Teelöffel Honig oder Ahornsirup hinzufügen.*

9482. Am-Ende-die-5-Kakao, Juli 2016

Im Vitamix ca. 3 Min. Höchststufe:

- 15 g Kakaobohnen
- 15 g weiße Chiasamen
- 2 Medjool-Datteln entsteint (35 g netto)
- 5 g frischer Ingwer
- 25 g Schokosoße, hier Schokoladensoße Naturella glatt 9438
- auf 500 ml mit Wasser/kochendem Wasser 1:1 auffüllen.

9483. 400 g-Sauerteigbrot für U. mit Kamut und Wildhefe, Juli 2016

Vorläufer 9394.

Stufe 1 *sauer* (12 Std. vorher):
- 400 g Roggen
- 420 g Wasser
- 150 g Sauerteig (Herstellung in älteren Bänden beschrieben)

Roggen fein mahlen, mit Wasser und altem Sauerteig mischen. In einer Plastiktüte über Nacht stehen lassen. 150 g von der Stufe 1 abnehmen und in einem gut schließenden Schraubglas in den Kühlschrank stellen für das nächste Backen.

Stufe 1 *Wildhefe*:
- 100 g Wildhefewasser verrühren mit
- 100 g Kamut (fein gemahlen)

Stufe 2 (*Backen,* bei mir am Morgen):
- 100 g Roggen
- 150 g Kamut
- 1 EL Salz
- 85 g Haselnüsse, ganz
- Sauerteigansatz (ca. 800 g)
- Wildhefeansatz (ca. 200 g)
- 125 g Wasser
- 50 g Standardpflanzenmilch
- 2 EL Apfelessig
- 20 g Butter für die Form

Getreide fein mahlen und mit den restlichen trockenen Zutaten mischen. Alle Zutaten (außer der Butter) mit einem großen Löffel gründlich verrühren, bis kein Mehl mehr sichtbar ist. Eine 30-cm-Brotform, Profi-Email von Dr. Oetker, gut einfetten. Teig hineingeben, mit der nassen Hand herunterdrücken und glatt streichen. Mit einem scharfen Messer dreimal schräg einschneiden. Form in eine Plastikdose stecken und 2 Std. gehen lassen.

In der letzten Viertelstunde Ofen auf 250 °C (Heißluft) vorheizen, 55 Min. bei 190 °C backen und 5 Min. im ausgestellten Ofen nachbacken.

9484. Wildhefe, 3. Verlängerung, Juli 2016
- 100 g Wildhefewasser
- 2 getr. Softaprikosen, unzerschnitten
- 1 TL Honig
- ca. 800-850 g Wasser

In das Glas geben, Deckel so zudrehen, dass ein bisschen „Luft" reinkommen kann. Ab und an umrühren.

Abends angesetzt, am nächsten Morgen sah es von oben so aus (rechts): 24 Std. nach dem Ansatz waren die Aprikosen, die ich vergessen hatte durchzuschneiden, prall gefüllt nach oben gestiegen.

Ich denke also, dass es dennoch geklappt hat, und ich werde noch eine Nacht ziehen lassen.

9485. Parmesan-Kakao, Juli 2016

Im Vitamix ca. 3 Min. Höchststufe:
- 10 g Kakaonibs
- 20 g Parmesan-Alternative
- 15 g weiße Chiasamen
- 2 Medjool-Datteln entsteint
- 6 g frischer Ingwer
- auf 500 ml mit Wasser/kochendem Wasser 1:1 auffüllen.

Hinweis: *Das war erstaunlich ... köstlich. :-)*

9486. Kartoffelauflauf mit Kohlrabi, Juli 2016

2 Portionen

- 15 g Sonnenblumenöl
- 350 g Kartoffeln, vorbereitet & in dünnen Scheiben
- 140 g Kohlrabi, netto, in dünnen Scheiben
- 60 g Zwiebel netto, in Streifen

Öl in eine ofenfeste 24-cm-Pfanne geben (hier: Woll-Pfanne). Hälfte der Kartoffeln, gefolgt von Kohlrabi und Zwiebeln, abgedeckt mit Rest der Kartoffeln. Mit Soße (Mixer) und Wasser begießen:

- 70 g Stützcreme
- 2 EL Knoblauchessig 9262
- 70 g gekochte rote Linsen
- 1 TL Salz
- 1 Prise Pfeffer
- 1/2 TL gem. Kümmel
- 1 TL Paprika edelsüß
- 20 g Kichererbsenmehl
- 20 g Nussmus, hier Erdnussmus gewürzt 9184
- 170 g Pflanzenmilch
- 105 g Wasser
- + 200 g Wasser

In den kalten Ofen, bei 215 °C (Heißluft) eine Std. backen, davon 45 Min. mit geschlossenem Deckel.

Tipps: *Dazu schmeckt die Parmesanalternative 9479.*

9487. Aprikosen-vor-FKG, Juli 2016

2 x Frühstück

- 2 EL Leinsamen
- 6 EL Nackthafer
- 1 Banane, geschält (100 g)
- 2 Nektarinen, ohne Stein (265 g)
- 260 g Aprikosen, ohne Kerne
- 20 g Pistazien

Leinsamen mit dem Getreide flocken, auf zwei Schüsselchen verteilen. Das Obst in grobe Stücke teilen und im Hochleistungsmixer pürieren, über das Getreide geben. Mit Pistazien bestreuen.

9488. Rotkohlsalat mit Kosovobohnen, Juli 1016

2 Portionen

- 45 g Dressing, Bärlauchdressing mild
- 1/2 Apfel (90 g)
- 190 g Rotkohl
- 75 g Möhre
- 95 g Eisbergsalat
- 200 g gekochte weiße (Kosovo-)Bohnen

Dressing in den TM geben und mit dem vorgeschnittenen Gemüse 5 Sek./Stufe 5 mixen. Auf zwei Schüsseln, dazu die gekochten Bohnen.

9489. Kokosreis, Juli 2016

2 Personen

- 180 g Jasmin-Naturreis
- 20 g Kokosraspeln
- 375 g Wasser
- Kokosreis

Im Topf aufkochen und auf kleiner Einstellung 36 Min. garen.

9490. Paprika-Tomaten-Gemüse mit weißen Bohnen, Juli 2016

2 Portionen

Als Gemüsepfanne 15 Min.:

- 60 g Wasser
- 1/2 rote Paprika (100 g), gewürfelt
- 1 Tomate (130 g), klein geschnitten

Soße im Mixer:

- 20 g Knoblauchessig 9262
- 1 TL Salz
- 1-2 Prisen Pfeffer
- 1 TL Paprika edelsüß
- 1/2 TL Kreuzkümmel gem.
- 20 g gekochte rote Linsen
- 20 g Cashewnussmus
- 1 TL Ahornsirup
- 75 g Wasser
- 10 g Kichererbsenmehl

Bohnen:

- 200 g gekochte weiße Bohnen

Soße und Bohnen unterrühren, aufkochen. Dazu gab's Ofenkartoffeln.

9491. Gute Erdbeeren-FKG, Juli 2016

2 x Frühstück

- 2 EL Leinsamen
- 6 EL Nackthafer
- 1/2 großer Apfel (130 g)
- 255 g Erdbeeren, geputzt
- 2 Bananen, geschält (165 g)
- 100 g Aprikosen, ohne Kerne
- 10 g Kokosmus
- 1 TL getr. Gojibeeren

Leinsamen mit dem Getreide flocken, auf zwei Schüsselchen verteilen. Das Obst in grobe Stücke teilen und im Hochleistungsmixer pürieren, über das Getreide geben. Mit Kokosmus und Gojibeeren dekorieren.

9492. Salzkörnchen-Kardamom-Kakao, Juli 2016

Im Vitamix 2,5 bis 3 Min. auf höchster Stufe schlagen:

- 10 g Kakaonibs
- 20 g Chiasamen
- 2 Medjool-Datteln entsteint
- 7 g frischer Ingwer
- 2 Kardamomschoten, grün
- einige Salzkörnchen
- auf 500 ml mit Wasser/kochendem Wasser 1:1 auffüllen.

9493. Kohlrabisalat mit Bohnen und Sprossen, Juli 2016

2 Portionen

Dressing in den TM geben und mit dem vorgeschnittenen Gemüse 5 Sek./Stufe 4.5 mixen:

- 45 g Dressing, Bärlauchdressing mild 9447
- 1/2 Apfel (120 g)
- 190 g Kohlrabi
- 120 g Möhren

Auf zwei Schüsseln verteilen, dazu:

- 215 g gekochte weiße (Kosovo-)Bohnen
- 25 g Linsensprossen

9494. Einfachster Nachtisch der Welt, Juli 2016

2 Portionen

- 1/2 Galiamelone
- 1 Nektarine
- 2 Zuckeraprikosen

Melone schälen, aus Nektarine und Aprikosen die Kerne entfernen. Klein schneiden und auf zwei Teller verteilen.

9495. Wirsing leicht curryisiert, Juli 2016

2 Portionen; dazu passt gut: Kokosreis 9489.

Als Gemüsepfanne 25 Min.:

- 10 g Kokosöl
- 60 g Wasser
- 270 g Wirsing in feinen Streifen
- 100 g Möhren in Scheiben

Soße (mixen und unterrühren):

- 50 g gekochte rote Linsen
- 8 g Essigpeperoni 7/4573
- 1 TL Salz
- 25 g Apfelmark
- 1 LS Currypulver
- 100 g Wasser
- 10 g Kichererbsenmehl
- (45 g Wasser zum Nachspülen des Bechers)

9496. Apricot-Halves-on-Top-FKG, Juli 2016

2 x Frühstück

- 2 EL Leinsamen
- 6 EL Nackthafer
- 220 g Erdbeeren, geputzt
- 1/2 Apfel (115 g)
- 2 kleine Bananen, geschält (165 g)
- 1 Nektarine, ohne Kern (135 g)
- 2 Zuckeraprikosen für die Deko, ohne Kern

Leinsamen mit dem Getreide flocken, auf zwei Schüsselchen verteilen.

Obst in grobe Stücke teilen und im Vitamix pürieren, über das Getreide geben. Aprikosenhälften obenauf legen.

9497. Kokosmus-Kakao II, Juli 2016

Im Vitamix ca. 3 Min. auf Höchststufe schlagen:

- 10 g Kakaonibs
- 15 g Chiasamen
- 2 Medjool-Datteln entsteint
- 20 g Kokosmus
- Einige Salzkörnchen
- 85 g Pflanzenmilch
- 5 g frischer Ingwer
- auf 500 ml mit Wasser/kochendem Wasser 1:1 auffüllen.

9498. Sahnealternative II, Juli 2016

2-3 Portionen

- 1 EL Ahornsirup
- 2-3 EL Wasser
- 1 TL weiße Chiasamen
- 100 g Stützcreme
- 15 g Cashewnussmus

9499. Kohlrabi-Rotkohlsalat for Lunch, Juli 2016

2 Portionen

- 40 g Dressing, Bärlauchdressing mild 9447
- 1/2 Apfel (130 g)
- 145 g Kohlrabi
- 155 g Rotkohl
- 200 g gekochte weiße (Kosovo-)Bohnen
- 40 g Linsensprossen

Dressing in den TM geben und mit dem vorgeschnittenen Gemüse 5 Sek./Stufe 5 mixen. Auf zwei Schüsseln, verteilen, Bohnen und Sprossen an die Seiten legen.

9500. Nektarine an Kekspudding, Juli 2016

2 Portionen

- 1 Nektarine (155 g brutto)
- 100 g Stützcreme
- 1 Keks, hier Haferkekse Wunderkessel 9378
- 10 g Ahornsirup
- 5-10 g gehobelte Mandeln (Schwab)

Nektarine würfeln, auf 2 Teller verteilen. Creme, Keks, Sirup im Mixer verquirlen, daneben platzieren. Über beide Teller die Mandelblättchen in die Mitte streuen.

9501. Kartoffeln mit Wirsingtomaten, Juli 2016

2 Portionen

Für die Gemüsepfanne (25 Min.):
- 85 g Wasser
- 375 g Kartoffeln in Scheiben
- 100 g Wirsing, feine Streifen
- 270 g Tomaten, grob geschnitten

Für die Soße (Mixer, aufkochen):
- 35 g gekochte rote Linsen
- 35 g Stützcreme
- 1 TL Salz
- 1/2 TL gem. Kümmel
- 20 g Nussmus, hier Erdnussmus gewürzt 9184
- 10 g Knoblauchessig 9262
- 50 g Wasser

9502. Melone unter Nektarine-FKG, Juli 2016

2 x Frühstück

- 2 EL Leinsamen
- 6 EL Nackthafer
- 1/2 Apfel (130 g)
- 2 kleine Bananen, geschält (175 g)
- 125 g Melonenfleisch ohne Kerne
- 2 Nektarinen (285 g brutto, dann entsteint und gewürfelt) als Deko

Leinsamen mit dem Getreide flocken, auf zwei Schüsselchen verteilen. Das Obst in grobe Stücke teilen und im Hochleistungsmixer pürieren, über das Getreide geben. Mit Nektarinenwürfeln bestreuen.

9503. Gewürzt-Kakao, Juli 2016

Im Hochleistungsmixer, je nach Gerät, 2,5 bis 3 Min. auf höchster Stufe schlagen:

- 25 g Obstmischung von: 130 g Apfel/175 g Banane/ 125 g Melone
- 10 g Kakaonibs
- 15 g Chiasamen
- 2 Medjool-Datteln entsteint
- 5 g frischer Ingwer
- 20 g Nussmus gewürzt, hier Erdnussmus gewürzt 9184
- auf 500 ml (Markierung im Becher) mit Wasser/kochendem Wasser 1:1 auffüllen.

9504. Saftiger Rotkohl-Möhrensalat, Juli 2016

2 Portionen

- 45 g Dressing, hier Bärlauchdressing mild 9447
- 170 g Rotkohl
- 100 g Apfel
- 120 g Schlangengurke
- 60 g Möhre
- 20 g Mandeln
- 35 g Linsensprossen

Ohne die Linsensprossen im TM zerkleinern (5 Sek./Stufe 5), auf zwei Schüsseln verteilen und mit Sprossen bestreuen.

9505. Sandkuchen mit Pistazien, Juli 2016

Kleine Kastenform (25 cm)

Flüssig (30 Sek./Stufe 3; 30 Sek./Stufe 4):

- 210 g gekochte rote Linsen
- 40 g Cashewnussmus
- 200 g Agavendicksaft
- 1/2 TL gem. Vanille
- 1 Prise Salz
- 160 g Stützcreme
- 80 g Apfelmark
- 1 EL Rum
- 1 TL getr. gem. Zitronenschale

Fest (einarbeiten 10 Sek./Stufe 5):

- 125 g Weizen, fein gemahlen
- 125 g Hafer, fein gemahlen und im Mixer nachgemahlen
- 2 TL Backpulver

Unterziehen (10 Sek./Stufe 5):

- 45 g Pistazien, ohne Schale, ungeröstet, ungesalzen

Die Pistazien werden mit dieser Einstellung zerhackt, aber nicht gemahlen. Heißluft-Ofen vorheizen auf 160 °C, 60 Min./160 °C backen und 5 Min. im ausgeschalteten Ofen nachbacken.

9506. Möhren-Aprikosen-Suppe, Juli 2016

Im Vitamix cremig schlagen:

- 120 g Aprikosen (3 Stück ohne Kerne)
- 130 g Möhre
- 10 g Cashewnüsse
- 255 g Wasser
- Deko: 1 TL feingeschnittener (TK) Petersilie

9507. All-In-One-Auberginen-Pfanne, Juli 2016

2 Portionen

In eine hohe 24-cm-Pfanne geben bzw. „schichten":

- 315 g Aubergine, gewürfelt
- 250 g Wasser
- 115 g Vollkorn-Spirali
- 1 Prise Salz
- 245 g Tomaten, in Halbscheiben
- 1 Prise Salz
- 75 g Roggen, frisch geflockt
- 75 g Wasser

Wie eine Gemüsepfanne 12 Min. dünsten, jedoch in den ersten 5 Min. nicht auf der kleinsten Einstellung (bei mir: 5 von 14). Vorsichtig mischen. Abschmecken mit:

- 1 TL Salz
- 1-2 P Pfeffer
- 2 EL Zitronensaft

9508. Friday on my Mangomind, Juli 2016

2 x Frühstück

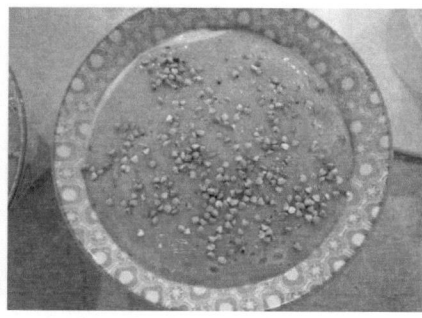

Mangocreme (Vitamix):

- 40 g getr. Mango
- 30 g Cashewnüsse
- 285 g Wasser

Rest:

- 2 EL Leinsamen
- 6 EL Nackthafer
- 10 g Zitronensaft
- 215 g Aprikosen ohne Kern
- 1/2 Nektarine ohne Kern (80 g)
- 2 kleine Bananen, geschält (180 g)
- 2 TL Buchweizen (Deko)

Leinsamen mit dem Getreide flocken, auf zwei Schüsselchen verteilen. Das Obst in grobe Stücke teilen und mit dem Zitronensaft im Hochleistungsmixer pürieren, über das Getreide geben. Mit Buchweizen bestreuen.

9509. Maronen-Chia-Kakao, Juli 2016

Im Vitamix ca. 3 Min. Höchststufe:

- 10 g Kakaonibs
- 10 g weiße Chiasamen
- 10 g getr. Maronen
- 2 Medjool-Datteln entsteint
- 6 g frischer Ingwer
- auf 500 ml mit Wasser/kochendem Wasser 1:1 auffüllen.

9510. Fast-Coleslaw, Juli 2016

2 Portionen

Thermomix 5 Sek./Stufe 5:

- 40 g Bärlauchdressing mild 9447
- 120 g Apfel
- 220 g Möhre
- 90 g Sellerie
- 60 g Schlangengurke
- Deko: 35 g Linsensprossen
- Deko: 1 Aprikose, jede Hälfte in 4 Streifen

9511. Sahnealternative III, Juli 2016

2-3 Portionen; Vorläufer 9505

- 1 TL weiße Chiasamen
- 1 EL Ahornsirup
- 2-3 EL Wasser
- 100 g Stützcreme
- 10 g Cashewnussmus

Chiasamen mahlen (Mixer, flaches Messer). Mit den Flüssigkeiten verrühren und 15 Min. quellen lassen. Mit Creme und Nussmus schlagen
(hoch stehendes Messer) und nochmals 15 Min. kühl stellen.

Hinweis: *Ist auch nicht fester geworden als mit ungemahlenem Chia. Schmeckt lecker, aber ist nicht „standfest".*

9512. Pastinakensuppe gefärbt, Juli 2016

Im Vitamix cremig schlagen:

- 1 kleine Orange (100 g geschält)
- 100 g Pastinake
- 45 g Möhre
- 245 g Wasser
- Deko: 1 TL Kokosraspel

9513. Reis in Orange, Juli 2016

2 Portionen

In den Topf, 36 Min. Kochzeit:

- 200 g Jasmin-Naturreis
- 1/2 TL Mesquitepulver (2 g)
- 1/2 TL Paprika edelsüß
- 1 Prise Salz
- 1 Lorbeerblatt
- 400 g Wasser

9514. Babies mit Ochsenherz, Juli 2016

2 Portionen; gut passt dazu Reis in Orange 9513.

Als Gemüsepfanne 15 Min.:

- 40 g Wasser
- 80 g Zwiebel, netto (gewürfelt)
- 200 g Babykräuterseitlinge (ganz gelassen)
- 1/2 Ochsenherztomate (125 g), fein gewürfelt
- 1/2 rote Paprikaschote, fein gewürfelt

Nach dem Garen einrühren und aufkochen:

- 1 TL Salz
- 2 Prisen Pfeffer
- 100 g Stützcreme

9515. Strawberries-On-Top-Of-Wheat-FKG, Juli 2016

2 x Frühstück

- 2 EL Leinsamen
- 6 EL Nackthafer
- 235 g geputzte Erdbeeren
- 1/2 Apfel (130 g)
- 1 Nektarine, ohne Kern (130 g)
- 1 Banane, geschält (95 g)
- 2 Aprikosen, ohne Kerne (75 g netto)
- 1 TL Kakaonibs

Leinsamen mit dem Getreide flocken, auf zwei Schüsselchen verteilen. Das Obst in grobe Stücke teilen und im
Hochleistungsmixer pürieren, über das Getreide geben. Mit Kakaonibs dekorieren. Wer mag noch zusätzlich:

- 4 Mandeln
- 1 Paranuss.

9516. Bohnen-Maronen-Kakao, Juli 2016

Im Hochleistungsmixer, je nach Gerät, 2,5 bis 3 Min. auf höchster Stufe schlagen:

- 10 g Kakaobohnen
- 10 g getr. Maronen
- 10 g Chiasamen
- 2 Medjool-Datteln entsteint
- 6 g frischer Ingwer
- 45 g Stützcreme
- auf 500 ml (Markierung im Becher) mit Wasser/kochendem Wasser 1:1 auffüllen.

9517. Standardstützcreme Haselnuss groß, Juli 2016

Vorläufer 9444

Im Hochleistungsmixer bis zum Stocken schlagen (ca. 2 Min.):

- 115 g Langkornnaturreis
- 50 g Haselnüsse
- 1 Prise Salz
- 250 g Wasser, RT
- 450 g Wasser, kochend

9518. Standard-Pflanzenmilch Haselnuss, Juli 2016

Vorher: 9445

Im Vitamix ca. 1 Min. laufen lassen:

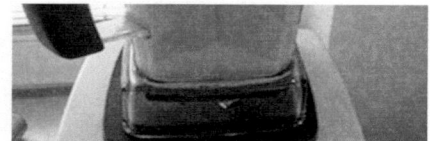

- 110 g Standardstützcreme Haselnuss groß 9517
- 420 g heißes Wasser

9519. Berner Schokoladenkuchen III, Juli 2016

26-cm-Springform; Vorläufer 9478

Schokosoße im TM aufkochen (5 Min./100 °C/Stufe 6):

- 100 g Agavendicksaft
- 30 g Kakaopulver
- 20 g Carobpulver (Rohkost)
- 10 g Chiasamen
- 1 Prise Salz
- 25 g Mandeln
- 125 g Wasser

Flüssige Phase zugeben (30 Sek./Stufe 3; 30 Sek./Stufe 4):

- 100 g gekochte rote Linsen
- 60 g Apfelmark (hätten sein sollen 100 g)
- 240 g Stützcreme
- 230 g Agavendicksaft

Feste Phase (einarbeiten: 2 x 10 Sek./Stufe 5):

- 70 g geriebene Mandeln (30 Sek./Stufe 10) (sollten sein 100 g, ich habe 30 g im TM übersehen beim Umfüllen)
- 6 g Weinsteinbackpulver
- 3 g Natron (vorher insgesamt 9 g Backpulver, kein Natron; ich wollte nicht extra eine neue Tüte anbrechen)
- 15 g Kakaopulver
- 50 g Weizen, fein gemahlen

Backofen (Heißluft) auf 160 °C vorheizen. Springformboden mit Backpapier überspannen, Teig hineingießen. In den heißen Ofen schieben und 55 Min. bei 160 °C backen, 10 Min. im ausgeschalteten Ofen nachbacken. Der Teig blieb sehr flach, da ich immerhin ein Drittel der Mandeln vergessen habe.

Hinweis: Eine echte Arbeitsersparnis ist das irgendwie nicht. Je nachdem, wie es schmeckt, würde ich es einfach mal ohne Aufkochen probieren, dann wäre es einfacher.

9520. Wupperwellen, Juli 2016

26-cm-Springform; Angaben für Thermomix.

Teig:

Flüssige Phase:
- 250 g Pflanzenmilch mischen mit
- 200 g Agavendicksaft (30 Sek./Stufe 3)

Feste Phase:
- 300 g Haselnüsse mit
- 2 bitteren Mandeln fein mahlen (10 Sek./Stufe 8)
- 250 g Weizen in der Mühle fein mahlen
- 1 P + 1 TL Weinsteinbackpulver

Mischen (2 x 10 Sek./Stufe 5). Eine Springform mit Backpapier überspannen, bis auf 400 g den Teig in der Springform verteilen.

Zweiter Teil Teig:
- 400 g Teig
- 15 g Agavendicksaft
- 2 EL Rum
- 30 g Kakaonibs

Mischen (1 x 10 Sek./Stufe 5). Auf dem anderen Teig verteilen.

Belag:
- 350 g Sauerkirschen, entsteint
- 10 g Flohsamenschalen
- 200 g Standardstützcreme
- 1/2 TL Vanillepulver
- 3 EL Agavendicksaft

Sauerkirschen auf dem Teig verteilen, leicht eindrücken. Flohsamenschalen fein mahlen (Mixer, flaches Messer). Creme, Vanille und Agavendicksaft hinzufügen, gut verquirlen. Auf den Kirschen gleichmäßig dünn verteilen.

Ofen (Heißluft) auf 180 °C vorheizen. Kuchen einschieben und 60 Min. bei 180 °C backen.

Schoko-Überzug 9523 auf die lauwarme Torte auftragen und im Kühlschrank erkalten lassen.

9521. Coeur de Boeuf-Teller, Juli 2016

2 kleinere Salat-Portionen

Aufschneiden, auf zwei Teller legen:
- 210 g Coeur de Boeuf (Ochsenherz-Tomaten)
- 105 g Salatgurke
- 90 g rote Paprika

Dressing (Mixer):
- 30 g Bärlauchdressing mild 9447
- 1 Aprikose, entsteint und vorgeschnitten (45 g)
- 35 g Wasser
- Deko: 10 g Walnüsse

9522. Bärlauchdressing mild oriental, Juli 2016

Vorläufer: 9447

Im Vitamix schlagen:
- 125 g Sonnenblumenkerne
- 165 g Apfelessig, hier: Knoblauchessig 9262
- 20 g Salz
- 1 g gem. schw. Pfeffer
- 80 g grüne Rosinen
- 200 g Wasser
- 25 g Tamari
- 10 g Garam Masala (privat geschenkt bekommen)
- 35 g eingelegter Bärlauch (gekauft)

9523. Schoko-Überzug, Juli 2016

In einer Pfanne erhitzen:

- 50 g Kakaobutter
- 50 g Honig

Verrühren miteinander:

- 100 g Standardstützcreme
- 10 g Kakao

Sobald Butter und Honig geschmolzen sind, die Kakaocreme mit einem Schneebesen einrühren. Noch warm z. B. auf eine Torte auftragen.

9524. Milde Rote-Bete-Suppe, Juli 2016

Im Vitamix cremig schlagen und mit den Mandelblättchen dekorieren (alle Angaben netto):

- 110 g Orange
- 10 g gemahlene Mandeln
- 95 g Rote Bete
- 45 g Möhren
- 260 g Wasser
- 1 TL Mandelblättchen (Deko)

9525. Soßenbasis Nr. 1 (mit etwas Nussmus), Juli 2016

Für eine Gemüsemahlzeit für 2 Portionen.

Im kleinen Mixer, hochstehendes Messer:

- 50 g gekochte rote Linsen
- 75 g Stützcreme
- 10 g Cashewnussmus
- 1 TL Salz
- 1-2 Prisen Pfeffer
- 15 g Essig, Apfelessig oder selbst gewürzter Essig

9526. Mangold mit Wirsing und Kartoffeln, Juli 2016

2 Portionen

Gemüsepfanne (24 cm Aluguss, 25 Min.):

- 80 g Wasser
- 225 g Kartoffeln, in Scheiben
- 45 g Zwiebeln, gewürfelt (netto)
- 110 g Wirsing, in feinen Streifen
- 165 g Mangold, vorwiegend Blätter, in feinen Streifen
- 75 g Nacktgerste geflockt

Soße:

- Soßenbasis Nr. 1 (mit etwas Nussmus) 9525 unterrühren, aufkochen, Becher mit etwas Wasser nachspülen.

9527. Pizzateig Wildhefe über Nacht, Juli 2016

Vorläufer: 9173; 2 Portionen = eine 28-cm-Pizza.

Abends:

- 80 g Wildhefe
- 40 + 20 g Wasser
- 10 g Mandelmus
- 1 gute Prise Salz
- 225 g Weizen, fein gemahlen

Wildhefe mit 40 g Wasser, Salz und Mandelmus mischen (37°C/1 Min./Stufe 2). Weizen unterkneten (2,5 Min./Knetstufe). Mit der Hand nachkneten, dabei je nach Bedarf weitere 20 g Wasser einarbeiten. Eine Kugel unter Spannung formen und in einer Pengschüssel in den Kühlschrank (6°C) stellen.

Achtung: Mein Weizen scheint derzeit sehr trocken, die Wassermenge ist ungewöhnlich hoch. Er macht mir auch Probleme beim Flocken, daher kam ich auf die Idee, dass er sehr trocken ist.

Am nächsten Tag:

Um ca. 9 Uhr

- aus dem Kühlschrank nehmen. Der Teig scheint nicht gegangen.

Um ca. 12 Uhr

- 1 EL Wasser einkneten.

Weiter in der Pengdose gehen lassen bis zur Zubereitung. Ein wunderbarer Teig, der uns beiden vorzüglich geschmeckt hat.

9528. Baguette mit Roggen, Juli 2016

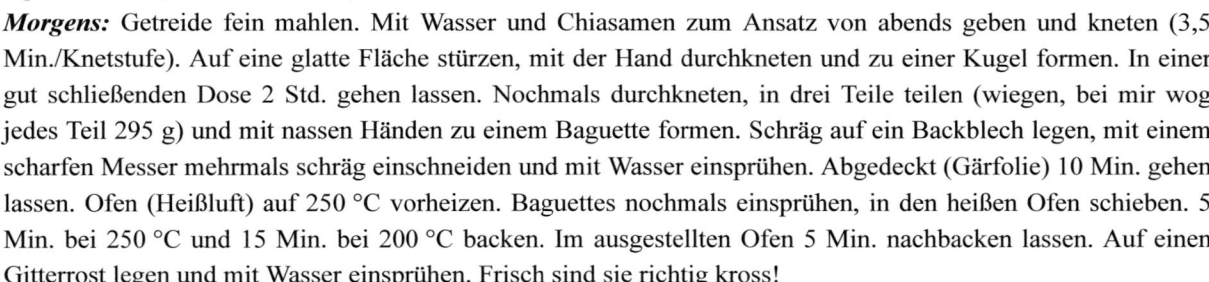

Abends:
- 10 g frische Bio-Hefe (1/4 Würfel)
- 300 g Wasser
- 1 gestr. TL Salz
- 1 flacher TL Honig
- 100 g Roggen
- 200 g Weizen

Morgens:
- 200 g Weizen
- 50 g Wasser
- 35 g Chiasamen

Abends: Hefe mit Salz und Honig im Wasser auflösen (TM: 2 Min./37°C/Stufe 2). Getreide mischen, fein mahlen und unter die Flüssigkeit kneten (2 Min./Knetstufe). Im TM über Nacht stehen lassen.

Morgens: Getreide fein mahlen. Mit Wasser und Chiasamen zum Ansatz von abends geben und kneten (3,5 Min./Knetstufe). Auf eine glatte Fläche stürzen, mit der Hand durchkneten und zu einer Kugel formen. In einer gut schließenden Dose 2 Std. gehen lassen. Nochmals durchkneten, in drei Teile teilen (wiegen, bei mir wog jedes Teil 295 g) und mit nassen Händen zu einem Baguette formen. Schräg auf ein Backblech legen, mit einem scharfen Messer mehrmals schräg einschneiden und mit Wasser einsprühen. Abgedeckt (Gärfolie) 10 Min. gehen lassen. Ofen (Heißluft) auf 250 °C vorheizen. Baguettes nochmals einsprühen, in den heißen Ofen schieben. 5 Min. bei 250 °C und 15 Min. bei 200 °C backen. Im ausgestellten Ofen 5 Min. nachbacken lassen. Auf einen Gitterrost legen und mit Wasser einsprühen. Frisch sind sie richtig kross!

9529. Almond Dust-FKG, Juli 2016

2 x Frühstück
- 2 EL Leinsamen
- 6 EL Nackthafer
- 220 g Erdbeeren, geputzt
- 2 Nektarinen (270 g netto)
- 1 Banane (80 g netto)
- 2 Aprikosen (75 g netto)
- 20 g fein gem. Mandeln
- 1 TL getr. Gojibeeren

Leinsamen mit dem Getreide flocken, auf zwei Schüsselchen verteilen. Das Obst in grobe Stücke teilen und im Hochleistungsmixer pürieren, über das Getreide geben. Mit Mandeln bestreuen, in die Mitte ein paar Gojibeeren.

9530. Rich Sunday-Cocoa, Juli 2016

Im Vitamix ca. 3 Min. auf höchster Stufe schlagen:
- 15 g Kakaobohnen
- 10 g Chiasamen
- 20 g Cashewnüsse
- 2 Medjool-Datteln entsteint
- 7 g frischer Ingwer
- 100 g Honigwasser (Leeren eines Honigglases mit eingefülltem Wasser)
- auf 500 ml (Markierung im Becher) mit Wasser/kochendem Wasser 1:1 auffüllen.

9531. Standardstützcreme 1,4-Liter-Becher, Juli 2016

Vorläufer 9517

Im Hochleistungsmixer, 1,4-Liter-Becher bis zum Stocken schlagen (ca. 2 Min.):

- 75 g Langkornnaturreis
- 20 g Cashewnüsse
- 1 Prise Salz
- 475 g Wasser, davon etwa 2/3 kochend

9532. Standard-Pflanzenmilch 1,4-Liter-Becher, Juli 2016

Vorläufer 9518

Im Vitamix ca. 1 Min. laufen lassen:

- 90 g Standardstützcreme 1,4-Liter-Becher 9532
- 350 g heißes Wasser

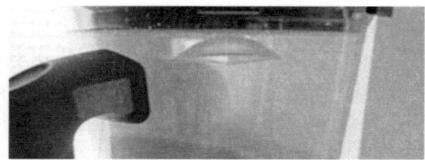

9533. Erdbeereis Klarmeister, Juli 2016

Im Vitamix pürieren, in der Eismaschine 1 Std. laufen lassen:

- 250 g Erdbeeren, netto
- 15 g Zitronenfleisch
- 95 g Agavendicksaft (sollten 80 g sein, ist mir „rausgerutscht")
- 20 g Cashewnussmus
- 200 g Pflanzenmilch
- 100 g Melone, netto

9534. Weißer Pizzabelag Nr. 41, Juli 2016

Für 1 Pizza, 28 cm = 2 Portionen; Vorläufer 9450

Im kleinen Mixer:

- 75 g Standardstützcreme
- 30 g gekochte rote Linsen
- 20 g Sonnenblumenöl
- 1 MS Kurkuma
- 15 g Knoblauchessig 9262
- 35 g Wasser
- 1 gute Prise Salz
- 1 P Schabziegerklee
- 4 g Honig

Hinweise: *Wasser war nicht so wie geplant, habe mich „vergossen". Es war dann auch zu dünn, das nächste Mal kein Öl, sondern wieder Nussmus und weniger Wasser oder wieder mehr Linsen. Ich fand ihn auch etwas zu intensiv gelb. Geschmacklich sehr gut.*

9535. Pizza mit Paprika und Zwiebel, Juli 2016

Wildhefepizza für 2 Personen (1 x 28 cm); Vorläufer 9453

- 1 Teig, hier Pizzateig Wildhefe über Nacht 9527
- 1 roter Belag, hier Roter Pizzabelag Nr. 29; 9536
- 30 g Wasser
- 100 g rote Paprika in Streifen
- 45 g Zwiebel, gewürfelt
- 3 dünne Scheiben Ochsenherz-Tomaten (85 g)
- 1 TL Pizzakräuter
- 1 weißer Belag, hier Weißer Pizzabelag Nr. 41; 9534

Aus Wasser, rote Paprika und Zwiebel eine Gemüsepfanne, 10 Min. Teig in der Form (PerfectClean) mit den Händen auseinanderdrücken und einen Rand hochziehen. Roten Belag mit einem Spatel verstreichen. Paprikabelag darüber verteilen, Tomatenscheiben auflegen, Pizzakräuter zwischen den Händen verrieben darüber streuen. Ofen (Heißluft) auf 250 °C vorheizen. Wenn er etwa auf 220 °C steht, die weiße Soße über die Pizza verteilen. Form in den Ofen schieben und 13 Min. bei 250 °C backen.

9536. Roter Pizzabelag Nr. 29, Juli 2016

Für eine Pizza, 28 cm

Im Mixer:

- 95 g Tomate (hier: Coeur de Boeuf)
- 3 g Zitronenfleisch
- 2 g Salz
- 2 g Honig
- 1 MS Paprika edelsüß
- 1 MS Kreuzkümmel

9537. Sahnealternative IV, Juli 2016

2-3 Portionen (Vorläufer 9511)

- 1 TL Flohsamenschalen (3 g)
- 1 EL Ahornsirup
- 2-3 EL Wasser
- 100 g Stützcreme
- 8 g Cashewnussmus

Flohsamenschalen mahlen (Magic, flaches Messer). Mit den restlichen Zutaten schlagen (hoch stehendes Messer) und 1 Std. kühl stellen.

Hinweis*: Immer noch nicht perfekt. Ist schon direkt nach Herstellung fester. Die Flohsamenschalen schmecken durch, hoffentlich nach Stehzeit nicht mehr.*

9538. Mangold-Sonntagssuppe, Juli 2016

Im Vitamix cremig schlagen:

- 1 kleine Nektarine, 55 g netto
- 2 Datteln, Medjool
- 65 g Mangoldblätter
- 85 g Pastinake
- 10 g Cashewnüsse
- 255 g Wasser
- Petersilie als Deko oben drauf

9539. Nektisches Erdelonen-FKG, Juli 2016

2 x Frühstück

- 2 EL Leinsamen
- 6 EL Nackthafer
- 20 g Zitronenfleisch
- 185 g Erdbeeren, geputzt
- 55 g Nektarine (1 kleine, ohne Kern)
- 90 g Galia-Melonenfleisch
- 2 kleine Bananen, geschält (170 g)
- 20 g Sonnenblumenkerne
- 15-20 grüne Rosinen

Leinsamen mit dem Getreide flocken, auf zwei Schüsselchen verteilen. Das Obst in grobe Stücke teilen und im Hochleistungsmixer pürieren, über das Getreide geben. Kerne in die Mitte schütten, den Rand mit Rosinen belegen.

9540. Weißer Milchkakao, Juli 2016

Im Vitamix 3 Min. Höchststufe:

- 12 g Kakaonibs
- 20 g weiße Chiasamen
- 2 Medjool-Datteln entsteint
- 7 g frischer Ingwer
- 200 g Standard-Pflanzenmilch
- Auf 500 ml mit kochendem Wasser auffüllen.

9541. Roter Rotkohlsalat for Lunch, Juli 2016

2 Portionen

Dressing in den TM geben, mit dem vorgeschnittenen Gemüse 5 Sek./ Stufe 5 mixen:

- 40 g Dressing, Bärlauchdressing mild 9522
- 15 g Wasser
- 130 g Rotkohl
- 135 g Rote Bete
- 110 g Apfel
- 65 g Schlangengurke

Auf zwei Schüsseln, dazu:

- 165 g gekochte Kichererbsen
- 6 Gurkenscheibe als Dekoration

9542. Schokoladeneis Klarstein, Juli 2016

Im Vitamix:

- 100 g Schokoladensoße, hier Schokoladensoße Haselnuss 6 mit Honig 9470
- 85 g Banane
- 200 g Stützcreme
- 10 g Ahornsirup
- 150 g Pflanzenmilch

50 Min. in der Klarstein-Eismaschine. Die kleine Menge schlägt sich nun doch an die Wand, aber nicht viel.

Nachteil: Der Großteil der Eiscreme hängt im Rührmesser. Also richtig schöne Eisportionen verteilen geht nicht. Morgen kommt noch ein Test. Ich würde sie ja zurückschicken, aber Eric findet das Eis extrem lecker aus dem Ding.

9543. Wirsing-Curry mit Kichererbsen, Juli 2016

2 Portionen

- 10 g Kokosöl
- 40 g Wasser
- 45 g Zwiebelwürfel
- 125 g Tomatenwürfel (Ochsenherztomate)
- 1/2 TL Curry
- 1 Prise Salz

Bis auf das Curry die Zutaten in einer Pfanne erhitzen, bis das Wasser fast verdampft ist, dann noch Curry einrühren.

- 45 g rote Paprika, Würfel
- 220 g Wirsing, feine Streifen
- 80 g Wasser

Paprika und Wirsing kurz mit andünsten, 80 g Wasser hinzugeben und als Gemüsepfanne 15 Min. dünsten.

- 1 EL Essig
- 1 gestr. TL Salz
- 250 g gekochte Kichererbsen
- 1 geschälte Banane in Scheiben (185 g brutto) miterhitzen. Mit Salz abschmecken.

9544. Pappastinaken-Suppe, Juli 2016

Im Vitamix:

- 60 g Apfel
- 100 g Möhre
- 40 g rote Paprika
- 55 g Pastinake
- 275 g Wasser
- Deko: 3 g Sonnenblumenkerne aufstreuen

9545. Sommer-FKG, Juli 2016

- 4 EL Roggen
- 2 EL Nackthafer
- 2 EL Leinsamen
- 1 Apfel (175 g)
- 2 kleine Nektarinen, entsteint (140 g)
- 3 Aprikosen, entsteint (125 g)
- 16 Haselnüsse

Getreide und Leinsamen flocken und auf 2 Schüsselchen verteilen. Obst im Thermomix mixen (13 Sek./Stufe 4) und auf das Getreide geben und mit den Nüssen dekorieren.

9546. Anis-Kakao 2016, Juli 2016

Im Vitamix ca. 3 Min. Höchststufe:

- 10 g Kakaonibs
- 20 g Chiasamen
- 2 Medjool-Datteln entsteint
- 6 g frischer Ingwer
- 200 g Pflanzenmilch
- 3 g Anissamen
- auf 500 ml mit Wasser/kochendem Wasser 1:1 auffüllen.

9547. Flache Bohnen-Pfanne, Juli 2016

2 Portionen.

Gemüsepfanne 20 Min.:

- 80 g Wasser
- 330 g Kartoffelscheiben
- 60 g Zwiebelwürfel
- 300 g flache Bohnen (brutto; ohne Enden)
- 50 g Roggenflocken
- 2 mittelgroße Tomaten in Scheiben

Würzen mit:

- Saft von 1/2 Zitrone
- 1 TL Salz
- 1-2 P gem. Pfeffer
- 1-2 P gem. Kümmel

9548. Feigenpudding, Juli 2016

2 Desserts

Starker Mixer:

- 2 frische Feigen
- 1 Aprikose ohne Kern
- 1-2 EL Ahornsirup
- 80-100 g Stützcreme
- Deko: 2-3 TL Cashewbruch

9549. Fünfer-Schritt-Kakao, Juli 2016

Im Vitamix ca. 3 Min. Höchststufe:

- 5 g Ingwer
- 10 g Kakaonibs
- 15 g Chiasamen
- 20 g Kokosmus
- 25 g gekochte rote Linsen
- 30 g Obstrest vom Frühstück
- 35 g Medjool-Datteln (2) entsteint
- auf 500 ml mit Wasser/kochendem Wasser 1:1 auffüllen.

9550. Aprikosenduett-FKG, Juli 2016

2 Portionen

- 2 EL Leinsamen
- 6 EL Nackthafer
- 10 g Zitronensaft
- 185 g „große" Aprikosen, entsteint
- 120 g Zuckeraprikosen, entsteint
- 1 Nektarine, entsteint (130 g)
- 2 kleine Bananen, geschält (180 g)
- 15 g Kokosmus
- 2 Mandeln

Leinsamen mit dem Getreide flocken, auf zwei Schüsselchen verteilen. Das Obst in grobe Stücke teilen und mit dem Zitronensaft im Hochleistungsmixer pürieren, über das Getreide geben. Mit Kokosmus und Mandeln dekorieren.

9551. Möhrensalat mit Rotkohl, Juli 2016

2 Portionen

Dressing in den TM geben und mit dem vorgeschnittenen Gemüse 5 Sek./Stufe 5 mixen:

- 40 g Dressing, Bärlauchdressing mild 9447
- 20 g Wasser
- 100 g Apfel
- 80 g Rotkohl
- 245 g Möhren

Auf zwei Schüsseln, dazu:

- 150 g gekochte Kichererbsen
- 45 g Linsensprossen als Dekoration

9552. Erdbeer-End-FKG, Juli 2016

2 Portionen. Dieses Jahr scheint mir das Ende der Erdbeersaison schon recht früh erreicht. Sie sind wässrig und faulen schnell.

Flocken und auf 2 Schüsselchen verteilen:

- 6 EL Nackthafer
- 2 EL Leinsamen

Im Vitamix pürieren:

- 280 g Erdbeeren, geputzt
- 1 Nektarine, entsteint (135 g)
- 2 Aprikosen, entsteint (100 g)
- 2 kleine Bananen, geschält (125 g)

Auf das Getreide geben und dekorieren mit:

- 10 g Kokosraspeln
- 1-2 TL grüne Rosinen

9553. Mischnuss-Kakao, Juli 2016

Im Vitamix ca. 5 Min. auf höchster Stufe schlagen:

- 10 g Kakaonibs
- 5 g Cashewnussbruch
- 15 g Erdnussmus gewürzt 9184
- 20 g gekochte rote Linsen
- 15 g Chiasamen
- 2 Medjool-Datteln entsteint
- 5 g frischer Ingwer
- auf 500 ml (Markierung im Becher) mit Wasser auffüllen.

9554. Aprikosen-Eiscreme, Juli 2016

2 Portionen

Im Vitamix pürieren:

- 2 kleine Bananen, geschält (115 g)
- 5 g Zitronenfleisch
- 250 g große Aprikosen, entsteint
- 120 g Zuckeraprikosen, entsteint
- 40 g Honig

1 Std. in der Klarstein-Eismaschine.

9555. Juli-Salatteller, Juli 2016

2 Portionen

- 16 Scheiben Schlangengurke (110 g)
- 2 Tomaten, in Achteln (240 g)
- 120 g Möhren, in dünnen Scheiben
- 6 EL verdünntes Dressing, hier Bärlauchdressing mild oriental 9522
- 20 g Sonnenblumenkerne

Zwei Essteller bereitstellen. Gurken und Tomaten abwechselnd an den Rand legen, die Möhrenscheiben in die Mitte türmen. Dressing in die Zwischenräume geben. Mit Sonnenblumenkernen bestreuen.

9556. Standardstützcreme, aprikottiert, Juli 2016

Im Hochleistungsmixer, 2-Liter-Becher, bis zum Stocken schlagen (ca. 2 Min.):

- 120 g Langkornnaturreis
- 30 g Cashewnüsse
- 1 getr. Aprikose (10 g)
- 1 Prise Salz
- 240 g Wasser, Raumtemperatur
- 510 g Wasser, kochend heiß

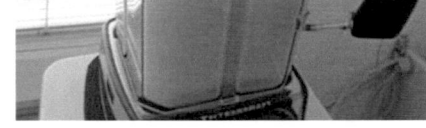

9557. Standard-Pflanzenmilch aprikottiert, Juli 2016

Im Vitamix ca. 1 Min. laufen lassen:

- 150 g Standardstützcreme, aprikottiert 9556
- 430 g heißes Wasser

9558. Pekanspitzchen-Möhrensuppe, Juli 2016

Pürieren im Hochleistungsmixer:

- 70 g Pastinake
- 75 g Aprikosen netto
- 55 g Mangold-Weiß
- 55 g Möhre
- 260 g Wasser
- Deko: 4 zerbröselte Pekannüsse als Deko oben drauf

9559. Pekanreis, Juli 2016

2 Portionen

Nach Aufkochen im Topf 36 Min. auf kleiner Einstellung:

- 20 g zerbrochene Pekannüsse
- 15 g grüne Rosinen
- 1 Prise Salz
- 180 g Jasmin-Naturreis
- 370 g Wasser

9560. Mangoldweiß, Juli 2016

2 Portionen; dazu gab es Pekanreis 9559.

Als Gemüsepfanne 15 Min.:

- 65 g Wasser
- 325 g Mangold, vorwiegend die weißen Teile, kleingeschnitten
- 1 Tomate (115 g), gewürfelt

Als Soße:

- Soßenbasis Nr. 2 (leicht scharf) 9561
- Ca. 30 g Wasser zum Nachspülen

9561. Soßenbasis Nr. 2 (leicht scharf), Juli 2016

Für eine Gemüsemahlzeit für 2 Portionen.

Im Mixer, hochstehendes Messer:

- 50 g gekochte rote Linsen
- 75 g Stützcreme
- 10 g Cashewnussmus
- 1 TL Salz
- 1-2 Prisen Pfeffer
- 10 g Zitronenfleisch
- 1 Stück Essigpeperoni (ca. 5 g) 7/4573

9562. Apritarinen auf Mango, Juli 2016

2 x Frühstück

Mangocreme (Vitamix):

- 40 g getr. Mango
- 25 g Cashewnüsse
- 285 g Wasser

Rest:

- 2 EL Leinsamen
- 6 EL Nackthafer
- 130 g Zuckeraprikosen ohne Kern
- 1 Nektarine ohne Kern (120 g)
- 1 Bananen, geschält (130 g)
- 1 Zuckeraprikose (Deko)
- 10 g Schokoladensoße (Deko), hier Schokoladensoße Haselnuss 6 mit Honig 9470

Leinsamen mit dem Getreide flocken, auf zwei Schüsselchen verteilen. Das Obst in grobe Stücke teilen und im Hochleistungsmixer pürieren, über das Getreide geben. Je eine halbe Aprikose mit der Wölbung nach oben auf das Obst legen, mit Schokosoße füllen.

9563. Schokoladensoße Pekannuss mit Honig, Juli 2016

2 Honiggläser; Vorläufer: 9470.

- 200 g Honig
- 50 g Kakaopulver
- 10 g Mesquitepulver (oder mehr Carob)
- 40 g Carobpulver (Rohkost)
- 3 g Flohsamenschalen
- 1 Prise Salz
- 50 g Pekannüsse
- 300 g kochend heißes Wasser

Zutaten im 0,9-Liter-Becher des Vitamix mixen. Stößel benutzen, später drin hängen lassen und ca. 4 Min. auf der Höchststufe laufen lassen. Noch heiß in Gläser füllen.

Hinweis: *Für dieses Rezept ist es nicht nötig, dass Rohkost-Carob verwendet wird. Ich nehme es, weil es mir besser schmeckt.*

9564. Soßenkakao, Juli 2016

Im Hochleistungsmixer, je nach Gerät, 2,5 bis 3 Min. auf höchster Stufe schlagen:

- 55 g Schokosoße, hier Schokoladensoße Pekan mit Honig
- 7 g Kakaonibs
- 15 g Chiasamen
- 1 Medjool-Dattel entsteint
- 6 g frischer Ingwer
- auf 500 ml (Markierung im Becher) mit Wasser/kochendem Wasser 1:1 auffüllen.

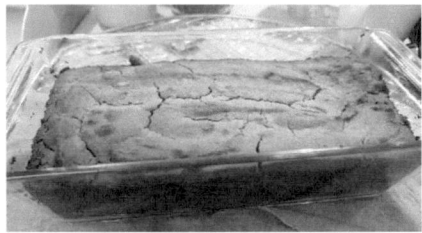

9565. Sandkuchen mit Mandeln, Juli 2016

Kleine Kastenform (25 cm), eingefettet mit Kokosöl.

Feste Phase:

- 200 g Weizen
- 50 g Mandeln
- 1 gestr. TL Backpulver
- 50 g Mandelsplitter

Weizen und Mandeln mahlen (TM 1 Min./Stufe 10;) umfüllen und mit Backpulver mischen.

Flüssige Phase (30 Sek./Stufe 3; einarbeiten feste Phase 30 Sek./Stufe 4):

- 250 g gekochte rote Linsen
- 200 g Honig
- 1/2 TL gem. Vanille
- 1 Prise Salz
- 160 g Stützcreme
- 80 g Apfelmark
- 1 EL Rum
- 1 TL getr. gem. Zitronenschale

Unterziehen (10 Sek./Stufe 4/Linkslauf).

- 50 g Mandelsplitter

Heißluft-Ofen vorheizen auf 160 °C, 60 Min./160 °C backen. Wird flach wie ne Flunder und klitschig, ich hätte doch die Stäbchenprobe machen sollen.

9566. Berner Schokoladenkuchen IV, Juli 2016

26-cm- Springform, Vorläufer 9477.

Flüssige Phase (30 Sek./Stufe 3; 30 Sek./Stufe 4):

- 100 g gekochte rote Linsen
- 100 g Apfelmark
- 200 g Stützcreme
- 250 g Honig
- 250 g Schokocreme, hier zwei verschiedene Schokoladensoßen
- 1 EL Rum

Feste Phase (einarbeiten: 2 x 10 Sek./Stufe 5):

- 100 g geriebene Mandeln (Mixer)
- 1/2 P Weinsteinbackpulver (9 g)
- 15 g Kakaopulver
- 100 g Weizen, fein gemahlen (war eigentlich weniger geplant)

Unterziehen (10 Sek./Stufe 4/Linkslauf)

- 50 g Mandelsplitter

Backofen (Heißluft) auf 160 °C vorheizen. Springformboden mit Backpapier überspannen, Teig hineingießen. In den heißen Ofen schieben und 55 Min. bei 160 °C backen, 5 Min. im ausgeschalteten Ofen nachbacken, 5 Min. bei offener Tür im Ofen lassen.

Fazit: *Eric findet diesen von allen am besten: Mandelstückchen, Konsistenz und Geschmack.*

9567. Nekbete-Suppe, Juli 2016

Im Vitamix:

- 1 Nektarine, ohne Stein (115 g)
- 110 g Rote Bete
- 25 g Möhre
- 270 g Wasser
- Deko: 1 geh. TL Cashewnussbruch

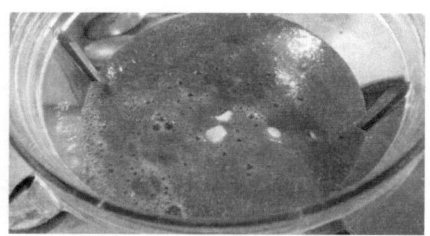

9568. Schokopudding Krümelmonster, Juli 2016

2 Desserts

Mixen (kleiner, starker Mixer):

- 100 g Stützcreme
- 45 g Schokoladensoße Pekan mit Honig 9563
- 40 g Kekse, hier Haferkekse Wunderkessel 9378
- 20 g Ahornsirup
- 60 g Pflanzenmilch
- 1 TL Flohsamenschalen (2 g); auf 2 Schüsselchen verteilen
- Deko: 1-2 TL Cashewnussbruch in die Mitte

9569. Zucchini knoblauchisiert mit weißen Bohnen, Juli 2016

2 Portionen

Als Gemüsepfanne 15 Min.:

- 50 g Wasser
- 1 Zucchini in Scheiben (230 g)
- 1 Tomate in Scheiben (115 g)
- 90 g Champignons in Scheiben
- 20 g Knoblauch, netto, in Scheiben

Unterrühren:

- 1 TL Cashewnussmus (ca. 18 g)
- 1 TL Salz
- 1 Prise Pfeffer
- 1 EL Knoblauchessig 9262

9570. Markterdbeeren-FKG, Juli 2016

2 x Frühstück

- 2 EL Leinsamen
- 6 EL Nackthafer
- 405 g Erdbeeren, geputzt (auf dem Markt gekauft, die Qualität ist noch ganz ordentlich)
- 1 Banane, geschält (90 g)
- 140 g Ananasfleisch
- 20 g kleinere Pekannüsse

Leinsamen mit dem Getreide flocken, auf zwei Schüsselchen verteilen.

Das Obst ggf. in grobe Stücke teilen und im Hochleistungsmixer pürieren, über das Getreide geben. Pekannüsse in die Mitte geben.

9571. Bohnenmilchkakao, Juli 2016

Im Vitamix ca. 3 Min. auf höchster Stufe schlagen:

- 15 g Kakaobohnen
- 15 g Chiasamen
- 2 Medjool-Datteln entsteint
- 6 g frischer Ingwer
- 125 g Standardpflanzenmilch
- 2 Kardamomschoten
- auf 500 ml mit Wasser/kochendem Wasser 1:1 auffüllen.

9572. Maghreb-Mischung, Juni 2016

Nach einem Rezept aus der Mixx, Juli/Aug. 2016

Im kleinen Mixer pulverisieren:

- 1 x gem. Safran (0,1 g)
- 2 TL Zimt
- 1 TL Koriander
- 1/2 TL Kurkuma
- 1 TL Paprika edelsüß
- 1 TL Kreuzkümmel
- 1 MS Chilipulver

9573. Salsa, Juli 2016

Als Gemüsepfanne 20 Min.:

- 30 g Wasser
- 20 g getr. Tomaten in Streifen
- 1 rote Paprikaschote (170 g netto), gewürfelt

Im starken Mixer mixen:

- 1 Knoblauchzehe, abgezogen (6 g
- 10 g Apfelessig
- 1 TL getr. Majoran
- 1 gestr. TL getr. Thymian
- 1 TL Ahornsirup
- 1 MS Chilipulver
- 1 gestr. TL Salz (wäre wohl doch besser ohne)

Gemüse leicht abkühlen lassen, mit der Gewürzmischung pürieren. In ein heiß ausgespültes Schraubglas füllen, zuschrauben, eine Weile auf den Kopf stellen und im Kühlschrank aufbewahren.

9574. Vegetarischer Hackbraten, Juli 2016

2 Portionen; Mixx Ausgabe Juli/Aug. 2016, S. 83.

- 75 g Sojabohnen
- 40 g Pekannüsse
- 125 g Kartoffeln
- 1 Knoblauchzehe, abgezogen (8 g)
- 1 kleine Zwiebel, abgezogen (30 g)
- 80 g Standardstützcreme
- 40 g Apfelmark
- 1 TL Trockenhefe (4 g)
- 1 gestr. TL Salz
- 1-2 P gem. Pfeffer
- 1 MS Chilipulver
- 1 TL Paprikapulver, edelsüß
- 1 gestr. TL getr. Thymian
- 50 g Wasser
- 20 g gekochte rote Linsen
- 10 g Tamari oder Sojasoße
- 50 g Nackthafer, gemahlen (Stufe 2/9, Hawos Novum)
- Kokosöl für die Form
- Leinsamen für die Form

Sojabohnen und Pekannüsse zusammen mahlen (TM 30 Sek./Stufe 10) und umfüllen.

Kartoffeln waschen, bürsten und in grobe Stücke schneiden. Mit Knoblauch und Zwiebel in den Mixtopf geben und zerkleinern (4 Sek./Stufe 5). Soja-Nuss-Mischung, Stützcreme, Apfelmark, Hefe, Salz, Pfeffer, Chilipulver, Paprikapulver, Thymian, Wasser, Linsen, Tamari und Hafer zugeben und vermischen (25 Sek./Stufe 3). Im Mixtopf 1 Std. zugedeckt stehen lassen.

Ofen (Heißluft) auf 200 °C vorheizen. Kleine Kastenform mit Kokosöl einfetten, mit Leinsamen ausstreuen und kurz in den Kühlschrank stellen. Hackmasse in die Form geben und 40 Min. bei 200 °C backen.

9575. Pizzateig Wildhefe über Nacht II, Juli 2016S

Vorläufer: 9527; 2 Portionen = eine 28-cm-Pizza; Unter-schied zu 1: Der fertige Teig steht einige Std. bei Raumtempe-ratur, bevor er abends in den Kühlschrank kommt.

Vortag nachmittags (15.30 Uhr):

- 80 g Wildhefe
- 40 g Wasser
- 20 g Stützcreme
- 1 gestr. TL Salz
- 115 g Weizen und
- 110 g Dinkel, fein gemahlen

Sämtliche Zutaten in den Mixtopf geben und verkneten (2,5 Min./Knetstufe). Mit der Hand nachkneten. Eine Kugel unter Spannung formen und in einer Pengschüssel stehen lassen, bis der Deckel abspringt. In den Kühlschrank stellen. Morgens: Um ca. 9 Uhr aus dem Kühlschrank nehmen und RT erreichen lassen.

9576. Wildhefebrot mit Pekannüssen, Juli 2016, Juli 2016

Vorläufer: 9394

Stufe 1 Nachmittag 15.45 Uhr:

- 100 g Wildhefe verrühren mit
- 100 g Dinkel, fein gemahlen

Stufe 2 Abend 20.00 Uhr:

- Ansatz vom Morgen verrühren mit
- 300 g Wasser
- 300 g Dinkel

Stufe 3 (Backen, bei mir am Morgen):

- 100 g Roggen
- 350 g Dinkel
- 1 EL Salz
- 90 g Pekannüsse
- 255 g lauwarmes Wasser
- Etwa 800 g Wildhefeansatz (s.o.)
- 20 g Butter für die Form

Alle Zutaten (außer der Butter) mit einem großen Löffel gründlich verrühren, bis kein Mehl mehr sichtbar ist. Eine 30-cm-Brotform, Profi-Email von Dr. Oetker, gut einfetten. Teig hineingeben, mit der nassen Hand herunterdrücken und glatt streichen. Mit einem scharfen Messer dreimal schräg einschneiden. Form in eine Plastikdose stecken und 5 Std. gehen lassen.

In der letzten Viertelstunde Ofen auf 250 °C (Heißluft) vorheizen, 60 Min. bei 200 °C backen und 5 Min. im aus-gestellten Ofen nachbacken.

9577. RB-Suppe süßlich, Juli 2016

Im Vitamix:

- 1 Dattel (Medjool) entsteint (20 g netto)
- 55 g Pastinake
- 100 g Möhre
- 70 g Rote Bete
- 45 g Aprikose ohne Kern
- 285 g Wasser
- Deko: 1 TL Sonnenblumenkerne als Dekoration

9578. Ananaseis Klarstein, Juli 2016

Im Vitamix:

- 210 g Ananasfleisch
- 105 g Banane
- 20 g Ahornsirup
- 20 g Cashewnussmus
- 165 g Pflanzenmilch

60 Min. in der Klarstein-Eismaschine. Die kleine Menge schlägt sich nun doch an die Wand, aber nicht viel.

9579. Pilzragout mit Aprikose, Juli 2016

2 Portionen; passte gut zum Vegetarischen Hackbraten 9574.

Als Gemüsepfanne 15 Min:

- 30 g Wasser
- 30 g Zwiebel, gewürfelt
- 1 Knoblauchzehe, gewürfelt
- 150 g Champignons, in Scheiben
- 95 g Steinpilze, in Scheiben
- 2 große Aprikosen, ohne Kern in Streifen (115 g)

Soße (starker Mixer; unterrühren und aufkochen):

- 40 g gekochte weiße Bohnen
- 75 g gekochte rote Linsen
- 15 g Zitronenfleisch
- 1 TL Salz
- 1/2 TL Harissa trocken
- 1-2 Prisen Pfeffer
- 100 g Wasser

9580. Soßenbasis Nr. 3 (only legumes), Juli 2016

Soße (starker Mixer):

- 40 g gekochte weiße Bohnen
- 75 g gekochte rote Linsen
- 15 g Zitronenfleisch
- 1 TL Salz
- 1/2 TL Harissa trocken
- 1-2 Prisen Pfeffer
- 100 g Wasser

9581. Salatplatte mit Bohnen, Juli 2016

2 Portionen

Jeweils nebeneinanderlegen:

- 60 g Salatgurkenscheiben
- 225 g Tomatenscheiben (2 Tomaten)
- 80 g Eisbergsalat, klein geschnitten
- 150 g gekochte weiße Bohnen

Dazu

- 6 EL Dressing, verdünnt, hier Bärlauchdressing mild oriental 9522

9582. Bohnen-wenig-Milch-Kakao, Juli 2016

Im Vitamix ca. 3 Min. Höchststufe:

- 15 g Kakaobohnen
- 15 g Chiasamen
- 3 Medjool-Datteln entsteint
- 5 g frischer Ingwer
- 85 g Standardpflanzenmilch
- auf 500 ml mit Wasser/kochendem Wasser 1:1 auffüllen.

9583. Knapper Erdbeersieg-FKG, Juli 2016

2 x Frühstück

- 2 EL Leinsamen
- 6 EL Nackthafer
- 245 g Erdbeeren
- 215 g Aprikosen
- 1 Banane (95 g)
- 1 Nektarine (110 g)
- 20 g Kokosmus

Leinsamen mit dem Getreide flocken, auf zwei Schüsselchen verteilen.

Das Obst in grobe Stücke teilen und im Hochleistungsmixer pürieren, über das Getreide geben. Mit Kokosmus dekorieren.

9584. Stützcreme mit wenig Chia weiß, Juli 2016

Im Hochleistungsmixer bis zum Stocken schlagen:

- 120 g Rundkorn-Naturreis
- 30 g Cashewnussbruch
- 1 TL weiße Chiasamen (4 g)
- 1 P Salz
- 700 g Wasser (halb Zimmertemperatur, halb kochend)

9585. Pflanzenmilch auf Mini-Chia-Basis, Juli 2016

- 150 g Stützcreme, hier Stützcreme mit wenig Chia weiß 9584
- 425 g kochend heißes Wasser

1 Min. Vitamix.

9586. Sandkuchen aus dem Varoma, Juli 2016

Kleine Kastenform (25 cm); 1/2 x Sandkuchen 9505).

Flüssige Phase (30 Sek./Stufe 3; 30 Sek./Stufe 4):

- 125 g gekochte rote Linsen
- 90 g Agavendicksaft
- 1/2 TL gem. Vanille
- 1 Prise Salz
- 80 g Stützcreme
- 40 g Apfelmark
- 1/2 EL Rum
- 1 TL getr. gem. Zitronenschale

Feste Phase (einarbeiten 10 Sek./Stufe 5):

- 70 g Weizen, fein gemahlen
- 55 g Hafer, fein gemahlen und im Mixer nachgemahlen
- 1 TL Backpulver

Mit Folie überziehen, im Varoma 45 Min./Stufe 2 garen.

Fazit: *Lecker, aber nicht gegangen.*

9587. Eisberg mit Zucchinischeiben, Juli 2016

2 Portionen

- 220 g Eisbergsalat, klein geschnitten
- 55 g Zucchini in 8 Scheiben
- 1 Tomate (105 g) in 8 Spalten
- 4 Zuckeraprikosen in 16 Spalten
- 6 EL verdünntes Bärlauchdressing mild oriental 9522
- Wenige „kleine" Pekannüsse (Schwab)

Eisbergsalat auf zwei Teller verteilen. Zucchinischeiben und Tomaten-spalten abwechselnd am Rand entlang legen, jeweils die Aprikosenspal-ten dazwischen. Mit Dressing übergießen. In die Mitte die Pekannüsse streuen.

9588. Obstschaum auf Varoma-Kuchen, Juli 2016

2 x Dessert

- 4 Scheiben Kuchen, hier Sandkuchen aus dem Varoma (95 g)
- 85 g Ananasfleisch
- 110 g Aprikosen (netto)
- 5 g Kakaonibs

Kuchen in Häppchen schneiden, auf 2 Teller verteilen. Obst im kleinen Mixer pürieren, auf den Kuchen gießen. Mit Kakaonibs dekorieren.

9589. Roter Pizzabelag Nr. 30, Juli 2016

Für eine 28-cm-Pizza (2 Portionen)

- 50 g Salsa 9573
- 1/2 Tomate (65 g)
- 15 g Apfelmark

Im kleinen Mixer verquirlen.

9590. Weißer Pizzabelag Nr. 42, Juli 2016

Für 1 Pizza, 28 cm = 2 Portionen; Vorläufer 9414.

Im Mixer:

- 50 g Standardstützcreme
- 50 g gekochte rote Linsen
- 20 g Cashewnussmus
- 3 g Senf
- 10 g Apfelessig
- 20 g Wasser
- 1 gute Prise Salz
- 1 Prise Schabziegerklee

9591. Steinpilzpizza, Juli 2016

Wildhefepizza für 2 Personen (1 x 28 cm); Vorläufer 9536.

- 1 Teig, hier Pizzateig Wildhefe über Nacht II 9575
- 1 roter Belag, hier Roter Pizzabelag Nr. 30; 9589
- 95 g Steinpilze in Scheiben
- 30 g Zwiebel, gewürfelt
- 1 Knoblauchzehe, in Scheiben
- 4-5 dünne Scheiben Ochsenherz-Tomaten (105 g)
- 1 TL Pizzakräuter
- 1 weißer Belag, hier Weißer Pizzabelag Nr. 42; 9590

Teig in der Form (PerfectClean) mit den Händen auseinanderdrücken und einen Rand hochziehen. Roten Belag mit einem Spatel verstreichen. Steinpilze und Knoblauch darüber verteilen, Tomatenscheiben auflegen, Pizzakräuter zwischen den Händen verrieben darüber streuen. Ofen (Heißluft) auf 250 °C vorheizen. Wenn er etwa auf 220 °C steht, die weiße Soße über die Pizza verteilen.

Form in den Ofen schieben und 13 Min. bei 250 °C backen.

Hinweis: *Die Pizza war ausgesprochen lecker, die Bräune richtig, der Teig perfekt knusprig am Rand.*

9592. Zucchini-Süppich, Juli 2016

Im Vitamix:

- 160 g Zucchini
- 95 g Ananas
- 255 g Wasser
- Einige Pekannüsse (bleiben nicht oben drauf)

9593. Nektarinen with a few strawberries-FKG, Juli 2016

2 x Frühstück

Abends:

- 6 EL Acht-Korn-Mischung 11/8775 grob schroten & auf zwei Schüsseln verteilen. Mit insgesamt
- 160 g Wasser übergießen. Abgedeckt über Nacht (mindestens 4 Std.) bei RT stehen lassen.

Morgens:

- 155 g Erdbeeren
- 3 Nektarinen (325 g)
- 1 Banane (100 g)
- 6 Paranüsse

Obst in grobe Stücke teilen und im Hochleistungsmixer pürieren. Auf das Getreide gießen. Mit Paranüssen dekorieren.

9594. Viel-Chia-Kakao, Juli 2016

Im Vitamix ca. 3 Min. auf höchster Stufe schlagen:

- 10 g Kakaonibs
- 25 g Chiasamen
- 2 Medjool-Datteln, entsteint
- 5 g frischer Ingwer
- 1 TL getr. ger. Zitronenschale
- auf 500 ml mit Wasser/kochendem Wasser 1:1 auffüllen.

9595. Kohlrabisalat mit Paprika, Juli 2016

2 Portionen

Dressing in den TM geben und mit dem vorgeschnittenen Gemüse 5 Sek./Stufe 5 mixen:

- 40 g Dressing, hier Bärlauchdressing mild oriental 9522
- 20 g Wasser
- 180 g Kohlrabi
- 85 g Apfel
- 90 g rote Paprika
- 85 g Zucchini

Auf zwei Schüsseln, dazu:

- 140 g gekochte Kichererbsen
- 15 g Linsensprossen als Dekoration

9596. Tomaten-Aprikosenreis, Juli 2016

2 Portionen

- 20 g getr. Tomaten, gewürfelt
- 2 Softaprikosen (17 g), gewürfelt
- 160 g Jasmin-Naturreis
- 330 g Wasser

36 Min. Kochzeit in einem Topf.

9597. Zucchini-Wirsing-Suppe, Juli 2016

Im Vitamix:

- Nektarine (120 g)
- 55 g Wirsing
- 80 g Zucchini
- 275 g Wasser

Dekoration:

- Einige gehobelte Mandeln (3 g)

9598. Ananas Helene, Juli 2016

2 Desserts

Mit dem Löffel verrühren und auf zwei Schüsselchen verteilen:

- 10 g Kakaopulver
- 2 g Mesquitepulver oder Carob
- 40 g Honig (mir war es auch mit 25 g genug)
- etwas Vanillepulver
- 200 g Stützcreme

Dekorieren mit:

- 130 g gewürfelte Ananas
- 3 g Mandelblättchen

9599. Ochsenherzbohnen, Juli 2016

Als Gemüsepfanne 15 Min.:

- 50 g Wasser
- 15 g Knoblauch
- 130 g Buschbohnen
- 280 g Ochsenherztomaten

Soße:

- Salsasoße 9600

Tipp: Sehr gut schmeckte uns dazu der Tomaten-Aprikosen-Reis!

9600. Salsasoße, Juli 2016

2 Portionen; erfordert vorherige Herstellung anderer Zutaten.

- 35 g Salsa 9573
- 35 g gekochte rote Linsen
- 35 g Stützcreme
- 60 g Wasser
- 4 g Salz
- 2 g Maghreb-Mischung 9572

Im Mixer verquirlen, mit Gemüse aufkochen.

9601. Bromelige Nektarinen-FKG, Juli 2016

2 x Frühstück

Abends

- 6 EL Acht-Korn-Mischung 11/8775 grob schroten & auf zwei Schüsseln verteilen. Mit insgesamt
- 160 g Wasser übergießen. Abgedeckt mind. 4 Std. bei RT

Morgens

- 4 Nektarinen (440 g)
- 1 Aprikose (50 g)
- 125 g Brombeeren (2 für Deko zurückhalten)
- 1 Banane (95 g)
- 15 g gehobelte Mandeln als Deko

Obst in grobe Stücke teilen und im Hochleistungsmixer pürieren. Auf das Getreide gießen. Mit Mandeln bestreuen, Brombeere jeweils in die Mitte setzen.

9602. Paranusskakao, Juli 2016

Im Vitamix 3 Min. Höchststufe:

- 15 g Kakaonibs
- 20 g Chiasamen
- 2 Medjool-Datteln entsteint
- 5 g frischer Ingwer
- 15 g Paranüsse
- auf 500 ml mit Wasser/kochendem Wasser 1:1 auffüllen.

9603. Wirsingsalat mit Röstkernen, Juli 2016

2 Portionen

- 40 g Dressing, hier Bärlauchdressing mild 9447
- 20 g Wasser
- 120 g Wirsing
- 105 g Apfel
- 110 g Möhre
- 100 g Zucchini
- 20 g Sonnenblumenkerne
- 185 g gekochte Kichererbsen
- 40 g Linsensprossen

Gemüse und Obst im TM 5 Sek./Stufe 5. Kerne rösten, Kichererbsen & Sprossen an den Rand, geröstete Kerne in die Mitte geben.

9604. RB-Suppe aus dem TM, Juli 2016

Im TM 2 Min./Stufe 10:

- 115 g Nektarine (eine)
- 95 g Rote Bete
- 50 g Möhre
- 330 g Wasser
- Deko: 1-2 TL Kokosraspel

9605. Bohnen unter Stress, Juli 2016

2 Portionen. Musste eilig und ohne Ruhe kochen, da Besuch anstand.

Als Gemüsepfanne 25-30 Min.:

- 95 g Wasser
- 360 g Kartoffeln, Scheiben
- 245 g Buschbohnen
- 1/2 Tomate, gewürfelt (55 g)

Zum Würzen:

- Salz
- Maghreb-Mischung 9572
- 1 EL Sonnenblumenöl

Fazit: *Oberköstlich!*

9606. Bromeliges Aprikosen-FKG, Juli 2016

2 x Frühstück

- 2 EL Leinsamen
- 6 EL Nackthafer
- 50 g Ananasfleisch
- 370 g Aprikosen
- 125 g Brombeeren (2 für Deko zurückhalten)
- 1 Banane (90 g)
- 10 g Zitronenfleisch
- 15 g Sonnenblumenkerne

Leinsamen mit Getreide flocken, auf zwei Schüsselchen. Obst in grobe Stücke teilen und im Hochleistungsmixer pürieren, über das Getreide geben. Mit Sonnenblumenkernen bestreuen, Brombeere jeweils in die Mitte setzen.

9607. Mesquimomschotenkakao, Juli 2016

Im Vitamix 3 Min. Höchststufe:

- 15 g Kakaonibs
- 15 g Chiasamen
- 2 Medjool-Datteln entsteint
- 8 g frischer Ingwer
- 6 g Mesquitepulver (oder Carob)
- 3 Kardamomschoten
- auf 500 ml mit Wasser kochendem Wasser 1:1 auffüllen.

9608. Möhren-Zucchinisalat, Juli 2016

2 Portionen

- 40 g Dressing, hier Bärlauchdressing mild oriental 9522
- 20 g Wasser
- 115 g Möhre
- 90 g Apfel
- 100 g Zucchini
- 140 g Eisbergsalat
- 200 g gekochte Kichererbsen
- 35 g Linsensprossen als Dekoration

Dressing in den TM geben und mit dem vorgeschnittenen Gemüse 7 Sek./Stufe 4.5 mixen. Auf zwei Schüsseln verteilen, Kichererbsen an zwei gegenüberliegende Ränder verteilen und mit Linsensprossen bestreuen.

9609. Ingwer-Schokopudding, Juli 2016

2 Desserts

Im Vitamix schlagen, bis kein Chia mehr „fühlbar":

- 70 g Stützcreme
- 180 g Wasser
- 85-95 g Datteln Medjool entsteint
- 30 g Chiasamen
- 15 g Kakaopulver
- Prise Salz
- 1/2 TL Vanillepulver
- 5 g frischer Ingwer
- Deko: 1-2 TL grüne Rosinen

9610. Gezuckerte Möhrensuppe, Juli 2016

Im Vitamix pürieren:

- 65 g Zuckeraprikosen
- 160 g Möhren
- 235 g Wasser
- Deko: 1-2 TL Linsensprossen

9611. Cremesoße für Nudeln, Juli 2016

Im Mixer verquirlen und mit den Nudeln/Gemüse verrühren und köcheln:

- 95 g Wasser
- 1 TL Salz
- 50 g gekochte rote Linsen
- 50 g Stützcreme
- 20 g Cashewnussmus
- 2 g Senf
- 2 g Honig
- 10 g Kichererbsenmehl

9612. Penne mit Buschbohnen, Juli 2016

2 Portionen

Als Gemüsepfanne 25 Min.:

- 90 g Wasser
- 55 g Zwiebel, kleingeschnitten
- 1 Knoblauchzehe, 6 g, in Scheiben
- 200 g Buschbohnen
- 95 g rote Paprika

Parallel, 185 g Penne-Vollkornnudeln in Salzwasser nach Anweisung (hier: 10 Min.) kochen. Abgießen. Gekochte Nudeln und Soße (9611) unter die Bohnen rühren und 4-5 Min. köcheln.

9613. Chia-Sonnenblumen-Mischbrot 2, Juli 2016

Vorläufer 8581.

Stufe 1 (12 Std. vorher):

- 400 g Roggen
- 420 g Wasser
- 150 g Sauerteig (Herstellung in älteren Bänden beschrieben)

Roggen fein mahlen, mit Wasser und altem Sauerteig mischen. In einer Plastiktüte über Nacht stehen lassen. 150 g von der Stufe 1 abnehmen und in einem gut schließenden Schraubglas in den Kühlschrank stellen für das nächste Backen.

Abends schon vorbereiten:

- 250 g Dinkel
- 100 g Roggen
- 1 EL Salz
- 100 g Sonnenblumenkerne
- 50 g Chiasamen

Getreide fein mahlen, mit den restlichen Zutaten mischen und in einer gut schließenden Plastikdose verwahren.

Stufe 2 (Backen, bei mir am Morgen):

- 1/2 Würfel frische Hefe (20 g)
- 150 g lauwarmes Wasser
- Getreidemischung vom Vorabend
- 800 g Sauerteigansatz
- 175 g Wasser
- 20 g Butter für die Form

Hefe im Wasser auflösen. Restliche Zutaten (außer der Butter) hinzufügen und mit einem großen Löffel gründlich verrühren, bis kein Mehl mehr sichtbar ist. Eine 30-cm-Brotform, Profi-Email von Dr. Oetker, gut einfetten. Teig hineingeben, mit der nassen Hand herunterdrücken und glattstreichen. Mit einem scharfen Messer dreimal schräg einschneiden. Form in eine Plastiktüte geben und etwa 1 Std. 45 Min. gehen lassen. Die Brotform ist dann ganz voll. Ofen auf 250 °C (Heißluft) vorheizen, 55 Min. bei 200 °C backen.

9614. Neckisches Aprikosen-FKG, Juli 2016

2 x Frühstück

- 2 EL Leinsamen
- 6 EL Nackthafer
- 290 g Nektarinen
- 225 g Aprikosen
- 140 g Bananen
- 30 g Kokosmus zur Dekoration

Leinsamen mit dem Getreide flocken, auf zwei Schüsselchen verteilen. Das Obst in grobe Stücke teilen und im Hochleistungsmixer pürieren, über das Getreide geben.

9615. Mini-Milch-Kakao, Juli 2016

Im Hochleistungsmixer, je nach Gerät, 2,5 bis 3 Min. auf höchster Stufe schlagen:

- 10 g Kakaonibs
- 15 g Chiasamen
- 20 g Erdnussmus gewürzt
- 25 g Pflanzenmilch
- 2 Medjool-Datteln entsteint
- 6 g frischer Ingwer
- auf 500 ml (Markierung im Becher) mit Wasser/kochen-
  dem Wasser 1:1 auffüllen.

9616. Bohnen unter Stress ohne Stress, Juli 2016

2 Portionen; Vorläufer 9605.

Als Gemüsepfanne (24 cm) 25-30 Min.

- 10 g Sonnenblumenöl
- 85 g Wasser
- 360 g Kartoffeln, Scheiben
- 1 Knoblauchzehe (8 g)
- 240 g Buschbohnen
- 1 Tomate, gewürfelt (95 g)

Zum Würzen
- Salz
- Maghreb-Mischung 9572

Hinweis: *Wiederholt mit nur winzigen Änderungen, auf den Wunsch eines einzelnen Herrn.*

9617. Banana Creme, Juli 2016

Mit einem Löffel verrühren:

- 145 g Stützcreme
- 1 Banane (110 g), mit der Gabel zerdrückt
- 20 g grüne Rosinen
- 10 g Sonnenblumenkerne

9618. Apritarinen auf Mango 2, Juli 2016

2 x Frühstück

Mangocreme (Vitamix):
- 40 g getr. Mango
- 25 g Cashewnüsse
- 285 g Wasser

Rest:
- 2 EL Leinsamen
- 6 EL Nackthafer
- 2 Nektarinen ohne Kern (170 g)
- 1 Bananen, geschält (120 g)
- 150 g Zuckeraprikosen ohne Kern
- 25 g Schokoladensoße (Deko), z. B. 9563

Leinsamen mit dem Getreide flocken, auf zwei Schüsselchen verteilen. Das Obst in grobe Stücke teilen und im Hochleistungsmixer pürieren, über das Getreide geben. Je eine halbe Aprikose mit der Wölbung nach oben auf das Obst legen, mit Schokosoße füllen.

9619. 50-g-Linsen-Kakao, Juli 2016

Im Vitamix 2,5 bis 3 Min. auf höchster Stufe schlagen:

- 10 g Kakaonibs
- 50 g gekochte rote Linsen
- 5 g Mesquitepulver oder Carob
- 2 Medjool-Datteln entsteint
- 5 g frischer Ingwer
- auf 500 ml mit Wasser/kochendem Wasser 1:1 auffüllen.

9620. Zucchini-Möhren-Rohkost, Juli 2016

2 Portionen

Im Thermomix 5 Sek./Stufe 5:

- 35 g Dressing, hier Bärlauchdressing mild oriental 9522
- 70 g Apfel
- 140 g Zucchini
- 120 g Möhren
- 35 g Rote Beete
- 20 g Linsensprossen zur Dekoration

9621. Floh-im-Ohr-Stützcreme, Juli 2016

Im Hochleistungsmixer, 2 L-Becher, bis zum Stocken schlagen:
- 120 g Rundkorn-Naturreis
- 30 g Cashewnussbruch
- 1 g Flohsamenschalen (1 gestr. TL)
- 700 g Wasser (halb Zimmertemperatur, halb kochend)

9622. Floh-im-Ohr-Pflanzenmilch, Juli 2016

- 90 g Floh-im-Ohr-Stützcreme 2016
- 350 g kochend heißes Wasser

1 Min. Vitamix oder entsprechendem Hochleistungsmixer schlagen.

9623. Rote-Bete-Obstler, Juli 2016

Im Vitamix kräftig durchschlagen:
- 105 g Nektarine
- 35 g Apfel
- 110 g Rote Bete
- 270 g Wasser
- Deko: 1 TL Sonnenblumenkerne

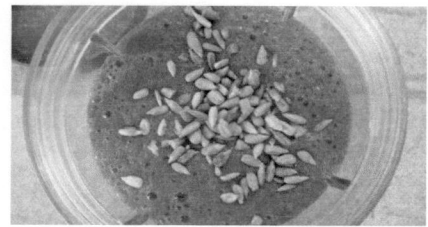

9624. Bohnen-One-Pot, Juli 2016

2 Portionen

Als Gemüsepfanne (24 cm) 30 Min.:
- 100 g rote Linsen
- 200 g Wasser
- 200 g Kartoffelscheiben
- 1 Lorbeerblatt
- 55 g Zwiebelwürfel
- 200 g Bohnen in 2-3 cm Stücken
- 2 Tomaten (215 g) in Halbscheiben

Abschmecken mit:
- 1 EL Apfelessig
- 20 g Cashewnussmus
- 1 gestr. TL Salz
- 1 Prise Pfeffer

9625. Pflaumen-Aprikosen-Salat, Juli 2016

2 Portionen
- 90 g Pflaumen, gewürfelt
- 110 g Aprikosen, gewürfelt
- 10 g Mandelsplitter
- 1 TL Ahornsirup
- 30 g Stützcreme
- 2 Gojibeeren

Obstwürfel, Mandelsplitter und Ahornsirup mischen. Auf zwei Schüsselchen verteilen, einen Klecks Creme darauf setzen. In jeden Cremeklecks senkrecht eine Gojibeere stecken.

9626. Haferbohnen-Kakao, Juli 2016

Im Vitamix ca. 3 Min. Höchststufe:
- 15 g Kakaobohnen
- 20 g Nackthafer
- 2 Medjool-Datteln entsteint
- 10 g frischer Ingwer
- 135 g Pflanzenmilch
- auf 500 ml mit kochendem Wasser auffüllen.

9627. FKG mit Agavennachhilfe, Juli 2016

2 x Frühstück

- 2 EL Leinsamen
- 6 EL Nackthafer
- 10 g Zitronenfleisch
- 210 g Nektarine (2 Stück)
- 250 g Pflaumen
- 1 Banane (130 g)
- 1 TL Agavendicksaft
- 10 g Mandelblättchen

Leinsamen mit dem Getreide flocken, auf zwei Schüsselchen verteilen. Das Obst in grobe Stücke teilen und mit dem Agavendicksaft im Hochleistungsmixer pürieren, über das Getreide geben. Mit Mandelblättchen bestreuen.

9628. Berner Schokoladenkuchen V, Juli 2016

26-cm-Springform; Vorläufer: 9566.

Flüssige Phase (30 Sek./Stufe 3; 30 Sek./Stufe 4):
- 150 g gekochte rote Linsen
- 100 g Apfelmark
- 300 g Stützcreme
- 300 g Honig
- 15 g Rum

Feste Phase (einarbeiten: 2 x 10 Sek./Stufe 5):
- 100 g geriebene Mandeln (Mixer)
- 1 bitterer Aprikosenkern, mit den Mandeln gerieben
- 1/2 P Weinsteinbackpulver (9 g)
- 1 Prise Salz
- 50 g Kakaopulver
- 100 g Dinkel, fein gemahlen (war eigentlich weniger geplant)

Unterziehen (10 Sek./Stufe 4/Linkslauf):
- 50 g Mandelsplitter

Backofen (Heißluft) auf 160 °C vorheizen. Springformboden mit Backpapier überspannen, Teig hineingießen. In den heißen Ofen schieben und 60 Min. bei 160 °C backen.

9629. Sandkuchen streng nach Formel, Juli 2016

Kleine Kastenform (25 cm); Wilkesmannsche Formel.

Flüssige Stufe (30 Sek./Stufe 3; 30 Sek./Stufe 4):
- 250 g gekochte rote Linsen
- 200 g Honig
- 1/2 TL gem. Vanille
- 1 Prise Salz
- 160 g Stützcreme
- 80 g Apfelmark
- 1 EL Rum
- 1 TL getr. gem. Zitronenschale

Feste Phase (einarbeiten 10 Sek./Stufe 5):
- 125 g Dinkel, fein gemahlen
- 125 g Buchweizen, fein gemahlen
- 1 P Weinsteinbackpulver

Heißluft-Ofen vorheizen auf 170 °C, 60 Min./160 °C backen und 5 Min. im ausgeschalteten Ofen nachbacken.

9630. Milchreis mit Pflaumendeckel, Juli 2016

2 Portionen

- 100 g gekochter Milchreis, z. B. 9633
- eine frische Pflaumenzubereitung, z. B. 9634
- 1-2 TL Kakaonibs oder Kokosraspel

Milchreis auf zwei Glasschüsselchen verteilen. Den Pflaumenpudding darüber geben und mit Kakaonibs oder Kokosraspeln bestreuen.

9631. Gemüse auf Feldbett, Juli 2016

2 Portionen

- 40 g Feldsalat, klein geschnitten auf 2 Teller verteilt
- 110 g Schlangengurke, in Scheiben und
- 2 Tomaten (170 g), in Scheiben auf den Feldsalat legen.
- 30 g Dressing, hier Bärlauchdressing mild oriental 9522 mit
- 6 EL Wasser verrühren, über den Salat gießen. In die Mitte
- 2 Pflaumen, fein gewürfelt und
- 5 g Mandelsplitter streuen

9632. Vegetarischer Hackbraten II, Juli 2016

- 75 g gem. Kichererbsen (TM 1 Min./Stufe 10)
- 40 g gem. Pekannüsse (kleiner Mixer)
- 150 g Kartoffeln
- 1 Knoblauchzehe, abgezogen (6 g)
- 1 kleine Zwiebel, abgezogen (40 g)
- 80 g Standardstützcreme
- 40 g Apfelmark
- 1 TL Trockenhefe (5 g)
- 1 gestr. TL Salz
- 1-2 P Pfeffer
- 1 MS Chilipulver
- 1 TL Paprikapulver, edelsüß
- 1 gestr. TL getr. Thymian
- 50 g Wasser
- 25 g gekochte rote Linsen
- 10 g Tamari oder Sojasoße
- 50 g Nackthafer, gemahlen (Stufe 2/9, Hawos Novum)
- Kokosöl für die Form
- Sesam für die Form

Kartoffeln waschen, bürsten und in grobe Stücke schneiden. Mit Knoblauch und Zwiebel in den Mixtopf geben und zerkleinern (4 Sek./Stufe 5). Kichererbsenmehl, gemahlene Pekannüsse, Stützcreme, Apfelmark, Hefe, Salz, Pfeffer, Chilipulver, Paprikapulver, Thymian, Wasser, Linsen, Tamari und Hafer zugeben und vermischen (25 Sek./Stufe 3). Im Mixtopf 1 Std. zugedeckt ruhen lassen.

Ofen (Heißluft) auf 200 °C vorheizen. Kleine Kastenform mit Kokosöl einfetten, mit Sesam ausstreuen und kurz in den Kühlschrank stellen. Hackmasse in die Form geben und 40 Min. bei 200 °C backen.

Leider hat sich der Braten diesmal nicht aus der Form gelöst, der Boden blieb hängen. Ich habe den Boden dann separat herausgenommen und wieder obenaufgesetzt. Das war dann nicht ganz so schlimm. Ich denke, meine Experimente mit Kokosöl als Mittel zum Einfetten von Backformen betrachte ich hiermit als beendet. Man braucht einfach auch viel mehr. Und bei warmem Wetter ist es flüssig und lässt sich nicht dick genug auftragen.

9633. Tomatensoße, Juli 2016

2-3 Portionen.

Im kleinen Mixer:

- 125 g Tomaten, stückig, aus der Dose
- 50 g Stützcreme
- 50 g gekochte rote Linsen
- 1 gestr. TL Salz
- 1 TL Paprikapulver edelsüß
- 1/2 gestr. TL Ras-el-Hanout
- 1/2 gestr. TL Kreuzkümmel, gem.
- 15 g Honig
- 15 g Wasser

Tipp: *Diese Soße eignet sich „eigenständig" zu Nudeln oder Reis oder auch als Soße für Gemüse.*

9634. Milchreis mit Pflanzenmilch, Juli 2016

- 100 g Rundkorn-Naturreis
- 300 g Pflanzenmilch
- 1 kleine Prise Salz
- 1/2 TL gem. getr. Zitronenschale

Im Topf aufkochen, anschließend auf kleinster Einstellung 45 Min. köcheln. Wenn noch Zeit ist, noch 30 Min. ausquellen lassen. (Meinen nächsten Versuch starte ich mit 50 Min. Kochzeit.)

9635. Pflaumenpudding 2016, 2016

2 kleine Portionen

- 150 g frische Pflaumen
- 70 g Datteln Medjool
- 15 g Chiasamen
- 1 MS Zimt
- 25 g Wasser

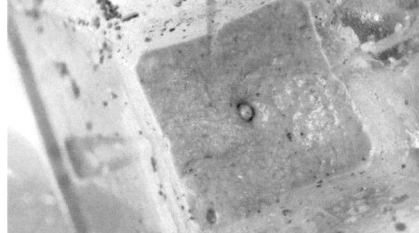

Im Vitamix mischen, bis eine glatte Creme entstanden ist.

9636. Süßsaure Möhrensuppe, Juli 2016

Im Vitamix zu einer glatten Creme mixen:

- 155 g Möhren
- 10 g Zitronenfleisch
- 1 Dattel Medjool (15 g)
- 45 g Eisbergsalat
- 255 g Wasser
- Dekoration: 1/2 TL Mandelsplitter

9637. Paprika-Tomaten-Gemüse, Juli 2016

2 Portionen; gut zu Vegetarischem Hackbraten 9632
Als Gemüsepfanne 12 Min.:

- 50 g Wasser
- 80 g Zwiebel, gewürfelt
- 125 g rote Paprika, gewürfelt

Anschließend hinzugeben, nochmals aufkochen und 5 Min. dünsten:

- 250 g Dosentomaten

Für die Soße unterrühren und aufkochen:

- 20 g Cashewnussmus
- Tomatensoße

9638. Pizzateig Wildhefe über Nacht III, Juli 2016

Vorläufer: 9527; 2 Portionen = eine 28-cm-Pizza.
Abends:

- 80 g Wildhefe
- 30 g Wasser
- 10 g gekochte rote Linsen
- 20 g Stützcreme
- 1 gute Prise Salz
- 210 g Dinkel, fein gemahlen

Wildhefe mit Wasser, Linsen, Creme, Salz mischen (37°C/1 Min./Stufe 2). Dinkel unterkneten (2,5 Min./Knetstufe). Mit der nassen Hand, den klebrigen Teig nachkneten. Eine Kugel unter Spannung formen, n einer Pengschüssel in den Kühlschrank (6°C).
Morgens: Um ca. 8 Uhr aus dem Kühlschrank nehmen. Der Teig scheint nicht gegangen. Um ca. 13 Uhr durchkneten.

9639. Pineapple with Blueberries-FKG, Juli 2016

2 x Frühstück

- 2 EL Leinsamen
- 6 EL Nackthafer
- 1 Banane (125 g)
- 225 g Ananas
- 2 Nektarinen (18 g)
- Deko: Blaubeeren

Leinsamen mit dem Getreide flocken, auf zwei Schüsselchen verteilen. Das Obst in grobe Stücke teilen und im Hochleistungsmixer pürieren, über das Getreide geben. Mit Blaubeeren bestreuen.

9640. Pflaumenkuchen mit Wildhefe, Juli 2016

Für ein Backblech

Vortag, am Mittag

- 200 g Dinkel, fein gem., verrühren mit
- 200 g Wildhefe; Pengdose

Vortag, am Abend 19:30 Uhr

- Ansatz vom Mittag
- 50 g gekochte rote Linsen
- 75 g Stützcreme
- 60 g Agavendicksaft
- 40 g Ahornsirup
- 300 g fein gem. Dinkel

Ohne Dinkel im TM kneten (1,5 Min./Knetstufe), dann Dinkel einkneten (25 Min./Knetstufe).

Der Teig ist klebrig. Mit nassen Händen aus dem TM nehmen und durchkneten, versuchen zu einer Kugel unter Spannung zu formen. In einer Pengdose bis zum nächsten Morgen stehen lassen (ca. 12 St.).

Mit nassen Händen (weil der Teig recht klebrig ist) einmal durchkneten. Auf einem Backblech (PerfectClean) mit wiederum nassen Händen auseinanderdrücken. Das geht erstaunlich gut.

Belag:

- ca. 1400 g Pflaumen (brutto)
- 400 g Stützcreme
- 75 g gehobelte Mandeln
- 160 g Ahornsirup
- 100 g Pflanzenmilch
- 6 g Flohsamenschalen

Pflaumen halbieren und entsteinen. Mit der Schnittfläche nach oben nebeneinander auf den Teig legen. Da die Pflaumen recht groß waren, brauchte ich so viele, ob das immer so ist, weiß ich nicht. Stützcreme mit Mandeln, Ahornsirup, Milch und Flohsamenschalen mit einem Löffel verrühren, auf die Pflaumen auftragen und verstreichen. Ofen auf 200 °C vorheizen.

Blech einschieben und 30 Min. bei 175 °C backen, 5 Min. im ausgestellten Ofen nachbacken lassen. Man sollte ihn möglichst schnell vom Blech nehmen, weil er sich sonst da „sehr wohl fühlt" (oder Backpapier nehmen). Ich war außer Haus, als ich zurückkam, war er kalt und es hat mich große Mühe gekostet, ihn vom Blech zu nehmen.

Tipp: *Die Wildhefe hat sich hier sehr bewährt. Der Teig hat eine schöne Struktur, ist auch nicht „durchgesuppt".*

9641. Buchbohnen-Kakao, Juli 2016

Im Vitamix 3 Min. auf höchster Stufe schlagen:

- 10 g Kakaobohne
- 20 g Buchweizen
- 2 Medjool-Datteln entsteint
- 5 g frischer Ingwer
- 150 g „Honigwasser"
- auf 500 ml (Markierung im Becher) mit Wasser/kochendem Wasser 1:1 auffüllen.

9642. Feldzentrumssalat, Juli 2016

2 Portionen

- 45 g Feldsalat, klein geschnitten
- 100 g Ananas, in Stücken
- 65 g rote Paprika, in Streifen
- 55 g Zucchini, in Halbscheiben
- 1 EL Bärlauchdressing mild oriental 9522
- 3 EL Wasser
- 10 g Sonnenblumenkerne

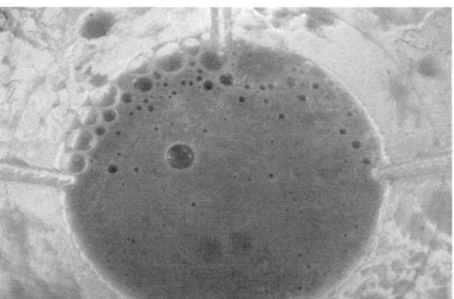

Feldsalat auf 2 Teller verteilen. Ananas und Paprika abwechselnd im äußeren Ring legen, Zucchinischeiben für einen inneren Ring nehmen. In die Mitte die Kerne streuen.

9643. Roter Pizzabelag Nr. 31, Juli 2016

Für eine 28-cm-Pizza (2 Portionen).

- 1 Stück rote Paprikaschote (30 g)
- 1/2 Tomate (50 g)
- 15 g Apfelmark
- 1/2 TL Salz
- 1 P Pfeffer
- 1 MS Kreuzkümmel
- 10 g Essig

Im kleinen Mixer verquirlen.

9644. Weißer Pizzabelag Nr. 43, Juli 2016

Für 1 Pizza, 28 cm = 2 Portionen; Vorläufer 9414.

- 50 g Standardstützcreme
- 50 g gekochte rote Linsen
- 10 g Cashewnussmus
- 10 g Sonnenblumenöl
- 10 g Apfelessig
- 25 g Wasser
- 1 gute P Salz
- 1 gute P Bockshornkleesaat und
- 1 MS Paprikapulver edelsüß im Mixer verquirlen.

9645. Champignonpizza Wildhefe, Juli 2016

Wildhefepizza für 2 Personen (1 x 28 cm); Vorläufer 9536.

- 1 Teig, hier Pizzateig Wildhefe über Nacht III 9638
- 1 roter Belag, hier Roter Pizzabelag Nr. 31; 9644
- 115 g braune Champignons in Scheiben
- 30 g Zwiebel gewürfelt
- Dünne Tomatenscheiben (105 g)
- 1 TL Pizzakräuter
- 1 weißer Belag, hier Weißer Pizzabelag Nr. 43; 9645

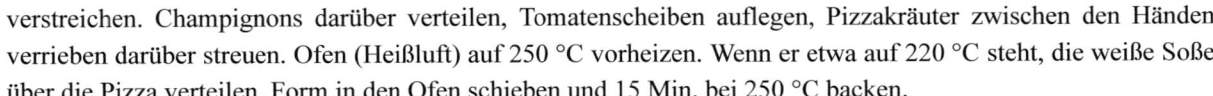

Teig in der Form (PerfectClean) mit den Händen auseinanderdrücken und einen Rand hochziehen. Roten Belag mit einem Spatel verstreichen. Champignons darüber verteilen, Tomatenscheiben auflegen, Pizzakräuter zwischen den Händen verrieben darüber streuen. Ofen (Heißluft) auf 250 °C vorheizen. Wenn er etwa auf 220 °C steht, die weiße Soße über die Pizza verteilen. Form in den Ofen schieben und 15 Min. bei 250 °C backen.

9646. Milch Doppelfloh, Juli 2016

Im Vitamix 1 Min.:

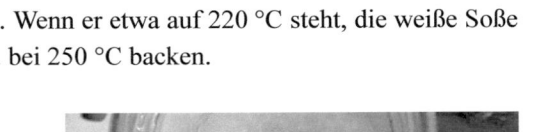

- 140 g Stützcreme Doppelfloh 9647
- 425 g Wasser

9647. Stützcreme Doppelfloh, Juli 2016 aaa

Im Hochleistungsmixer, 2 L-Becher, bis zum Stocken schlagen:

- 120 g Rundkorn-Naturreis
- 30 g Cashewnussbruch
- 3 g Flohsamenschalen (1 gestr. TL)
- 700 g Wasser (halb Zimmertemperatur, halb kochend)

9648. Ananas auf Schokoreis, Juli 2016

2 Desserts

- 100 g gekochter Milchreis z. B. 9634
- 60 g Stützcreme
- 50 g Schokoladensoße oder Schokocreme
- 15 g Ahornsirup
- 100 g Ananasscheibe

Die Zutaten - außer der Ananas - mit einem Löffel verrühren. Auf zwei Schüsselchen verteilen. Die Ananasscheibe in 16 „Winkel" schneiden und je 8 mit der Spitze am Rand in den Reis stecken.

9649. Möhren-Ingwer-Suppe, Juli 2016

Im Vitamix:

- 80 g Pflaumen
- 25 g rote Paprika
- 120 g Möhren
- 50 g Tomate
- 2 g Ingwer, ungeschält
- 250 g Wasser
- Deko: 1 TL Sesamkörner ungeschält

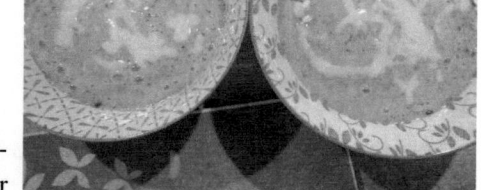

9650. Sweetie-FKG, Juli 2016

2 x Frühstück

- 2 EL Leinsamen
- 6 EL Nackthafer
- 2 Bananen (220 g)
- 2 Nektarinen (195 g)
- 95 g Ananas
- 20 g Kokosmus

Leinsamen mit dem Getreide flocken, auf zwei Schüsselchen verteilen. Das Obst in grobe Stücke teilen und im Hochleistungsmixer pürieren, über das Getreide geben. Aufgrund der hohen Außentemperaturen war das Kokosmus flüssig und ließ sich dekorativ verteilen.

9651. Altmus-Hafer-Kakao, Juli 2016

Im Hochleistungsmixer, je nach Gerät, 2,5 bis 3 Min. auf höchster Stufe schlagen:

- 10 g Kakaonibs
- 20 g Nackthafer
- 2 Medjool-Datteln entsteint
- 200 g Honigwasser (leeres Honigglas mit Wasser ausgespült)
- 10 g frischer Ingwer
- 20 g Kokosmus, selbst gemacht
- auf 500 ml (Markierung im Becher) mit kochendem Wasser auffüllen.

9652. Möhren-Eisberg-Salat, Juli 2016

2 Portionen

Im TM 5 Sek./Stufe 4,5:

- 40 g Dressing, hier Bärlauchdressing mild oriental 9522
- 230 g Möhren
- 90 g Eisbergsalat
- 25 g Feldsalat

Auf 2 Schüsseln verteilen.

- 1 Tomate (110 g)
- 180 g gekochte weiße Bohnen

Tomate in mehrere Spalten schneiden, jeweils in die Mitte geben. Bohnen an zwei Seiten an den Rand geben.

9653. Johann-auf-dem-Reisberg-saß-Dessert, Juli 2016

2 Desserts

- 150 g Rote Johannisbeeren
- 40 g Honig
- 100 g Milchreis, hier Milchreis mit Pflanzenmilch 9634
- 50 g Stützcreme, hier Stützcreme Doppelfloh 9647
- 12 Rote Johannisbeeren

Johannisbeeren waschen, z. B. im TM (3 cm hoch Wasser einfüllen, Johannisbeeren in den Gareinsatz und 3 x 2 Sek. Turbo). Die Beeren abstreifen und in einem Magic-Becher 150 g sammeln. Honig hinzufügen und gut mixen.

Milchreis und Stützcreme mit einem Löffel verrühren, auf zwei Schüsselchen verteilen. Johanniscreme darüber geben und in die Mitte jeweils 6 Johannisbeeren geben (1 im Zentrum, 5 darum herum).

9654. Möhrensuppe in Rot, Juli 2016

Im Vitamix glatt mixen:

- 65 g Ananas
- 65 g Rote Bete
- 105 g Möhre
- 250 g Wasser
- etwas Petersilie als Dekoration

9655. Pfanne à la Agnes, Juli 2016

2 Portionen

Nudeln (nach Anleitung kochen, bei mir 10 Min.):

- 100 g Penne
- Wasser zum Nudelkochen
- 1 TL Salz

Gemüsepfanne 15 Min. (24 cm):

- 50 g Wasser
- 150 g Möhren in Scheiben
- 2 Knoblauchzehen, in Scheiben (10 g)
- 1/2 gelbe Paprika, in Streifen, diese dann geviertelt (75 g)
- 85 g Champignons, in Scheiben

Fertigstellung:

- 100 g gekochte weiße Bohnen
- 10 g Petersilie, gehackt
- 15 g Tomatenmark
- 1 gestr. TL Salz
- 1/2 TL Maghreb-Mischung 9572 oder etwas Kreuzkümmel
- 1-2 Prisen schwarzer Pfeffer
- Gekochte Nudeln (s.o.)

Die Zutaten der Fertigstellung zum Gemüse geben, verrühren und köcheln, bis alles durchgehend erhitzt ist.

9656. Apricot-j'taime-FKG, Juli 2016

2 x Frühstück

- 2 EL Leinsamen
- 4 EL Nackthafer
- 2 EL Roggen
- 1 Banane (110 g)
- 1 Nektarine (105 g)

- 290 g Aprikosen
- 80 g Ananas
- 35 g Johannisbeeren (Deko)
- 15 g Cashewnüsse (Deko)

Leinsamen mit dem Getreide flocken, auf zwei Schüsselchen verteilen. Das Obst in grobe Stücke teilen und im Hochleistungsmixer pürieren, über das Getreide geben. Mit Johannisbeeren und Cashewnüssen bestreuen.

9657. Ahornaroma-Kakao, Juli 2016

Im Hochleistungsmixer, je nach Gerät, 2,5 bis 3 Min. auf höchster Stufe schlagen:

- 10 g Kakaonibs
- 20 g Chiasamen
- 2 Medjool-Datteln entsteint
- 8 g frischer Ingwer
- 180 g Ahornwasser (ca. 15 g Ahornrest aufgelöst in Wasser)
- auf 500 ml mit kochendem Wasser auffüllen.

9658. Fenchel-Möhren-Salat, Juli 2016

2 Portionen

Im TM 5 Sek./Stufe 4,5 plus 2 Sek./Stufe 5:
- 45 g Dressing, hier Bärlauchdressing mild oriental 9522
- 140 g Möhren
- 80 g gelbe Paprika
- 95 g Schlangengurke
- 95 g Fenchel

In die Mitte:
- 155 g gekochte weiße Bohnen
- 10 g Linsensprossen

9659. Johanniscreme zu Sandkuchen, Juli 2016

2 Portionen

- 125 g Rote Johannisbeeren
- 40 g Honig
- 55 g Stützcreme
- 2 dünne Scheiben Sandkuchen (65 g), hier Sandkuchen streng nach Formel 9629
- 10 Rote Johannisbeeren als Dekoration

Beeren, Honig und Stützcreme im Mixer verquirlen. Dank der Gelierkraft der Johannisbeeren ist weiter nichts erforderlich. Je ein

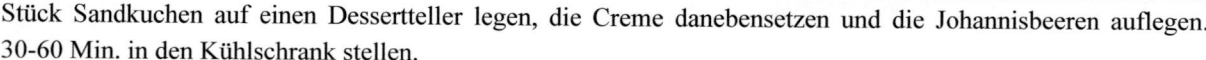

Stück Sandkuchen auf einen Dessertteller legen, die Creme danebensetzen und die Johannisbeeren auflegen. 30-60 Min. in den Kühlschrank stellen.

9660. Grüne Suppe, Juli 2016

Im Vitamix:
- 60 g Fenchel
- 90 g Schlangengurke
- 35 g Spinat
- 55 g Ananas
- 260 g Wasser
- Deko: einige Linsensprossen

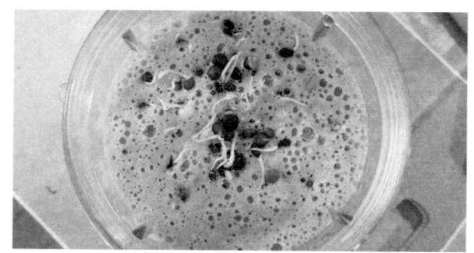

9661. Sesamkartoffeln, Juli 2016

2 Portionen

- 370-400 g Kartoffeln
- 1 Prise Salz
- 5 g Sesamkörner, ungeschält

Gewaschene Kartoffeln in ca. 1 cm dicke Scheiben schneiden. Auf eine PerfectClean-Fläche legen, mit Salz und Sesam bestreuen. In den kalten Ofen schieben. 25 Min. bei 220 °C backen.

9662. Kichercremesoße, Juli 2016

Im Mixer pürieren, unterrühren und aufkochen:

- 1 gestr. TL Salz
- 1-2 Prisen Pfeffer
- 1 sehr kleine Prise Zimt
- 10 g Kichererbsenmehl
- 65 g gekochte rote Linsen
- 40 g Stützcreme

9663. Schlichter Spinat, Juli 2016

2 Portionen

- 50 g Wasser
- 300 g Spinat (nach dem Waschen und Austrocknen 375 g)
- Soße (hier: Kichercremesoße 9662)

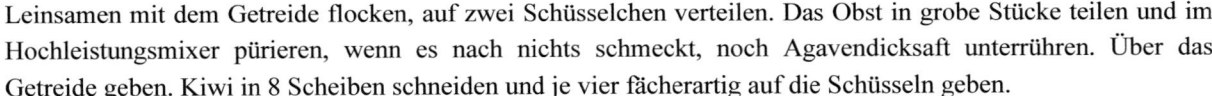

Wasser und Spinat als Gemüsepfanne 12 Min. garen. Soße unterrühren und aufkochen.

Tipp: Bei mir gab es dazu Sesamkartoffeln, wir fanden die Zusammenstellung gut.

9664. Schlaffes BW-FKG, Juli 2016

2 x Frühstück

- 2 EL Leinsamen
- 4 EL Nackthafer
- 2 EL Buchweizen
- 1 Banane (125 g)
- 2 Nektarinen (225 g)
- 235 g Pflaumen
- 1/2 EL rohen Agavendicksaft
- Deko: 1 gelbe Kiwi

Leinsamen mit dem Getreide flocken, auf zwei Schüsselchen verteilen. Das Obst in grobe Stücke teilen und im Hochleistungsmixer pürieren, wenn es nach nichts schmeckt, noch Agavendicksaft unterrühren. Über das Getreide geben. Kiwi in 8 Scheiben schneiden und je vier fächerartig auf die Schüsseln geben.

9665. Ein-Keks-Kakao, Juli 2016

Im Hochleistungsmixer, je nach Gerät, 2,5 bis 3 Min. auf höchster Stufe schlagen:

- 10 g Kakaonibs
- 50 g gekochte rote Linsen
- 1 Keks (20 g), hier Haferkekse Wunderkessel 9378
- 2 Medjool-Datteln entsteint
- 10 g frischer Ingwer
- auf 500 ml (Markierung im Becher) mit Wasser/kochendem Wasser 1:1 auffüllen.

9666. Kohlrabi-Mischsalat, Juli 2016

2 Portionen

Im TM 5 Sek./Stufe 5:

- 45 g Bärlauchdressing mild oriental 9522
- 65 g Möhren
- 270 g Kohlrabi
- 75 g rote Paprika
- 65 g Salatgurke
- 15 g Petersilie

Obendrauf:

- 150 g gekochte weiße Bohnen
- 50 g Linsensprossen

9667. Suppe in warmen Tönen, Juli 2016

Im Vitamix gut mixen:

- 95 g rote Paprika
- 40 g Rote Johannisbeeren
- 105 g Möhren
- 255 g Wasser
- Deko: etwas Petersilie

9668. Johann-kost-Bananen-FKG, Juli 2016

2 x Frühstück

- 2 EL Leinsamen
- 6 EL Nackthafer
- 2 Bananen (225 g)
- 115 g Rote Johannisbeeren
- 300 g Aprikosen
- 16 Haselnüsse

Leinsamen mit dem Getreide flocken, auf zwei Schüsselchen verteilen. Das Obst in grobe Stücke teilen und im Hochleistungsmixer pürieren, über das Getreide geben. Die Haselnüsse im Kreis an den Rand legen.

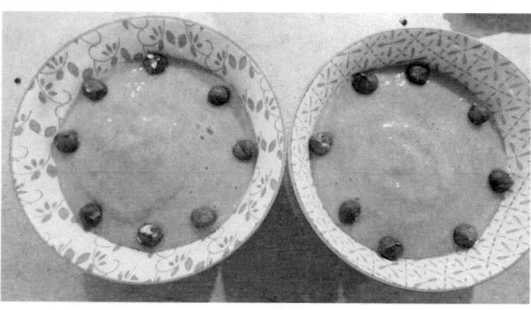

9669. Ein-Keks-Kakao 2, Juli 2016

Im Hochleistungsmixer, je nach Gerät, 2,5 bis 3 Min. auf höchster Stufe schlagen:

- 15 g Kakaonibs
- 20 g gekochte rote Linsen
- 1 Keks (20 g), hier Haferkekse Wunderkessel 9378
- 2 Medjool-Datteln entsteint
- 8 g frischer Ingwer
- 10 g Chiasamen
- auf 500 ml mit Wasser/kochendem Wasser 1:1 auffüllen.

9670. Fenchelsalat mit Spinatspur, Juli 2016

2 Portionen

Im TM 5 Sek./Stufe 5:

- 45 g Dressing, hier Bärlauchdressing mild oriental 9522
- 100 g Fenchel
- 110 g Möhren
- 40 g Spinat
- 130 g Apfel
- 10 g Petersilie
- 70 g Weißkohl

Dekoration:

- 145 g gekochte weiße Bohnen an je zwei Ränder
- 8 Tomatenscheiben aus 1 Tomate (85 g), in die Mitte

9671. Schokoladensoße Sonnenkern mit Honig, Juli 2016

1,5 Honiggläser; Vorläufer: 9563

Im 0,9-Liter-Becher des Vitamix mixen:

- 200 g Honig
- 50 g Kakaopulver
- 5 g Mesquitepulver (oder mehr Carob)
- 45 g Carobpulver (Rohkost, weil mir das besser schmeckt)
- 4 g Flohsamenschalen
- 1 Prise Salz
- 55 g Sonnenblumenkerne
- 300 g kochend heißes Wasser

Stößel benutzen, später drin hängen lassen und ca. 4 Min. auf der Höchststufe laufen lassen. Noch heiß in Gläser füllen.

9672. Stützcreme Doppelfloh mit reduziertem Reis, Juli 2016

Im Hochleistungsmixer, 2 L-Becher, bis zum Stocken schlagen:

- 110 g Rundkorn-Naturreis
- 25 g Cashewnussbruch
- 4 g Flohsamenschalen (1 gestr. TL)
- 700 g Wasser (halb Zimmertemperatur, halb kochend)

9673. Milch Doppelfloh mit weniger Reis, Juli 2016

Im Vitamix 1 Min.:

- 150 g Stützcreme Doppelfloh mit reduziertem Reis 9672
- 430 g Wasser

9674. Versteckte Rosinen-Suppe, Juli 2016

Im Vitamix gut mixen:

- 1 Nektarine (110 g)
- 30 g Spinat
- 105 g Rote Bete
- 245 g Wasser
- einige Rosinen als Dekoration, sie sinken schnell ein.

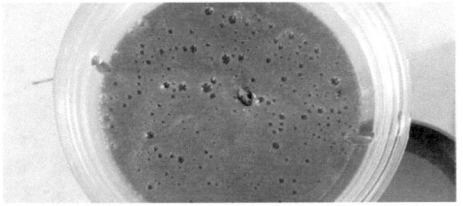

9675. Ofenkartoffeln mit Knusperhut, Juli 2016

2 Portionen

- Etwa 400 g Kartoffeln
- 1 Prise Salz
- 2 TL Sesam
- 2 TL Chiasamen
- 1 gestr. TL Gewürzmischung, hier Maghreb-Mischung

Kartoffeln waschen, in ca. 1 cm dicke Scheiben schneiden. Salz, Samen und Gewürzmischung mischen, auf einen Teller geben. Die Kartoffeln mit einer Schnittseite in die Mischung drücken und mit der freien Seite nach unten nebeneinander auf ein Backblech (z. B. PerfectClean, oder Backpapier usw.) legen. In den kalten Ofen (Heißluft) schieben und 30 Min. bei 220 °C backen. Die Backzeit richtet sich auch nach der Kartoffelsorte.

9676. Saure Suppe, Juli 2016

Im Vitamix:

- 1 große Aprikose (55 g)
- 160 g Möhren
- 35 g Rote Bete
- 270 g Wasser
- etwas Sesam als Deko aufstreuen

9677. Vinaigretchen (für gekochtes Gemüse), Juli 2016

2 Portionen

Im Mixer verquirlen:

- 15 g Zitronenfleisch
- 10 g gekochte rote Linsen
- 1 gestr. TL Salz
- 1 P gem. Pfeffer
- 10 g Sonnenblumenöl
- 35 g Wasser
- 5 g Petersilie (oder ein anderes Kraut)

Unter das heiße Gemüse rühren und aufkochen.

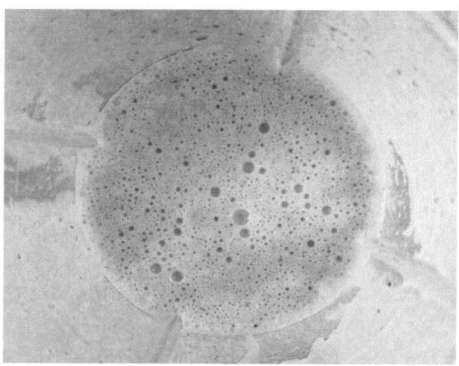

9678. Bohnenpfanne mit Spinat, Juli 2016

2 Portionen

Als Gemüsepfanne 20 Min. dünsten:

- 55 g Wasser
- 245 g Buschbohnen, 3 cm-lange Stücke
- 165 g kleine Tomaten, halbiert oder geviertelt
- 50 g Spinat in dünnen Streifen

Mit einer Soße aufkochen, hier: Vinaigretchen (für gekochtes Gemüse) 9676.

Tipp: *Bei mir gab es dazu Ofenkartoffeln mit Knusperhut.*

9679. Schnittchen, Juli 2016

2 Desserts

- 2 dünnere Scheiben „trockener" Kuchen (85 g), hier Sandkuchen streng nach Formel,
- 2 geh. TL Schokosoße, hier Schokoladensoße Pekan mit Honig
- 5 g Kokosraspel
- 95 g Ananas, gewürfelt

Die Kuchenscheiben mit Schokosoße bestreichen und mit Kokosraspeln bestreuen, auf einen Dessertteller legen. Die Ananaswürfel um die Scheiben herum legen.

9680. Ananas auf Mango-Flocken, Juli 2016

2 x Frühstück

Mangocreme (Vitamix):

- 40 g getr. Mango
- 20 g Cashewnüsse
- 280 g Wasser

Rest:

- 2 EL Leinsamen
- 6 EL Nackthafer
- 1 Nektarine (115 g)
- 1 Banane (130 g)
- 15 g Zitronenfleisch
- 175 g Ananas
- 1 gelbe Kiwi in Scheiben als Deko
- 1 TL Gojibeeren als Deko

Leinsamen mit dem Getreide flocken, auf zwei Schüsselchen verteilen. Mangocreme drauf verteilen. Das Obst in grobe Stücke teilen und im Hochleistungsmixer pürieren, über das Getreide geben. Kiwischeiben und Gojibeeren als Deko auflegen.

9681. Ein-Keks-Kakao 3, Juli 2026

Im Hochleistungsmixer, je nach Gerät, 2,5 bis 3 Min. auf höchster Stufe schlagen:

- 10 g Kakaonibs
- 1 Keks (17 g), hier Haferkekse Wunderkessel 9378
- 2 Medjool-Datteln entsteint
- 5 g frischer Ingwer
- 15 g Nackthafer
- 125 g Pflanzenmilch
- 15 g Schokoladensoße, hier Schokoladensoße Pekan mit Honig 9563
- auf 500 ml (Markierung im Becher) mit Wasser/kochendem Wasser 1:1 auffüllen.

9682. Weißkohl-Möhren-Salat, Juli 2016

2 Portionen

Im TM 5 Sek./Stufe 5:

- 45 g Dressing, hier Bärlauchdressing mild oriental 9522
- 85 g Apfel
- 115 g Möhre
- 115 g Weißkohl
- 80 g Spinat
- 70 g Salatgurke

Oben auflegen:

- 25 g Linsensprossen
- 2 kleine Tomaten, geviertelt

9683. Berner Schokoladenkuchen VI, Juli 2016

26-cm- Springform; Vorläufer 9566.

Flüssige Phase (30 Sek./Stufe 3; 30 Sek./Stufe 4):

- 90 g gekochte rote Linsen (sollten sein 100, ich hatte nicht mehr)
- 100 g Apfelmark
- 200 g Stützcreme
- 250 g Honig
- 225 g Schokocreme, hier Schokoladensoße Sonnenkern mit Honig (sollte sein 250 g)
- 1,5 EL (15 g) Rum

Feste Phase (einarbeiten: 2 x 10 Sek./Stufe 5):

- 100 g geriebene Mandeln (Mixer)
- 1 Bittermandel
- 1/2 P Weinsteinbackpulver (9 g)
- 15 g Kakaopulver
- 100 g Dinkel, fein gemahlen (war eigentlich weniger geplant)

Unterziehen (10 Sek./Stufe 4/Linkslauf):

- 60 g grüne Pistazien

Backofen (Heißluft) auf 160 °C vorheizen. Springformboden mit Backpapier überspannen, Teig hineingießen. In den heißen Ofen schieben und 55 Min. bei 160 °C backen, 5 Min. im ausgeschalteten Ofen nachbacken.

9684. Milchreis aus Langkornreis, Juli 2016

- 250 g Pflanzenmilch
- 1/2 TL getr. ger. Zitronenschale
- 1MS gem. Vanille
- 1 Prise Salz
- 100 g Langkornreis

Alle Zutaten in einen Topf geben und aufkochen. Auf kleinster Einstellung (kann wegen der kleinen Menge auch sehr klein sein, hier: 2 von 14) 55 Min. köcheln, ausquellen lassen.

9685. Bärlauchdressing bärlauchiges, Juli 2016

Vorläufer: 9522

Im Vitamix schlagen:

- 125 g Sonnenblumenkerne
- 160 g Apfelessig
- 20 g Salz
- 1 g gem. schw. Pfeffer
- 80 g grüne Rosinen
- 225 g Wasser

- 25 g Tamari
- 10 g Garam Masala (privat geschenkt bekommen)
- 50 g eingelegter Bärlauch (gekauft)
- 20 g Senf

9686. Ananas-Erdbeer-Dessert, Juli 2016

2 Portionen

- 140 g Ananas
- 100 g Stützcreme
- 20 g Agavendicksaft
- 6 kleinere Erdbeeren

Ananas musen (Mixer). Creme und Agavendicksaft hinzufügen, gut mixen und auf zwei Schüsselchen verteilen. Vier Erdbeeren halbieren, je vier Hälften an den Rand der Schüssel legen. Je eine Erdbeere in die Mitte setzen. Mind. 30 Min. kalt stellen.

9687. Reis-Bohnen-Pfanne mit Mango (One Pot), Juli 2016

2 Portionen

- 200 g Jasmin-Vollkornreis
- 400 g Wasser
- 205 g Buschbohnen, in 3-4 cm Stücken
- 205 g unreife Mango, gewürfelt
- 4 Knoblauchzehen (12 g), in Scheiben
- 55 g Zwiebel, gewürfelt
- 1 gestr. TL Salz
- 1-2 P Pfeffer
- 1 EL Sonnenblumenöl

Reis und Wasser in einer 24-cm-Pfanne mit hohem Rand (z. B. Woll-Pfanne), als Gemüsepfanne 36 Min. In der Kochzeit die restlichen Zutaten vorbereiten. Wenn noch 20 Min. Kochzeit übrig sind, Bohnen, Mango, Knoblauch und Zwiebeln unterheben. Deckel erneut auflegen, auf höchster Einstellung zum Kochen bringen. Die Hitze nicht direkt ganz herunterdrehen, sondern auf mittlerer Einstellung ca. 5 Min. köcheln lassen, anschließend auf der kleinen Einstellung.

Mit Salz und Pfeffer abschmecken, noch das Öl unterrühren und servieren.

9688. Erdbeer-Revival-FKG, Juli 2016

2 x Frühstück

- 2 EL Leinsamen
- 6 EL Nackthafer
- 10 g Zitronenfleisch
- 215 g Erdbeeren
- 1 Banane (120 g)
- 1 Nektarine (105 g)
- 135 g Ananas
- 25 g Kokosmus

Leinsamen mit dem Getreide flocken, auf zwei Schüsselchen verteilen. Das Obst in grobe Stücke teilen und im Hochleistungsmixer pürieren, über das Getreide geben. In die Mitte das Kokosmus setzen.

9689. Herbe-Bohnen-Kakaosierung, Juli 2016

Im Hochleistungsmixer, je nach Gerät, 2,5 bis 3 Min. auf höchster Stufe schlagen:

- 20 g Kakaobohnen
- 115 g Cashewnussbruch
- 25 g gekochte rote Linsen
- 2 Datteln
- 7 g frischer Ingwer
- auf 500 ml (Markierung im Becher) mit Wasser/kochendem Wasser 1:1 auffüllen.

9690. Garten-Salat, Juli 2016

2 Portionen; Tomaten und Gurken habe ich aus einem privaten Garten geschenkt bekommen.

- 110 g Eisbergsalat, klein geschnitten
- 4 kleine Tomaten (155 g), geviertelt
- 110 g Gurke, in Halbscheiben
- 40 g orangefarbene Paprika, in Streifen
- 20 g Linsensprossen
- 6 EL verdünntes Bärlauchdressing bärlauchiges 9684

Zwei Teller bereitstellen und Eisbergsalat in die Mitte geben. Tomatenviertel am Rand verteilen, die Gurken dazwischen. Paprikastreifen in einem näher zum Inneren liegenden Kreis geben. In die Mitte Linsensprossen streuen, am Rand das Dressing verteilen.

9691. Apri-Ski-Dessert, Juli 2016

2 Portionen

- 100 g Milchreis, hier Milchreis aus Langkornreis 9684
- 260 g Obstpudding, hier Aprikosenpudding 9693
- 75 g Ananas, gewürfelt

Milchreis auf zwei Schüsselchen verteilen und mit Pudding bedecken. Die Ananaswürfel vorsichtig darüber streuen, so dass sie nicht völlig einsinken.

9692. Aprikosenpudding, Juli 2016

2 Portionen

- 2 große Aprikosen (110 g)
- 100 g Stützcreme
- 50-55 g Ahornsirup

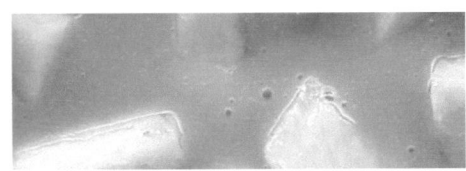

Im Mixer, hoch stehendes Messer, pürieren.

9693. Suppe mit Knofi-Hauch, Juli 2016

Im Vitamix:

- 1 Nektarine (110 g)
- 1 kleine Knoblauchzehe (1 g)
- 1 kleine Tomate (40 g)
- 100 g Möhren
- 260 g Wasser
- Deko: Kokosraspel

9694. Stützcreme Doppelfloh mit reduziertem Reis, Juli 2016

Im Hochleistungsmixer, 2 L-Becher, bis zum Stocken schlagen:

- 100 g Rundkorn-Naturreis
- 20 g Cashewnussbruch
- 5 g Flohsamenschalen (1 sehr stark geh. TL)
- 700 g Wasser (halb Zimmertemperatur, halb kochend)

9695. Vegetarischer Hackbraten III, Juli 2016

Vorgänger: 9631; 25-cm-Kastenform

- 125 g gem. Kichererbsen (TM 1 Min./Stufe 10)
- 25 g Buchweizen, fein gem. (Mühle) (sollten sein 150 g Kichererbsenmehl, hatte nicht mehr genug)
- 100 g gem. Pekannüsse (Mixer)
- 250 g Kartoffeln
- 2 Knoblauchzehen, abgezogen (8 g)
- 2 kleine Zwiebeln, abgezogen (75 g)
- 160 g Standardstützcreme
- 80 g Apfelmark
- 1 TL Salz
- 2 Prisen Pfeffer
- 2 MS Chilipulver
- 2 TL Paprikapulver, edelsüß
- 1 geh. TL getr. Thymian
- 80 g gekochte rote Linsen
- 25 g Tamari oder Sojasoße
- 100 g Nackthafer, gem. (Stufe 2/9, Hawos Novum)
- 1/2 Würfel Hefe
- 100 g Wasser
- Butter für die Form
- Sesam für die Form

Kartoffeln in grobe Stücke schneiden. Mit Knoblauch und Zwiebel in den Mixtopf geben und zerkleinern (4 Sek./Stufe 5). Kichererbsenmehl, gemahlene Pekannüsse, Stützcreme, Apfelmark, Hefe, Salz, Pfeffer, Chilipulver, Paprikapulver, Thymian, Wasser, Linsen, Tamari und Hafer zugeben. Hefe im Wasser auflösen, ebenfalls zugeben und alles vermischen (30 Sek./Stufe 3). Evtl. mit dem Spatel nachhelfen. Im Mixtopf 1 Std. zugedeckt gehen lassen. Ofen (Heißluft) auf 200 °C vorheizen. Kastenform mit Butter einfetten und mit Sesam ausstreuen. Hackmasse in die Form geben und 45 Min. bei 200 °C backen.

Fazit: Er ist im Ofen schön gebacken, auch gut aus der Form gegangen, aber dann an einer Seite zusammengesunken. Eventuell noch 5 Min. backen? Nicht sofort aus der Form nehmen? Er war mir nicht salzig genug.

9696. Cremesoße Kü, Juli 2016

Im Mixer pürieren und dann mit Gemüse aufkochen:

- 50 g gekochte rote Linsen
- 50 g Stützcreme
- 10 g Zitronenfleisch
- 1 TL Salz
- 1/2 TL gem. Kümmel
- 1 Prise Pfeffer
- 20 g Cashewnussmus
- 75 g Wasser

9697. Bohnen-Paprika in Cremesoße, Juli 2016

2 Portionen

Als Gemüsepfanne 20 Min.:

- 60 g Wasser
- 220 g Buschbohnen, in 3-4 cm Stücken
- 100 g orangefarbene Paprika, in Streifen
- 10 g Knoblauch

Soße:

- Cremesoße Kü 9695.

Mit Cremesoße binden. Bei uns gab es dazu vegetarischen Hackbraten (III) 9649.

9698. Pizzateig Wildhefe über Nacht IV (2016/26), Juli 2016

Vorläufer: 9638; 2 Portionen = eine 28-cm-Pizza

Abends:

- 100 g Wildhefe
- 10 g Wasser
- 20 g gekochte rote Linsen
- 10 g Stützcreme
- 1 gute Prise Salz
- 210 g Dinkel, fein gemahlen

Wildhefe mit Wasser, Linsen, Creme und Salz mischen (37°C/1 Min./Stufe 2). Dinkel unterkneten (2,5 Min./Knetstufe). Mit der nassen Hand den klebrigen Teig nachkneten. Eine Kugel unter Spannung formen und in einer Pengschüssel in den Kühlschrank (6°C) stellen.

Morgens:

- 1 EL Wasser

Teig um ca. 8 Uhr aus dem Kühlschrank nehmen. Er scheint nicht gegangen. Um ca. 13 Uhr durchkneten, dabei das Wasser einarbeiten.

Unterschied: 20 g mehr Wildhefe; mehr Linsen, weniger Stützcreme. Teig war sehr gut.

9699. Ananasfinger, Juli 2016

2 x Frühstück

- 2 EL Leinsamen
- 6 EL Nackthafer
- 2 Bananen (245 g)
- 1 Nektarine (105 g)
- 250 g Erdbeeren
- 95 g Ananas (für die Deko), in schmale Streifen geschnitten
- 2 Paranüsse
- 8 Mandeln

Leinsamen mit dem Getreide flocken, auf zwei Schüsselchen verteilen. Das Obst außer der Deko in grobe Stücke teilen und im Hochleistungsmixer pürieren, über das Getreide geben. Ananas wie auf dem Foto auflegen und die Nüsse hinzufügen.

9700. Schoki-Kakaui, Juli 2016

Schmeckt sehr schokoladig!

Im Hochleistungsmixer, je nach Gerät, 2,5 bis 3 Min. auf höchster Stufe schlagen:

- 20 g Kakaobohnen
- 20 g Nackthafer
- 3 Medjool-Datteln entsteint
- 7 g frischer Ingwer
- 20 g Stützcreme
- auf 500 ml (Markierung im Becher) mit Wasser/kochendem Wasser 1:1 auffüllen.

9701. Milch Doppelfloh mit weiter reduziertem Reis, Juli 2016

Im Vitamix 1 Min.:

- 140 g Stützcreme Doppelfloh mit weiter reduziertem Reis 9694
- 400 g Wasser

9702. Milchbuchweizen, Juli 2016

- 200 g Pflanzenmilch
- 1/2 TL getr. ger. Zitronenschale
- 1 MS gem. Vanille
- 1 Prise Salz
- 100 g Buchweizen

Alle Zutaten in einen Topf geben und aufkochen. Auf kleinster Einstellung (kann wegen der kleinen Menge auch sehr klein sein, hier: 2/14) 20 Min. köcheln, ausquellen lassen. (Beim nächsten Mal würde ich doch 225-250 g nehmen.)

9703. Garten-Salat II, Juli 2016

2 Portionen; Tomaten und Gurken habe ich aus einem privaten Garten geschenkt bekommen.

- 75 g Eisbergsalat, klein geschnitten
- 150 g Gurke, in Halbscheiben
- 2 kleine Tomaten (85 g), je in vier Scheiben
- 70 g gelbe Paprika, in Streifen
- 10 g Sonnenblumenkerne
- 6 EL verdünntes Dressing, hier Bärlauchdressing bärlauchiges 9685

Zwei Teller bereitstellen und Eisbergsalat in die Mitte geben. Gurkenscheiben am Rand verteilen, Tomatenscheiben dachziegelartig übereinander in die Mitte. Paprikastreifen in einem näher zum Inneren liegenden Kreis geben. Mit Sonnenblumenkernen dünn bestreuen, am Rand das Dressing verteilen.

9704. Buchweizendessert mit Trockenfrüchten, Juli 2016

2 Portionen

- 100 g Milchbuchweizen 9702 (oder gekochter Milchreis)
- 120 g Stützcreme
- 50 g Datteln (Medjool)
- 30 g grüne Rosinen
- 2 EL Pflanzenmilch

Milchbuchweizen mit Stützcreme verrühren. Datteln klein schneiden, mit den Rosinen unterziehen. Wenn der Nachtisch dann zu fest ist, mit etwas Pflanzenmilch verrühren, das richtet sich nach der Konsistenz der gekochten Zutaten.

9705. Weißer Pizzabelag Nr. 44, Juli 2016

Für 1 Pizza, 28 cm = 2 Portionen; Vorläufer 9414
Im Mixer pürieren:

- 40 g Standardstützcreme
- 40 g gekochte rote Linsen
- 20 g Cashewnussmus
- 13 g Zitronenfleisch
- 25 g Wasser
- 1 gute Prise Salz
- 1 gute Prise Schabziegerklee
- 1 MS Currypulver

9706. Bolognesesoße, Juli 2016

2 Portionen; beschrieben für Thermomix.

- 1 Kartoffel (90 g)
- 1 kleine Zwiebel (35 g)
- 1 Knoblauchzehe (6 g)

174

- 40 g Möhre
- 30 g Sonnenblumenkerne
- 50 g gekochte rote Linsen
- 25 g Stützcreme
- 150 g Tomaten, stückig, aus der Dose
- 20 g Apfelmark
- 10 g Tomatenmark
- 1 TL Paprika edelsüß
- 1 MS Pfeffer
- 1/4 TL Kreuzkümmel
- 1 TL Salz
- 30 g Nackthafer, geflockt

Kartoffel, Zwiebel, Knoblauch, Möhre und Sonnenblumenkerne in den Mixtopf geben und zerkleinern (5 Sek./Stufe 5). Linsen, Creme und Tomaten hinzufügen und garen (10 Min./100 °C/Stufe 1). Apfelmark, Tomatenmark, Gewürze, Salz und Haferflocken mit einem Löffel verrühren, in den Mischkorb geben und weitere 5 Min. garen (5 Min./100 °C/Stufe 2).

Hinweis: Setzt ein wenig unten im TM an, lässt sich jedoch leicht lösen.

9707. Pizza Bolognese (Wildhefe), Juli 2016

2 Portionen = 1 Form 28 cm
- 1 Teig, hier Pizzateig Wildhefe über Nacht IV (2016/26) 9698
- 1 x Bolognesesoße, hier Bolognesesoße 9706
- 1 TL Pizzakräuter
- 1 weißer Belag, hier Weißer Pizzabelag Nr. 44; 9705

Teig in der mit Reismehl ausgestreuten Form (PerfectClean) mit den Händen auseinanderdrücken und einen Rand hochziehen. Bolognesesoße mit einem Spatel verstreichen (ich hatte ca. 50 g übrig, aber ich hätte sie ruhig auch noch darauf geben können). Pizzakräuter zwischen den Händen verrieben darüber streuen.

Ofen (Ober-/Unterhitze) auf 260 °C vorheizen. Wenn er etwa 220 °C erreicht hat, die weiße Soße über die Pizza verteilen. Form in den Ofen schieben und 15 Min. bei 260 °C backen.

Fazit: Die Pizza ist zu trocken, wenn auch der Belag ganz gut schmeckt. Er müsste allerdings stärker gepfeffert werden, aber auch er war zu trocken.

9708. Pine up my carrot soup, Juli 2016

Im Vitamix:
- 70 g Ananas
- 55 g gelbe Paprika
- 115 g Möhren
- 250 g Wasser
- einige Mandelblättchen zur Dekoration

9709. Öde Ananas-FKG, August 2016

2 Portionen; da habe ich mich verkauft.
- 2 EL Leinsamen
- 4 EL Nackthafer
- 2 EL Acht-Korn-Mischung
- 20 g Zitronenfleisch
- 1 Nektarine (95 g)
- 1 Banane (130 g)
- 215 g Ananas
- 10 g Sonnenblumenkerne

Leinsamen mit dem Getreide flocken, auf zwei Schüsselchen verteilen. Das Obst in grobe Stücke teilen und im Hochleistungsmixer pürieren, über das Getreide geben. Mit Sonnenblumenkernen in der Mitte bestreuen.

9710. Zimtkakao 2016, August 2016

Im Hochleistungsmixer, je nach Gerät, 2,5 bis 3 Min. auf höchster
Stufe schlagen:

- 10 g Kakaonibs
- 20 g Nackthafer
- 2 Medjool-Datteln entsteint
- 5 g frischer Ingwer
- 1/4 TL gem. Zimt
- auf 500 ml (Markierung im Becher) mit Wasser/kochendem Wasser 1:1 auffüllen.

9711. Feiner Weißkohlsalat mit Bohnen, August 2016

2 Portionen

Im TM 5 Sek./Stufe 5:

- 65 g verdünntes Bärlauchdressing bärlauchiges 9685
- 170 g Weißkohl
- 65 g gelbe Paprika
- 85 g Apfel
- 130 g Schlangengurke

Deko:

- 160 g gekochte große weiße Bohnen
- 2 kleine Tomaten (50 g)

Bohnen jeweils an zwei Seiten geben, die Tomaten geviertelt in
die Mitte setzen.

9712. Himbeerroulette, August 2016

2 Desserts

- 50 g Milchreis, hier Milchreis aus Langkornreis
- 50 g Milchbuchweizen, hier Milchbuchweizen
- 100 g Stützcreme
- 125 g Himbeeren, frisch
- 45 g Ahornsirup

Milchreis, Milchbuchweizen und Stützcreme in eine Schüssel
geben. Von den Himbeeren zwei zur Seite legen, die Hälfte des
Restes mit dem Ahornsirup pürieren (Pürierstab). Unter die
Milchreismischung rühren, die zweite Hälfte der Himbeeren
ebenfalls einrühren, dabei ruhig ein wenig drücken, dass sie nicht ganz bleiben. Auf zwei Schüsselchen verteilen,
in die Mitte je eine Himbeere setzen.

9713. Fenchelsuppe (roh), August 2016

Im Vitamix mixen, bis kein „Schlagen" mehr zu hören ist:

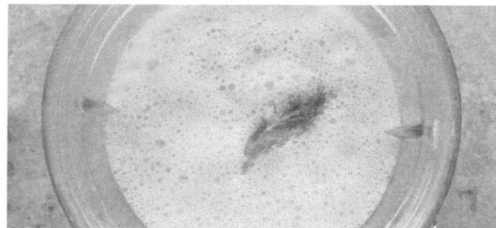

- 125 g Ananas
- 100 g Fenchel
- 10 g grüne Rosinen
- 10 g Sonnenblumenkerne
- 275 g Wasser
- Als Deko: etwas Fenchelgrün

9714. Porree-Pasta mit Zwiebel-Paranuss-Soße, August 2016

*2 Portionen; nach einer Anregung aus dem September-Heft von „Meine Familie & Ich" (Pasta mit Zwiebel-Wal-
nuss-Sauce)*

Zwiebel-Paranuss-Soße

- 75 g Zwiebeln
- 25 g Paranüsse
- 1 TL Ahornsirup (5 g)
- 260 g stückige Tomaten aus der Dose

- 65 g Stützcreme
- 1 EL Peperoniessig 7/4573
- 1 gestr. TL Salz
- 1 Prise Pfeffer

Abgezogene Zwiebeln halbieren, mit Paranüssen im Mixtopf zerkleinern (2-3 Sek./Stufe 7). Ahornsirup hinzufügen und kurz angaren: 2.5 Min./100 °C/Linkslauf/Stufe 1. Tomaten, Creme, Essig, Salz und Pfeffer hinzufügen und köcheln lassen (15 Min./100 °C/Linkslauf/Stufe 2; nach 5 Min. auf 90 °C herunterschalten).

Porree-Pasta
- 215 g Penne-Vollkornnudeln
- 295 g Wasser
- 260 g Porree, in Ringe geschnitten (keine richtig grünen Enden dabei)
- 1/2 TL Salz

Nudeln, Wasser, Porreeringe und Salz in eine 24-cm-Pfanne mit hohem Rand geben. Auf hoher Einstellung zum Kochen bringen und soweit herunterstellen, dass das Wasser noch sichtbar leicht kocht. 10 Min. (je nach Kochzeit der Nudeln) kochen lassen. Überprüfen, dass die Nudeln gar sind. Zwiebel-Paranuss-Soße gut unterrühren, evtl. mit Salz abschmecken.

9715. Dekoriertes Erdbeer-Ananas-FKG, August 2016
2 x Frühstück
- 2 EL Leinsamen
- 4 EL Nackthafer
- 2 EL Acht-Korn-Mischung 11/8775
- 10 g Zitronenfleisch
- 380 g Erdbeeren
- 1 Banane (90 g)
- 110 g Anana
- 15 g Cashewnussbruch
- 7 g grüne Rosinen

Leinsamen mit dem Getreide flocken, auf zwei Schüsselchen verteilen. Das Obst in grobe Stücke teilen und im Hochleistungsmixer pürieren, über das Getreide geben. Mit Cashewnussbruch und Rosinen in der Mitte bestreuen.

9716. Fruchtkakao, August 2016
Im Vitamix 3 Min. auf höchster Stufe schlagen:
- 40 g Fruchtmischung Banane/Ananas/Erdbeeren/Zitronenfleisch (Rest Frühstücksobstmischung 9715)
- 25 g gekochte rote Linsen
- 20 g Apfelmark
- 12 g Kakaonibs
- 10 g Nackthafer
- 2 Medjool-Datteln entsteint
- 6 g frischer Ingwer
- auf 500 ml mit Wasser/kochendem Wasser 1:1 auffüllen.

9717. Zucchini-Ananas-Suppe, August 2016
Im Vitamix:
- 90 g Ananas
- 140 g Zucchini
- 20 g Rote Johannisbeeren
- 1 Paranuss
- 260 g Wasser
- Als Deko: 1 TL Kokosraspel

9718. Zucchender Möhrensalat, August 2016

2 Portionen

Im TM 5 Sek./Stufe 5:

- 65 g verdünntes Bärlauchdressing bärlauchiges 9685
- 180 g Möhren
- 165 g Zucchini
- 60 g Ananas
- 35 g Eisbergsalat
- 170 g Weißkohl
- 65 g gelbe Paprika
- 85 g Apfel
- 130 g Schlangengurke

Deko

- 175 g gekochte große weiße Bohnen und
- 25 g Linsensprossen am Rand,
- Johannisbeeren von 2-3 Ästchen in die Mitte

9719. Gewitterkuchen mit Birnen, August 2016

1 Backblech; Originaltitel: Blitzkuchen mit Birnen. Es ging aber mit dieser Vorlage (https://www.daskochrezept.de/rezepte/blitz-kuchen-mit-birnen) nicht so schnell wie ein Blitz, da waren schon mehrere Gewitter erforderlich.

Flüssige Phase (TM 30 Sek./Stufe 4; 30 Sek./Stufe 5):

- 150 g gekochte rote Linsen
- 1 Prise gem. Vanille
- 1 Prise Salz
- 175 g Honig
- 150 g Agavendicksaft
- 260 g Stützcreme
- 130 g Apfelmark
- 2 EL Rum
- 2 EL Wasser
- 20 g Cashewnussmus *

Feste Phase (2 x 20 Sek./Stufe 5, dann einarbeiten):

- 1 Prise Backpulver
- 1 TL Natron
- 4 Gewürznelken, mit dem Getreide vermahlen (oder 1 MS gem. Nelken)
- 400 g Dinkel, fein gemahlen
- 1 TL Zimt
- 50 g Kakaopulver
- 40 g gem. Paranüsse (kleiner Mixer) *

Obst:

- Ca. 1000 g Birnen

* Eigentlich 50 g gem. Nüsse, aber Paranüsse waren ein Fehlgriff, klappt nicht.

Ofen (Heißluft) vorheizen auf 175 °C. Backblech mit Backpapier auslegen, Teig darauf verteilen. Birnen halbieren oder vierteln, Kerngehäuse und Blüte entfernen, mit der Schnittfläche in den Teig drücken. In den heißen Ofen schieben und 35 Min. bei 175 °C backen, 5 Min. im ausgeschalteten Ofen nachbacken.

Beurteilung: *Ich fand den Kuchen zu trocken. Eric war völlig begeistert „First class, so friable!!".*

9720. Kokoskartoffeln aus dem Ofen, August 2016

2 Portionen

- 425 g Kartoffeln
- 2 EL Kokosraspel
- 1/2 TL Salz

Kartoffeln vorbereiten, in 1 cm dicke Scheiben schneiden und auf ein Backblech legen (PerfectClean). Mit Wasser einsprühen. Kokosraspeln auf einem kleinen Teller mit Salz mischen. Kartoffeln mit der angesprühten Seite in die Raspeln drücken, mit der Kokosseite nach oben wieder auf das Backblech setzen.

Blech in den kalten Ofen schieben und 30 Min. bei 220 °C backen. Die Backzeit richtet sich auch nach den Kartoffeln.

9721. Cremesoße säuerlich, August 2016

2 Portionen. Säuerlich geht nicht nur mit Zitrone - auch anderes saures Obst gibt diesen Effekt.

Im Mixer pürieren und unter Gemüse rühren, kurz aufkochen:
- 30 g rote Johannisbeeren
- etwas Pfeffer
- 30 g gekochte rote Linsen
- 75 g Wasser
- 30 g Stützcreme
- 15 g Cashewnussbruch
- 1 gestr. TL Salz

9722. Bohnenpfanne mit Porree, August 2016

2 Portionen

Als Gemüsepfanne (24 cm) 20 Min.:
- 50 g Wasser
- 65 g Zwiebelwürfel
- 175 g Buschbohnen, in 3-4 cm Stücken
- 2 größere Tomaten (230 g), klein geschnitten
- 90 g Porree, in Scheiben
- Dann: Cremesoße säuerlich 9721

Mit einer Soße andicken (z. B. 9721). Bei uns gab es dazu Kokoskartoffeln aus dem Ofen.

9723. Stützcreme Floh mit Para, August 2016

Im Hochleistungsmixer, 2-L-Becher, bis zum Stocken schlagen:
- 110 g Rundkorn-Naturreis
- 30 g Paranüsse
- 4 g Flohsamenschalen (1 geh. TL)
- 700 g Wasser (halb Zimmertemperatur, halb kochend)

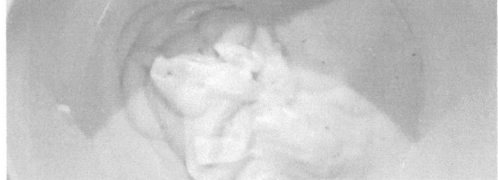

9724. Milch Floh mit Para, August 2016

Im Vitamix 1 Min.:
- 160 g Stützcreme Floh mit para 9723
- 450 g Wasser

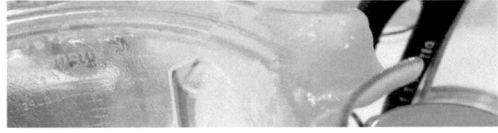

9725. Brombeer-Träumchen, August 2016

2 x Frühstück
- 2 EL Leinsamen
- 6 EL Nackthafer
- 125 g Brombeeren
- 165 g Banane
- 165 g Birne
- 45 g Rote Johannisbeeren
- 110 g Ananas
- Deko: 15 g Cashewnussbruch
- Deko: 10-15 Johannisbeeren

Leinsamen mit dem Getreide flocken, auf zwei Schüsselchen verteilen. Das Obst in grobe Stücke teilen und im Hochleistungsmixer pürieren, über das Getreide geben. Dekorieren mit Cashews und Johannisbeeren.

9726. Vanille-Hafer-Kakao, August 2016

Im Hochleistungsmixer, je nach Gerät, 2,5 bis 3 Min. auf höchster
Stufe schlagen:

*   10 g Kakaonibs
*   20 g Nackthafer
*   1/2 TL gem. Vanille
*   2 Medjool-Datteln entsteint
*   8 g frischer Ingwer
*   auf 500 ml (Markierung im Becher) mit Wasser/kochendem
    Wasser 1:1 auffüllen.

9727. Fenchel-Zucchini-Salat, August 2016

2 Portionen

Im TM 5 Sek./Stufe 5:

*   50 g verdünntes Bärlauchdressing bärlauchiges 9685
*   95 g Fenchel
*   90 g Apfel
*   130 g Zucchini
*   85 g Eisbergsalat

Deko:

*   130 g gekochte große weiße Bohnen
*   25 g Linsensprossen
*   2 Tomaten, in Scheiben (240 g)

9728. Johannisbeer-Dessert, August 2016

2 Desserts

3 Schichten in zwei Gläser geben:

Vanilleschicht, mit Löffel verrühren:

*   150 g Stützcreme
*   1 MS gem. Vanille
*   25 g Agavendicksaft

Getreideschicht, mit Löffel verrühren bzw. Magic:

*   4 EL Wasser,
*   50 g Rote Johannisbeeren und
*   25 g Agavendicksaft: mit Mixer; dann mit Löffel einrühren:
*   35 g Buchweizen, geflockt
*   20 g Mandelsplitter
*   25 g Kakaonibs, leicht gemahlen mit Mixer

Obstschicht:

*   50 g Rote Johannisbeeren

9729. Saure-Schabzieger-Kleesoße, August 2016

2 Portionen

Im Mixer pürieren:

*   30 g gekochte rote Linsen
*   30 g Stützcreme
*   25 g Erdnussmus gewürzt oder anderes Nussmus
*   1 TL Salz
*   12 g Zitronenfleisch
*   3 g Senf
*   1 Prise Schabziegerklee
*   50 g Wasser

9730. Zucchini-Apfel-Suppe, August 2016

Im Vitamix:

- 90 g Apfel
- 140 g Zucchini
- 10 g Cashewnüsse
- 265 g Wasser
- zur Dekoration Sonnenblumenkerne

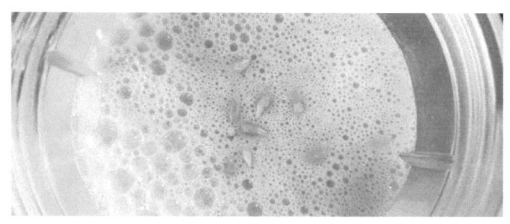

9731. Buschbohnen mit Hirse, August 2016

2 Portionen

Als Gemüsepfanne 22 Min.:

- 175 g Hirse
- 5 g Knoblauch
- 225 g Buschbohnen
- 150 g rote Paprika, in Streifen
- 400 g Wasser
- Dann: Saure-Schabziger-Kleesoße 9730

Soße unterrühren.

Tipp: Bei uns gab es dazu kalten vegetarischen Hackbraten.

9732. Himbeer-Träumchen, August 2016

2 x Frühstück

- 2 EL Leinsamen
- 4 EL Nackthafer
- 2 EL Acht-Korn-Mischung 11/8775
- 125 g Himbeeren
- 90 g Banane
- 105 g Apfel
- 280 g Mango
- Deko: 10 g Kokosmus
- Deko: 30 g Rote Johannisbeeren

Leinsamen mit dem Getreide flocken, auf zwei Schüsselchen verteilen. Das Obst in grobe Stücke teilen und im Hochleistungsmixer pürieren, über das Getreide geben. Dekorieren mit Kokosmus (in die Mitte geben) und Johannisbeeren.

9733. Vanille-Chia-Kakao, August 2016

Im Hochleistungsmixer, je nach Gerät, 2,5 bis 3 Min. auf höchster Stufe schlagen:

- 10 g Kakaonibs
- 20 g Chia
- 1/2 TL gem. Vanille
- 2 Medjool-Datteln entsteint
- 8 g frischer Ingwer
- auf 500 ml (Markierung im Becher) mit Wasser/kochendem Wasser 1:1 auffüllen.

Hinweis: Interessanterweise schmeckt die Vanille in der Hafer-version stärker durch.

9734. Möhren-Paprika-Suppe, August 2016

Im Vitamix:

- 65 g Ananas
- 80 g orangefarbene Paprika
- 95 g Möhre
- 270 g Wasser
- Deko: Kokosstreifen

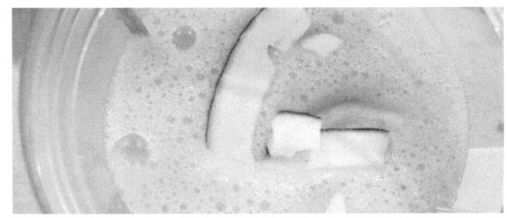

9735. Weißkohl-wenig-Paprika-Salat, August 2016

2 Portionen

Im TM 5 Sek./Stufe 4,5:

- 40 g Dressing, hier Bärlauchdressing bärlauchiges 8635
- 80 g Apfel
- 160 g Weißkohl
- 60 g Möhren
- 95 g rote Paprika
- 30 g Sellerie

Deko:

- 75 g gekochte große weiße Bohnen
- 1 Tomate in Achteln
- 20 g Linsensprossen

9736. Erdbeerreis, August 2016

2 Portionen

- 105 g Stützcreme
- 105 g gekochter Milchreis, hier Milchreis aus Langkornreis 9684
- 25 g Honig
- 100 g Erdbeeren

Creme, Milchreis und Honig verrühren. Erdbeeren klein schneiden, ebenfalls unterrühren, sie dürfen dabei mit zerdrückt werden, zumindest teilweise. Auf zwei Schüsselchen verteilen und 1 Std. kalt stellen.

9737. Erdnuss-Maghreb-Soße, August 2016

2 Portionen

Im kleinen Mixer pürieren:

- 30 g Erdnüsse, geröstet & gesalzen
- 8 g Zitronenfleisch
- 6 g Essigpeperoni 7/4573
- 1 TL Salz
- Etwas Pfeffer
- 1/2 TL Maghreb-Mischung 9572
- 10 g Ahornsirup
- 35 g Stützcreme
- 3 g Senf
- 75 g Wasser

9738. Best-Ever-FKG, August 2016

2 x Frühstück; Eric war völlig begeistert.

Mangocreme (Vitamix):

- 40 g getr. Mango
- 25 g Cashewnüsse
- 280 g Wasser

Rest:

- 2 EL Leinsamen
- 6 EL Nackthafer
- 1 Banane (90 g)
- 125 g Brombeeren
- 1 Birne (190 g)
- 150 g klein geschnittene Erdbeeren als Deko

Leinsamen mit dem Getreide flocken, auf zwei Schüsselchen verteilen. Mangocreme drauf verteilen. Das Obst in grobe Stücke teilen und im Hochleistungsmixer pürieren, über das Getreide geben. Erdbeeren als Deko auflegen.

9739. Heimische Pfanne, August 2016

2 Portionen

Als Gemüsepfanne 20 Min.:

- 55 g Wasser
- 10 g Kokosöl
- 330 g Kartoffeln in Scheiben
- 125 g Porree in Ringen
- 40 g Möhren in Scheiben

Eine Soße unterrühren und kurz mit erhitzen, z. B. wie hier Erd-nuss-Maghreb-Soße 9737.

9740. Vanille-Maronen-Kakao, August 2016

Im Hochleistungsmixer, je nach Gerät, 2,5 bis 3 Min. auf höchster Stufe schlagen:

- 10 g Kakaonibs
- 20 g getr. Maronen
- 1/2 TL gem. Vanille
- 2 Medjool-Datteln entsteint
- 8 g frischer Ingwer
- auf 500 ml mit Wasser/kochendem Wasser 1:1 auffüllen.

9741. Weißkohl-Möhren-Salat mit Tomaten, August 2016

2 Portionen

Im TM 5 Sek./Stufe 5:

- 40 g Dressing, hier Bärlauchdressing bärlauchiges 9685
- 115 g Apfel
- 105 g Weißkohl
- 180 g Möhren

Deko:

- 1 Tomate, geachtelt (105 g)
- 20 g Linsensprossen
- 15 g Kokosstreifen (Rohkost)

9742. Berner Schokoladenkuchen VII, August 2016

26-cm-Springform; Vorläufer: 9628 (Nr. V)

Flüssige Phase (30 Sek./Stufe 3; 30 Sek./Stufe 4):

- 150 g gekochte rote Linsen
- 125 g Apfelmark
- 310 g Stützcreme
- 300 g Agavendicksaft
- 2 EL Rum

Feste Phase (einarbeiten: 2 x 10 Sek./Stufe 5):

- 100 g geriebene Mandeln (starker Mixer)
- 1 bittere Mandel, mit den Mandeln gerieben
- 1/2 Prise Weinsteinbackpulver (9 g)
- 1 Prise Salz
- 50 g Kakaopulver
- 100 g Dinkel, fein gemahlen (war eigentlich weniger geplant)

Unterziehen (10 Sek./Stufe 4):

- 50 g geröstete, gesalzene Erdnüsse

Backofen (Heißluft) auf 160 °C vorheizen. Springformboden mit Backpapier überspannen, Teig hineingießen. In den heißen Ofen schieben und 60 Min. bei 160 °C backen.

9743. Jasmin-Stützcreme mit Para, August 2016

Im Hochleistungsmixer bis zum Stocken schlagen:

- 120 g Jasmin-Vollkornreis
- 30 g Paranüsse
- 1 P Salz
- 700 g Wasser (halb RT, halb kochend)

9744. Jasmin-Milch, August 2016

Im Vitamix 1 Min.:

- 150 g Jasmin-Stützcreme mit Para 9743
- 440 g Wasser

9745. Flammkuchen mit Champignons + Zwiebeln, Aug. 2016

2 Personen

- Teig siehe: Flammkuchenteig zu weich, 9748
- Flüssiger Belag siehe: Flammkuchenbelag Nr. 3; 9746

Belag:

- 220 g Champignons, in Scheiben
- 55 g Zwiebel, in ganz feinen Scheiben/Ringen

Fertigstellung: Teig halbieren (bei mir jede Hälfte 170 g) und mit nassen Händen auf einer Dauerbackfolie zwei Lappen aus-einanderdrücken. Backofen (Ober- und Unterhitze) auf 250 °C vorheizen. Belag auf die Teigzungen streichen. Zungen gleich-mäßig mit Champignons und Zwiebeln bestreuen. 13 Min. (wenn Teig nicht so weich, 12 Min.) im heißen Ofen backen.

Tipp: Lässt sich am besten mit einer Haushaltsschere in Stücke schneiden und aus der Hand essen.

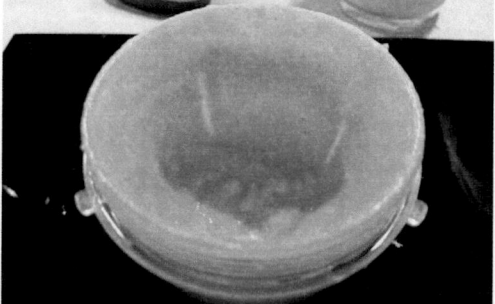

9746. Flammkuchenbelag Nr. 3, August 2016

- 50 g Milchbuchweizen
- 80 g Stützcreme
- 20 g Erdnüsse, gesalzen und geröstet
- 10 g Zitronenfleisch
- 1 gestr. TL Salz
- 1-2 Prisen schw. gem. Pfeffer
- 3-4 EL Wasser (besser Nussmus und nur 1 EL Wasser)

Im kleinen Mixer verquirlen.

Tipps: Durch die Verwendung ganzer Nüsse musste ich recht viel Wasser nehmen. Dadurch wurde der ganze Flammkuchen etwas zu feucht. Die Zitrone war wohl auch etwas bitter, zum Glück schmeckte man das nach dem Backen nicht durch.

9747. Buchweizen-Obst-Pudding, August 2016

2 Desserts

- 85 g Milchbuchweizen 9702
- 100 g Stützcreme
- 15 g Ahornsirup
- 95 g Ananas, gewürfelt
- 90 g Johannisbeeren
- 10 g Schokoladensoße als Deko, hier Schokoladensoße Sonnenkern mit Honig 9671

Buchweizen, Creme und Sirup verrühren, anschließend Obst ein-rühren. Auf zwei Schüsselchen verteilen, je einen Klecks Schokoladensoße in die Mitte geben.

9748. Flammkuchenteig zu weich, August 2016

- 200 g Dinkel
- 110 g Wasser
- 10 g Wildhefe
- 1/2 TL Salz
- 15 g Standardstützcreme
- 1/2 TL Maghreb-Mischung
- 1/2 TL Honig (5 g)

Maschinell oder mit den Händen verkneten. In einer Pengdose 30 Min. gehen lassen.

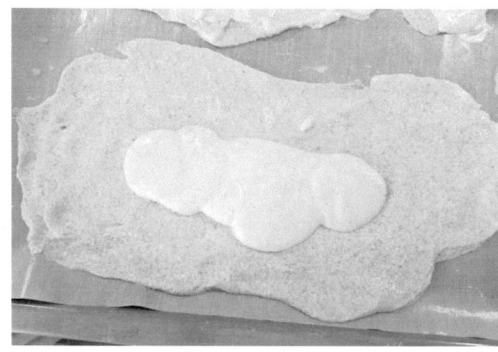

9749. Fruchtige Tomatensuppe, August 2016

Im Vitamix pürieren:

- 1 Tomate (115 g)
- 90 g Apfel
- 40 g Rote Johannisbeeren
- Deko: einige getr. Gojibeeren

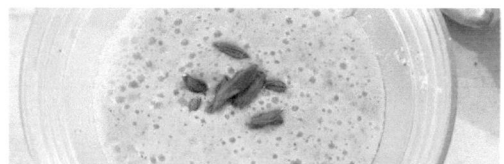

9750. Rosa-Mango-FKG, August 2016

2 x Frühstück

- 2 EL Leinsamen
- 6 EL Nackthafer
- 1 Banane (90 g)
- 1 kleine Mango (205 g)
- 220 g Erdbeeren
- 1 Birne (175 g)
- Dekoration: 50 g Johannisbeeren
- Evtl. je Schüssel 4 Mandeln/1 Paranuss

Leinsamen mit dem Getreide flocken, auf zwei Schüsselchen verteilen. Das Obst in grobe Stücke teilen und im Hochleistungsmixer pürieren, über das Getreide geben. Mit Johannisbeeren bestreuen und mit Nüssen belegen.

9751. Weißer Erdnusskakao, August 2016

Im Hochleistungsmixer, je nach Gerät, 2,5 bis 3 Min. auf höchster Stufe schlagen:

- 10 g Kakaobohnen
- 15 g weiße Chiasamen
- 15 g Erdnüsse, geröstet und gesalzen
- 2 Medjool-Datteln entsteint
- 8 g frischer Ingwer
- auf 500 ml (Markierung im Becher) mit Wasser/kochendem Wasser 1:1 auffüllen.

9752. Milchreis aus Jasmin-Vollkornreis, August 2016

- 100 g Jasmin-Vollkornreis
- 1/2 TL gem. getr. Orangenschale
- 1/4 TL gem. Vanille
- 1 Prise Salz
- 250 g Pflanzenmilch

Aufkochen, 45 Min. bei klein(st)er Einstellung.

Tipp: Ist schön geworden, besser als Langkorn. Hätte aber mehr Flüssigkeit haben können, 300 g wäre ein Experiment wert.

9753. Ananas-und-Walnuss-on-Top-Salat, August 2016

2 Portionen

- 105 g Eisbergsalat, klein geschnitten
- 130 g Salatgurke, in Halbscheiben
- 2 Tomaten (225 g), in Stücken
- 85 g Ananas, in Würfeln
- 8 Walnusshälften (25 g)
- 6 EL verdünntes Dressing, hier Bärlauchdressing bärlauchiges 9685

Zwei Teller bereitstellen und Eisbergsalat in die Mitte geben. Gurken- und Tomatenstücke am Rand verteilen. Dressing darauf geben. Ananaswürfel in die Mitte legen, Walnüsse auf die „Uhrzeiten" legen.

9754. Obstreis, August 2016

2 Desserts

- 100 g Milchreis, hier Milchreis aus Jasmin-Vollkornreis 9752
- 100 g Stützcreme
- 10 g Ahornsirup
- 95 g Ananas, gewürfelt
- 75 g Rote Johannisbeeren
- 25 g Blaubeeren

Reis mit Creme und Sirup verrühren, gewürfelte Ananas unterziehen. Auf zwei Schüsselchen verteilen. Mit Beeren bestreuen.

9755. Knoblauchreis, August 2016

2 Portionen

- 155 g Jasmin-Vollkornreis
- 10 g roter Reis
- 15 g Knoblauchzehen, in groben Stücken
- 340 g Wasser
- 1 Prise Salz

Im Topf aufkochen, auf kleiner Einstellung 37 Min. kochen bzw. quellen lassen.

9756. Selleriesuppe mit Anapfiff, August 2016

Im Vitamix:

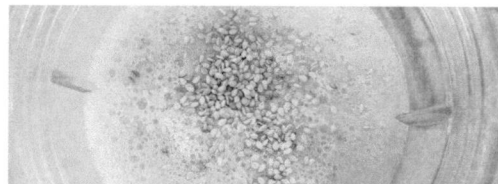

- 95 g Ananas
- 120 g Sellerie
- 35 g Möhre
- 275 g Wasser
- Deko: etwas Sesam, ungeschält

9757. Gebuschte Wachsbohnen, August 2016

2 Personen

Als Gemüsepfanne 20 Min.:

- 65 g Wasser
- 70 g Zwiebel in dünnen Scheiben
- 165 g Buschbohnen, 3-4 cm Stücke
- 105 g Wachsbohnen, dito
- 105 g Tomate, klein geschnitten

Nach dem Garen mit einer Soße andicken, hier Tomatensoße aus Tomatenmark 9758.

Tipp: Ich habe noch 85 g Hackbraten darunter geschnitten. Dazu gab es Knoblauchreis.

9758. Tomatensoße aus Tomatenmark, August 2016

2 Portionen

Im Mixer pürieren:

- 75 g Stützcreme
- 50 g gekochte rote Linsen
- 20 g Tomatenmark
- 20 g Zitronenfleisch
- 1 TL Salz
- 1 geh. TL Paprikapulver edelsüß
- 1 MS Chilipulver
- 10 g Ahornsirup
- 1/4 TL Kümmel gem.
- 50 g Wasser
- 1/2 TL getr. gerebbelter Thymian

9759. Knabberspaß, August 2016

Zu gleichen Teilen:

- Grüne Rosinen
- Walnüsse
- Sonnenblumenkerne
- Cashewbruch

9760. Roggen-Sonnenblumen-Brot, August 2016

Vorläufer 9613

Stufe 1 (12 Std. vorher):

- 400 g Roggen
- 420 g Wasser
- 150 g Sauerteig (Herstellung in älteren Bänden beschrieben)

Roggen fein mahlen, mit Wasser und altem Sauerteig mischen. In einer Plastiktüte über Nacht stehen lassen. 150 g von der Stufe 1 abnehmen und in einem gut schließenden Schraubglas in den Kühlschrank stellen für das nächste Backen.

Stufe 2 (Backen, bei mir am Morgen):

- 350 g Roggen
- 1 EL gemischte getr. Kräuter
- 1 EL Salz
- 300 g lauwarmes Wasser
- 800 g Sauerteigansatz
- 100 g Sonnenblumenkerne
- 20 g Butter für die Form

Zutaten (außer der Butter) mit einem großen Löffel gründlich verrühren, bis kein Mehl mehr sichtbar ist. Eine 30-cm-Brotform, Profi-Email von Dr. Oetker, gut einfetten. Teig hineingeben, mit der nassen Hand herunterdrücken und glattstreichen. Mit einem scharfen Messer dreimal schräg einschneiden.

Form in eine Plastiktüte geben und etwa 3 Std. gehen lassen. Die Brotform ist dann ganz voll.

Brot in den kalten Ofen schieben, 60 Min. bei 200 °C backen und 10-15 Min. im ausgeschalteten Ofen nachbacken.

9761. Sonntagshimbeernase, Juli 2016

2 x Frühstück

- 2 EL Leinsamen
- 4 EL Nackthafer
- 2 EL Roggen
- 2 kleine Bananen (175 g)
- 215 g Ananas
- 125 g Himbeeren
- Deko: 40 g Rote Johannisbeeren
- Deko: 2 Paranüsse
- Deko: 8 Mandeln

Leinsamen mit dem Getreide flocken, auf zwei Schüsselchen verteilen. Das Obst in grobe Stücke teilen und im Hochleistungsmixer pürieren, über das Getreide geben. Dekorieren.

9762. Vanillebohnenkakao, August 2016

Im Hochleistungsmixer, je nach Gerät, 2,5 bis 3 Min. auf höchster Stufe schlagen:

- 10 g Kakaobohnen
- 10 g Cashewnüsse
- 2 Medjool-Datteln entsteint
- 10 g frischer Ingwer
- 1/2 TL gem. Vanille (1 g)
- 15 g Nackthafer
- auf 500 ml (Markierung im Becher) mit Wasser/ kochendem Wasser 1:1 auffüllen.

9763. Johannisbeerdressing, August 2016

2 Portionen

- 25 g Bärlauchdressing bärlauchiges 9685
- 50 g Wasser
- 35 g Rote Johannisbeeren
- Im Mixer pürieren.

9764. Paprika-Salat, August 2016

2 Portionen

- 80 g Eisbergsalat, klein geschnitten
- 1 rote Paprikaschote, in feine Streifen geschnitten (170 g)
- 2 Tomaten (220 g), in Stücken
- 10 g Cashewnüsse
- Dressing, hier Johannisbeerdressing 9763

Zwei Teller bereitstellen und Eisbergsalat in die Mitte geben. Paprika- und Tomatenstücke am Rand verteilen. Dressing darauf geben. Cashewnüsse in die Mitte geben.

9765. Schokoreis mit Heidelbeeren, August 2016

2 Desserts

- 100 g Milchreis aus Jasmin-Vollkornreis 9752
- 100 g Stützcreme
- 50 g Schokoladensoße Sonnenkern mit Honig
- 10 g Ahornsirup
- 1/2 TL Flohsamenschalen
- 45 g Heidelbeeren

Reis, Creme, Soße und Sirup mit einem Löffel verrühren. Da meine Stützcreme sich verflüssigt hatte, habe ich noch Flohsamenschalen untergerührt, die sonst vielleicht nicht nötig sind. Auf zwei Schüsselchen verteilen und mit Heidelbeeren bestreuen.

9766. Pizzateig Dinkel, August 2016

2 Portionen; nach dem TM-Grundkochbuch, Seite 198; Vorläufer 9144.

Teig:

- 110 g Wasser
- 1/2 TL Honig (2 g)
- 10 g frische Hefe (1/4 Würfel)
- 15 g Standardstützcreme
- 200 g Dinkel
- 1/2 TL Salz
- 1/2 gestr. TL gem. Kümmel

Wasser, Honig, Hefe und Stützcreme lösen (2 Min./37°C/Stufe 2). Getreide fein mahlen, mit Salz und Kümmel in den Mixtopf geben und kneten (2 Min./Knetstufe). Eine Pengschüssel leicht einölen, Teig mit nassen Händen zu einer Kugel unter Spannung formen und 1 Std. gehen lassen.

9767. Jasmin-Stützcreme mit Cashew, August 2016

Vorläufer 9743

Im Hochleistungsmixer bis zum Stocken schlagen:

- 120 g Jasmin-Vollkornreis
- 30 g Cashewnussbruch
- 700 g Wasser (halb Zimmertemperatur, halb kochend)

Hinweis: Die letzte Stützcreme mit Jasminreis hat sich vollständig verflüssigt. Daher jetzt ein zweiter Test.

9768. Jasmin-Milch Cashew, August 2016

Im Vitamix 1 Min.:

- 155 g Jasmin-Stützcreme mit Cashew
- 440 g Wasser

9769. Weißer Pizzabelag Nr. 45, August 2016

- 80 g gekochte rote Linsen
- 60 g Standardstützcreme
- 20 g Cashewnussmus (fertig gekauft)
- 1/2 TL Salz
- 10 g Apfelessig
- 1 Prise Bockshornkleesaat

9770. Roter Pizzabelag Nr. 32, August 2016

Mit einem Teelöffel verrühren:

- 20 g Tomatenmark
- 1/2 TL Salz
- 1/4 TL gem. Kümmel
- 1/2 TL gem. Paprika edelsüß
- 25 g Wasser

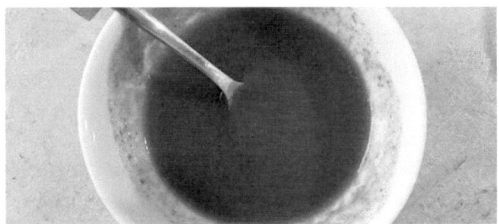

9771. Pastinanas-Suppe, August 2016

Im Vitamix:

- 110 g Pastinake
- 95 g Ananas
- 40 g rote Paprika
- 285 g Wasser
- Deko: etwas getrocknete Minze

9772. Paprika-Erbsen-Pizza, August 2016

2 Portionen; nach dem Grundkochbuch, Seite 198.

- Teig, z. B. Pizzateig Dinkel 9766
- Rote Soße zum Bestreichen, hier: Roter Pizzabelag Nr. 32; 9770
- Weiße Soße zum Bedecken, hier: Weißer Pizzabelag Nr. 45; 9769
- 65 g tiefgekühlte Erbsen
- 75 g Paprika, in feinsten Streifen
- 65 g Zwiebel, in feinen Ringen
- 1 Tomate (110 g) in dünnen Scheiben

Etwas Reismehl in eine PerfectClean-Pizzaform (28 cm streuen). Teig in die Form geben und mit den Fingern passend auf die Größe drücken, außerdem einen kleinen Rand hochdrücken. Der Teig war roh etwas zu weichen. Mit Gärfolie abdecken und ca. 10 Min. gehen lassen. Den roten Belag darauf verstreichen. Gemüse gleichmäßig darüber verteilen. Weißen Belag oben drauf klecksen, es muss nicht alles abgedeckt sein.

In den heißen Ofen (220 °C Heißluft) schieben und 15 Min. backen.

Fazit: Der Teig ist sehr gut, könnte weniger süß sein, demnächst würde ich den Honig weglassen. Der weiße Belag ist auch sehr schön, bräunt auch, Konsistenz gut. Ein wenig säuerlicher würde mir gefallen. Eric war sehr angetan.

9773. Gehimbeerte Melone, August 2016

2 x Frühstück

- 2 EL Leinsamen
- 6 EL Nackthafer
- 215 g Wassermelone
- 1 Banane (110 g)
- 110 g Himbeeren
- 225 g Mango (45 g für die Deko)
- 8 Walnusshälften (Deko)

Leinsamen mit dem Getreide flocken, auf zwei Schüsselchen verteilen. Das Obst in grobe Stücke teilen und im Hochleistungs-
mixer pürieren, über das Getreide geben. Mangostücke in die Mitte und Walnusshälften an den Rand legen.

9774. Flüssig-Stützcreme-Kakao, August 2016

Eine Stützcreme war mir „verflüssigt", daher der Name.

Im Vitamix ca. 3 Min. auf höchster Stufe schlagen:

- 10 g Kakaonibs
- 15 g Nackthafer
- 2 Medjool-Datteln entsteint
- 8 g frischer Ingwer
- 135 g flüssige Stützcreme
- auf 500 ml mit kochendem Wasser auffüllen.

9775. Zucchini-Paprika-Salat, August 2016

2 Portionen

Im TM 5 Sek./Stufe 5:

- 40 g Bärlauchdressing bärlauchiges 9685
- 80 g Apfel
- 175 g Zucchini
- 25 g rote Paprika
- 90 g Möhren
- 25 g Sellerie

Deko:

- 2 Tomaten, halbiert und in Scheiben (250 g)
- 200 g gekochte Kichererbsen

9776. Melonenschnitten, August 2016

2 oder 4 Desserts

- 2 Scheiben Wassermelone, nicht zu groß (100 g zusammen)
- 50 g Milchreis, hier Milchreis aus Jasmin-Vollkornreis 9752
- 60 g Jasmin-Stützcreme mit Cashew 9767
- 10 g Ahornsirup
- 40 g Schokoladensoße Sonnenkern mit Honig 9671
- 10 g gehobelte Mandeln

Melonenscheiben auf Dessertteller legen. Melone längs halbieren. Reis mit 50 g Stützcreme und 10 g Sirup verrühren, auf eine Melonenhälfte streichen. Schokoladensoße mit 10 g Stützcreme verrühren, auf die andere Seite schmieren. Der Mitte entlang die gehobelten Mandeln streuen.

9777. Melonen-Pastinaken-Suppe, August 2016

- 115 g Wassermelone
- 105 g Pastinaken
- 30 g Möhren und
- 255 g Wasser im Vitamix pürieren.
- Deko: einige gehobelte Mandeln

9778. Dünstknofikartoffeln aus dem Ofen, August 2016

2 Portionen

- 350 g Kartoffeln in Scheiben
- 17 g Knoblauch in Scheiben
- 325 g Wasser
- 1 Prise Salz

Ofenfeste 20-cm-Form. Kartoffeln mit den Knoblauchscheiben mischen, Salz darüber streuen und Wasser über das Gemüse gießen. Deckel auflegen, in den kalten Ofen (Heißluft) schieben und 1 Std. bei 220 °C backen.

9779. Dünstkartoffeln aus dem Ofen, August 2016

2 Portionen

In einer ofenfesten 20-cm-Pfanne mit höherem Rand:

- 360 g Kartoffeln in Scheiben
- 170 g Lauchzwiebeln, in Stücke geschnitten
- 255 g Kichererbsen-Kochwasser (oder Wasser)
- 70 g Wasser
- 1 TL Salz
- 1 Prise Pfeffer

Kartoffeln mit den Zwiebeln mischen. Restliche Zutaten verrühren, über das Gemüse gießen. Deckel auflegen, in den kalten

Ofen (Heißluft) schieben und 1 Std. bei 220 °C backen. Bei mir war dann alle Flüssigkeit aufgebraucht. Bei einem nächsten Mal würde ich nur eine Prise Salz nehmen, wenn überhaupt.

9780. Zitronen-Thymian-Soße, August 2016

Im Mixer pürieren, Thymian mit dem Löffel einrühren am Ende.

- 28 g Zitronenfleisch
- 1 gestr. TL Salz
- 35 g gekochte rote Linsen
- 10 g Kichererbsenmehl
- 5 g Ahornsirup
- 75 g Wasser
- 1 gestr. TL getr. gerebbelten Thymian.

9781. Wachsbohnen als Beilage, August 2016

2 Portionen

Als Gemüsepfanne 25 Min.:

- 55 g Wasser
- 270 g Wachsbohnen

Eine Soße unterrühren, hier:

- Zitronen-Thymian-Soße 9779

9782. Blaubeerschauer-FKG, August 2016

2 x Frühstück

- 2 EL Leinsamen
- 6 EL Nackthafer
- 240 g Wassermelone
- 1 Banane (105 g)
- 1 Apfel (180 g)
- 250 g Blaubeeren (2 als Deko beiseitelegen)
- 20 g gehobelte Mandeln

Leinsamen mit dem Getreide flocken, auf zwei Schüsselchen verteilen. Das Obst in grobe Stücke teilen und im Hochleistungsmixer pürieren, über das Getreide geben. Mit Mandeln bestreuen, in die Mitte je eine Blaubeere setzen.

9783. Hafer-Kardamom-Kakao, August 2016

Im Hochleistungsmixer, je nach Gerät, 2,5 bis 3 Min. auf höchster Stufe schlagen:

- 10 g Kakaonibs
- 20 g Nackthafer
- 2 Medjool-Datteln entsteint
- 9 g frischer Ingwer
- 4 grüne Kardamomkapseln
- 200 g Pflanzenmilch
- auf 500 ml (Markierung im Becher) mit Wasser/kochendem Wasser 1:1 auffüllen.

9784. Weißkohl-Paprika-Salat, August 2016

2 Portionen

Im TM 5 Sek./Stufe 5:

- 40 g Dressing, hier Bärlauchdressing bärlauchiges 9685
- 135 g Weißkohl
- 95 g Apfel
- 100 g rote Paprika
- 95 g Möhre

Oben drauf:

- 170 g gekochte Kichererbsen
- 70 g Mungbohnensprossen

9785. Mesquite-Bananen-Reis, August 2016

2 x Dessert

- 2 reife Bananen (240 g)
- 4 g Mesquitepulver (1 TL) oder Carob
- 1 Prise Zimt
- 100 g Stützcreme
- 50 g Milchreis, hier Milchreis aus Jasmin-Vollkornreis 9752
- 1 gestr. TL Flohsamenschalen
- 2 Erdbeeren

Bananen mit Mesquitepulver, Zimt und Stützcreme im starken Mixer pürieren, mit Milchreis und Flohsamenschalen verrühren. Auf zwei Schüsselchen verteilen, in die Mitte je eine Erdbeere, Spitze nach oben, setzen.

9786. Paprika-Tomaten-Suppe, August 2016

Im Vitamix:
- 45 g Sellerie
- 105 g orangefarbene Paprika
- 135 g Tomate (= 1 mittelgroße)
- Deko: einige Lauchzwiebelringe, grün

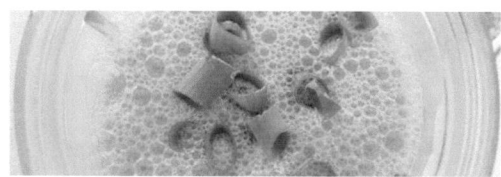

9787. Stangenbohnen mit Lauchzwiebeln, August 2016

2 Portionen

Als Gemüsepfanne 25 Min.:
- 55 g Wasser
- 250 g Stangenbohnen, in 3-4 cm Stücken
- 45 g Lauchzwiebeln, klein geschnitten

Eine passende Soße unterrühren und aufkochen.

Tipp: Bei mir gab es dazu Walnusssoße und Dünstknofikartoffeln.

9788. Walnusssoße, August 2016

2 Portionen

Im kleinen Mixer:
- 50 g Stützcreme
- 75 g gekochte rote Linsen
- 1 gestr. TL Salz
- 1/2 gestr. TL gem. Kümmel
- 1 Prise Pfeffer
- 50 g Wasser

Mit Löffel unterrühren:
- 25 g grob zerstoßene Walnüsse

Unter das Gemüse rühren, Becher mit 20-30 g Wasser nachspülen, ebenfalls unterrühren und kurz aufkochen.

9789. Wasserbeeren-FKG, August 2016

2 x Frühstück
- 2 EL Leinsamen
- 6 EL Nackthafer
- 15 g Zitronenfleisch
- 130 g Wassermelone
- 240 g Erdbeeren
- 185 g Bananen
- 10 g Kokosstreifen (Deko)
- 2 Mandeln (Deko)

Leinsamen mit dem Getreide flocken, auf zwei Schüsselchen verteilen.

Das Obst in grobe Stücke teilen und im Hochleistungsmixer pürieren, über das Getreide geben.

Mit Kokosstreifen und Mandeln dekorieren.

9790. Mesquite-Kakao mit Hafer, August 2016

Im Hochleistungsmixer, je nach Gerät, 2,5 bis 3 Min. auf höchster Stufe schlagen:

- 10 g Kakaonibs
- 20 g Nackthafer
- 2 Medjool-Datteln entsteint
- 8 g frischer Ingwer
- 4 g Mesquitepulver oder Carob
- auf 500 ml (Markierung im Becher) mit Wasser/kochendem Wasser 1:1 auffüllen.

9791. Paprika-Zucchini-Salat, August 2016

2 Portionen

Im TM 5 Sek./Stufe 5:

- 40 g Dressing, hier Bärlauchdressing bärlauchiges 9685
- 100 g Apfel
- 120 g Zucchini
- 85 g rote Paprika
- 70 g Sellerie
- 50 g Möhre

Oben drauf:

- 115 g gekochte Kichererbsen
- 30 g Mungbohnensprossen
- 1/2 Tomate (65 g)

9792. Bohnen-Kartoffel-Auflauf, August 2016

2 Personen

- 350 g Kartoffeln, in Scheiben
- 40 g Zwiebel, gewürfelt
- 65 Tomate in Scheiben
- 340 g Stangenbohnen, 3-4 cm Stücke
- 1 P Salz
- 400 g Wasser
- Harissa-Sauce zum Überbacken 9793

Hälfte der Kartoffeln auf den Boden einer ofenfesten 24-cm-Pfanne (Woll) legen. Zwiebel, Tomaten und Bohnen darüber legen, Salz in Wasser auflösen, Wasser über das Gemüse gießen und den Deckel auflegen. In den kalten Ofen schieben, 50 Min. bei 220 °C (Heißluft) backen. Die Soße darüber geben und ohne Deckel noch 10-15 Min. bei 250 °C im Umluftgrill backen.

9793. Harissa-Sauce zum Überbacken, August 2016

Reicht für eine 24-cm-Pfanne.

Im Mixer verquirlen:

- 75 g gekochte rote Linsen
- 50 g Stützcreme
- 1 gestr. TL Salz
- 5 g Harissa (aus der Tube)
- 50 g Wasser

9794. Nektarinen-Möhren-Suppe, August 2016

- 140 g Nektarine
- 110 g Möhre
- 10 g Cashewnussbruch und
- 275 g Wasser im Vitamix

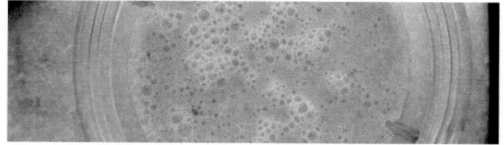

9795. Blaubeercreme, August 2016

2 x Dessert

- 150 g Stützcreme
- 12 g Ahornsirup
- 1 gestr. TL Flohsamenschalen
- 100 g Blaubeeren
- 6 Walnusshälften

Creme, Sirup und Flohsamenschalen mit einem Löffel verrühren. Blaubeeren unterziehen und auf zwei Schüsselchen verteilen. Mit den Walnusshälften dekorieren.

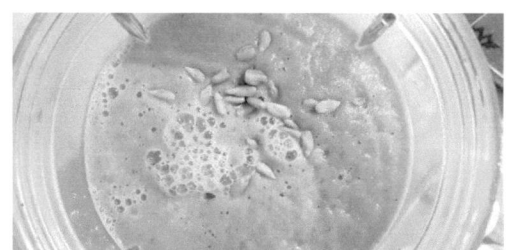

9796. Suppe mit Minze, August 2016

Im Vitamix pürieren:

- 80 g Apfel
- 40 g Pastinake
- 1 gestr. TL getr. Minze
- 120 g Möhren
- 10 g Sonnenblumenkerne
- 250 g Wasser
- Deko: einige Sonnenblumenkerne

9797. Blauwasserbeeren-FKG, August 2016

2 x Frühstück

- 2 EL Leinsamen
- 6 EL Nackthafer
- 10 g Zitronenfleisch
- 150 g Wassermelone
- 205 g Bananen (2 Stück)
- 190 g Erdbeeren
- 190 g Blaubeeren als Deko

Leinsamen mit dem Getreide flocken, auf zwei Schüsselchen verteilen. Das Obst in grobe Stücke teilen und im Hochleistungsmixer pürieren, über das Getreide geben. Mit Blaubeeren bestreuen.

9798. Paprika-Misch-Salat, August 2016

2 Portionen

Im TM 6 Sek./Stufe 4,5:

- 40 g Dressing, hier Bärlauchdressing bärlauchiges 9685
- 100 g Apfel
- 75 g Zucchini
- 165 g rote Paprika
- 60 g Möhren
- 25 g Sellerie; *dann obenauf legen:*
- 170 g gekochte Kichererbsen
- 40 g Mungbohnensprossen

9799. KoLiHa-Kakao, August 2016

Im Vitamix bis 3 Min. auf höchster Stufe schlagen:

- 10 g Kakaonibs
- 15 g Kokosmus (selbst gemacht)
- 2 Medjool-Datteln entsteint
- 9 g frischer Ingwer
- 35 g gekochte rote Linsen
- 10 g Nackthafer
- auf 500 ml mit Wasser/kochendem Wasser 1:1 auffüllen.

9800. Paprika-Kartoffel-Auflauf, August 2016

2 Portionen.

- 350 g Kartoffeln, in Scheiben
- 270 g rote Paprika, in Stücken
- 2 Zwiebeln, in 6 Stücken (110 g)
- 1 Prise Salz
- 1/2 Tandoori-Gewürz oder Curry
- 325 g Wasser

Gemüse in der angegebenen Reihenfolge in eine ofenfeste 24-cm-Pfanne legen. Salz und Tandoori-Gewürz in Wasser auflösen, Wasser über das Gemüse gießen und den Deckel auflegen. In den kalten Ofen schieben, 60 Min. bei 220 °C (Heißluft) backen.

9801. Ananas unter Schokocreme, August 2016

2 Desserts

- 180 g Ananas, gewürfelt
- 40 g Schokoladensoße
- 150 g Stützcreme
- 20 g Ahornsirup
- 1 gestr. TL Flohsamenschalen
- 1 TL Kakaonibs

Ananaswürfel auf zwei Teller verteilen, Schokosoße mit Stützcreme, Ahornsirup und Flohsamenschalen verrühren. Soße über die Ananas gießen, mit Kakaonibs bestreuen.

9802. Blaugrau-FKG, August 2016

2 x Frühstück

Mangocreme (Vitamix)

- 40 g getr. Mango
- 25 g Cashewnüsse
- 290 g Wasser

Rest

- 2 EL Leinsamen
- 6 EL Nackthafer
- 1 Banane (150 g)
- 145 g Blaubeeren
- 195 g Mango
- 2 Cashewnüsse

Leinsamen mit dem Getreide flocken, auf zwei Schüsselchen verteilen. Mangocreme drauf verteilen. Das Obst in grobe Stücke teilen und im Hochleistungsmixer pürieren, über das Getreide geben. Cashewnüsse als Deko auflegen.

9803. Restmuskakao, August 2016

Im Hochleistungsmixer, je nach Gerät, 2,5 bis 3 Min. auf höchster Stufe schlagen:

- 10 g Kakaonibs
- 15 g Nackthafer
- 2 Medjool-Datteln entsteint
- 7 g frischer Ingwer
- 20 g Kokosmus
- 15 g Schokoladensoße, hier Schokoladensoße Sonnenkern mit Honig 9671
- 125 g Wasser
- auf 500 ml (Markierung im Becher) mit kochendem Wasser auffüllen.

9804. Flohgerettete Stützcreme, August 2016

Ich wollte eigentlich eine besonders „kräftige" Stützcreme machen und habe mich dann bei der Wasserzugabe vertan. Da konnten nur noch die Flohsamenschalen retten!

Im Hochleistungsmixer bis zum Stocken schlagen:

- 125 g Vollkorn-Langkornreis
- 30 g Cashewnüsse
- 1 TL Flohsamenschalen (3 g)
- 750 g Wasser (halb Zimmertemperatur, halb kochend)

9805. Flohgerettete Pflanzenmilch, August 2016

1 Min. im Vitamix:

- 150 g Flohgerettete Stützcreme
- 450 g Wasser

9806. Eisbergsalat mit Paprika, August 2016

2 Portionen

Im TM 5 Sek./Stufe 4,5:

- 40 g Dressing, hier Bärlauchdressing bärlauchiges 9635
- 95 g Apfel
- 130 g rote Paprika
- 35 g Sellerie
- 95 g Eisbergsalat
- 55 g Möhre

Oben drauf:

- 30 g Mungbohnensprossen

9807. Nektarinenschau-FKG, August 2016

2 x Frühstück

- 2 EL Leinsamen
- 6 EL Nackthafer
- 10 g Zitronenfleisch
- 2 Bananen (255 g)
- 2 Nektarinen (320 g)
- 50 g Ananas in Streifen (Deko)
- 2 Paranüsse
- 8 Mandeln

Leinsamen mit dem Getreide flocken, auf zwei Schüsselchen verteilen. Das Obst in grobe Stücke teilen und im Hochleistungsmixer pürieren, über das Getreide geben. Mit Ananasstreifen und Nüssen dekorieren.

9808. Schokoladensoße Mischnuss mit Honig, August 2016

1,5 Honiggläser; Vorläufer: 9671.

Im 0,9-Liter-Becher des Vitamix mixen:

- 200 g Honig
- 50 g Kakaopulver
- 10 g Mesquitepulver oder mehr Carob
- 40 g Carobpulver (Rohkost)
- 20 g Chiasamen
- 1 Prise Salz
- 15 g Sonnenblumenkerne
- 20 g Haselnüsse
- 15 g Cashewnüsse
- 300 g kochend heißes Wasser

Stößel benutzen, später drin hängen lassen und ca. 3 Min. 30 Sek. auf der Höchststufe laufen lassen. Noch heiß in Gläser füllen.

9809. Soßenkakao August, August 2016

Im Hochleistungsmixer, je nach Gerät, 2,5 bis 3 Min. auf höchster Stufe schlagen:

- 50 g Schokoladensoße Mischnuss mit Honig 9808
- 5 g Kakaobohnen
- 2 Medjool-Datteln entsteint
- 11 g frischer Ingwer
- 115 g Pflanzenmilch
- auf 500 ml (Markierung im Becher) mit kochend heißem Wasser auffüllen.

9810. Milchreis aus Jasmin-Vollkornreis V2, August 2016

- 100 g Jasmin-Vollkornreis
- 1/2 TL gem. getr. Orangenschale
- 1/4 TL gem. Vanille
- 1 Prise Salz
- 300 g Pflanzenmilch

Aufkochen im Topf, 45 Min. bei klein(st)er Einstellung.

Fazit: *Ist schön geworden. Ich denke, ich versuche es noch einmal mit 325 oder 350 g, damit noch Flüssigkeit zum „Nachquellen" bleibt.*

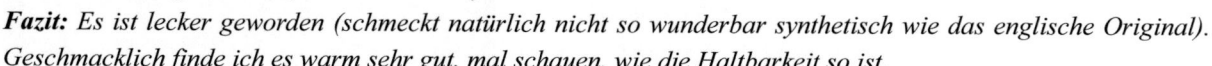

9811. Lemon Curd, August 2016

1 Honigglas

- 150 g Honig
- Mit Mikroreibe abgeriebene Schale von 1 kleineren Biozitrone
- 60 g Zitronensaft (mit Fruchtfleisch)
- 25 g Zitronenfleisch (da ist mehr Weiß mit dran)
- 75 g gekochte rote Linsen
- 90 g Stützcreme, hier Flohgerettete Stützcreme 9804

Alle Zutaten in den Mixtopf geben und reduzieren ohne Messbecher (15 Min./100 °C/Stufe 2). Ein leeres Honigglas und den Deckel mit kochendem Wasser ausspülen und abtrocknen. Lemon Curd nochmals gut mixen (20 Sek./Stufe 10) und in das Glas füllen.

Fazit: *Es ist lecker geworden (schmeckt natürlich nicht so wunderbar synthetisch wie das englische Original). Geschmacklich finde ich es warm sehr gut, mal schauen, wie die Haltbarkeit so ist.*

9812. Zitronensirup, August 2016

Etwas mehr als 1 Honigglas.

- 75 g Wasser
- 1 kleine Bio-Zitrone, ohne Kerne, aber mit Schale, in Scheiben
- 1 Prise Salz
- 140 g Zitronensaft (mit Fruchtfleisch aus der Saftpresse)
- 1 Prise Salz
- 150 g Süßungsmittel (hier: 20 g Agavendicksaft + 130 g Ahornsirup)

Im Vitamix 5 Min. erhitzen.

9813. Paranusstatar, August 2016

Angelehnt an ein Rezept namens „Mandeltatar (vegan)" von meiner TM-Repräsentantin. Daher der Name.

- 100 g Paranüsse
- 20 g getr. Tomaten
- 4 Lauchzwiebeln (85 g)
- 20 g Wasser
- 10 g Sonnenblumenöl

- 130 g Tomatenmark
- 1/2 TL Salz
- 1 Prise Pfeffer
- 1 gestr. TL Paprika edelsüß
- 2 MS Currypulver
- 1 g Harrissapaste o. Ä.
- 1 TL getr. Majoran (zwischen den Händen verrieben)

Nüsse und Tomaten zerkleinern (6 Sek./Stufe 7), umfüllen. Lauchzwiebeln grob vorschneiden und zerkleinern (5 Sek./Stufe 5). Mit Wasser und Öl garen (3 Min./Varoma/Stufe 1). Restliche Zutaten hinzufügen und verrühren (20 Sek./Stufe 4).

9814. Ochsenherztatarsalat, August 2016

2 Portionen

- 90 g Eisbergsalat, klein geschnitten
- 170 g Ochsenherztomate, in Scheiben bzw. Halbscheiben geschnitten
- 1/2 Lauchzwiebel, in Ringen
- 1 EL Vorratsdressing, hier Bärlauchdressing bärlauchiges, gemischt mit
- 2 EL Wasser
- 2 TL Paranuss-Tatar

Zwei Teller aufstellen, Eisbergsalat in die Mitte geben, mit den Tomatenscheiben „umranden". Zwiebelringe auf dem Teller verteilen, darüber das Dressing geben. In die Mitte je einen TL Tatar setzen.

9815. Zwetschgenkuchen, August 2016

Springform 26 cm

- 50 g Nackthafer
- 150 g Dinkel
- 1 gute Prise Salz
- 2 TL Weinsteinbackpulver (7 g)
- 1 knapper TL Natron
- 1/2 gestr. TL Vanille
- 1/2 gestr. TL gem. Ingwer
- 130 g Stützcreme
- 40 g Apfelmark
- 30 g gekochte rote Linsen
- 105 g cremiger Honig
- 20 g Pflanzenmilch
- 80 g Wasser
- ca. 600 g Zwetschen, brutto: entkernt und halbiert

Getreide fein mahlen, mit Salz, Backpulver, Natron und Gewürzen verrühren.

Flüssige Phase (TM 30 Sek./Stufe 3; 30 Sek./Stufe 4): Stützcreme, Apfelmark, Linsen, Honig, Pflanzenmilch und Wasser mischen. Trockene Zutaten mischen und einarbeiten (TM 2 x 10 Sek./Stufe 5).

Den Boden einer Springform mit Backpapier überspannen, den Teig hineingeben und glatt streichen. Dicht mit Zwetschgenhälften belegen, mit der Schnittfläche nach oben. In den auf 180 °C vorgeheizten Ofen (Heißluft) auf den Gitterrost geben und 35 Min. bei 180 °C backen. Die Form auf ein Gitterrost stellen. Mit einem Messer (Messerrücken nach vorne) vor allem die Pflaumenschicht vom Springformrand lösen. Komplett in der Form erkalten lassen, dann erst den Rand abnehmen.

9816. Bärlauchdressing Paranoisette, August 2016

Vorläufer: 9683

Im Vitamix pürieren:

- 125 g Paranüsse
- 160 g Apfelessig
- 20 g Salz
- 1 g gem. schw. Pfeffer
- 35 g grüne Rosinen
- 40 g entsteinte Medjool-Datteln
- 225 g Wasser
- 25 g Tamari
- 20 g Garam Masala (privat geschenkt bekommen)
- 50 g eingelegter Bärlauch (gekauft)
- 20 g Senf

9817. Pineapple on Creamed Rice, August 2016

2 Desserts

- 100 g Stützcreme, hier Flohgerettete Stützcreme 9804
- 100 g Milchreis, hier Milchreis aus Jasmin-Vollkornreis V2; 9810
- 25 g Lemon Curd 9811
- 10 g Ahornsirup
- 125 g Ananas, fein gewürfelt

Creme, Reis, Lemon Curd und Ahornsirup mit einem Löffel verrühren. Auf zwei Schüsselchen verteilen und am Rand mit Ananaswürfeln bestreuen.

9818. Tropical Soup (raw), August 2016

Im Vitamix mixen:

- 70 g Pastinake
- 65 g Ananas
- 100 g Möhren
- 15 g Kokosmus (Rohkostqualität)
- 275 g Wasser
- Deko: 1/2 TL Kokosraspel

9819. Knoblauch-Kräuter-Reis, August 2016

2 Portionen

- 170 g Jasmin-Vollkornreis
- 12 g Knoblauchzehen, in groben Stücken
- 1 TL gemischte getr. Kräuter, zwischen den Händen verrieben
- 340 g Wasser
- 1 Prise Salz

Im Topf aufkochen, auf kleiner Einstellung 36 Min. kochen.

9820. Stangenbohnen mit Herz, August 2016

2 Portionen

Als Gemüsepfanne 25 Min.:

- 50 g Wasser
- 360 g Stangenbohnen, in 3-4 cm Stücken
- 40 g Lauchzwiebel, in Ringen und
- 180 g Ochsenherztomate, gewürfelt (Coeur de Boeuf).
- 1 Soße (hier Pflaumensoße 9821)

Soße unterrühren, aufkochen.

Tipp: *Bei uns gab es dazu Knoblauch-Kräuter-Reis.*

9821. Pflaumensoße, August 2016

2 Portionen

Im kleinen Mixer pürieren:

- 50 g gekochte rote Linsen
- 50 g Stützcreme
- 1 TL Salz
- 1 Prise Pfeffer
- 65 g Pflaumen, gewürfelt
- 15 g Cashewnussmus
- 50 g Wasser

Unter das Gemüse rühren und aufkochen.

9822. Bananen-Nektarinen-Quartett, August 2016

2 x Frühstück

- 2 EL Leinsamen
- 6 EL Nackthafer
- 20 g Zitronenfleisch
- 2 Bananen (280 g)
- 2 Nektarinen (300 g)
- Deko: 150 g grüne Weintrauben
- 8 Mandeln
- 2 Paranüsse

Leinsamen mit dem Getreide flocken, auf zwei Schüsselchen verteilen. Das Obst in grobe Stücke teilen und im Hochleistungsmixer pürieren, über das Getreide geben. Weintrauben am Rand entlang legen, Nüsse in die Mitte geben.

9823. Berner Schokoladenkuchen VIII, August 2016

26-cm-Springform; Vorläufer: 9742 (VII)

Flüssige Phase (30 Sek./Stufe 3; 30 Sek./Stufe 4):

- 100 g Mandeln
- 1 bittere Mandel, mit den Mandeln gerieben im TM (2 x 10 Sek./Stufe 8)
- 150 g gekochte rote Linsen
- 125 g Apfelmark
- 330 g Stützcreme
- 300 g Honig
- 2 EL Rum (20 g)

Feste Phase (einarbeiten: 2 x 10 Sek./Stufe 5):

- 1/2 P Weinsteinbackpulver (9 g)
- 1 Prise Salz
- 40 g Kakaopulver
- 10 g Carob (Rohkostqualität)
- 100 g Dinkel, fein gemahlen

Unterziehen (15 Sek./Stufe 4)

- 100 g geröstete, gesalzene Erdnüsse

Backofen (Heißluft) auf 160 °C vorheizen. Springformboden mit Backpapier überspannen, Teig hineingießen. In den heißen Ofen schieben und 60 Min. bei 160 °C backen.

Unterschiede: *Ich habe diesmal die Mandeln erst im TM gemahlen und dann ohne Umfüllen weitergemacht. Die Stützcreme ist 20 g mehr (hatte noch 20 g in der Schüssel, rein damit); 10 g Kakao weniger, dafür 10 g Carob; Erdnüsse doppelte Menge und etwas länger eingearbeitet (15 statt 10 Sek.).*

9824. Zu-süß-Kakao, August 2016

Im Vitamix ca. 3 Min. Höchststufe:

- 10 g Kakaobohnen
- 20 g getr. Mango
- 15 g Cashewnüsse
- 10 g Chiasamen
- 2 Medjool-Datteln entsteint
- 10 g frischer Ingwer
- auf 500 ml (Markierung im Becher) mit Wasser/kochendem Wasser 1:1 auffüllen.

Urteil: *Zu süß, zu dickflüssig. Ich hätte ihn Eric geben sollen. ;-)*

9825. Reismehl, August 2016

- 150 g Vollkornreis

Im TM mahlen (1 Min./Stufe 10). Das Reismehl ist deutlicher feiner als aus der Mühle. Ich nehme Reismehl gerne zum Ausrollen von Teig, weil es nicht so verklebt.

9826. Mandelmehl, August 2016

- 100 g Mandeln, ungeschält

TM: 2 x 10 Sek./Stufe 8; dann sind die Mandeln fein, aber noch nicht verklebt.

9827. Obstteller 2016, August 2016

2 Portionen

- 85 g Ananas, in feinen Stücken
- 1 Nektarine (180 g), in Spalten
- Ca. 15 grüne Trauben, kernlos (115 g)
- 1 Banane (100 g), in Scheiben
- 20 g Sirup, hier Zitronensirup 9812

Obst regelmäßig auf 2 Tellern verteilen und mit dem Zitronensirup beträufeln.)

9828. Pizzateig Dinkel Trockenhefe, August 2016

2 Portionen; Vorläufer 9766.

- 100 g Wasser
- 1/2 TL Honig (2 g)
- 1 Beutel Trockenhefe (9 g)
- 15 g Standardstützcreme
- 200 g Dinkel
- 1/2 TL Salz
- 1/2 gestr. TL getr. Majoran, zwischen den Fingern verrieben

Wasser, Honig, Hefe und Stützcreme lösen (2 Min./37°C/Stufe 2). Getreide fein mahlen, mit Salz und Majoran in den Mixtopf geben und kneten (2 Min./Knetstufe). Teig mit nassen Händen zu einer Kugel unter Spannung formen und 2 Std. gehen lassen. Nur noch einmal falten und dann ausrollen.

Hinweis: *Ich weiß nicht, warum das so ist, aber Teig mit Trockenhefe ist immer viel klebriger. Ich habe früher schon mal die Trockenhefe in Wasser aufgelöst, aber mit dem Thermomix ging das merkwürdigerweise schlechter, es klumpte an einer Ecke. Ich denke aber mal, dass das beim Knetvorgang dann gleichmäßig verteilt wurde. (Heutzutage mache ich eher die gegenteilige Erfahrung, denn frische Hefe bringt ja etwas Eigenfeuchte mit. Allerdings löse ich die Trockenhefe dafür mit der Flüssigkeit im Mixtopf 37 °C/3 Min./Linkslauf Stufe 1 [Jan. 2025]).*

9829. Doppelnuss-Stützcreme, August 2016

Im Hochleistungsmixer bis zum Stocken schlagen:

- 120 g Vollkorn-Langkornreis
- 15 g Cashewnüsse
- 15 g Erdnüsse, geröstet und gesalzen
- 700 g Wasser (halb Zimmertemperatur, halb kochend)

Fazit: Obwohl es nur so wenige Erdnüsse sind, schmecken sie recht stark durch! Ich mag das, aber es eignet sich nicht für alles.

9830. Doppelnuss-Milch, August 2016

Im Vitamix 1 Min.:

- 150 g Doppelnuss-Stützcreme 9827
- 440 g Wasser

9831. Roter Pizzabelag Nr. 33, August 2016

Vorläufer 9770.

Mit einem Teelöffel verrühren:

- 15 g Tomatenmark
- 2 g Harissapaste (gekauft)
- 1/2 TL Salz
- 1/2 TL gem. Paprika edelsüß
- 15 g Wasser
- 10 g Apfelessig

9832. Weißer Pizzabelag Nr. 46, August 2016

Vorläufer: 9769

Im Mixer pürieren:

- 70 g gekochte rote Linsen
- 70 g Standardstützcreme
- 20 g Cashewnussmus (fertig gekauft)
- 10 g Sonnenblumenöl
- 1/2 TL Salz
- 1 P Schabziegerklee
- 10 g Wasser

9833. Doppelträubles, August 2016

2 Desserts

- 90 g Milchreis, hier Milchreis aus Jasmin-Vollkornreis V2; 9810
- 95 g Stützcreme, hier Doppelnuss-Stützcreme 9829
- 15 g Honig
- 15 g grüne Rosinen
- 110 g grüne kernlose Trauben
- 10 g Sirup, hier Zitronensirup 9812

Reis, Creme und Honig mit einem Löffel verrühren. Die grünen Rosinen einarbeiten. Auf zwei Schüsselchen verteilen, am Rand mit den Trauben belegen. Sirup in die Mitte löffeln und gut kalt stellen.

9834. Rote-Bete-Sonntagssuppe, August 2016

2 Portionen

Im Vitamix pürieren:

- 115 g Rote Bete
- 130 g Banane
- 280 g Wasser
- Deko: gehobelte Mandeln

9835. Pizza mit Champs und Zwiebeln, August 2016

28-cm-Form, 2 Portionen

- 1 Pizzateig, hier Pizzateig Dinkel Trockenhefe 9828
- 1 roter Belag, hier Roter Pizzabelag Nr. 33; 9831
- 100 g weiße Champignons, in Scheiben
- 40 g Zwiebel, in Scheiben
- 10 g Knoblauch, in Scheiben
- 1/2 TL Pizzagewürz, zwischen den Händen verrieben
- 165 g Ochsenherztomate, in dünnen Scheiben
- 1 weißer Belag, hier Weißer Pizzabelag Nr. 46; 9832

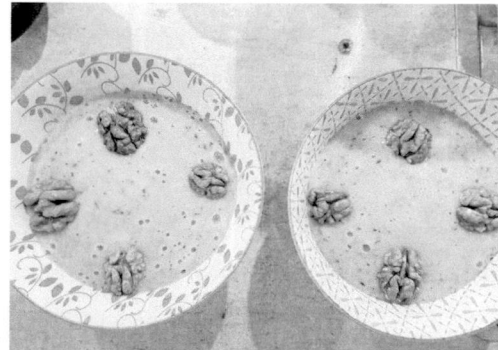

Pizzateig mit Hilfe von Reismehl in einer 28-cm-Form (Perfect-Clean oder mit Dauerbackfolie/Backpapier) ausrollen, einen kleinen Rand hochdrücken. Mit roter Soße bepinseln. Champignons, Zwiebeln und Knoblauch auf der Tomatensoße verteilen und mit Gewürz bestreuen. Mit Tomate belegen, darauf die weiße Soße geben.

Pizza in den kalten Ofen (Heißluft) schieben und 25 Min. bei 240 °C backen.

9836. Ananasrest-FKG-2016, August 2016

2 x Frühstück

- 2 EL Leinsamen
- 6 EL Nackthafer
- 15 g Zitronenfleisch
- 155 g Ananas
- 280 g Bananen
- 120 g Zwetschgen
- 8 Walnusshälften

Leinsamen mit dem Getreide flocken, auf zwei Schüsselchen verteilen. Das Obst in grobe Stücke teilen und im Hochleistungsmixer pürieren, über das Getreide geben. Jeweils 4 Walnusshälften als Deko auflegen.

9837. Heller Erdnusskakao, August 2016

Im Hochleistungsmixer, je nach Gerät, 2,5 bis 3 Min. auf höchster Stufe schlagen:

- 10 g Kakaonibs
- 15 g weiße Chiasamen
- 2 Medjool-Datteln entsteint
- 9 g frischer Ingwer
- 35 g Erdnüsse, geröstet und gesalzen
- auf 500 ml mit Wasser/kochendem Wasser 1:1 auffüllen.

9838. Rote-Bete-Salat mit Bohnen, August 2016

2 Portionen

Im TM 5 Sek./Stufe 5:

- 50 g verdünntes Dressing, hier Bärlauchdressing bärlauchiges 9385
- 100 g Möhren
- 90 g Apfel
- 130 g Rote Bete
- 35 g Sellerie
- 75 g Eisbergsalat
- 20 g Pastinake

Obendrauf:

- 125 g gekochte weiße Bohnen
- 10 g Sonnenblumenkerne

9839. Schichtpudding mit Mango

2-3 Desserts

Schicht 1:
- 115 g Mango, fein gewürfelt

Schicht 2:
- 60 g Sandkuchen, fein gewürfelt, hier Sandkuchen mit Pistazien 9504
- 25 g Sirup, hier Zitronensirup 9812

Schicht 3:
- 50 g Milchreis, hier Milchreis aus Jasmin-Vollkornreis V2; 9810
- 50 g Stützcreme
- 10 g Ahornsirup

Deko:
- 35 g grüne kernlose Trauben

Mango auf zwei Whiskygläser verteilen, Kuchenstreusel darüber geben und mit Sirup beträufeln. Zutaten von Schicht 3 mit einem Löffel verrühren, auf der Kuchenschicht glatt streichen. An den Rand senkrecht jeweils 5 Trauben stecken. Mindestens 30 Min. kühl stellen.

9840. Pinke Suppe, August 2016

Im Vitamix pürieren:
- 120 g Pastinake
- 55 g Rote Bete
- 50 g grüne kernlose Trauben
- 10 g Sonnenblumenkerne
- 250 g Wasser
- Deko: einige Kokosstreifen

9841. Zwiebelbohnen, August 2016

2 Portionen
- Wasser, mindestens 100 g
- 50 g Zwiebel, gewürfelt
- 1 Knoblauchzehe (5 g), gewürfelt
- 10 g Sonnenblumenkerne
- 1 Prise Salz
- 275 g gekochte weiße Bohnen

50 g Wasser erhitzen, Zwiebel, Knoblauch und Kerne einrühren. Bei großer Hitze das Wasser immer wieder einkochen lassen und kleine Mengen (1-2 EL hinzugeben), bis die Zwiebeln leicht gebräunt sind. Salzen und nochmals einige Min. „sautieren". 2-3 EL Wasser und die Bohnen hinzufügen. Deckel auflegen und auf kleiner Einstellung erwärmen, bis die Bohnen heiß sind.

9842. Spitzer Hokkaido, August 2016

2 Portionen

Als Gemüsepfanne 15 Min.:
- 50 g Wasser
- 115 g Ochsenherz-Tomate, gewürfelt
- 180 g Hokkaido, gewürfelt
- 60 g Spitzpaprika, in feinen Streifen
- Eine Soße, hier T-T-Soße 9843

Soße unterrühren und aufkochen.

Tipp: *Bei mir gab es Zwiebelbohnen dazu.*

9843. T-T-Soße, August 2016

2 Portionen

Im Mixer, hoch stehendes Messer:

- 50 g grüne kernlose Trauben
- 5 g Tamari oder Sojasoße
- 50 g gekochte rote Linsen
- 50 g Stützcreme
- 2 g Senf
- 25 g Wasser
- 1 gestr. TL Salz
- 1 Prise Pfeffer
- 1 TL Reismehl

Unter das Gemüse rühren und aufkochen.

9844. Zwetsch-on-the-Go-FKG, August 2016

2 x Frühstück

- 2 EL Leinsamen
- 6 EL Nackthafer
- 15 g Zitronenfleisch
- 2 Bananen (255 g)
- 160 g Mango
- 205 g Zwetschgen
- 15 g gehobelte Mandeln

Leinsamen mit dem Getreide flocken, auf zwei Schüsselchen verteilen. Das Obst in grobe Stücke teilen und im Hochleistungsmixer pürieren, über das Getreide geben. Mit Mandelblättchen bestreuen.

9845. Hokkaikao, August 2016

Im Vitamix ca. 3 Min. Höchststufe:

- 15 g Kakaonibs
- 20 g Nackthafer
- 35 Hokkaido
- 3 Kardamomkapseln
- 2 Medjool-Datteln entsteint
- 9 g frischer Ingwer
- auf 500 ml mit Wasser/kochendem Wasser 1:1 auffüllen.

9846. Fixfix-Mittagsteller, August 2016

2 Personen

- 2 Tomaten in Halbscheiden (230 g)
- 115 g gekochte weiße Bohnen
- Etwas Salz
- 5 g Sonnenblumenkerne

Auf 2 Teller verteilen.

9847. Pappastsuppe, August 2016

1-2 Portionen

Im Vitamix pürieren:

- 75 g Apfel
- 60 g rote Paprika
- 85 g Pastinake
- 15 g Cashewnüsse
- 260 g Wasser

9848. Hokkaidosuppe mit Pistazien, August 2016

2 Portionen; Thermomix

- 10 g Ingwer, fein gewürfelt
- 1/2 TL mildes Currypulver
- 30 g Wasser
- 1 mittelgroße Zwiebel, gewürfelt (55 g)
- 1 Knoblauchzehe (3 g), in Scheiben
- 300 g Hokkaido, grob vorgeschnitten
- 165 g Kartoffeln, grob vorgeschnitten
- 500 g Wasser
- 1/2 TL getr. Thymian
- 40 g gekochte weiße Bohnen
- 15 g Zitronenfleisch
- 6 g Essigpeperoni 7/4573
- 1 TL Salz
- 8 g gehackte Petersilie
- 25 g Pistazien

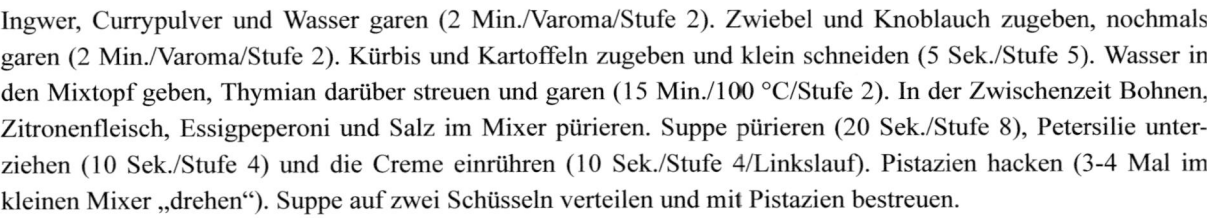

Ingwer, Currypulver und Wasser garen (2 Min./Varoma/Stufe 2). Zwiebel und Knoblauch zugeben, nochmals garen (2 Min./Varoma/Stufe 2). Kürbis und Kartoffeln zugeben und klein schneiden (5 Sek./Stufe 5). Wasser in den Mixtopf geben, Thymian darüber streuen und garen (15 Min./100 °C/Stufe 2). In der Zwischenzeit Bohnen, Zitronenfleisch, Essigpeperoni und Salz im Mixer pürieren. Suppe pürieren (20 Sek./Stufe 8), Petersilie unterziehen (10 Sek./Stufe 4) und die Creme einrühren (10 Sek./Stufe 4/Linkslauf). Pistazien hacken (3-4 Mal im kleinen Mixer „drehen"). Suppe auf zwei Schüsseln verteilen und mit Pistazien bestreuen.

9849. Geschlagene-Sahne-Alternative süß, August 2016

2 Portionen

- 20 g getr. Mango
- 85 g Wasser
- 100 g Stützcreme
- (120 g Kuchen, hier ein Berner Schokoladenkuchen)

Mango mindestens 20 Min. im Wasser einweichen. Mit der Stützcreme mit dem starken Mixer 1 Min. schlagen, die Masse ist dann cremeartig.

Tipp: *Wir haben diese Creme, die halbsteif ist, zu Kuchen gegessen und für lecker befunden.*

9850. Traubeeren-FKG, August 2016

2 x Frühstück

- 2 EL Leinsamen
- 2 EL Nackthafer
- 4 EL Roggen
- 20 g Zitronenfleisch
- 390 g Erdbeeren
- 1 Banane (115 g)
- 100 g grüne, kernlose Trauben
- 15 g Pistazien

Leinsamen mit dem Getreide flocken, auf 2 Schüsseln verteilen. Obst in grobe Stücke teilen, im Hochleistungsmixer pürieren, über das Getreide geben. Mit Pistazien bestreuen.

9851. Hokkaikao Variante 1, August 2016

Im Vitamix ca. 3 Min. Höchststufe:

- 10 g Kakaonibs
- 15 g Chiasamen
- 35 Hokkaido
- 3 Kardamomkapseln
- 2 Medjool-Datteln entsteint
- 5 g frischer Ingwer
- auf 500 ml kaltem und heißem Wasser 1:1 auffüllen.

9852. Knobersilie-Dünstkartoffeln aus dem Ofen, Aug. 2016

2 Portionen, Vorläufer 9784

In einer ofenfesten 20-cm-Pfanne mit höherem Rand:

- 350 g Kartoffeln in Scheiben
- 7 g Knoblauch in Scheiben
- 1 g Salz
- 7 g Petersilie, klein geschnitten
- 325 g Wasser

Kartoffeln mit den Knoblauchscheiben und Petersilie mischen, Salz darüber streuen und Wasser über das Gemüse gießen. Deckel auflegen, in den kalten Ofen (Heißluft) schieben und 55 Min. bei 220 °C backen.

9853. Zitronenreis mit Schokotopping, August 2016

2 Desserts

- 100 g Milchreis aus Jasmin-Vollkornreis V2; 9810
- 100 g Stützcreme
- 20 g Sirup, hier Zitronensirup 9812
- 10 g Ahornsirup
- 40 g Schokoladensoße Mischnuss mit Honig; 9808
- 2 Pistazien

Reis, Creme und die beiden Sirupsorten verrühren, auf zwei Schüsselchen verteilen. Jeweils einen dicken Klecks Schokoladensoße in die Mitte geben (gehäufter Teelöffel), in die Mitte je eine Pistazie stecken.

9854. RBB-Suppe, August 2016

Im Vitamix pürieren:

- 90 g Sellerie
- 70 g Birne
- 30 g Möhre
- 45 g Rote Bete
- 265 g Wasser
- Deko: etwas Sesam

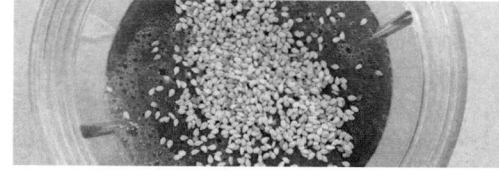

9855. Bohnen mit Hokkaido, August 2016

2 Portionen

Als Gemüsepfanne 25 Min. (Hokkaido nach 7 Min. zugeben):

- 50 g Wasser
- 180 g Buschbohnen, 3-4 cm lange Stücke
- 150 g Hokkaido, gewürfelt

Mit einer Soße verrühren (hier: Zitronensoße mit Harissa 9856), bei mir gab es dazu Knobersilie-Dünstkartoffeln 9852.

9856. Zitronensoße mit Harissa, August 2016

2 Portionen

Im Mixer, flaches Messer:

- 50 g gekochte rote Linsen
- 45 g Stützcreme
- 1 TL Salz
- 10 g Zitronensirup 9812
- 1 g Harissa aus der Tube
- 10 g Sonnenblumenöl
- 1 TL Reismehl (7 g)
- 50 g Wasser
- Wasser zum Nachspülen des Bechers (20-30 g)

Unter das Gemüse rühren und aufkochen.

9857. Erfrischende Limonade, August 2016

- 40 g Zitronensirup 9812
- 50 g grüne, kernlose Trauben
- 250 g kaltes Wasser

Im Mixer etwa eine halbe Minute schlagen, bildet etwas Schaum.

9858. Mango-mit-Trauben-FKG, August 2016

2 x Frühstück

- 2 EL Leinsamen
- 6 EL Nackthafer
- 10 g Zitronenfleisch
- 245 g Mango
- 1/2 Birne (110 g)
- 1 Banane (120 g)
- 125 g grüne, kernlose Trauben
- 8 Mandeln
- 2 Paranüsse

Leinsamen mit dem Getreide flocken, auf zwei Schüsselchen verteilen. Das Obst in grobe Stücke teilen und im Hochleistungsmixer pürieren, über das Getreide geben. Mit Nüssen dekorieren. Ein Frühstück geht in eine Plastikdose, weil es erst später für den Verzehr gedacht ist.

9859. Hokkaikao Variante 2, August 2016

Im Vitamix ca. 3 Min. Höchststufe:

- 15 g Kakaonibs
- 15 g weiße Chiasamen
- 30 Hokkaido
- 1 MS Zimt
- 3 Kardamomkapseln
- 2 Medjool-Datteln entsteint
- 3 g frischer Ingwer
- auf 500 ml mit Wasser RT/kochend 1:1 auffüllen.

9860. Salat beißend rot, August 2016

2 Portionen

Im TM 5 Sek./Stufe 4,5:

- 50 g verdünntes Bärlauchdressing bärlauchiges 9835
- 90 g rote Paprika
- 70 g Rote Bete
- 95 g Apfel
- 25 g Sellerie
- 95 g Eisbergsalat
- 6 g Petersilie

Obendrauf:

- Zwei Tomaten in Scheiben

9861. Mango-Sesam-Stützcreme, August 2016

Im Hochleistungsmixer bis zum Stocken schlagen:

- 120 g Rundkorn-Naturreis
- 20 Cashewnüsse
- 5 g Sesamsamen
- 8 g getr. Mango
- 700 g Wasser (halb Zimmertemperatur, halb kochend)

9862. Mango-Sesam-Milch, August 2016

- 150 g Mango-Sesam-Stützcreme,
- 430 g heißes Wasser

1 Minute im Vitamix pürieren.

9863. Nektarinen-Träubles-Salat, August 2016

2 Portionen

- 1 Nektarine, in Würfeln (160 g)
- 100 g grüne kernlose Trauben, längs halbiert
- 10 g Sonnenblumenkerne
- 20 g Zitronensirup 9812

In einer Schüssel gut vermischen, auf zwei Schüsselchen verteilen und kalt stellen (min. 30 Min.)

9864. Süße Bete-Suppe, August 2016

Im Vitamix gut mixen (wird sehr glatt und etwas glibberig):

- 90 g Apfel
- 90 g Rote Bete
- 20 g getr. Mango
- 50 g Möhre
- 280 g Wasser
- Deko: Sonnenblumenkerne

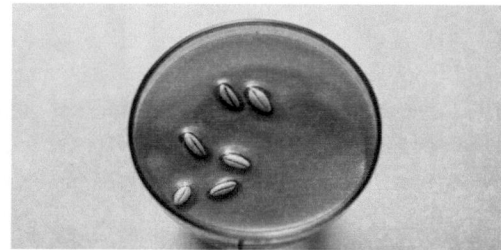

9865. Emmerspirelli gedünstet, August 2016

Angegebene Kochzeit: 8 Min.

- 100 g Emmerspirelli
- 1 Prise Salz
- 450 g Wasser

Nudeln, Salz und Wasser in einem Topf zum Kochen bringen, bis es leicht schäumt. Auf kleinster Einstellung 8 Min. köcheln (dieselbe Einstellung wie für die Gemüsepfanne).

9866. Hokkaido mit Zucchini, August 2016

2 Portionen

Als Gemüsepfanne 12 (bissfest) bis 15 Min.:

- 55 g Wasser
- 55 g Zwiebel, klein geschnitten
- 1 Knoblauchzehe, in Scheiben (4 g)
- 125 g Zucchini, in Halbscheiben
- 20 g getr. Tomaten, in feinen Streifen
- 170 g Kürbis, gewürfelt

Nach Belieben mit Salz und Zitronensaft abschmecken oder eine Soße unterrühren.

9867. Kräutercremesoße, August 2016

2 Portionen

Im Mixer pürieren; unterrühren und aufkochen:

- 35 g gekochte rote Linsen
- 115 g Stützcreme
- 20 g Cashewnussmus
- 1 TL Salz
- 1 MS Pfeffer
- 5 g Kichererbsenmehl
- 100 g Wasser
- Mit einem Löffel einrühren: 1/2 TL getr. Majoran o. Ä.

9868. Knuspermischung zum Überbacken, August 2016

Im Mixer kurz „anreißen":

- 30 g Sonnenblumenkerne
- 25 g Nackthafer-Flocken
- 1 Prise Bockshornkleesaat

9869. Nudel-Hokkaido-Auflauf, August 2016

2 Portionen

In eine Pfanne schichten und bei 170 °C (Heißluft, vorgeheizt) 15 Min. backen:

- 100 g Nudeln (Rohware), gekocht, hier Emmerspirelli gedünstet 9865
- Gemüse für 2 Personen, hier Hokkaido mit Zucchini 9866
- Cremige Soße, hier Kräutercremesoße (= 2 Portionen) 9867
- 50 g Nüsse zum Überbacken, hier Knuspermischung zum Überbacken 9868

Auf dem Teller dekorieren mit

- 4 g Petersilie, gehackt

9870. Shades of Yellow-FKG, August 2016

2 x Frühstück

- 2 EL Leinsamen
- 6 EL Nackthafer
- 40 g getr. Mango
- 30 g Cashewnüsse
- 290 g Wasser
- 1 Banane (130 g)
- 260 g Mango
- 5 g Zitronenfleisch
- 75 g grüne, kernlose Trauben
- 15 g Kokosmus

Leinsamen mit dem Getreide flocken, auf zwei Schüsselchen verteilen. Mango in kleinere Stücke reißen. Mit Nüssen und Wasser einweichen (ca. 30 Min.), im Vitamix zu einer lauwarmen Creme schlagen. Auf das Getreide gießen. Das frische Obst in grobe Stücke teilen und im Hochleistungsmixer pürieren, über das Getreide geben. Mit Kokosmus dekorieren.

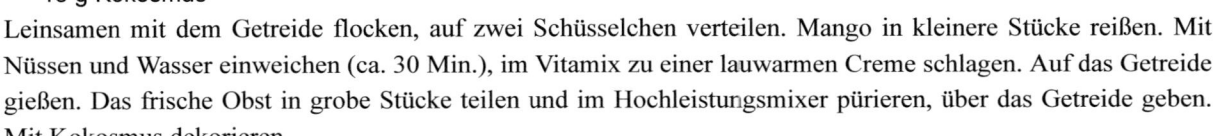

9871. Nibs-und-Bohnen-Kakao, August 2016

Im Vitamix 2,5 bis 3 Min. auf höchster Stufe schlagen:

- 8 g Kakaonibs
- 3 g Kakaobohnen
- 8 g frischer Ingwer
- 15 g Nackthafer
- 2 Medjool-Datteln entsteint
- auf 500 ml mit Wasser/kochendem Wasser 1:1 auffüllen.

9872. Spitzsalat mit Haselnüssen, August 2016

2 Portionen

Im TM 5 Sek./Stufe 4,5:

- 55 g Bärlauchdressing bärlauchiges 9685 verdünnt
- 90 g rote Spitzpaprika
- 180 g Zucchini
- 80 g Eisbergsalat
- 70 g Möhren
- 90 g Apfel
- 25 g Haselnüsse

9873. Nektarinenstückerl im Schokomantel, August 2016

2 Desserts

- 170 g Stützcreme
- 40 g Schokoladensoße
- 10 g Agavendicksaft
- 1/2 Nektarine, gewürfelt
- 5 g gehobelte Mandeln
- 2-3 Gojibeeren

Stützcreme, Schokosoße und Süßungsmittel gut verrühren, Nektarinenstücke unterziehen und auf 2 Schüsselchen verteilen. Mit Mandeln und Gojibeeren dekorieren.

9874. Nektische Möhrensuppe, August 2016

Im Vitamix:

- 1/2 Nektarine (75 g)
- 100 g Möhre
- 40 g Hokkaido
- 35 g Sellerie
- 260 g Wasser
- Deko: 1/2 TL Kokosraspel

9875. Spätsommer-Pfanne, August 2016

2 Portionen

- 180 g Buschbohnen, in Stücken
- 240 g Kartoffeln, in Scheiben (nach 5 Min., Restzeit 20 Min.)
- 165 g Hokkaido, gewürfelt und
- 100 g Austernpilze, Streifen (nach 10 Min., Restzeit 15 Min.)
- 1 Soße, hier Basilikum-Kräutersoße 98

Aus Buschbohnen, Kartoffeln, Kürbis und Pilzen eine Gemüsepfanne herstellen. Da die Gemüse unterschiedlich garen, jeweils das Gemüsepfannenprinzip wieder unterbrechen. Insgesamt: 25 Min. – Zum Schluss eine Soße unterrühren (bei mir Basilikum-Kräutersoße) und kurz aufkochen.

9876. Basilikum-Kräutersoße, August 2016

2 Portionen

Im Mixer pürieren:

- 35 g gekochte rote Linsen
- 125 g Stützcreme
- 20 g Cashewnussmus
- 1 TL Salz
- 1 MS Pfeffer
- 5 g Kichererbsenmehl
- 100 g Wasser

Mit einem Löffel einrühren:

- 1 TL getr. gerebbeltes Basilikum

Unter Gemüse oder Nudeln rühren und aufkochen.

9877. Mangodattelloskakao, August 2016

Im Vitamix ca. 3 Min. Höchststufe:

- 10 g Kakaonibs
- 20 g getr. Mango
- 10 g Sonnenblumenkerne
- 10 g frischer Ingwer
- auf 500 ml mit Wasser/kochendem Wasser 1:1 auffüllen.

9878. Mangoterinen-FKG, August 2016

2 x Frühstück

- 2 EL Leinsamen
- 6 EL Nackthafer
- 10 g Zitronenfleisch
- 120 g Mango
- 2 Nektarinen (290 g)
- 1 Banane (85 g)
- 100 g Trauben
- 20 g Lemon Curd 9811

Leinsamen mit dem Getreide flocken, auf zwei Schüsselchen verteilen. Das Obst in grobe Stücke teilen und im Hochleistungsmixer pürieren, über das Getreide geben. Je einen Klecks Lemon Curd in die Mitte setzen.

9879. Orange-County-Salat, August 2016

2 Portionen

Im TM 5 Sek./Stufe 5:
- 70 g verdünntes Dressing, hier Bärlauchdressing bärlauchiges 9685
- 70 g rote Spitzpaprika
- 90 g Apfel
- 190 g Möhre
- 80 g Sellerie
- 35 g Hokkaido

Oben:
- 15 g Cashewnüsse

9880. Milchreis aus Jasmin-Vollkornreis V3, August 2016

- 100 g Jasmin-Vollkornreis
- 1/2 TL gem. getr. Orangenschale
- 1/4 TL gem. Vanille
- 1 P Salz
- 350 g Pflanzenmilch

Aufkochen, 45 Min. bei klein(st)er Einstellung im Topf.

9881. Pflaumenkompott kokosgedünstet, August 2016

2 kleine Portionen

- 5 g Kokosöl
- 10 g Honig
- 10 g Kokosraspel
- 100 g frische Pflaumen
- 2 EL Wasser

Öl, Honig und Raspeln in eine kleine Keramikpfanne (20 cm) geben und rösten (Stufe 10-11 von 15), bis die Kokosraspeln etwas eingefärbt sind. Pflaumen und Wasser zugeben, Deckel auf legen und auf kleiner Einstellung 10 Min. dünsten.

9882. Reis aus Curdistan, August 2016

2 kleine Desserts

- 35 g Stützcreme
- 75 g Milchreis, hier Milchreis aus Jasmin-Vollkornreis V3; 9880
- 25 g Lemon Curd 9811

Mit einem Löffel verrühren, passt gut zu Obst (hier Pflaumen kokosgedünstet).

9883. Möhrensuppe intensiv Orange, August 2016

Im Vitamix pürieren:

- 45 g Hokkaido-Kürbis
- 115 g Möhre
- 10 g getr. Mango
- 70 g Pastinake
- 255 g Wasser
- Deko: etwas Sesam

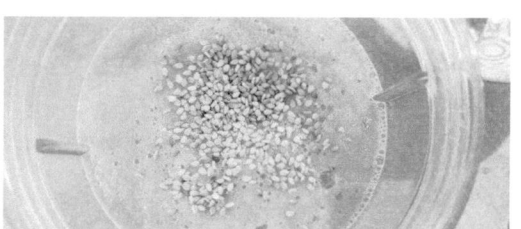

9884. Mangoreis herzhaft, August 2016

2 Portionen

- 180 g Jasmin-Naturreis
- 15 g getr. Mango, in feinen Streifen
- 1 Prise Salz
- 1/2 TL Currypulver
- 360 g Wasser

Im Topf zum Kochen bringen, dann auf kleinster Einstellung 35 Min. kochen.

9885. Stützcreme Cashewsonne, August 2016

Im Hochleistungsmixer bis zum Stocken schlagen:

- 120 g Rundkorn-Naturreis
- 20 Cashewnüsse
- 10 g Sonnenblumenkerne
- 1 Prise Salz
- 700 g Wasser (halb Zimmertemperatur, halb kochend)

9886. Pflanzenmilch Cashewsonne, August 2016

Im Vitamix 1 Minute:

- 140 g Stützcreme Cashewsonne 9885
- 410 g Wasser

9887. Seitlingspfanne, August 2016

2 Portionen

Als Gemüsepfanne 12 Min.:

- 30 g Wasser
- 10 g Kokosöl
- 35 g Zwiebel, gewürfelt
- 80 g Austernpilze, in Streifen
- 90 g Kräuterseitlinge, in Scheiben

Soße:

- Kokossoße 9888

Mit reichlich Soße zubereiten. Unterrühren und kurz aufkochen.

Tipp: Wir hatten dazu Mangoreis.

9888. Kokossoße, August 2016

2 Portionen (reichlich).

- 45 g gekochte rote Linsen
- 100 g Stützcreme
- 10 g Zitronenfleisch
- 1 TL Salz
- 1 gute Prise Pfeffer
- 20 g Kokosmus (oder 20 g gem. Kokosraspel)
- 5 g Reismehl
- 100 g Wasser

Im Mixer pürieren. Unter das Gemüse rühren und aufkochen.

9889. Roggen-Sonnenchia-Brot, August 2016

Vorläufer 9760; mal ein Test mit (wenig) Flohsamenschalen
Stufe 1 (12 Std. vorher):
- 400 g Roggen
- 420 g Wasser
- 150 g Sauerteig (Herstellung in älteren Bänden beschrieben)

Stufe 2 (Backen, bei mir am Morgen)
- 400 g Roggen
- 2 TL gemischte getr. Kräuter
- 20 g Salz
- 350 g lauwarmes Wasser
- 800 g Sauerteigansatz
- 50 g Sonnenblumenkerne
- 50 g Chiasamen
- 2 TL Flohsamenschalen (3 g)
- 20 g Butter für die Form

Stufe 1: Roggen fein mahlen, mit Wasser und altem Sauerteig mischen. In einer Plastiktüte über Nacht stehen lassen. 150 g von der Stufe 1 abnehmen und in einem gut schließenden Schraubglas in den Kühlschrank stellen für das nächste Backen.

Stufe 2: Zutaten (außer der Butter) mit einem großen Löffel gründlich verrühren, bis kein Mehl mehr sichtbar ist. Eine 30-cm-Brotform, Profi-Email von Dr. Oetker, gut einfetten. Teig hineingeben, mit der nassen Hand herunterdrücken und glattstreichen. Mit einem scharfen Messer dreimal schräg einschneiden. Form in eine Plastiktüte geben und etwa 3 Std. gehen lassen. Die Brotform ist dann ganz voll. Brot in den kalten Ofen schieben, 60 Min. bei 200 °C backen und 10-15 Min. im ausgeschalteten Ofen nachbacken.

9890. Lachender Sonntag, August 2016

2 x Frühstück.

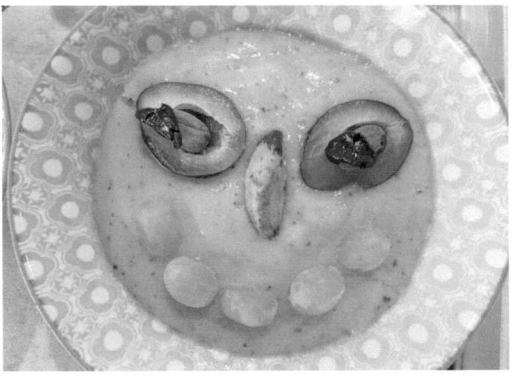

Hauptteile:
- 2 EL Leinsamen
- 6 EL Nackthafer
- 15 g Zitronenfleisch
- 1 Birne (245 g)
- 2 kleine Bananen (165 g)
- 1 Nektarine (160 g)

Für die Sonntagsdeko:
- 10 kleine Weintrauben
- 2 Zwetschgen
- 4 Mandeln
- 2 Paranüsse
- 4 Kleckse Schokoladensoße (o. Ä.)

Leinsamen mit dem Getreide flocken, auf zwei Schüsselchen verteilen. Das Obst in grobe Stücke teilen und im Hochleistungsmixer pürieren, über das Getreide geben.

Zwetschgenhälften leicht schräg mit der Schnittfläche nach oben als Augen legen. In jedes „Auge" ein Mandel legen. Die Paranüsse ergeben die Nase, je 5 Weintrauben einen lachenden Mund. Zum Schluss die Mandeln mit einem Klecks Schokoladensoße versehen.

9891. Supercreme-Kakao, August 2016

Im Hochleistungsmixer, je nach Gerät, 2,5 bis 3 Min. auf höchster Stufe schlagen:
- 10 g Kakaonibs
- 5 g Kakaobohnen
- 5 g weiße Chiasamen
- 2 Medjool-Datteln entsteint
- 8 g frischer Ingwer
- 100 g Stützcreme
- auf 500 ml (Markierung im Becher) mit kochendem Wasser auffüllen.

9892. Paranusstatar V2, August 2016

Vorläufer 9813

- 20 g getr. Tomaten
- 100 g Paranüsse
- 2 kleinere Zwiebeln (70 g)
- 1 Knoblauchzehe (5 g)
- 65 g Möhre
- 20 g Wasser
- 10 g Sonnenblumenöl
- 130 g Tomatenmark aus dem Glas
- 1/2 TL Salz
- 1 Prise Pfeffer
- 1 gestr. TL Paprika edelsüß
- 2 MS Currypulver
- 2 g Harissapaste o. Ä.
- 1 TL getr. Basilikum (zwischen den Händen verrieben)
- 30 g gekochte rote Linsen

Tomaten zerkleinern (6 Sek./Stufe 7), Nüsse hinzugeben und wiederholen (6 Sek./Stufe 7); umfüllen. Zwiebeln halbieren vorschneiden und und mit Knoblauch und vorgeschnittener Möhre zerkleinern (5 Sek./Stufe 5). Mit Wasser und Öl garen (3 Min./Varoma/Stufe 1). Restliche Zutaten hinzufügen und verrühren (20 Sek./Stufe 4).

9893. Berner Schokoladenkuchen IX, August 2016

26-cm-Springform; Vorläufer: 9824 (VIII)

Flüssige Phase (TM 30 Sek./Stufe 3; 30 Sek./Stufe 4):

- 100 g Mandeln und
- 2 bittere Aprikosenkerne, mahlen (TM: 10 Sek./Stufe 8)
- 150 g gekochte rote Linsen
- 125 g Apfelmark
- 330 g Stützcreme
- 300 g Honig
- 2 EL Rum (20 g)

Feste Phase (einarbeiten: 2 x 10 Sek./Stufe 5):

- 1/2 P Weinsteinbackpulver (8 g)
- 1 LS Natron
- 1 Prise Salz
- 35 g Kakaopulver
- 15 g Carob (Rohkostqualität)
- 100 g Dinkel, fein gemahlen

Unterziehen (15 Sek./Stufe 4):

- 50 g Mandelsplitter
- 50 g Pistazien

Backofen (Heißluft) auf 160 °C vorheizen. Springformboden mit Backpapier überspannen, Teig hineingießen. In den heißen Ofen schieben und 60 Min. bei 160 °C backen.

Unterschiede: *Bittere Aprikosenkerne statt Mandeln; etwas Natron, weil ich für 1 g keine neue Tüte Backpulver anbrechen wollte; Kakao/Carob-Verhältnis um 5 g verändert; andere Nüsse.*

9894. Pflaumiges Dressing, August 2016

2 Portionen

Im Mixer, hoch stehendes Messer:

- 45 g verdünntes Vorratsdressing, hier 1:3 verdünnt Bärlauch-dressing Paranoisette 9816
- 2 Pflaumen, 55 g
- 10 g Sonnenblumenkerne
- 1 Prise Salz

9895. Feldsalat mit Paprika, August 2016

2 Portionen

- 60 g Feldsalat, klein geschnitten
- 80 g rote Spitzpaprika, in feinen Streifen
- 12 grüne kernlose Weintrauben
- 25 g Paranusstatar, hier Paranusstatar V2; 9892
- 1 x Dressing, hier Pflaumiges Dressing 9894

Zwei Teller aufstellen, Feldsalat in die Mitte geben. Paprikastreifen an den Rand legen, Trauben darauf setzen. Feldsalat mit Dressing bedecken und je eine kleine Kugel Tatar in die Mitte setzen.

9896. Pizzateig Dinkel Basilikum, August 2016

2 Portionen; Vorläufer 9830

- 100 g Wasser
- 1/2 TL Honig (2 g)
- 10 g frische Bio-Hefe (1/4 Würfel)
- 15 g Standardstützcreme
- 175 g Dinkel
- 25 g Nackthafer
- 1/2 TL Salz
- 1 TL getr. Basilikum

Wasser, Honig, Hefe und Stützcreme lösen (2 Min./37°C/Stufe 2). Getreide fein mahlen, mit Salz und Basilikum in den Mixtopf geben und kneten (2,5 Min./Knetstufe). Teig mit nassen Händen zu einer Kugel unter Spannung formen und 1,5 Std. gehen lassen. Nur noch einmal falten und dann ausrollen.

9897. Zitronendessert, August 2016

2 Desserts

- 75 g Milchreis, hier Milchreis aus Jasmin-Vollkornreis V3; 9880
- 100 g Stützcreme
- 40 g Lemon Curd 9811
- 20 g grüne Rosinen
- Einige getr. Gojibeeren

Reis, Creme und Lemon Curd mit einem Löffel verrühren, grüne Rosinen unterziehen und auf zwei Schüsselchen verteilen. Mit Gojibeeren dekorieren.

9898. Roter Pizzabelag Nr. 34, August 2016

Vorläufer 9831

Mit einem Teelöffel verrühren:

- 15 g Tomatenmark (aus dem Glas)
- 1 g Harissapaste (gekauft)
- 1/2 TL Salz
- 1/2 TL gem. Paprika edelsüß
- 1 MS gem. Zimt
- 15 g Wasser
- 10 g Apfelessig

9899. Traubensoße, August 2016

- 65 g Stützcreme
- 45 g grüne kernlose Trauben
- 3 g Ahornsirup

Mit dem kleinen Mixer, hoch stehendes Messer, mixen: Sofort verbrauchen, da sonst verfärbt.

9900. Weißer Pizzabelag Nr. 47, August 2016

Vorläufer 9832

- 70 g gekochte rote Linsen
- 90 g Standardstützcreme
- 15 g Cashewnussmus (fertig gekauft)
- 10 g Sonnenblumenöl
- 1/2 TL Salz
- 1-2 P Schabziegerklee
- 2 g Senf
- 10 g Wasser

Im kleinen Mixer gut mixen.

9901. Mango-FKG mit Feige, August 2016

2 x Frühstück

- 6 EL Nackthafer
- 2 EL Leinsamen
- 40 g getr. Mango
- 20 g Cashewnüsse
- 10 g Mandelstifte
- 280 g Wasser
- 1 Nektarine (175 g)
- 1 Banane (100 g)
- 1 Birne (185 g)

Dekoration:
- 1 Feige (75 g)
- 4 Trauben
- 2 Walnusshälften

Leinsamen mit dem Getreide flocken, auf zwei Schüsselchen verteilen. Mango in kleinere Stücke reißen. Mit Nüssen und Wasser im Vitamix zu einer lauwarmen Creme schlagen. Auf das Getreide gießen. Obst in grobe Stücke teilen, im Hochleistungsmixer pürieren, über das Getreide geben. Feige in Spalten schneiden, am Rand entlanglegen. Trauben längs halbieren, zwischen die Feigenstücke legen. In die Mitte je 1 Walnusshälfte geben.

9902. Pizza mit Zucchini und Zwiebeln, August 2016

28-cm-Form, 2 Portionen; Vorläufer 9835

- 1 Pizzateig, hier Pizzateig Dinkel Basilikum 9896
- 1 roter Belag, hier Roter Pizzabelag Nr. 34; 9898
- 130 g Zucchini, in Scheiben
- 40 g Zwiebel, in Scheiben
- 1 Knoblauchzehe, in Scheiben
- 1/2 TL Pizzagewürz, zwischen den Händen verrieben
- 2 Tomaten, in dünnen Scheiben (200 g)
- 1 weißer Belag, hier Weißer Pizzabelag Nr. 47; 9899

Pizzateig mit Hilfe von Reismehl in einer 28-cm-Form (Perfect-Clean, oder mit Dauerbackfolie/Backpapier) ausrollen, einen kleinen Rand hochdrücken. Mit roter Soße bepinseln. Zucchini, Zwiebeln und Knoblauch auf der Tomatensoße verteilen und mit Gewürz bestreuen. Mit Tomate belegen, darauf die weiße Soße geben.
Ofen (Heißluft) auf 250 °C vorheizen; Pizza in den Ofen schieben und 13 Min. bei 250 °C backen.

9903. Trauben-to-Go-FKG, August 2016

2 x Frühstück

- 2 EL Leinsamen
- 6 EL Nackthafer
- 8 g Zitronenfleisch
- 230 g Mango
- 1 Banane (85 g)
- 200 g grüne, kernlose Weintrauben
- 1 Nektarine (160 g)
- 15 g Kokosmus

Leinsamen mit dem Getreide flocken, auf zwei Schüsselchen verteilen. Das Obst in grobe Stücke teilen und im Hochleistungsmixer pürieren, über das Getreide geben. Einen Klecks Kokosmus in die Mitte setzen.

9904. Mango-Dattel-Kakao, August 2016

Im Hochleistungsmixer, je nach Gerät, 2,5 bis 3 Min. auf höchster Stufe schlagen:

- 10 g Kakaonibs
- 10 g getr. Mango
- 1 Medjool-Dattel entsteint
- 10 g frischer Ingwer
- 10 g Nackthafer
- auf 500 ml (Markierung im Becher) mit Wasser/kochendem Wasser 1:1 auffüllen.

9905. Feldbeherrschter Mischsalat, August 2016

2 Portionen

Im TM 5 Sek./Stufe 5:

- 55 g Bärlauchdressing Paranoisette 9816, verdünnt
- 85 g Apfel
- 110 g Möhre
- 35 g Sellerie
- 50 g Pastinake
- 40 g Feldsalat
- 90 g Zucchini

Obendrauf:

- 120 g gekochte Kichererbsen

9906. Trifle à la Italia, August 2016

2 Desserts; in drei Farben: grün, weiß und rot:

Grüne Grundlage, im Mixer, hoch stehendes Messer:

- 70 g grüne kernlose Trauben
- 7 g Honig
- 1 g Flohsamenschalen

Weißer Anteil, mit dem Löffel:

- 70 g Stützcreme
- 30 g Milchreis
- 3 g Honig

Roter Anteil, Mixer, hoch stehendes Messer:

- 30 g Sandkuchen o. Ä.
- 95 g frische Erdbeeren
- 15 g Honig
- 1 g Flohsamenschalen

Zuerst die grüne Schicht herstellen, auf zwei Schüsselchen verteilen und kalt stellen, solange bis der Rest fertig ist. Weißen Anteil in die Mitte setzen, er sinkt ein. Roten Anteil auf zwei Seiten verteilen, sinkt auch etwas ein. Mindestens 45 Min. kalt stellen.

9907. Dicksüßliche Möhrensuppe, August 2016

Im Vitamix:

- 135 g Möhre
- 50 g Pastinake
- 20 g Sellerie
- 10 g getr. Mango
- 35 g grüne kernlose Trauben
- 10 g Sonnenblumenkerne
- 285 g Wasser
- Deko: 1/2 TL Sesam, ungeschält

9908. Kartoffeln mit Knusper, August 2016

2 Portionen

- 1 EL Sonnenblumenkerne
- 1 EL Sesamsaat, ungeschält
- 1/2 TL Salz
- 1/4 TL Kreuzkümmel
- 445 g kleine Kartoffeln

Kerne, Saat, Salz und Kreuzkümmel mit einem Löffel verrühren, in zwei Portionen nacheinander auf eine Untertasse geben. Kleine Kartoffeln halbieren, größere in Scheiben schneiden (11-12 mm dick), mit der Schnittseite fest in die Mischung drücken. Mit der Mischung nach oben nebeneinander auf ein Backblech (PerfectClean, oder mit Dauerbackfolie/ Backpapier) setzen. In den kalten Ofen schieben und 30 Min. bei 220 °C backen.

9909. Sauce Tatar, August 2016

2 Portionen

Im kleinen Mixer, hochstehendes Messer:

- 55 g Nusstatar, hier Paranusstatar V2; 9892
- 50 g Stützcreme
- 30 g gekochte rote Linsen
- 1 gestr. TL Salz
- 1 Prise Pfeffer
- 6 g Essigpeperoni 7/4573
- 70 g grüne kernlose Weintrauben
- 35 g Wasser

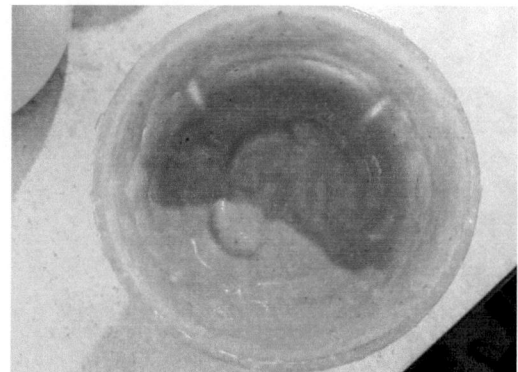

Unter das Gemüse rühren und aufkochen.

9910. Wirsingaußenblätter, August 2016

2 Portionen

- 65 g Wasser
- 4 große Wirsingaußenblätter, untere Strunkteile ausgeschnitten = 225 g netto

Wirsing in feine Streifen schneiden und als Gemüsepfanne 25 Min. garen. Das Wasser ist dann verbraucht. Eine Soße unterrühren und aufkochen. Je nach verbrauchtem Wasser beim Kochen muss die Soße noch mit Wasser verdünnt werden.

Hinweis: *Als Sauce gab es bei mir Sauce Tatar 9908, als Beilage Kartoffeln mit knusper 9907. Ich fand das Essen extrem lecker, Eric sagte „lecker" ohne besonderes Strahlen, ich dachte mir schon, dass er die Außenblätter nicht soooo gerne mag.*

9911. Wasserbeeren-FKG, August 2016

2 x Frühstück

- 2 EL Leinsamen
- 6 EL Nackthafer
- 10 g Zitronenfleisch
- 360 g Erdbeeren
- 1 kleine Banane (80 g)
- 185 g Wassermelone
- Deko: 2 kleinere Erdbeeren

Leinsamen mit dem Getreide flocken, auf zwei Schüsselchen verteilen. Das Obst in grobe Stücke teilen und im Hochleistungsmixer pürieren, über das Getreide geben. Mit je einer Erdbeere in der Mitte dekorieren.

9912. Paraphrisierter Kakao, August 2016

Im Hochleistungsmixer, je nach Gerät, 2,5 bis 3 Min. auf höchster Stufe schlagen:

- 10 g Kakaonibs
- 20 g einer Obstmischung von einem Frühstück: Zitrone, Erdbeeren, Banane, Wassermelone
- 15 g Nackthafer
- 2 Medjool-Datteln entsteint
- 7 g frischer Ingwer
- 2 Paranüsse (8 g)
- auf 500 ml (Markierung im Becher) mit Wasser/kochendem Wasser 1:1 auffüllen.

9913. Allerlei mit Kichern und Sprossen, August 2016

2 Portionen

Im TM 5 Sek./Stufe 5:

- 50 g Bärlauchdressing Paranoisette 9816
- 80 g Apfel
- 95 g Zucchini
- 45 g Sellerie
- 95 g rote Spitzpaprika
- 115 g Möhren

Obendrauf:

- 120 g gekochte Kichererbsen
- 35 g Mungbohnensprossen

9914. Melonenschorle, August 2016

2 Portionen

Im Vitamix gut mixen und 1 Std. kalt stellen:

- 435 g Wassermelone
- 50 g Trauben
- 20 g Sirup, hier Zitronensirup

Tipp: *Schmeckt pur gut als Nachtisch, zum Trinken nach Belieben z. B. mit Mineralwasser auffüllen.*

9915. Stützcreme Parasol, August 2016

Im Hochleistungsmixer bis zum Stocken schlagen:

- 120 g Rundkorn-Naturreis
- 15 g Sonnenblumenkerne
- 15 g Paranüsse
- 700 g Wasser (halb Zimmertemperatur, halb kochend)

9916. Kleine Pflanzenmilch Parasol, August 2016

Im Vitamix 1 Min.:

- 40 g Stützcreme Parasol
- 245 g heißes Wasser

9917. Bataten-Möhren-Suppe melonig, August 2016

Im Vitamix:

- 80 g Batate (Süßkartoffeln)
- 115 g Möhren
- 155 g Wassermelone
- 200 g Wasser
- Deko: einige Mandelsplitter

9918. Sauce Tatar kümmelig, August 2016

2 Portionen; Vorläufer 9908.

Im kleinen Mixer, hochstehendes Messer:

- 60 g Nusstatar, hier Paranusstatar V2; 9892
- 50 g Stützcreme
- 50 g gekochte rote Linsen
- 1 gestr. TL Salz
- 1 Prise Pfeffer
- 1/2 gestr. TL gem. Kümmel
- 75 g Wasser

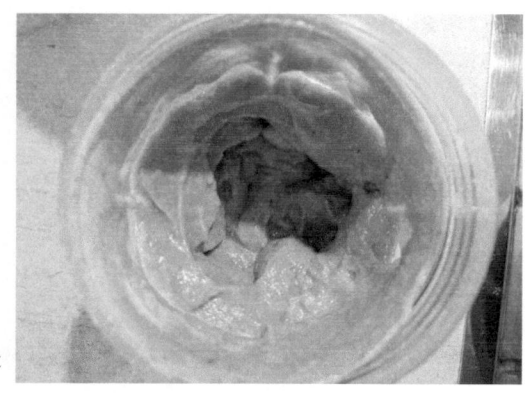

Unter das Gemüse rühren und aufkochen. Die Soße ist recht fest, wenn erforderlich noch mit mehr Wasser verdünnen.

9919. Kartoffel-Hokkaido-Galusch, August 2016

2 Portionen; um es Gulasch zu nennen, war es nicht scharf genug.

- 85 g Wasser
- 285 g Kartoffeln, in Scheiben
- 40 g Zwiebel, gewürfelt
- 12 g Knoblauch, in Scheiben
- 110 g Apfel, gewürfelt
- 200 g Hokkaido, gewürfelt
- Sauce Tatar kümmelig (9917)

Zutaten bis auf die Soße in der angegebenen Reihenfolge in eine 24-cm-Pfanne geben. Deckel auflegen, auf höchster Einstellung zum Kochen bringen, bis Dampf unter dem Deckel austritt. Kleinste Einstellung wählen und 25 Min. dünsten, ohne den Deckel abzuheben. Die Dünstzeit hängt auch von den Kartoffeln ab, nach 20 Min. waren sie noch zu hart.

Die Soße unterrühren, mit Wasser zur passenden Konsistenz verrühren und aufkochen.

9920. Wassertarinen-FKG, August 2016

2 Portionen

- 2 EL Leinsamen
- 4 EL Nackthafer
- 2 EL Roggen
- 220 g Mango
- 1 Nektarine (130 g)
- 225 g Wassermelone
- 14 Cashewnüsse (20 g)

Leinsamen mit dem Getreide flocken, auf zwei Schüsselchen verteilen. Das Obst in grobe Stücke teilen und im Hochleistungsmixer pürieren, über das Getreide geben. Mit den Nüssen im Kreis dekorieren.

9921. Sesam-Kakao dezent, August 2016

Im Hochleistungsmixer, je nach Gerät, 2,5 bis 3 Min. auf höchster Stufe schlagen:

- 10 g Kakaonibs
- 15 g Nackthafer
- 5 g Carbo
- 10 g Sesam
- 165 g Pflanzenmilch
- 2 Medjool-Datteln entsteint
- 5 g frischer Ingwer
- auf 500 ml (Markierung im Becher) mit Wasser/kochendem Wasser 1:1 auffüllen.

9922. Salat mit Mais aus dem TM, August 2016

2 Portionen

Im TM 5 Sek./Stufe 5:
- 50 g Dressing, hier Bärlauchdressing Paranoisette 9816
- 120 g Apfel
- 180 g Möhre

Im TM 15 Sek./Stufe 4/Linkslauf unterziehen:
- Körner von einem Maiskolben (115 g)
- 45 g Mungbohnensprossen

Obendrauf:
- 115 g gekochte Kichererbsen

9923. Quark-Alternative, August 2016

Reicht für 2 Portionen.
- 190 g Stützcreme
- 20 g Cashewnussmus
- 30 g Ahornsirup
- 1-2 TL Zitronensaft

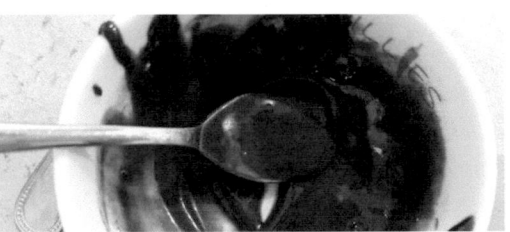

Miteinander verrühren. Mit etwas Salz und ohne Süßungsmittel erhält man eine herzhafte Grundlage. Ich habe Ahornsirup statt Honig genommen, weil ich Bedenken hatte, dass der Honig dazu führe, dass die Stützcreme flüssig wird.

9924. Kalte Schokosoße wie aus der Flasche, August 2016

- 30 g Schokoladensoße, hier: Schokoladensoße Mischnuss mit Honig 9808
- 10 g flüssiges Süßungsmittel, hier: Ahornsirup

Mit einem Löffel verrühren. Je nach Schokoladensoße mehr oder weniger Süßungsmittel nehmen, die Soße soll so dünnflüssig werden, dass man sie zur Dekoration verwenden kann, aber so dickflüssig, dass sie nicht zerfließt.

9925. Nuss-Bananen-Quarkspeise, August 2016

2 Portionen; angeregt von einem Rezept aus „Meine Familie & Ich", 10/2016, Seite 38 „Erdnuss-Bananen-Quarkspeise".
- 1 kleine Banane (90 g)
- 4 TL Zitronensaft
- Säuerliche Creme, hier Quark-Alternative 9922
- 15 g Kakaonibs
- Kalte Schokosoße wie aus der Flasche 9923 (Hälfte reicht)
- 5 g Pistazien

Banane einmal längs und dreimal quer durchschneiden, so dass sich 8 in etwa gleichgroße Stücke ergeben. Je vier auf den Boden einer kleinen Schüssel legen, mit dem Zitronensaft beträufeln. Creme mit den Kakaonibs verrühren und auf die Bananen streichen. Schokosoße in Streifen darüber ziehen (ich habe zu viel genommen). Die Pistazien grob zerstoßen oder mahlen und darüber streuen.

9926. Tomelonensuppe, August 2016

Im Vitamix pürieren:
- 110 g Tomate
- 95 g Wassermelone
- 10 g Zitronensaft
- 45 g Zucchini
- 240 g Wasser
- Deko: 5 g grob gemahlene Pistazien

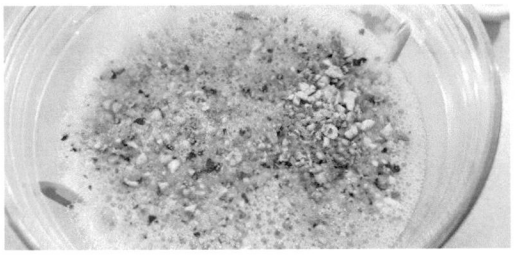

9927. Gojireis, August 2016

2 Portionen

- 10 g getr. Gojibeeren
- 1 Prise Salz
- 170 g Jasmin-Naturreis
- 340 g Wasser

Zusammen im Topf aufkochen und 35 Min. auf sehr kleiner Einstellung köcheln und quellen lassen.

9928. Falafellike Soße, August 2016

2 Portionen

Im kleinen Mixer, hochstehendes Messer:

- 50 g gekochte Kichererbsen
- 50 g Stützcreme
- 1 gestr. TL Salz
- 1 Prise Pfeffer
- 2 kleine Tomaten (30 g)
- 10 g Zitronenfleisch
- 5 g Ahornsirup
- 10 g Sesamsaat, ungeschält

Unter das Gemüse rühren, aufkochen und den Becher mit etwas Wasser nachspülen.

9929. Gaul-Bohnen-Pfanne, August 2016

2 Portionen. „Geschenktem Gaul guckt man nicht ins Maul"? Doch, ich tue das, ich bekam heute ein Paket voller Köstlichkeiten, ein Teil der Bohnen und Tomaten aus dem Paket sind in dieses Gericht eingeflossen.

- 40 g Wasser
- 205 g lange Bohnen, in 3- bis 4-cm-Stücken
- 195 g Tomaten, in Scheiben
- 100 g Kürbis, in Würfeln
- 1 Falafellike Soße (9927)

Als Gemüsepfanne 15 Min. Mit der Soße anrichten. Bei mir gab es dazu Gojireis 9927.

9930. Spätsommerbeißerchen, August 2016

- 1/2 EL Leinsamen
- 2 EL Nackthafer
- 10 g Zitronensaft
- 1 Banane (85 g), in Scheiben
- 100 g Wassermelone, gewürfelt
- 95 g grüne, kernlose Trauben
- Deko: 15 g Cashewnüsse

Leinsamen mit dem Getreide flocken. Das Obst über das Getreide geben, Cashewnüsse darauf schütten.

9931. Schlichter Milchhaferkakao, August 2016

Im Vitamix 3 Min. Höchststufe:

- 10 g Kakaonibs
- 20 g Nackthafer
- 2 Medjool-Datteln entsteint
- 10 g frischer Ingwer
- 135 g Pflanzenmilch
- auf 500 ml mit Wasser RT/kochendem Wasser 1:1 auffüllen.

9932. Wirsing-Tomaten-Pfanne, August 2016

Als Gemüsepfanne 25 Min.:

- 95 g Wasser
- 150 g Wirsing in Streifen
- 110 g Tomaten in Scheiben

Eine Soße unterrühren (hier Brotsoße 9934) und mit einer Beilage servieren, ich habe Currynudeln 9932 untergemischt.

9933. Currynudeln, August 2016

Wie eine Gemüsepfanne 11 Min. garen:

- 100 g Spiralnudeln, Vollkorn
- 1/2 TL Salz
- 1/2 TL Currypulver
- 300 g Wasser

Hinweis: Zum Schluss war nur wenig Wasser übrig. Die Nudeln waren mir weich genug, aber nicht matschig.

9934. Brotsoße, August 2016

Im kleinen Mixer, hoch stehendes Messer:

- 25 g Brot, gewürfelt
- 20 g Tomatenmark
- 25 g gekochte rote Linsen
- 25 g Stützcreme
- 1/2 TL Maghreb-Mischung 9572
- 80-90 g Wasser
- 1 gestr. TL Salz

Unter das Gemüse rühren und aufkochen.

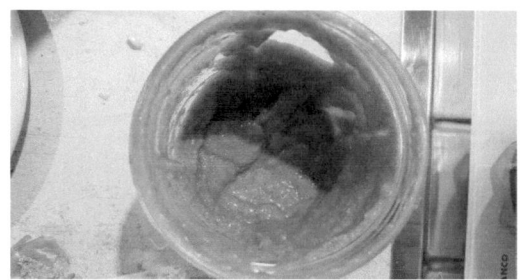

9935. Mango-Fernwartung, August 2016

2 x Frühstück

- 2 EL Leinsamen
- 6 EL Nackthafer
- 40 g getr. Mango
- 25 g Cashewnüsse
- 285 g Wasser
- 15 g Zitronenfleisch
- 1 Banane (90 g)
- 185 g Mango
- 1 Nektarine (145 g)
- Deko: einige getr. Gojibeeren

Leinsamen mit dem Getreide flocken, auf zwei Schüsselchen verteilen. Mango in kleinere Stücke reißen. Mit Nüssen und Wasser im Mixer zu einer lauwarmen Creme schlagen. Auf das Getreide gießen. Das Obst in grobe Stücke teilen und im Hochleistungsmixer pürieren, über das Getreide geben. Gojibeeren in die Mitte streuen.

9936. Einfach-Dattel-Kakao, August 2016

Im Hochleistungsmixer, je nach Gerät, 2,5 bis 3 Min. auf höchster Stufe schlagen:

- 10 g Kakaonibs
- 20 g Nackthafer
- 1 Medjool-Dattel entsteint
- 5 g frischer Ingwer
- auf 500 ml (Markierung im Becher) mit Wasser/kochendem Wasser 1:1 auffüllen.

9937. Single-Schnell-Salat, August 2016

Nebeneinander auf einen Teller geben:

- 35 g Maiskörner, frisch
- 1 Tomate, in Scheiben (125 g)
- 40 g Salatgurke, in Scheiben
- 20 g Mungbohnensprossen

Darüber:

- 25 g Bärlauchdressing Paranoisette 9816

9938. Schneller Mittagsnachtisch, August 2016

Verrühren mit einem Löffel:

- 150 g Stützcreme
- 25 g grüne Rosinen
- 10 g Cashewnüsse
- 5 g Kakaonibs
- 5 g Sesamsaat, ungeschält

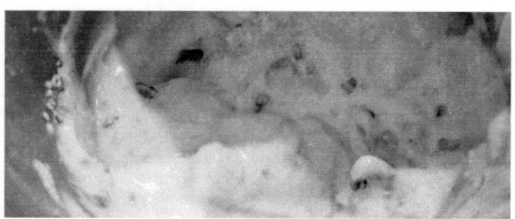

9939. Stützcreme mit Hirsepfiff, August 2016

Im Hochleistungsmixer bis zum Stocken schlagen:

- 100 g Langkorn-Naturreis
- 20 g Hirse
- 30 Cashewnüsse
- 700 g Wasser (halb Zimmertemperatur, halb kochend)

9940. Milch mit Hirsepfiff, August 2016

1 Min. im Vitamix:

- 130 g Stützcreme mit Hirsepfiff 9939
- 400 g Wasser

9941. Wirsingpfanne mit Hokkaido, August 2016

Als Gemüsepfanne 30 Min.:

- 100 g Wasser
- 180 g Wirsing, in feinen Streifen
- 40 g Zwiebel, gewürfelt
- 1 Knoblauchzehe, in Scheiben (4 g)
- 140 g Hokkaido, gewürfelt

Andicken mit Soße (hier: Brotsoße schärflich 9949), und dazu gab es Paprikanudeln 9942.

9942. Paprikanudeln, August 2016

- 1/2 TL Salz
- 1/2 TL Paprikapulver, edelsüß
- 90 g Vollkorn-Spirali
- 180 g Wasser

Zusammen wie eine Gemüsepfanne 12 Min. garen (auf der Packung: 10 Min.).

9943. Melone mit Hut, August 2016

- 60 g Wassermelone, klein geschnitten
- 50 g Stützcreme
- 10 g Sirup, hier Zitronensirup 9812
- 5 grüne kernlose Trauben

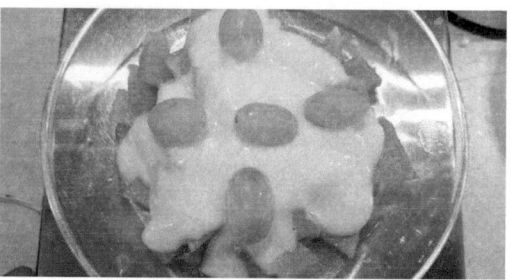

Melone auf einen Teller geben. Stützcreme und Sirup verrühren, darüber gießen. Mit Trauben dekorieren.

9944. Brotsoße schärflich, August 2016

Im kleinen Mixer, hoch stehendes Messer, pürieren:

- 25 g Brot, gewürfelt
- 35 g gekochte rote Linsen
- 35 g Stützcreme
- 1/2 TL gem. Kümmel
- 1 gestr. TL Salz
- 10 g Sonnenblumenöl
- 1 Prise Pfeffer
- 1 kleine Prise gem. Chili
- 80 g Wasser

Unter das Gemüse rühren und aufkochen.

9945. Unglaubliche-Erdbeeren-FKG, August 2016

2 x Frühstück

- 2 EL Leinsamen
- 6 EL Nackthafer
- 15 g Zitronenfleisch
- 255 g Erdbeeren
- 1 Banane (90 g)
- 1 Birne (240 g)
- Deko: 25 g Johannisbeeren,
- 8 Mandeln und
- 2 Paranüsse

Leinsamen mit dem Getreide flocken, auf zwei Schüsselchen verteilen. Das Obst in grobe Stücke teilen und im Hochleistungsmixer pürieren, über das Getreide geben. Mit Johannisbeeren und Nüssen dekorieren.

9946. Mehr-Hafer-Kakao, August 2016

Im Hochleistungsmixer, je nach Gerät, 2,5 bis 3 Min. auf höchster Stufe schlagen:

- 10 g Kakaonibs
- 25 g Nackthafer
- 1 Medjool-Dattel entsteint
- 5 g frischer Ingwer
- auf 500 ml (Markierung im Becher) mit Wasser/kochendem Wasser 1:1 auffüllen.

9947. Paranusstatar V3, August 2016

Vorläufer 9892

- 20 g getr. Tomaten
- 90 g Paranüsse
- 2 Zwiebeln 90 g
- 2 Knoblauchzehen (10 g
- 75 g Möhre
- 20 g Wasser
- 10 g Sonnenblumenöl
- 130 g Tomatenmark (Glas)

- 1/2 TL Salz
- 1 Prise Pfeffer
- 1 gestr. TL Paprika edelsüß
- 2 MS Currypulver
- 2 g Harissapaste o. Ä.
- 1 TL getr. Basilikum
- 50 g gekochte rote Linsen

Tomaten zerkleinern (6 Sek./Stufe 7), Nüsse hinzugeben und wiederholen (6 Sek./Stufe 7); umfüllen. Zwiebeln halbieren vorschneiden und mit Knoblauch und vorgeschnittener Möhre zerkleinern (5 Sek./Stufe 5). Mit Wasser und Öl garen (3 Min./Varoma/Stufe 1). Restliche Zutaten hinzufügen und verrühren (20 Sek./Stufe 4).

9948. Erfrischender Melonensalat, August 2016

2 Portionen

- 120 g gewürfelte Wassermelone
- 50 g Rote Johannisbeeren
- 2 EL Sirup, hier Zitronensirup 9812
- 6 Cashewnüsse

Obst mit Sirup verrühren, auf 2 Schüsselchen verteilen. Mit Nüssen dekorieren.

9949. Kreissalat, August 2016

2 Portionen

- 2 Tomaten (260 g)
- 60 g frischer Mais
- 60 g Zucchini
- 40 g Mungbohnensprossen
- 1 EL Bärlauchdressing Paranoisette 9816
- 2 EL Wasser

Tomaten in Scheiben schneiden und kreisförmig, leicht überlappend auf zwei Teller legen, so dass in der Mitte eine Lücke bleibt. Mais in die Mitte schütten. Zucchini in Scheiben schneiden, als äußeren Rand legen, mit Sprossen bestreuen. Dressing mit Wasser verrühren und über die Tomaten gießen.

9950. Johannitercreme, August 2016

2 Desserts

- 100 g Stützcreme
- 10 g Honig
- 10 g Lemon Curd 9811
- 50 g Rote Johannisbeeren
- 20 g Ahornsirup
- 6 Johannisbeeren als Dekoration

Creme, Honig und Lemon Curd mit einem Löffel verrühren. Auf zwei kleine Glasschüsselchen verteilen. Johannisbeeren mit Ahornsirup im Mixer pürieren (hoch stehendes Messer), am Rand verteilen. In die Mitte je 3 Johannisbeeren setzen.

9951. Saisonsuppe roh, August 2016

Im Vitamix pürieren:

- 145 g Zucchini
- 80 g Tomate
- 210 g Wasser
- Deko: gehobelte Mandeln

9952. Brotsoße senfig, August 2016

2 Portionen

Im kleinen Mixer, hoch stehendes Messer:

- 25 g Brot, gewürfelt
- 50 g gekochte rote Linsen
- 50 g Stützcreme
- 6 g Senf
- 1 gestr. TL Salz
- 10 g Cashewnussmus
- 1 Prise Pfeffer
- 125 g Wasser

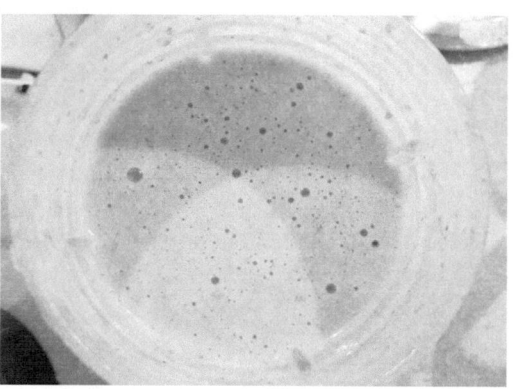

Unter das Gemüse rühren und aufkochen.

9953. Pistazienbohnen, August 2016

2 Portionen

Als Gemüsepfanne 17 Min::

- 100 g Wasser
- 250 g Kartoffeln in Scheiben
- 20 g Pistazien
- 230 g grüne Bohnen

Dann unterrühren und aufkochen:

- Brotsoße senfig 9952

Anmerkung: *Die Pistazien gehen leider unter. Ein nächstes Mal würde ich Haselnüsse nehmen.*

9954. Strawberries-Surprise-FKG, August 2016

2 Portionen.

- 2 EL Leinsamen
- 6 EL Nackthafer
- 10 g Zitronenfleisch
- 275 g Erdbeeren
- 230 g Mango
- 15 g Kokosstreifen

Leinsamen mit dem Getreide flocken, auf zwei Schüsselchen verteilen. Das Obst in grobe Stücke teilen und im Hochleistungsmixer pürieren, über das Getreide geben. Mit Kokosstreifen dekorieren.

9955. Mainly-Chia-Cocoa, August 2016

Im Hochleistungsmixer, je nach Gerät, 2,5 bis 3 Min. auf höchster Stufe schlagen:

- 10 g Kakaonibs
- 20 g weiße Chiasamen
- 1 Medjool-Dattel entsteint
- 10 g frischer Ingwer
- 15 g Zitronensirup 9812
- Auf 500 ml (Markierung im Becher) mit Wasser/kochendem Wasser 1:1 auffüllen.

9956. Milchreis aus Jasmin-Vollkornreis V4, August 2016

- 100 g Jasmin-Vollkornreis
- 1/2 Stange Zimt
- 1 Prise Salz
- 360 g Pflanzenmilch

Aufkochen, 45 Min. bei klein(st)er Einstellung.

Tipp: *Zimt macht sich sehr gut; Reis ist schön locker.*

9957. Fruit Salad for Lunch, August 2016

2 Portionen

In einer Schüssel vorsichtig verrühren und 1 Std. kalt stellen, ggf. auf 2 Teller verteilen:

- 240 g Wassermelone, in Würfeln
- 95 g Banane, in Halbscheiben
- 50 g Rote Johannisbeeren
- 15 g Zitronensaft
- 15 g Ahornsirup

9958. Flammkuchenteig etwas zu weich, August 2016

- 100 g Dinkel
- 100 g Kamut
- 100 g Wasser
- 1/2 TL Salz
- 25 g Standardstützcreme
- 1/2 TL getr. gerebbeltes Basilikum
- 1/2 TL Honig (5 g)

2,5 Min./Knetstufe im TM, 1-2 Std. abgedeckt stehen lassen. Mit Hilfe von Reismehl ausrollen.

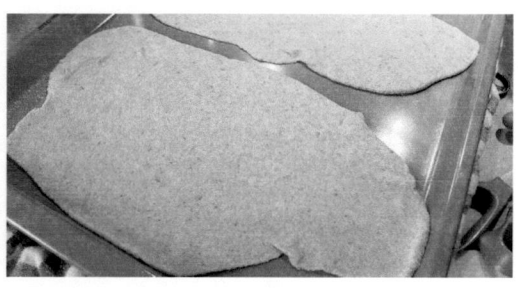

9959. Flammkuchenbelag Nr. 4, August 2016

- 6 g Ahornsirup
- 4 g Apfelessig
- 150 g weiche Tomaten
- 1/2 TL Salz
- 1 gute Prise Kreuzkümmel, gemahlen
- 100 g gekochte rote Linsen
- 10 g Cashewnussmus

Im starken Mixer pürieren.

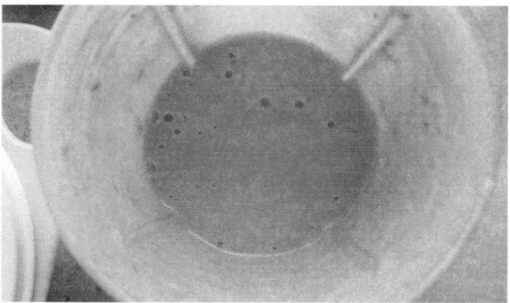

9960. Dreischichtler, August 2016

2 Portionen

Unterste Schicht mit dem Löffel verrühren, auf 2 Schüsselchen verteilen:

- 50 g Milchreis aus Jasmin-Vollkornreis V4; 9956
- 50 g Stützcreme
- 20 g Fruchtaufstrich, hier Lemon Curd 9811

Mittlere Schicht, Mixer, hoch stehendes Messer, auf der weißen Schicht verstreichen:

- 20 g kernlose Trauben
- 55 g Rote Johannisbeeren
- 20 g Agavendicksaft

Oberste Schicht, mit dem Löffel verrühren, in Streifen über die rosa Schicht klecksen (ist etwas zu viel):

- 10 g Schokoladensoße Mischnuss mit Honig 9808
- 5 g Honig
- 5 g Rum

Dekoration:

- 2 Pistazien

9961. Kalte Schokosoße wie aus der Flasche für Erwachsene, August 2016

Mit dem Löffel verrühren:

- 10 g Schokoladensoße, hier Schokoladensoße Mischnuss mit Honig 9808
- 5 g Honig
- 5 g Rum

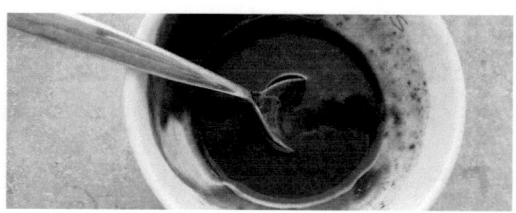

9962. Suppa Batata, August 2016

Im Vitamix pürieren:

- 80 g Batate
- 50 g Tomate
- 70 g Möhre
- 10 g getr. Mango
- 230 g Wasser
- Deko: Sesamsaat, ungeschält

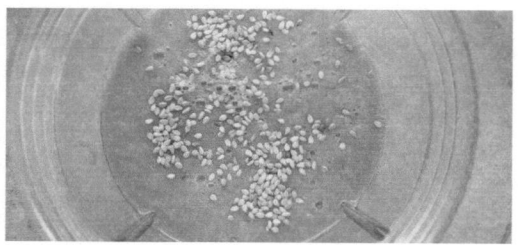

9963. Flammkuchen mit Hokkaido und Zwiebeln, Aug. 2016

2 Personen

- Teig siehe: Flammkuchenteig etwas zu weich 9958
- Flüssiger Belag siehe: Flammkuchenbelag Nr. 4; 9959

Belag:

- 180 g Hokkaido, in dünnen Scheiben vom Kürbis abgeschnitten
- 40 g Zwiebel, in ganz feinen Scheiben/Ringen
- 2 Knoblauchzehen, in Scheiben

Teig halbieren (bei mir jede Hälfte 160 g) und mit nassen Händen auf einer Dauerbackfolie zwei Lappen auseinanderdrücken. Backofen (Ober- und Unterhitze) auf 250 °C vorheizen.

Belag auf die Teigzungen streichen. Zungen gleichmäßig mit Hokkaido und Zwiebeln belegen. 13 Min. (wenn Teig nicht so weich, 12 Min.) im heißen Ofen backen.

Tipp: *Lässt sich am besten mit einer Haushaltsschere in Stücke schneiden und aus der Hand essen.*

9964. Melone im Vordergrund-FKG, August 2016

2 x Frühstück

- 2 EL Leinsamen
- 6 EL Nackthafer
- 10 g Zitronenfleisch
- 1 Banane (85 g)
- 1 Birne (200 g)
- 275 g Wassermelone
- 12 Haselnüsse
- 6 Pistazien

Leinsamen mit dem Getreide flocken, auf zwei Schüsselchen verteilen. Das Obst in grobe Stücke teilen und im Hochleistungsmixer pürieren, über das Getreide geben. Haselnüsse am Rand verteilen, Pistazien jeweils in die Mitte geben.

9965. Wassermelonenkakao, August 2016

Im Vitamix ca. 3 Min. Höchststufe:

- 10 g Kakaonibs
- 15 g Nackthafer
- 1 Medjool-Dattel, entsteint
- 10 g frischer Ingwer
- 120 g Wassermelone
- auf 500 ml (Markierung im Becher) mit Wasser/kochendem Wasser 1:1 auffüllen.

9966. Salat für drei, August 2016

3 Portionen

Im TM 5 Sek./Stufe 5:

- 100 g verdünntes Dressing (1 Teil Dressing + 2 Teile Wasser), hier Bärlauchdressing Paranoisette 9816
- 100 g Rote Bete
- 125 g Apfel
- 165 g Möhre
- 100 g Zucchini

Obendrauf:

- 250 g gekochte weiße Jumbo-Bohnen
- 2 Tomaten in Halbscheiben (240 g)
- 20 g Mungbohnensprossen

9967. Nektarinenstern, August 2016

2 Personen

- 1 Nektarine (170 g)
- 35 g Milchreis, gekocht
- 35 g Stützcreme
- 15 g Schokoladensoße
- 5 g Agavendicksaft (Rohkost-Qualität)

Nektarine halbieren, in 7-8 Spalten schneiden und sternförmig auf zwei Teller legen. Die restlichen Zutaten mit einem Löffel verrühren und über die Mitte geben.

9968. Suppe mit Wirsingkick, August 2016

Im Vitamix pürieren:

- 90 g Apfel
- 45 g Wirsing
- 10 g getr. Mango
- 70 g Zucchini
- 245 g Wasser
- Deko: einige gehobelte Mandeln

9969. Wirsing-Paella, August 2016

2 Portionen

- 100 g Jasmin-Vollkornreis
- 240 g Wasser
- 10 g Knoblauch, in dickeren Scheiben
- 10 g getr. Tomate, in Streifen
- 240 g Wirsing, in kurzen Streifen
- 110 g Süßkartoffel, in Scheiben
- 100 g gekochte weiße Bohnen

Zutaten bis auf die Bohnen in der angegebenen Reihenfolge in eine 24-cm-Pfanne mit hohem Rand geben. Wie eine Gemüse-pfanne 36 Min. kochen (evtl. am Anfang darauf achten, dass wirklich alles durchkocht). Bohnen und eine Soße (hier Safransoße 9969) zugeben und erhitzen.

9970. Safransoße, August 2016

Im Mixer, hoch stehendes Messer, dann unter das heiße Gemüse rühren, evtl. aufkochen:

- 1 Döschen Safran
- 1 Prise Chilipulver
- 1 gestr. TL Salz
- 55 g gekochte rote Linsen
- 15 g Zitronenfleisch
- 35 g Stützcreme
- 40 g Wasser
- 10 g Sonnenblumenöl

9971. Chili-Kakao 2016, August 2016

Im Vitamix ca. 3 Min. Höchststufe:

- 10 g Kakaonibs
- 20 g Nackthafer
- 1 Medjool-Dattel, entsteint
- 6 g frischer Ingwer
- 1 Prise Chilipulver
- 30 g Stützcreme
- auf 500 ml mit Wasser/kochendem Wasser 1:1 auffüllen.

232

9972. Melonenrest-FKG, August 2016

- 2 x Frühstück
- 2 EL Leinsamen
- 4 EL Nackthafer
- 2 EL Nacktgerste
- 15 g Zitronenfleisch
- 195 g Wassermelone
- 1 Banane (80 g)
- 245 g Mango
- 10 g Mandelblättchen
- 1/2 TL Kakaonibs

Leinsamen mit dem Getreide flocken, auf zwei Schüsselchen verteilen. Das Obst in grobe Stücke teilen und im Hochleistungsmixer pürieren, über das Getreide geben. Mit Mandelblättchen und Kakaonibs dekorieren.

9973. Batatöhren-Salat, August 2016

2 Portionen

Im TM 5 Sek./Stufe 5:
- 45 g Dressing, hier Bärlauchdressing Paranoisette 9186
- 110 g Batate (Süßkartoffel)
- 175 g Zucchini
- 95 g Salatgurke
- 115 g Apfel
- 35 g Möhre

Obendrauf:
- 155 g gekochte weiße Bohnen
- 30 g Mungbohnensprossen
- 10 g Mandelblättchen

9974. Gefüllte Nektarinen, August 2016

2 Desserts

- 1 Nektarine (175 g), die sich gut vom Kern löst
- 40 g Milchreis
- 10 g Zitronensirup 9812
- 1 TL Agavendicksaft, Rohkost
- 10 Pistazien

Nektarine halbieren, Kern vorsichtig entfernen. Das Innere mit einem Melonenausstecher entfernen und mit Reis und Zitronensirup verrühren. Die Nektarinenhälften mit der Öffnung nach oben auf Glasteller setzen, mit der Reismischung füllen. Agavendicksaft darüber gießen. Je 5 Pistazien am Rand entlang stecken.

9975. Herbstaussichten-FKG, August 2016

2 x Frühstück

- 2 EL Leinsamen
- 4 EL Nacktgerste
- 2 EL Roggen
- 10 g Zitronenfleisch
- 1 Apfel (220 g)
- 1 Birne (170 g)
- 1 Banane (105 g)
- 8 Walnusshälften

Leinsamen mit dem Getreide flocken, auf zwei Schüsselchen verteilen. Das Obst in grobe Stücke teilen und im Hochleistungsmixer pürieren, über das Getreide geben. Mit Walnusshälften dekorieren.

9976. Bohnen-Zwiebel-Pfanne, August 2016

2 Portionen

- 100 g Wasser
- 200 g Kartoffeln in Scheiben
- 205 g grüne Bohnen in 3-4 cm langen Stücken
- 100 g Zwiebel, in grobe Scheiben geschnitten
- Sauce Tatar einfach 9978

Zutaten in der angegebenen Reihenfolge in eine 24-cm-Pfanne geben. Als Gemüsepfanne 17 Min. dünsten. Soße unterrühren.

9977. Bataten-und-Restesuppe (roh), August 2016

- 80 g Rest vom Batatöhren-Salat 9973 (ohne Hülsenfrüchte)
- 150 g Batate
- 1 g Tamari oder Sojasoße (Rohkostqualität) und
- 265 g Wasser im Vitamix pürieren
- Deko: 1/2-1 TL Sonnenblumenkerne

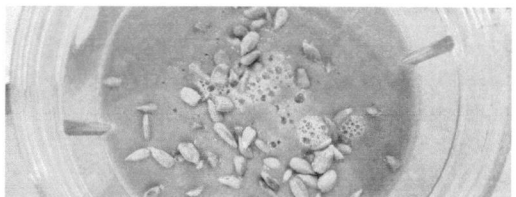

9978. Sauce Tatar einfach, August 2016

Mit einem Löffel verrühren:

- 80 g Paranusstatar, hier Paranusstatar V3; 9947
- 1 gestr. TL Salz
- 1-2 Prisen Pfeffer
- 55 g Stützcreme

Unter das Gemüse rühren und aufkochen.

9979. Chililinsenkakao, August 2016

Im Vitamix ca. 3 Min. Höchststufe:

- 10 g Kakaonibs
- 15 g Nackthafer
- 1 Medjool-Dattel, entsteint
- 10 g frischer Ingwer
- 50 g gekochte rote Linsen
- 1 Prise Chilipulver
- auf 500 ml mit Wasser/kochendem Wasser 1:1 auffüllen.

9980. Bataten-Möhren-Zucchini-Salat, August 2016

2 Portionen

Im TM 5 Sek./Stufe 5:

- 50 g Dressing, hier Bärlauchdressing Paranoisette 9816
- 115 g Apfel
- 100 g Batate
- 80 g Möhren
- 150 g Zucchini

Obendrauf:

- 115 g gekochte weiße Bohnen
- 35 g Mungbohnensprossen

9981. Zucchini-Suppe mit Wirsing, August 2016

Im Vitamix pürieren:

- 130 g Zucchini
- 45 g Wirsing
- 10 g getr. Mango
- 10 g Sonnenblumenkerne
- 25 g Hokkaido
- 240 g Wasser
- Dekoration: Kokosraspel

9982. Frische Feigen im Traubenbett, August 2016

2 Desserts

- 2 kleine frische Feigen (125 g)
- 35 g Erdbeeren
- 10 g Honig
- 40 g gekochter Milchreis
- 1 gestr. TL Flohsamenschalen
- 100 g grüne kernlose Trauben

Jede Feige auf einen Teller stellen. Deckel von den Feigen abschneiden, Inneres aushöhlen. Das Innere, Erdbeeren und Honig mit dem Mixer mischen, Milchreis und Flohsamenschalen mit einem Löffel unterrühren. Feigen damit füllen. Deckel auf die Feigen setzen, das restliche Erdbeer-Milchreis-Gemisch auf die Teller geben. Trauben halbieren und die Lücken damit füllen.

9983. Ofen-Hokkaido mit Sesam, August 2016

2 Portionen

- 2 Scheiben Hokkaido ohne Kerne (350 g; von einem größeren Kürbis)
- Salzwasser
- 15 g Sesamsaat, ungeschält

Die Kürbisscheiben von beiden Seiten mit Salzwasser einpinseln. Mit einer Seite in Sesam drücken, mit der Sesamseite nach oben auf eine Form (PerfectClean oder Dauerbackfolie/Backpapier) legen. In den kalten Ofen schieben und 25 Min. bei 220 °C (Heißluft) backen.

9984. Bohnen mit Süßkartoffel, August 2016

2 Portionen (als Beilage)

Als Gemüsepfanne 15 Min. dünsten:

- 50 g Wasser
- 155 g grüne Bohnen
- 1 kleine Süßkartoffel, gewürfelt (110 g)
- 1 Soße, hier Linsencremesoße 9985

Soße unterrühren und dicken lassen.

Tipp: *Bei mir gab es dazu Ofen-Hokkaido mit Sesam 9983.*

9985. Linsencremesoße, August 2016

Im Mixer pürieren:

- 1 TL Salz
- 1 Prise Pfeffer
- 75 g gekochte rote Linsen
- 25 g Stützcreme
- 10 g Apfelessig
- 15 g Cashewnussmus
- 10 g Kichererbsenmehl
- 125 g Wasser

Unter das Gemüse rühren und aufkochen. Das Kichererbsenmehl dickt stark.

9986. Feiges Erdbeer-FKG, September 2016

2 x Frühstück

- 2 EL Leinsamen
- 6 EL Nackthafer
- 375 g Erdbeeren
- 1 Banane (75 g)
- 2 Feigen = 130 g (Deko)
- 105 g grüne kernlose Trauben (Deko)

Leinsamen mit dem Getreide flocken, auf zwei Schüsselchen verteilen. Das Obst in grobe Stücke teilen und im Hochleistungsmixer pürieren, über das Getreide geben. Feigen achteln und im Kreis auf das Obst legen, mit Weintrauben bestreuen.

9987. Chia-Hanf-Hafer-Kakao, September 2016

Im Hochleistungsmixer, je nach Gerät, 2,5 bis 3 Min. auf höchster Stufe schlagen:

- 10 g Kakaonibs
- 5 g weiße Chiasamen
- 5 g Hanfsamen
- 10 g Nackthafer
- 1 Medjool-Dattel, entsteint
- 8 g frischer Ingwer
- auf 500 ml (Markierung im Becher) mit Wasser/kochendem Wasser 1:1 auffüllen.

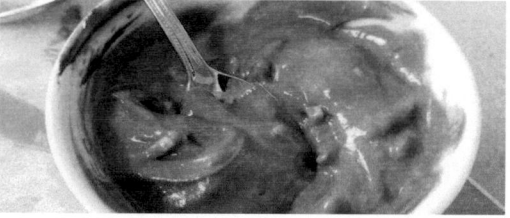

9988. Obstsalat mit Feige, September 2016

- 80 g grüne kernlose Trauben, halbiert
- 75 g Banane, in Scheiben
- 60 g Feige gewürfelt
- 2 EL Zitronensirup 9812.

Mit zwei Löffeln vorsichtig verrühren und eine Std. kalt stellen.

9989. Kleiner feiner Schokopudding, September 2016

Mit einem Löffel verrühren:

- 50 g Stützcreme
- 20 g Schokoladencreme
- 5 g Mandelstifte

Tipp: *Schmeckte dem Bekochten gut zu einem „trockenen" Kuchen.*

9990. Mango-FKG mit Feige, September 2016

2 x Frühstück

- 6 EL Nackthafer
- 2 EL Leinsamen
- 40 g getr. Mango
- 20 g Cashewnüsse
- 10 g Mandelstifte
- 280 g Wasser
- 1 Nektarine (175 g)
- 1 Banane (100 g)
- 1 Birne (185 g)
- Deko: eine Feige (75 g)
- Deko: 4 Trauben
- Deko: 2 Walnusshälften

Leinsamen mit dem Getreide flocken, auf zwei Schüsselchen verteilen. Mango in kleinere Stücke reißen. Mit Nüssen und Wasser im Vitamix zu einer lauwarmen Creme schlagen. Auf das Getreide gießen. Das frische Obst in grobe Stücke teilen und im Hochleistungsmixer pürieren, über das Getreide geben. Feige in Spalten schneiden, am Rand entlang legen. Trauben längs halbieren, zwischen die Feigenstücke legen. In die Mitte je eine Walnusshälfte geben.

9991. Creme-muss-weg-Kakao, September 2016

Im Vitamix ca. 3 Min. auf höchster Stufe:

- 10 g Kakaonibs
- 70 g Kichererbsenkochwasser
- 110 g Stützcreme
- 1 Medjool-Dattel, entsteint
- 5 g frischer Ingwer
- auf 500 ml mit kochendem Wasser auffüllen.

9992. Nektarinenspitzen auf grünem See, September 2016

2 x Dessert

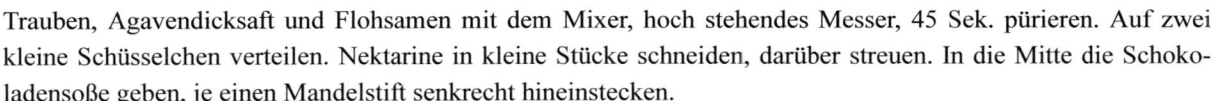

- 100 g grüne kernlose Trauben
- 1 TL Agavendicksaft (Rohkost)
- 1 TL Flohsamenschalen (2 g)
- 1/2 Nektarine (80 g)
- 2 kleine Kleckse Schokoladensoße (8 g)
- 2 Mandelstifte

Trauben, Agavendicksaft und Flohsamen mit dem Mixer, hoch stehendes Messer, 45 Sek. pürieren. Auf zwei kleine Schüsselchen verteilen. Nektarine in kleine Stücke schneiden, darüber streuen. In die Mitte die Schokoladensoße geben, je einen Mandelstift senkrecht hineinstecken.

9993. Mango-Majoran-Reis, September 2016

2 Portionen

- 20 g getr. Mango, in kleine Stücke geschnitten
- 1/2 TL getr. Majoran
- 160 g Vollkorn-Jasminreis
- 325 g Wasser

In einem Topf aufkochen (Deckel liegt auf) und auf kleinster Einstellung 35 Min. kochen und quellen lassen.

9994. Geselllerierte Zucchinisuppe, September 2016

Im Hochleistungsmixer pürieren:

- 65 g Sellerie
- 75 g Nektarine
- 60 g Zucchini
- 235 g Wasser
- Deko: Sesamsaat ungeschält

9995. Hokkaido-Fenchel-Gemüse, September 2016

2 Portionen

Als Gemüsepfanne 15 Min.:

- 65 g Wasser
- 250 g Hokkaido, in Stücken
- 125 g Fenchel
- Pistaziensoße

Soße unterrühren aufkochen. Dazu passt Mango-Majoran-Reis.

9996. Pistaziensoße, September 2016

Im Mixer, hoch stehendes Messer, 45 Sek.:

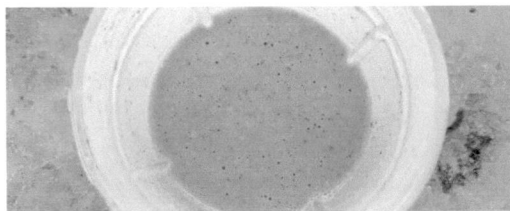

- 20 g Pistazien (ungesalzen)
- 100 g gekochte rote Linsen
- 1 TL Salz
- 1 Prise Pfeffer
- 75 g Wasser

9997. Magno-Erbdeer-FKG, September 2016

2 x Frühstück

- 6 EL Nackthafer
- 215 g Erdbeeren
- 1 Banane (100 g)
- 245 g Mango
- 8 Mandeln
- 2 Paranüsse

Getreide flocken, auf zwei Schüsselchen verteilen. Das Obst in grobe Stücke teilen und im Hochleistungsmixer pürieren, über das Getreide geben.

9998. Salatherz-Salat, September 2016

2 Portionen

- 1 Salatherz (120 g), klein geschnitten, in die Mitte von 2 Tellern
- 30 g Mungbohnensprossen, auf den Salat gestreut
- 2 x 12 Scheiben Salatgurke (195 g); in dreier Gruppen an vier „Ecken" legen
- 1 Tomate (85 g), achteln, je eine Spalte zwischen die Gurkengruppen
- 1 EL Vorratsdressing mischen mit
- 2 EL Wasser, auf den Salaten verteilen

Hinweis: *Salatherzen kaufe ich normalerweise nicht, weil ich mich immer frage: Und was passiert mit dem Rest Salat? Es war im Bio-Angebot ... und es erleichtert die Arbeit schon.*

9999. Paranusstatar V4, September 2016

Vorläufer 9947; Fettanteil gesenkt.

- 30 g getr. Tomaten (vorher 20)
- 75 g Paranüsse (vorher: 90)
- 2 Zwiebeln (110 g) (vorher: 90 g)
- 1 Knoblauchzehe (5 g)
- 120 g Möhre (vorher: 75 g)
- 20 g Wasser
- 10 g Sonnenblumenöl
- 100 g Tomatenmark (vorher 130)
- 1/2 TL Salz
- 1 Prise Pfeffer
- 1 gestr. TL Paprika edelsüß
- 2 MS Currypulver
- 2 g Harissapaste o. Ä.
- 1 TL getr. Majoran (zwischen den Händen verrieben)
- 100 g gekochte rote Linsen (vorher: 50)

Tomaten zerkleinern (6 Sek./Stufe 7), Nüsse hinzugeben und wiederholen (6 Sek./Stufe 7); umfüllen. Zwiebeln halbieren vorschneiden und mit Knoblauch und vorgeschnittener Möhre zerkleinern (5 Sek./Stufe 5). Mit Wasser und Öl garen (3 Min./Varoma/Stufe 1; sollte länger sein, da Menge größer als vorher). Restliche Zutaten hinzufügen und verrühren (20 Sek./Stufe 4).

Hinweis: *Ich habe die Mengenverhältnisse weiter weg von den Nüssen verschoben. Es schmeckt mir noch genauso gut wie Variante 1.*

10000. Jubiläumsdessert mit Nummer 10.000, Sep. 2016

2 Desserts

- 60 g Stützcreme
- 20 g Apfel-Cassis-Mark (auberginefarben)
- 10 g Agavendicksaft (Rohkost)

Verrühren, auf 2 Schüsselchen verteilen.

- 45 g gekochter Milchreis
- 20 g Stützcreme
- 5 g Agavendicksaft (Rohkost)

Verrühren, in die Mitte der Creme setzen.

- 30 g Schokosoße
- 30 g Stützcreme
- 5 g Agavendicksaft (Rohkost)

Verrühren, an vier „Ecken" klecksen.

- 1 Erdbeere, halbiert

Je in die Mitte des Milchreises setzen.

10001. Pfifferling-Hokkaido-Nudel-Pfanne, September 2016

2 Portionen; All-In-One.

Als Gemüsepfanne 15 Min.:

- 130 g Spiral-Vollkornnudeln
- 295 g Wasser
- 1/2 TL Salz
- 55 g Zwiebeln, halbiert und in Scheiben
- 85 g Pfifferlinge, klein geschnitten
- 205 g Hokkaido, klein geschnitten
- Zitronensaft + Pfeffer / Maghreb-Creme-Soße 10002

Entweder mit Zitronensaft und Pfeffer abschmecken, oder die Soße unterrühren (hier: Maghreb-Creme-Soße).

10002. Maghreb-Creme-Soße, September 2016

Im Mixer pürieren:

- 60 g gekochte rote Linsen
- 40 g Stützcreme
- 5 g Senf
- 2 g Maghreb-Gewürzmischung
- 50 g Wasser
- 15 g Cashewnussmus

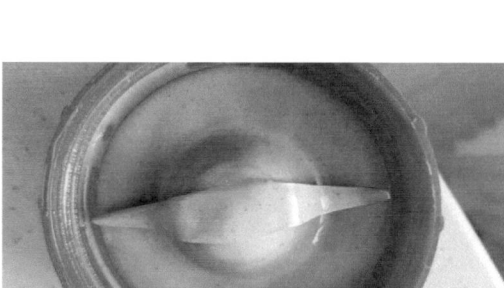

10003. Standardstützcreme ultimativ, September 2016

Vitamix 2-Liter-Becher bis zum Stocken:

- 120 g Rundkorn- oder Langkorn-Naturreis
- 30 g Cashewnüsse
- 1 Prise Salz
- 700 g Wasser, Hälfte kochend

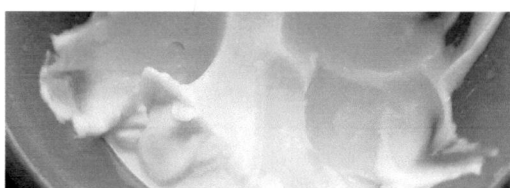

10004. Pizzateig Dinkel-Hafer, September 2016

2 Portionen; Vorläufer 9896

- 100 g Wasser
- 10 g frische Bio-Hefe (1/4 Würfel)
- 10 g Standardstützcreme
- 175 g Dinkel.
- 25 g Nackthafer
- 1/2 TL Salz
- 1/4 TL gem. Kreuzkümmel

Wasser, Hefe und Stützcreme lösen (2 Min./37°C/Stufe 2).

Getreide fein mahlen, mit Salz und Kreuzkümmel im Mixtopf kneten (2,5 Min./Knetstufe). Teig mit nassen Händen zu einer Kugel unter Spannung formen und 30-45 Min. bei 35 °C (Ober-/Unterhitze) gehen lassen.

10005. Pflaumenkompott auf Reis, September 2016

2 Desserts

- 50 g Milchreis
- 35 g Stützcreme
- 15 g Lemon Curd 9811
- 140 g frische Pflaumen
- 1 gute Prise Zimt
- 10-20 g Honig
- 1/2 TL Kokosraspel
- 2 Pistazien

Milchreis, Stützcreme und Lemon Curd mit einem Teelöffel verrühren, auf zwei kleine Schüsselchen verteilen. Pflaumen mit Zimt und Honig mit dem Mixer, hoch stehendes Messer, zu einer glatten Creme schlagen, auf den Reis geben. Mit Raspeln und Pistazien „mittig" dekorieren.

10006. Roh-Twix, September 2016

Teig:

- 50 g Mandeln
- 100 g Erdmandeln
- 100 g Buchweizen
- 1 Prise Salz
- 10 g Sonnenblumenöl
- 30 g Honig
- 50 g Wasser

Karamell-Schicht:

- 100 g Pekannüsse
- 20 g Sesamöl
- 5 g Carob
- 4-5 Datteln (80-100 g)
- 15 g Kokosöl
- 1 Prise gem. Vanille
- 1 Prise Salz
- 20 g Honig

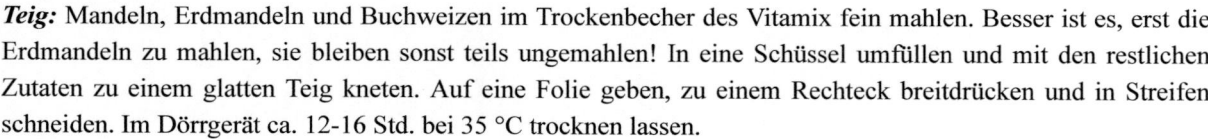

Teig: Mandeln, Erdmandeln und Buchweizen im Trockenbecher des Vitamix fein mahlen. Besser ist es, erst die Erdmandeln zu mahlen, sie bleiben sonst teils ungemahlen! In eine Schüssel umfüllen und mit den restlichen Zutaten zu einem glatten Teig kneten. Auf eine Folie geben, zu einem Rechteck breitdrücken und in Streifen schneiden. Im Dörrgerät ca. 12-16 Std. bei 35 °C trocknen lassen.

Karamellschicht: Pekannüsse im Vitamix (0,9 L-Becher) fein mahlen. Mit Sesamöl und Carob nochmals mahlen. Restliche Zutaten hinzugeben und erst gegen Ende auf der Höchststufe zu teigiger Masse schlagen.

Zubereitung: Drei flache Lasagneformen (ca. 18 x 12 cm) mit Haushaltsfolie auslegen.

Kakaobohnen und Cashewnüsse im Vitamix (1,4 L-Becher) mahlen, bis die Masse sich vom Rand löst und gut aus dem Becher nehmen lässt. In eine Schüssel umfüllen. Öl, Honig und Salz in den Becher geben. Kakaomasse dazugeben, darauf lila Maismehl und Kokosöl. Kakaobutter fein abraspeln und obenauf geben. Mit dem Stopfer mit langsam steigender Geschwindigkeit verarbeiten. Immer wieder neu auf Höchststufe laufen lassen, bis die Schokolade flüssig und gleichmäßig braun und warm, aber noch nicht heiß ist.

Die Formen dünn mit Schokolade bestreichen. Die Teigstücke eng nebeneinander aufsetzen und 10 Min. tief-kühlen. Dann die Karamellmasse auf den Teig geben, nicht zu wenig auf die einzelnen Stückchen. Mit der rest-lichen Schokolade bestreichen, so dass die Schokolade auch zwischen die Teigstücke fließen kann (es soll ja möglichst von allen Seiten mit Schokolade umgeben sein). Nach ca. 2 Std. (Zeit hängt von der Kühlschrank-temperatur ab) mit einem Messer vorsichtig Stücke anschneiden. Dann mehrere Std. kalt werden lassen.

10007. Weißer Pizzabelag Nr. 48, September 2016

Vorläufer 9899

- 70 g gekochte rote Linsen
- 100 g Standardstützcreme
- 25 g Cashewnussmus (fertig gekauft)
- 1/2 TL Salz
- 1-2 Prisen Bockshornkleesaat
- 4 g Senf
- 40 g Wasser

Im kleinen Mixer gut pürieren.

10008. Standardkakao – wiegen + Hafer, September 2016

Im Vitamix 3 Min. Höchststufe:

- 2 gestr. TL Kakaonibs
- 4 gestr. TL Nackthafer
- 1 Medjool-Dattel, entsteint
- 2-3 Scheiben frischer Ingwer
- auf 500 ml (Markierung im Becher) mit Wasser/kochendem Wasser 1:1 auffüllen.

10009. Pizza mit Pfifferlingen und Zwiebeln, Sep. 2016

28-cm-Form, 2 Portionen; Vorläufer 9901

- 1 Pizzateig, hier Pizzateig Dinkel-Hafer,
- 160 Paranusstatar, hier Paranusstatar V4; 9999
- 100 g Pfifferlinge, in Scheiben
- 50 g Zwiebel, in Scheiben
- 1/2 TL Majoran, zwischen den Händen verrieben
- 1 weißer Belag, hier Weißer Pizzabelag Nr. 48; 10007

Pizzateig mit Hilfe von Reismehl in einer 28-cm-Form (Perfect-Clean oder Dauerbackfolie / Backpapier) ausrollen, einen kleinen Rand hochdrücken. Mit Tatar bestreichen. Pfifferlinge und Zwiebeln darauf verteilen und mit Gewürz bestreuen. Darauf die weiße Soße geben. In den kalten Ofen schieben und 25 Min., Einstellung 240 °C backen.

10010. Kuchenpotpourri, September 2016

2 Desserts

Mit einem Löffel verrühren:

- 50 g Milchreis
- 50 g Stützcreme
- 1 dünne Scheibe Kuchen = 20 g (z. B. eine Schokorolle 9108), fein gewürfelt
- 2 Zwetschgen, 50 g, fein gewürfelt
- 10 g Agavendicksaft, Rohkost

Auf zwei Schüsselchen verteilen.

10011. Blumenkohlgrün-Pesto, September 2016

1,5 Honiggläser; Herstellung im TM

- 410 g Grün vom Blumenkohl, grob vorgeschnitten
- 20 g Salz
- 50 g Apfelessig
- 35 g Sonnenblumenöl
- 55 g Macadamia-Nussbruch

Das Grün vom Blumenkohl zerkleinern (8 Sek./Stufe 5). Die restlichen Zutaten hinzufügen und mischen (30 Sek./Stufe 8.5). In leere Honiggläser o. Ä. füllen.

10012. Blumenkohl-Hokkaido-Pfanne indisch, Sep. 2016

2 Portionen

- 60-100 g Kichererbsenkochwasser oder Wasser
- 35 g Zwiebel, gewürfelt
- 1 Knoblauchzehe, in Scheiben
- 1/4 TL gem. Kreuzkümmel
- 1/4 TL Currypulver
- 1 MS Chilipulver
- 1/4 TL gem. Koriander
- 195 g Hokkaido, klein geschnitten
- 300 g Blumenkohl, klein geschnitten
- 65 g Wasser
- 200 g gekochte Kichererbsen
- Indische Soße 10013

Zwiebel, Knoblauch und Gewürze in 1 EL Wasser (Kichererbsenkochwasser) anschwitzen. Nach und nach den Rest des Wassers hinzufügen. Gemüse in die Pfanne geben, unterrühren, bis alles von der Gewürzmischung beschichtet ist. 65 g Wasser hinzufügen und als Gemüsepfanne 15 Min. garen. Kichererbsen unterrühren. Soße unterrühren.

10013. Indische Soße, September 2016

Im Mixer, flaches Messer, pürieren:

- 50 g gekochte rote Linsen
- 50 g Stützcreme
- 8 g Essigpeperoni 7/4573
- 2 g Ingwer, sehr fein gewürfelt
- 1/3 TL Currypulver
- 1 TL Salz
- 45 g Wasser

Unter das Gemüse rühren und aufkochen.

10014. Chiapudding-Enttäuschung, September 2016

2 Portionen. Nach Rezepten aus der „Eve" (Sep. 2016).

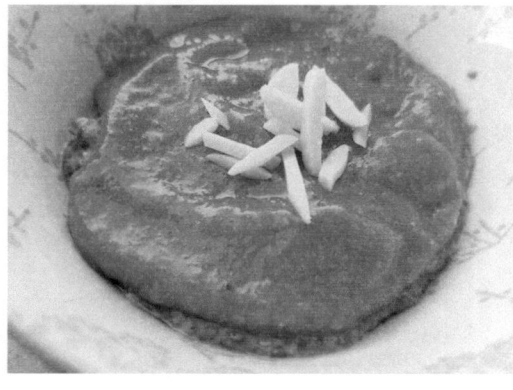

- 3 EL Chiasamen (40 g)
- 150 g Pflanzenmilch
- 1 EL Ahornsirup (= 15 g)
- 100 g Rote Johannisbeeren
- 10 g Ahornsirup
- 1 g Flohsamenschalen
- 1-2 TL Mandelstifte

Morgens Chiasamen mit Pflanzenmilch und Ahornsirup verrühren. In einer Tupperdose im Kühlschrank 8-9 Std. aufbewahren. Auf zwei Schüsselchen verteilen.

Johannisbeeren mit Ahornsirup und Flohsamenschalen mit dem Mixer, hoch stehendes Messer, 30 Sek. mixen.
Über den Chiapudding verteilen und mit Mandelstiften dekorieren.

10015. Aufgepeppte Kartoffel-Wirsing-Pfanne, Sep. 2016

2 Portionen

- 100 g Wasser
- 10 g Kokosöl
- 295 g Kartoffeln, in Scheiben
- 210 g Wirsing (Inneres), fein geschnitten
- 1/2 rote Paprikaschote (85 g), in Vierecken
- 80 g Hokkaido, in groben Würfeln
- Sauce Tatar kümmelig Variante, 10016

Zutaten in angegebener Reihenfolge in eine 24-cm-Pfanne
geben. Als Gemüsepfanne 25 Min. dünsten, ohne den Deckel
abzuheben. Soße hinzufügen, unterziehen und nochmals aufkochen.

Tipp: *Petersilie wäre eine hübsche Deko gewesen.*

10016. Sauce Tatar kümmelig Variante, September 2016

2 Portionen; Vorläufer 9917

Im kleinen Mixer, hochstehendes Messer, pürieren:

- 60 g Nusstatar, hier Paranusstatar V4; 9999
- 40 g Stützcreme
- 40 g gekochte rote Linsen
- 1 gestr. TL Salz
- 1/2 gestr. TL gem. Kümmel
- 60 g Wasser
- 20 g Apfelmark
- 15 g Cashewnussmus

Unter das Gemüse rühren und aufkochen. Die Soße ist recht fest, wenn erforderlich noch mit mehr Wasser verdünnen.

10017. Erdbeerschnitte rund, September 2016

- 50 g Stützcreme
- 10 g Honig
- 3 g + 1/2 TL Kakaonibs
- 60 g Erdbeeren
- 1 g Flohsamenschalen
- 10 g Honig

Creme, Honig und 3 g Kakaonibs mit einem Löffel verrühren, in einem runden Glasschüsselchen glatt streichen. Erdbeeren, Flohsamenschalen und Honig mit dem kleinen Mixer, hoch stehendes Messer, gut mixen und auf die helle Schicht gießen. Mit weiteren Kakaonibs bestreuen.

10018. Fenchel-Pastinaken-Suppe roh, September 2016

Im Vitamix pürieren:

- 95 g Apfel
- 95 g Fenchel
- 25 g Pastinake
- 10 g Sonnenblumenkerne
- 275 g Wasser
- Deko: Fenchelgrün

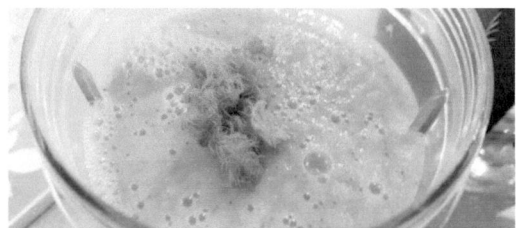

10019. Gemüsepfanne nur mit Salz, September 2016

2 Portionen

- 80 g Wasser
- 150 g Kartoffeln, in Scheiben
- 135 g Buschbohnen, 3-4 cm Stücke
- 125 g Hokkaido, gewürfelt
- 190 g Blumenkohl, grob geschnitten
- 1/2 TL Salz nach dem Garen

Ohne Salz als Gemüsepfanne 17 Min. Salz unterrühren. Fertig.

Fazit: *Noch schlichter geht kaum noch (das wäre dann eine Sorte Gemüse) - aber mir hat's super geschmeckt!*

10020. Puddingobst, September 2016

2 Portionen

- 80 g Stützcreme
- 15 g Ahornsirup
- 45 g Rote Johannisbeeren
- 80 g Nektarine, klein geschnitten

Stützcreme mit Ahornsirup verrühren, Obst unterziehen und auf zwei Schüsselchen verteilen.

10021. Einfache Kichercremesoße, September 2016

Im Mixer pürieren:

- 100 g Wasser
- 5 g Kichererbsenmehl
- 1 TL Salz
- 1 Prise Pfeffer
- 20 g Cashewnussmus

Unter das Gemüse rühren und aufkochen.

10022. Pflanzenmilch klein, September 2016

Im Vitamix 1 Minute:

- 80 g Stützcreme, hier Standardstützcreme klein 10025
- 285 g Wassers

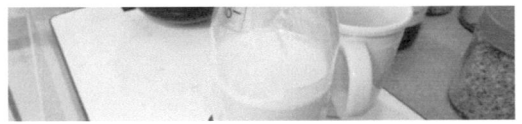

10023. Gorgonzola-Kürbis-Pfanne, September 2016

2 Portionen

- 160 g + 45 g Wasser
- 125 g grüne Bohnen, in Stücken
- 40 g Zwiebeln, in Würfeln
- 1 TL Pesto, z. B. Blumenkohlgrün-Pesto 10011
- 280 g Gorgonzola-Kürbis, klein geschnitten
- 80 g Spiral-Nudeln Emmer

Wie eine Gemüsepfanne zubereiten, jedoch erst einmal mit 160 g Wasser, Bohnen, Zwiebeln und Pesto anfangen. Nach 10 Min. Kürbis, Nudeln und 45 g Wasser (besser 75 g) zugeben, verrühren und weitere 12-15 Min. dünsten.

Tipp: Je nach Geschmack eine Soße unterrühren und aufkochen. Bei mir war es die einfache Kichercremesoße 1021.

10024. Pfifferlinge im TM waschen, September 2016

- 100 g Pfifferlinge
- 325 g Wasser

Pfifferlinge in den Gareinsatz des Thermomix geben. Wasser in den Mixtopf füllen. Gareinsatz einhängen und waschen (30 Sek./Stufe 10). Pfifferlinge auf ein Tuch stürzen, vorsichtig von oben abtupfen und 1-2 Std. antrocknen lassen.

Hinweis: Auf den Fotos sieht man es nicht so gut - aber es war bis auf wenige Stellen ausreichend.

10025. Standardstützcreme klein, September 2016

Im 0,9-Liter-Becher Hochleistungsmixer:

- 60 g Reis
- 15 g Cashewnüsse
- 1 Prise Salz
- 1 Prise Flohsamenschalen
- 100 kaltes + 250 g kochend heißes (Mengenverhältnisse können variieren) Wasser

Zutaten auf der Höchststufe laufen lassen, bis die Masse stockt (ca. 1 Min. 15 Sek.).

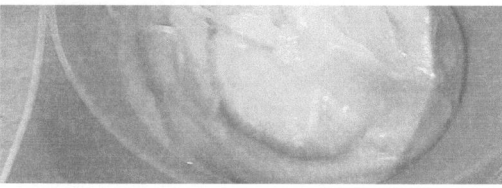

10026. Salat mit gebratenen Pfifferlingen, September 2016

2 Portionen

- 1 Salatherz (80 g), klein geschnitten,
- 12 Scheiben Salatgurke (85 g)
- 12 Halbscheiben aus 1 Tomate (13 g)
- 1 EL Bärlauchdressing Paranoisette 9816
- 2 EL Wasser
- 1 TL Kokosöl
- 100 g Pfifferlinge, gewaschen (s. 10024)

Salat, Gurke und Tomate auf zwei Teller verteilen. Dressing mit Wasser vermischen und darüber geben. Kokosöl erhitzen und die Pfifferlinge darin gut anbraten. Deckel nicht schließen, denn die Pilze ziehen Wasser.

10027. Maghreb-Reis, September 2016

2 Portionen; unsere Portion schrumpfen derzeit.

- 130 g Jasmin-Vollkornreis
- 1 Prise Salz
- 1/2 TL Maghreb-Mischung 9572
- 260 g Wasser

Im Topf aufkochen, auf kleiner Einstellung 35 Min. kochen bzw. quellen lassen.

10028. Bohnen mit Pfifferlingen, September 2016

2 Portionen

Als Gemüsepfanne 20 Min.:

- 75 g Wasser
- 205 g Buschbohnen, 3-4 cm Stücke
- 20 g Knoblauch, klein geschnitten
- 25 g Zwiebel, klein geschnitten
- 150 g Pfifferlinge, gereinigt im TM 10024, größere klein geschnitten
- Zitronen-Petersilien-Soße 10029

Soße unterrühren und aufkochen.

Tipp: *Bei uns gab es dazu Maghreb-Reis 10027.*

10029. Zitronen-Petersilien-Soße, September 2016

Mit dem Mixer, hoch stehendes Messer, pürieren:

- 20 g gekochte rote Linsen
- 30 g Stützcreme
- 1 gestr. TL Salz
- 1 Prise Pfeffer
- 15 g Zitronenfleisch
- 5 g Kichererbsenmehl
- 100 g Wasser
- 20 g Cashewnussmus

Anschließend durch 3x kurz Drehen die Petersilie einarbeiten:
5 g Petersilie unter das Gemüse rühren und aufkochen.

10030. Bärlauchdressing blumenkohlette, September 2016

Vorläufer: 9816

Im Vitamix pürieren:

- 125 g Sonnenblumenkerne
- 160 g Apfelessig
- 20 g Salz
- 1 g gem. schw. Pfeffer
- 50 g grüne Rosinen
- 245 g Wasser
- 20 g Tamari oder Sojasoße
- 50 g Blumenkohlgrün-Pesto 10011
- 60 g eingelegter Bärlauch (gekauft)
- 3 g Gewürzmischung von Sonnentor (= 1 EL), Gute Laune

10031. Wildhefe, 4. Verlängerung, September 2016

- 100 g Wildhefewasser
- 2 getr. Softaprikosen, unzerschnitten
- 1 TL Honig
- ca. 800-850 g EM-Wasser

In das Glas geben, Deckel so zudrehen, dass ein bisschen „Luft" reinkommen kann. Ab und an umrühren. Abends angesetzt. Am übernächsten Morgen in den Kühlschrank.

10032. Pizzateig Dinkel kleinere Portion, September 2016

Vorläufer: 10005

- 70 g Wasser
- 1/2 Tüte Trockenhefe (4-5 g)
- 130 g Dinkel
- 1 Prise Salz
- 1 TL Sonnenblumenöl (5 g)

Getreide fein mahlen, mit den restlichen Zutaten in den Mixtopf geben und kneten (2,5 Min./Knetstufe). Teig zu einer Kugel unter Spannung formen und in einer geschlossenen Pengdose bis zum nächsten Mittag in den Kühlschrank stellen. Gegen 14 Uhr einmal kurz durchkneten.

10033. Sesamchia-Brot (Wildhefe 2016/27), September 2016

Vorläufer 9889

Stufe 1 (12 Std. vorher):

Sauerteigansatz:

- 400 g Roggen
- 420 g Wasser
- 150 g Sauerteig (Herstellung in älteren Bänden beschrieben)

Wildhefeansatz:

- 120 g Wildhefewasser
- 80 g Wasser
- 50 g Emmer
- 150 g Dinkel

Stufe 2 (Backen, bei mir am Morgen):

- 75 g Roggen
- 125 g Emmer
- 20 g Salz
- 175 g lauwarmes Wasser
- Gesamter Wildhefeansatz
- 800 g Sauerteigansatz
- 50 g Sesam, ungeschält
- 50 g Chiasamen
- 20 g Butter für die Form

Stufe 1, Sauerteig: Roggen fein mahlen, mit Wasser und altem Sauerteig mischen. In einer Plastiktüte über Nacht stehen lassen. 150 g von der Stufe 1 abnehmen und in einem gut schließenden Schraubglas in den Kühlschrank stellen für das nächste Backen. Zutaten für den ***Wildhefeansatz*** verrühren.

Stufe 2: Zutaten (außer der Butter) mit einem großen Löffel gründlich verrühren, bis kein Mehl mehr sichtbar ist. Eine 30-cm-Brotform, Profi-Email von Dr. Oetker, gut einfetten. Teig hineingeben, mit der nassen Hand herunterdrücken und glattstreichen. Mit einem scharfen Messer dreimal schräg einschneiden. Form in eine Plastiktüte geben und etwa 2,5 Std. gehen lassen. Die Brotform ist dann ganz voll. Brot in den kalten Ofen schieben, 70 Min. bei 220 °C backen.

10034. Paranusstatar V5, September 2016

Vorläufer 9999; Fettanteil und Tomatenmark gesenkt.

- 50 g getr. Tomaten (vorher 30)
- 50 g Paranüsse (vorher: 75)
- 1 Zwiebel (70 g) (vorher: 110 g)
- 195 g Möhre (vorher: 120 g)
- 30 g Wasser (vorher: 20 g)
- 15 g Sonnenblumenöl (vorher: 10 g)
- 60 g Tomatenmark (vorher 100)
- 1/2 TL Salz
- 1 Prise Pfeffer

- 1 gestr. TL Paprika edelsüß
- 2 MS Currypulver
- 2 g Harissapaste o. Ä.
- 1 TL getr. Majoran (zwischen den Händen verrieben)
- 150 g gekochte rote Linsen (vorher: 100)

Tomaten zerkleinern (10 Sek./Stufe 7), Nüsse hinzugeben und wiederholen (10 Sek./Stufe 7); umfüllen. Zwiebeln halbieren vorschneiden und mit vorgeschnittener Möhre zerkleinern (5 Sek./Stufe 5). Mit Wasser und Öl garen (4 Min./Varoma/Stufe 1; sollte länger sein, hat Varoma nicht erreicht). Restliche Zutaten hinzufügen und verrühren (25 Sek./Stufe 4).

Hinweis: *Ich habe die Mengenverhältnisse weiter weg von den Nüssen und vom Tomatenmark verschoben. Es schmeckt noch lecker, aber doch jetzt deutlich anders!*

10035. Borlotti-Bohnen, September 2016
- 250 g Bohnen

In reichlich Wasser 20-24 Std. einweichen. Durchspülen, im Schnellkochtopf 25 Min. Dann sind sie sehr weich.

10036. Roter Pizzabelag Nr. 35, September 2016
Vorläufer 9898; für eine 24-cm-Form.
- 10 g Tomatenmark (aus dem Glas)
- 1 Prise Salz
- 2 g Agavendicksaft
- 10 g Wasser
- 10 g Apfelessig

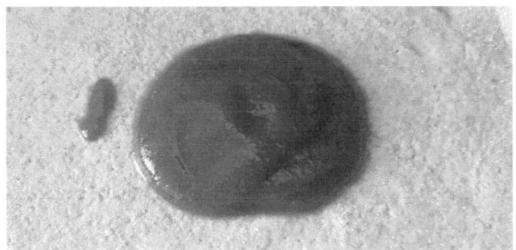

Zutaten mit einem Teelöffel verrühren.

10037. Weißer Pizzabelag Nr. 49, September 2016
Vorläufer 10007; für eine 24-cm-Form
- 30 g gekochte rote Linsen
- 55 g Standardstützcreme
- 15 g Cashewnussmus (fertig gekauft)
- 1 Prise Salz
- 1 Prise Bockshornkleesaat
- 5 g Apfelessig
- 25 g Wasser

Im kleinen Mixer gut mixen. Hätte etwas mehr Essig sein können verhältnismäßig.

10038. Pizza mit Pfifferlingen und Zwiebeln klein, Sep. 2016
24-cm-Form, 2 Portionen; Vorläufer 10008
- 1 Pizzateig, hier Pizzateig Dinkel kleinere Portion 10032
- 1 roter Belag, hier Roter Pizzabelag Nr. 35; 10036
- 125 g Pfifferlinge, klein geschnitten (100 g vor Waschen)
- 15 g Knoblauch, in Scheiben
- 1 Tomate (80 g), in dünnen Scheiben
- 1/2 TL Majoran, zwischen den Händen verrieben
- 1 weißer Belag, hier Weißer Pizzabelag Nr. 49; 10037

Pizzateig für eine 24-cm-Form ausrollen. Form ölen, Teig hineinlegen und einen kleinen Rand hochdrücken. Mit rotem Belag bestreichen. Pfifferlinge und Zwiebeln darauf verteilen, mit Tomatenscheiben belegen und mit Gewürz bestreuen. Darauf die weiße Soße geben.

In den kalten Ofen schieben und 25 Min., Einstellung 250 °C (Heißluft backen (240 °C hätte wohl auch gereicht).

10039. Bunte Pfanne, September 2016

Fast eine Resteverwertung; 2 Portionen.

Als Gemüsepfanne 17 Min.:

- 100 g Wasser
- 15 g Blumenkohlgrün-Pesto 10011
- 205 g Kartoffeln, in Scheiben
- 160 g Buschbohnen, in 3-4 cm Stücken
- 105 g Pfifferlinge, die größeren klein geschnitten
- 125 g Hokkaido-Kürbis, in Stücken
- 80 g Blumenkohl, klein geschnitten

Nach der Garzeit unterrühren:

- 2 EL geh. Petersilie
- 1 gestr. TL Salz
- 1-2 Prisen Pfeffer
- 1 EL Sonnenblumenöl

10040. Kürbis- und Kartoffelspalten gebacken, Sep. 2016

2 Portionen; mit Gorgonzola-Kürbis (könnte auch „Sweet Dumpling" heißen, so Info einer Leserin).

- 165 g Gorgonzola Kürbis in 4-5 Spalten
- 275 g Kartoffeln, in knapp 1-cm-dicken Scheiben
- 4-5 g Sonnenblumenöl
- 2 g Salz

Kürbis und Kartoffeln auf ein Blech leben (bei mir eine 28-cm-PerfectClean-Pizzaform). Mit Öl bepinseln und mit Salz bestreuen. In den kalten Ofen schieben und 25 Min. bei 220 °C backen.

Tipp: Ein Dip macht sich gut dazu, oder auch Gemüse.

10041. Blumenkohldip, September 2016

2 Portionen

- 180 g Blumenkohl
- 1 Prise Pfeffer
- 15 g Zitronenfleisch
- 4 g Salz
- 20 g Cashewnussmus
- 50 g gekochte rote Linsen
- Deko: etwas Petersilie

Im Vitamix mithilfe des Stößels zu einer glatten Creme verarbeiten und auf zwei Schüsselchen verteilen. Mit Petersilie dekorieren.

Tipp: Bei uns gab es dazu Kürbis- und Kartoffelspalten gebacken.

10042. Gewürz-Rucola-Reis, September 2016

2 Portionen

- 1 Lorbeerblatt
- 2 grüne Kardamomschoten
- 5 g Rucola, fein gehackt
- 1 Prise Salz
- 140 g Jasmin-Naturreis
- 280 g Wasser

Zusammen aufkochen, 35 Min. auf kleinster Einstellung.

10043. Gorgonzaubergine, September 2016

2 Portionen

Als Gemüsepfanne 15 Min.:

- 50 g Wasser
- 10 g Sonnenblumenöl
- 70 g Zwiebel, gehackt
- 1 Zehe Knoblauch, in Scheiben
- 180 g Gorgonzola-Kürbis, gewürfelt
- 300 g Aubergine, gewürfelt

Abschmecken mit:

- 10 g Zitronensaft
- 1 gestr. TL Salz
- 2 Prisen Pfeffer

Gut dazu passt ein Reisgericht.

10044. Patisson zum Ersten mit Rucola, September 2016

2 Portionen

Als Gemüsepfanne 20 Min.:

- 80 g Wasser
- 300 g Kartoffeln in Scheiben
- 70 g Rucola, klein geschnitten
- 2 Tomaten (190 g) in Scheiben
- 1 TL Pesto, z. B. von Blumenkohlgrün
- 150 g Patisson, in grobe Stücke geschnitten

Eine Soße unterrühren und kurz aufkochen.

Hinweis: *Patisson schmeckt mir nicht besonders. Außerdem müsste ich ihn schälen, die Schale wird durch Kochen nicht genießbar. Ein „zum Zweiten" wird es daher nicht geben.*

10045. Zitronensoße, September 2016

Mixer, hoch stehendes Messer, pürieren:

- 20 g gekochte rote Linsen
- 15 g Zitronenfleisch
- 1 TL Kichererbsenmehl (6 g)
- 1 gestr. TL Salz
- 1 Prise Pfeffer
- 1 Prise gem. Koriander
- 20 g Mandelmus (gekauft)
- 75 g Wasser

10046. Freitags-Wunderbeeren-FKG, September 2016

2 Portionen

- 6 EL Nackthafer
- 2 EL Leinsamen
- 40 g getr. Mango
- 30 g Cashewnüsse
- 300 g Wasser
- 1 Banane (90 g)
- 1 Apfel (80 g)
- 110 g tiefgekühlte Beerenmischung
- Deko: 4 TL Mandelstifte

Leinsamen mit dem Getreide flocken, auf zwei Schüsselchen verteilen. Mango in kleinere Stücke reißen. Mit Nüssen und Wasser im Vitamix zu einer lauwarmen Creme schlagen. Auf das Getreide gießen. Banane und Apfel in grobe Stücke Teilen und mit den tiefgekühlten Beeren im Hochleistungsmixer pürieren, über das Getreide geben. Mit Mandelstiften bestreuen.

10047. Chia-Brot (Wildhefe 2016/28), September 2016

Vorläufer 10033

Stufe 1 (12 Std. vorher):

Sauerteigansatz:

- 400 g Roggen
- 420 g Wasser
- 150 g Sauerteig (Herstellung in älteren Bänden beschrieben)

Wildhefeansatz:

- 200 g Wildhefewasser
- 50 g Emmer
- 150 g Weizen

Stufe 2 (Backen, bei mir am Morgen)

- 100 g Roggen
- 100 g Emmer
- 20 g Salz
- 1 TL Brotgewürz (Brecht)
- 175 g Wasser
- Gesamter Wildhefeansatz
- 800 g Sauerteigansatz
- 50 g Chiasamen
- 20 g Butter für die Form

Stufe 1: Sauerteigansatz: Roggen fein mahlen, mit Wasser und altem Sauerteig mischen. In einer Plastiktüte über Nacht stehen lassen. 150 g von der Stufe 1 abnehmen und in einem gut schließenden Schraubglas in den Kühlschrank stellen für das nächste Backen. Zutaten für den Wildhefeansatz mit dem Löffel verrühren.

Stufe 2: Zutaten (außer der Butter) mit einem großen Löffel gründlich verrühren, bis kein Mehl mehr sichtbar ist. Eine 30-cm-Brotform, Profi-Email von Dr. Oetker, gut einfetten. Teig hineingeben, mit der nassen Hand herunterdrücken und glattstreichen. Mit einem scharfen Messer dreimal schräg einschneiden. Form in eine Plastiktüte geben und etwa 2,5 Std. gehen lassen. Die Brotform ist dann ganz voll. Brot in den kalten Ofen schieben, 70 Min. bei 220 °C backen.

10048. Zwiebel-Tomaten-Gemüse, September 2016

2 Portionen

Als Gemüsepfanne 30 Min. (die Zwiebel wurde und wurde nicht weich):

- 10 g Sonnenblumenöl
- 55 g Wasser
- 1 TL Blumenkohlgrünpesto 10011
- 290 g Kartoffeln, in Scheiben
- 1 Gemüsezwiebel (250 g), gewürfelt
- 2 Tomaten (250 g), klein geschnitten

Tipp: *Eine Tomatenmarksoße 10049 passt gut dazu.*

10049. Tomatenmarksoße, September 2016

Im Mixer, flach stehendes Messer, pürieren:

- 1 gestr. TL Salz
- 1 gute Prise Pfeffer
- 1 TL Paprika edelsüß
- 30 g Tomatenmark
- 20 g flüssiger Honig
- 1 geh. TL Reismehl (8 g)
- 10 g Apfelessig
- 50 g Wasser
- 20-30 g Wasser zum Nachspülen

Unter das Gemüse rühren und aufkochen.

Urteil Eric: *Sehr lecker!*

10050. Tomaten-Zwiebel-Pfanne, September 2016

2 Portionen

Als Gemüsepfanne 30 Min.:

- 10 g Sonnenblumenöl
- 55 g Wasser
- 1 TL Blumenkohlgrünpesto 10011
- 1 Gemüsezwiebel (210 g), gewürfelt
- 2 größere Knoblauchzehen, in Scheiben (10 g)
- 2 Tomaten (245 g), klein geschnitten

Tipp: Eine Tomatenmarksoße wie 10049 und Nudeln 10051 passen gut dazu.

10051. Dinkelspirelli gedünstet, September 2016

Angegebene Kochzeit: 10 Min.; 2 Portionen

- 170 g Dinkelspirelli
- 1 Prise Salz
- 350 g Wasser

Nudeln, Salz und Wasser in einem Topf zum Kochen bringen, dass es leicht schäumt. Auf kleinster Einstellung 15 Min. köcheln (dieselbe Einstellung wie für die Gemüsepfanne). Es bleiben nur 1-2 EL Wasser übrig. Zwischendurch 2 x umrühren.

10052. Tomatenmarksoße II, September 2016

Vorläufer 10049

Im Mixer, flach stehendes Messer, pürieren:

- 1 gestr. TL Salz
- 1 gute Prise Pfeffer
- 1 TL Paprika edelsüß
- 30 g Tomatenmark
- 20 g flüssiger Honig
- 1 geh. TL Reismehl (10 g)
- 1/4 TL gem. Kümmel
- 10 g Apfelessig
- 50 g Wasser

Unter das Gemüse rühren und aufkochen.

Urteil Eric: Sehr lecker!

10053. Stützcreme mit Reismehl, September 2016

Im Vitamix bis zum Stocken (ca. 1 Min. 40 Sek.):

- 60 g Reismehl
- 15 g Cashewnüsse
- 1 Prise Salz
- 1 Prise Flohsamenschalen
- 350 g Wasser (100 g kalt, 250 g kochend)

Hinweis: Hat für mich sie einen leicht bitteren Geschmack.

10054. Kakao ohne Mix, September 2016

- 50 g Stützcreme
- 1 TL Kakaopulver (5 g)
- 20 g Ahornsirup
- 75 g Wasser
- Kochendes Wasser zum Auffüllen

Stützcreme, Kakaopulver, Ahornsirup und Wasser mit einem Löffel in der Tasse verrühren. Mit kochendem Wasser auffüllen.

10055. Tomaten-Zwiebel-Gemüse aus dem Thermomix, September 2016

2 Portionen; gut dazu passt auch Reis (170 g für 2 Personen).

- 1 Gemüsezwiebel, in Achteln (275 g)
- 2 Knoblauchzehen (12 g)
- 2 Tomaten (215 g)
- 65 g Wasser
- 1 EL Sonnenblumenöl

Gemüse in den Mixtopf geben und zerkleinern (4 Sek./Stufe 4.5). Flüssigkeiten hinzufügen und garen (25 Min./100 °C/Stufe 2/Linkslauf).

- 1 TL Salz
- 1 Prise Pfeffer
- 10 g Reismehl (selbst gemahlen)
- 1 TL Paprika edelsüß
- 1/3 TL gem. Kümmel
- 30 g Tomatenmark
- 20 g Honig
- 10 g Peperoniessig (oder Apfelessig)
- 70 g Wasser

Trockene und nicht-trockene Zutaten jeweils in einer kleinen Schüssel verrühren. Erst die Flüssigkeit in den Thermomix geben, dann die trockenen und verrühren (10 Sek./Stufe 2,5). Dann zum Eindicken aufkochen (3 Min./Varoma/Stufe 1/Linkslauf).

__Urteil:__ Es hat uns beiden genauso gut geschmeckt wie aus der Pfanne. Die Farbe war etwas heller. Es ging einfacher als in der Pfanne, weil ich nichts per Hand zerkleinern und keine Soße in einem Mixer vorbereiten musste. Das klappte aber nur, weil ich das Rezept bereits gut kannte. Das bestärkt mich wieder einmal in der Meinung, dass ich zwar bekannte Rezepte gut im TM machen kann, Experimente aber weniger geeignet sind: Die Mengen lassen sich optisch schlechter abschätzen (es sah total wenig aus!), und das Abschmecken ist deutlich umständlicher.

10056. Tomaten-Zwiebel-Gemüse aus dem Thermomix II, September 2016

2 Portionen; gut dazu passt auch Reis (170 g für 2 Personen).

- 1 Gemüsezwiebel, in Achteln (280 g)
- 3 Knoblauchzehen (17 g)
- 2 Tomaten (205 g)
- 65 g Wasser (Bohnenkochwasser)
- 1 EL Sonnenblumenöl

Gemüse in den Mixtopf geben und zerkleinern (4 Sek./Stufe 5). Flüssigkeiten hinzufügen und garen (30 Min./100 °C/Stufe 1/Linkslauf); ab kräftigem Kochen herunterstellen auf 98 °C.

- 1 TL Salz
- 1 Prise Pfeffer
- 10 g Kichererbsenmehl (selbst gemahlen) (vorher: Reismehl)
- 1 TL Paprika edelsüß
- 1/3 TL gem. Kümmel
- 35 g Tomatenmark (etwas mehr, da die Tomaten kleiner waren)
- 20 g Honig
- 10 g Peperoniessig 7/4563 (oder Apfelessig)
- 80 g Wasser (Bohnenkochwasser)

Trockene und nicht-trockene Zutaten jeweils in einer kleinen Schüssel verrühren.

Erst die Flüssigkeit in den TM geben, dann die trockenen und verrühren (10 Sek./Stufe 2,5). Dann zum Eindicken aufkochen (3 Min./Varoma/Stufe 1/Linkslauf).

10057. Späte Bohnen mit spitzen Paprika, September 2016

2 Personen

Als Gemüsepfanne 25 Min.:

- 105 g Wasser
- 20 g Blumenkohlgrünpesto 10011
- 265 g Kartoffeln, in Scheiben
- 250 g Bohnen, 3-4 cm große Stücke
- 145 g rote Spitzpaprika, in Streifen

Nach Geschmack nur mit Zitrone und Salz würzen oder eine Soße einrühren und aufkochen.

10058. Macadamia-Tandoori-Soße, September 2016

- 25 g Macadamianuss-Bruch
- 50 g gekochte rote Linsen
- 1 TL Salz
- 1-2 Prisen Pfeffer
- 15 g Zitronenfleisch
- 1 gestr. TL Tandoori-Gewürzmischung (Aldi-Bio)
- 65 g Wasser

Im Mixer pürieren (hoch stehendes Messer), dann unter das Gemüse rühren und aufkochen:

10059. Brokkoli gedünstet, September 2016

2 Portionen

Als Gemüsepfanne 12 Min.:

- 75 g Wasser
- 285 g Brokkoli-Röschen

Hinweise: Gut dazu passt eine Senfsoße wie 10060. – Der Strunk meines Brokkoli hatte so viele schwarze Flecken, dass ich ihn leider entsorgen musste.

10060. Senfsoße. September 2016

- 55 g gekochte rote Linsen
- 1 TL Salz
- 1 Prise Pfeffer
- 10 g Zitronensaft
- 15 g Senf
- 8 g Kichererbsenmehl (1 geh. TL)
- 55 g Wasser
- 10 g Sonnenblumenöl
- 5 g Honig

Mit dem Mixer, flaches Messer, pürieren, unter das Gemüse rühren und aufkochen.

10061. Jasminreis Pesto mit Ki-Wasser, September 2016

2 Portionen

- 1 TL Pesto (z. B. Blumenkohlgrünpesto 10011), 15 g
- 100 g Kichererbsenkochwasser
- 220 g Wasser
- 160 g Jasminreis

Zusammen zum Kochen bringen, auf kleinster Einstellung im geschlossenen Topf 35 Min. quellen/köcheln lassen. Wird sehr schön glänzend, als wäre Butter dabei.

10062. Bunte Buschbohnen-Pfanne, September 2016

2 Portionen

Als Gemüsepfanne 17-20 Min.:

- 95 g Kichererbsenkochwasser (oder Wasser)
- 205 g Buschbohnen, Stücke 3-4 cm
- 90 g rote Spitzpaprika, in Streifen
- 85 g Möhren, in Stücken
- Erdnusssoße leicht scharf 10062

Eine beliebige Soße unterrühren und aufkochen, bei uns gab es dazu eine Erdnusssoße leicht scharf.

10063. Erdnusssoße leicht scharf, September 2016

2 Portionen

- 30 g Erdnüsse, geröstet und gesalzen
- 1 knapper TL Salz
- 1 Prise Pfeffer
- 1/2 TL Paprikapulver edelsüß
- 1 Stück Essigpeperoni (12 g) 7/4573
- 65 g kernlose Weintrauben
- 1 TL Reismehl (5 g)
- 100 g Kichererbsenkochwasser oder Wasser

Im kleinen Mixer, hoch stehendes Messer, pürieren und unter das Gemüse rühren, aufkochen.

10064. Gemüsegratin, September 2016

2 Personen

- Etwas Öl zum Einfetten der Form
- 155 g Kohlrabi
- 150 g Zucchini
- 165 g Kartoffeln
- 25 g Knoblauch, in dünnen Scheiben
- 40 g Zwiebel, in feinen Ringen
- 20 g getr. Tomaten, in feinen Streifen
- Eine Gratinsoße, hier Gratinsoße Linsenbasis
- 1-2 EL Sesamsaat, ungeschält

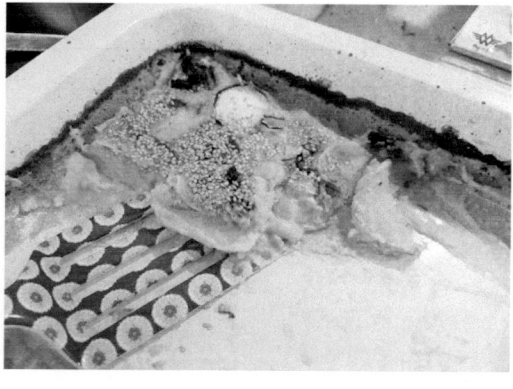

Kohlrabi, Zucchini und Kartoffeln in dünne Scheiben schnei-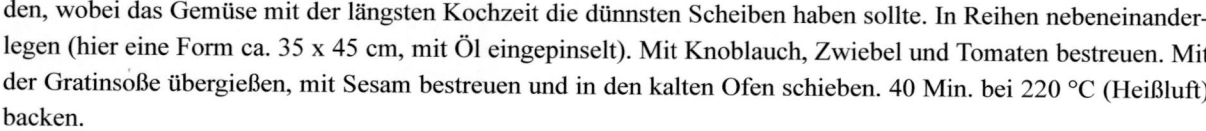den, wobei das Gemüse mit der längsten Kochzeit die dünnsten Scheiben haben sollte. In Reihen nebeneinander-legen (hier eine Form ca. 35 x 45 cm, mit Öl eingepinselt). Mit Knoblauch, Zwiebel und Tomaten bestreuen. Mit der Gratinsoße übergießen, mit Sesam bestreuen und in den kalten Ofen schieben. 40 Min. bei 220 °C (Heißluft) backen.

Hinweis: *Mit hat der Gratin am besten geschmeckt, als er nur noch lauwarm war.*

10065. Gratinsoße Linsenbasis, September 2016

Im Vitamix gut mixen:

- 25 g Pesto, hier Blumenkohlgrünpesto 10011
- 125 g gekochte rote Linsen
- 10 g Zitronenfleisch
- 20 g Kichererbsenmehl
- 30 g Mandelmus (gekauft)
- 330 g Wasser

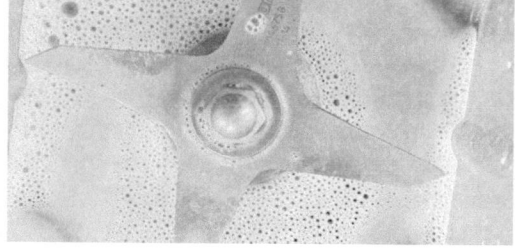

10066. Kleine Portion rote Linsen, September 2016

- 100 g rote Linsen
- 220 g Wasser

Kochen (20 Min. kleine Einstellung, 3/14). Stehenlassen.

10067. Macadamianusstatar V1, September 2016

Vorläufer 9999; Macadamianussbruch, mehr Gemüse.

- 30 g getr. Tomaten
- 80 g Macadamianussbruch
- 1 Zwiebel (55 g)
- 1 Knoblauchzehe (9 g)
- 70 g Kohlrabi
- 125 g Möhre
- 30 g Wasser
- 20 g Sonnenblumenöl
- 100 g Tomatenmark
- 1/2 TL Salz
- 1 Prise Pfeffer
- 1 gestr. TL Paprika edelsüß
- 2 MS Currypulver
- 2 g Harissapaste o. Ä.
- 1 TL getr. Majoran (zwischen den Händen verrieben)
- 100 g gekochte rote Linsen

Tomaten zerkleinern (6 Sek./Stufe 7), Nüsse hinzugeben und wiederholen (6 Sek./Stufe 7); umfüllen. Zwiebeln halbieren vorschneiden und mit Knoblauch und vorgeschnittener Möhre und Knoblauch zerkleinern (5 Sek./Stufe 5). Mit Wasser und Öl garen (5 Min./Varoma/Stufe 1, Linkslauf). Restliche Zutaten hinzufügen und verrühren (20 Sek./Stufe 4).

10068. Zucchini-in-Kokos, September 2016

Stufenkochen; 2 Portionen

- 20 g Kokosöl
- 50 g Zwiebel, in Halbringen
- 25 g Knoblauch, in Scheiben
- 85 g rote Spitzpaprika, in Streifen
- 220 g Zucchini, in Scheiben
- 50 g Wasser
- Beliebige Soße, z. B. 10058

Kokosöl in einer Pfanne zerlassen (kleine Einstellung); dann auf mittlerer Einstellung Zwiebeln und Knoblauch hinzufügen; 5 Min. dünsten. Paprikastreifen hinzufügen, kurz die Hitze hochstellen und 5 Min. dünsten. Zucchini und Wasser hinzufügen, jetzt wie eine Gemüsepfanne zubereiten und 12 Min. dünsten. Soße unterrühren und aufkochen; bei uns gab es dazu Ofenkartoffeln.

10069. Tatarsoße, September 2016

- 40 g gekochte rote Linsen
- 1 gestr. TL Salz
- 1 Prise Pfeffer
- 50 g Stützcreme
- 10 g Zitronenfleisch
- 40 g Wasser
- 75 g Nusstatar, hier Macadamianusstatar V1

Alle Zutaten ohne Tatar im Mixer mischen, Tatar mit einem Löffel unterrühren. Unter Gemüse rühren und einmal aufkochen.

10070. Reismehlmilch, September 2016

Im Vitamix 1 Min.:
- 85 g Stützcreme mit Reismehl 10053
- 270 g heißes Wasser

10071. Pizzateig Emmer kleinere Portion, September 2016

Vorläufer: 10032

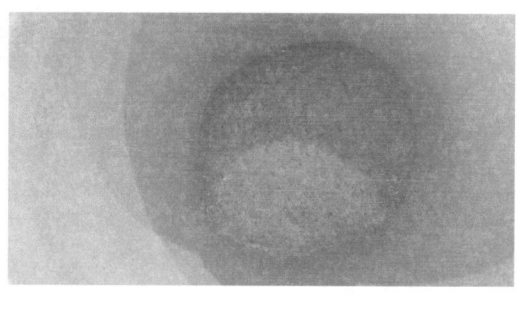

- 65 g Wasser
- 10 g frische Bio-Hefe (1/4 Würfel)
- 105 g Emmer
- 25 g Weizen
- 1 Prise Salz
- 2 TL Sonnenblumenöl (10 g)

Hefe im Wasser auflösen (1 Min./37 °C/Stufe 2). Getreide fein mahlen, mit den restlichen Zutaten in den Mixtopf geben und kneten (2,5 Min./Knetstufe). Teig zu einer Kugel unter Spannung formen und in einer geschlossenen Pengdose aufbewahren. Platzt der Deckel ab, einmal zusammenfalten und erneut gehen lassen.

10072. Roter Pizzabelag Nr. 36, September 2016

Vorläufer 10036; für 1 24-cm-Form

Mit einem Teelöffel verrühren:

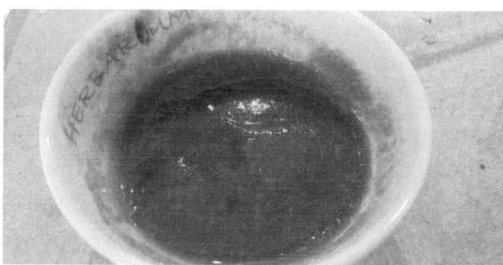

- 15 g Tomatenmark (aus dem Glas)
- 1 Prise Salz
- 1/2 TL Tandoori-Gewürz
- 3 g Honig
- 15 g Wasser
- 10 g Apfelessig

10073. Weißer Pizzabelag Nr. 50, September 2016

Vorläufer 10037; für eine 24-cm-Form

- 30 g gekochte rote Linsen
- 50 g Standardstützcreme
- 30 g Mandelmus (fertig gekauft)
- 1 Prise Salz
- 1 Prise Bockshornkleesaat
- 10 g Apfelessig
- 20 g Wasser

Im kleinen Mixer pürieren. Hätte etwas mehr Essig sein können verhältnismäßig.

10074. Pizza mit Paprika und Nusstatar, September 2016

24-cm-Form, 2 Portionen; Vorläufer 10038

- 1 Pizzateig, hier Pizzateig Emmer kleinere Portion 10070
- 1 roter Belag, hier Roter Pizzabelag Nr. 36; 10071
- 40 g rote Spitzpaprika, in feinen Streifen
- 45 g Zwiebel, gewürfelt
- 7 g Knoblauch, in Scheiben
- 70 g Nusstatar, hier Macadamianusstatar V1; 10066
- 1 Tomate (135 g), in dünnen Scheiben
- 1/2 TL Pizzakräuter, zwischen den Händen verrieben
- 1 weißer Belag, hier Weißer Pizzabelag Nr. 50 10072
- 1-2 TL Sonnenblumenöl
- Öl für die Form

Pizzateig für eine 24-cm-Form mit Hilfe von Reismehl ausrollen. Form ölen, Teig hineinlegen und einen kleinen Rand hochdrücken. Mit rotem Belag bestreichen. Pfifferlinge die Mitte entlang und Zwiebeln mit Knoblauch darauf verteilen, Tatar in Klecksen dazwischen geben. Mit Tomatenscheiben belegen und mit Gewürz bestreuen. Darauf die weiße Soße geben. Mit etwas Öl beträufeln.

Ofen auf 240 °C (Heißluft) vorheizen, 13 Min. bei 240 °C backen und 2 Min. im ausgestellten Ofen nachbacken.

10075. Stangenbutterbohnenkürbis, September 2016

2 Portionen; dazu hatten wir Reis (160 g Rohware).

- 75 g Wasser
- 1 Zwiebel, in Halbscheiben (90 g)
- 10 g Knoblauch, in Scheiben
- 240 g Stangenbohnen, in Stücken von 3-4 cm
- 175 g Butternusskürbis, grob gewürfelt
- 1 Cremesoße mit Öl 10075

Als Gemüsepfanne 20 cm garen; Soße unterrühren, aufkochen.

10076. Cremesoße mit Öl, September 2016

- 45 g gekochte rote Linsen
- 65 g Stützcreme
- 1 TL Salz
- 1 Prise Pfeffer
- 1/2 gestr. TL Kreuzkümmel
- 1 Prise gem. Zimt
- 20 g Sonnenblumenöl
- 10 g Apfelessig
- 50 g Wasser

Im kleinen Mixer, flaches Messer, pürieren.

10077. Jasminreis mit Bokreuz-Wasser, September 2016

2 Portionen

- 190 g Bohnenkochwasser
- 120 g Wasser
- 1 Prise Salz
- 1 gute Prise gem. Kreuzkümmel
- 160 g Jasminreis

Zusammen im Topf zum Kochen bringen, auf kleinster Einstellung 35 Min. quellen/köcheln lassen.

Hinweis: *Der Reis war am Ende nicht trocken. Eventuell habe ich die Platte zu früh auf niedrig gestellt.*

10078. Stangenbohnen mit Spitzpaprika, September 2016

2 Portionen; dazu hatten wir Reis (160 g Rohware).

- 75 g Wasser
- 1 Zwiebel, in Halbscheiben (50 g)
- 15 g Knoblauch, in Scheiben
- 360 g Stangenbohnen, in Stücken von 3-4 cm
- 110 g rote Spitzpaprika, in Streifen
- 1 Cremesoße mit Öl Variante

Als Gemüsepfanne 20 cm garen; Soße unterrühren, aufkochen.

10079. Cremesoße mit Öl Variante, September 2016

- 40 g gekochte rote Linsen
- 85 g Stützcreme
- 1 TL Salz
- 1 Prise Pfeffer
- 1/2 gestr. TL Kümmel
- 20 g Sonnenblumenöl
- 10 g Apfelessig
- 100 g Wasser

Im kleinen Mixer pürieren.

10080. Mungbohnen mit Zwiebeln, September 2016

2-3 Portionen

- 150 g Mungbohnen
- 330 g Wasser
- 65 g Zwiebel, gewürfelt
- 1 Knoblauchzehe, gewürfelt (hier: 3 g)
- 1 Prise Salz

Mungbohnen ca. 8 Std. im Wasser einweichen. Zwiebel, Knoblauch, Salz und Mungbohnen mit dem Einweichwasser in einen kleinen Topf geben. Zum Kochen bringen (Vorsicht, kocht leicht über) und auf kleinster Einstellung 30-35 Min. köcheln. Das Wasser ist aufgebraucht, aber die Bohnen sind nicht „trocken".

Tipp: Für uns war es jetzt etwas viel, ein nächstes Mal würde ich 130 g nehmen.

10081. Porree-Kürbis-Gemüse, September 2016

2 Portionen

- 65 g Wasser
- 165 g Porree
- 230 g Butternuss-Kürbis
- Rosmarin-Cashew-Soße 10081

Als Gemüsepfanne 13 Min. dünsten. Mit einer Soße anrichten, hier: Rosmarin-Cashew-Soße. Dazu hatten wir Mungbohnen mit Zwiebel 10079.

10082. Rosmarin-Cashew-Soße, September 2016

- 30 g Cashewnüsse
- 1 gestr. TL Salz
- 1 Prise Pfeffer
- 1 kleineres Stück Essigpeperoni (3 g) 7/4573
- 1/2 TL Senf (2 g)
- 1 geh. TL Kichererbsenmehl (6 g)
- 75-125 g Wasser (je nach Wassergehalts des Gemüses)
- 1 gute Prise getr. geschnittener Rosmarin

Ohne den Rosmarin in einem kleinen Mixer pürieren. Rosmarin mit einem Löffel in die Soße einrühren und 5-10 Min. quellen lassen. Unter das Gemüse rühren und aufkochen.

10083. Antierkältungs-Drink, September 2016

Heute Morgen hatte ich Schüttelfrost und verspürte leichte Halsbeschwerden. Das muss im Keim erstickt werden!

Im Vitamix 2-3 Min.:

- 1 EL Hafer (ca. 17 g)
- 1 gestr. EL Cashewnüsse (10-15 g)
- 1 geh. TL Honig (20 g)
- 15 g frischer Ingwer
- auf 500 ml (Markierung im Becher) mit Wasser/kochendem Wasser 1:1 auffüllen.

10084. Ingwer-Honig-Kakao, September 2016

Im Vitamix 2-3 Min. Höchststufe:

- 1 EL (10 g) Kakaonibs
- 1 geh. EL (20 g) Nackthafer
- 25 g Honig
- 15 g frischer Ingwer
- auf 500 ml mit Wasser/kochendem Wasser 1:1 auffüllen.

10085. Bohnenschwitzpfanne, September 2016

2 Personen

- 25 g Kokosöl
- 50 g Wasser
- 265 g Kartoffeln in Scheiben
- 350 g Stangenbohnen, in Stücken von 3-4 cm
- 1 Tomate (100 g), gewürfelt
- Deko: Kokosstreifen
- Kokossoße z. B. 10085

Öl, Wasser, Kartoffeln und anderes Gemüse 20 Min. als Gemüsepfanne dünsten. Soße unterrühren, aufkochen und dekorieren.

10086. Kokossoße mit Trauben, September 2016

- 25 g Kokosraspel
- 1 TL Salz
- 1/2 TL Ras-el-Hanout (oder etwas Zitronenschale)
- 1 Prise Currypulver
- 50 g grüne kernlose Trauben
- 1 geh. TL Reismehl (7 g)
- 75 g Wasser

Im kleinen Mixer, hoch stehendes Messer, 1 Min., pürieren. Dann unter das Gemüse rühren und aufkochen.

10087. Freitags-Wunderbeeren-FKG mit Sahne, Sep. 2016

2 x Frühstück

- 6 EL Nackthafer
- 2 EL Leinsamen
- 40 g getr. Mango
- 30 g Cashewnüsse
- 300 g Wasser
- 1 Banane (90 g)
- 20 g Sahne
- 1 Apfel (90 g)
- 150 g tiefgekühlte Waldheidelbeeren
- 10 g Zitronenfleisch
- Deko:
  - 8 Mandeln
  - 8 kernlose Weintrauben
  - 2 Paranüsse

Leinsamen mit dem Getreide flocken, auf zwei Schüsselchen verteilen. Mango in kleinere Stücke reißen. Mit Nüssen und Wasser im Vitamix zu einer lauwarmen Creme schlagen. Auf das Getreide gießen.

Banane und Apfel in grobe Stücke teilen und mit Sahne und tiefgekühlten Beeren im Hochleistungsmixer pürieren, über das Getreide geben. Mit Nüssen und Trauben dekorieren.

10088. Honigkakao, September 2016

Im Hochleistungsmixer, je nach Gerät, 2,5 bis 3 Min. auf höchster Stufe schlagen:

- 10 g Kakaonibs
- 20 g Nackthafer
- 10 g Honig
- 6 g frischer Ingwer
- 45 g Pflanzenmilch
- Auf 500 ml (Markierung im Becher) mit Wasser/kochendem Wasser 1:1 auffüllen.

10089. Ölbasis-Dressing, September 2016

Vorläufer: 9816

Im Vitamix schlagen:

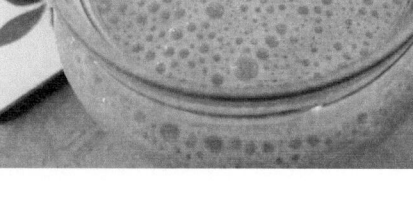

- 125 g Sonnenblumenöl
- 215 g Apfelessig
- 20 g Salz
- 1 g gem. schw. Pfeffer
- 50 g Honig
- 30 g Senf
- 20 g Petersilienstängel
- 60 g Blumenkohlgrün-Pesto 10011
- 5 g Gewürzmischung von Sonnentor (= 1 EL), Gute Laune
- 245 g Wasser

10090. Ofenkartoffeln in Paprikahülle, September 2016

2 Portionen

- etwa 380 g Kartoffeln
- 10 g Sonnenblumenöl
- 1/2 TL Salz
- 1/2 TL Paprika edelsüß

Kartoffeln waschen, in ca. 1 cm dicke Scheiben schneiden. Öl, Salz und Paprika auf einem Teller verrühren. Die Kartoffeln mit dieser Mischung von beiden Seiten bepinseln und nebeneinander auf ein Backblech (z. B. PerfectClean, oder Backpapier usw.) legen. In den kalten Ofen (Heißluft) schieben und 30 Min. bei 225 °C backen. Die Backzeit richtet sich auch nach der Kartoffelsorte.

10091. Champignon-Butternuss-Gemüse, September 2016

2 Portionen

- 40 g Wasser
- 1 Zwiebel (90 g), gewürfelt
- 1-2 Knoblauchzehen (6 g), in Scheiben
- 150 g Champignons, in Scheiben
- 225 g Butternusskürbis in Würfeln
- 1 Haselnusssoße 10091

Ohne Soße als Gemüsepfanne 12 Min. garen. Soße (z. B. Haselnusssoße) unterrühren und andicken, etwas mehr Wasser nehmen als im Rezept angegeben.

Tipp: *Dazu gab es Ofenkartoffeln in Paprikahülle, sehr schöne Kombi!*

10092. Haselnusssoße, September 2016

- 20 g Haselnüsse
- 1 gestr. TL Salz
- 1 Prise Pfeffer
- 1/2 TL Tandoori-Gewürzmischung
- 35 g gekochte rote Linsen
- 5 g Zitronenfleisch
- 1 geh. TL Kichererbsenmehl
- 75 g Wasser
- Evtl. 50-75 g Wasser zum Nachspülen

Im kleinen Mixer pürieren. Wem die Soße zu dicklich ist, der spült mit etwas Wasser den Becher nach und rührt dieses Wasser ebenfalls mit unter die Soße. Aufkochen.

10093. Mango-Waldbeeren-FKG, Oktober 2016

2 x Frühstück

- 2 EL Nackthafer
- 2 EL Einkorn
- 2 EL Leinsamen
- 75 g tiefgekühlte Waldbeeren
- 20 g Sahne
- 1 Banane (140 g)
- 300 g Mango
- 8 Mandeln
- 8 Walnusshälften
- 2 Paranüsse

Getreide und Leinsamen flocken, auf zwei Schüsselchen verteilen. Obst mit Sahne im Vitamix pürieren, über das Getreide verteilen. Mit den Nüssen dekorieren.

10094. Samstagskakao ohne Sahne, Oktober 2016

Ich hatte kurzfristig überlegt, ob ich etwas Sahne in den Kakao gebe. Ich „darf" ja zurzeit. Aber ich habe es dann gelassen, es ist mir direkt nach dem Frühstück zu viel.

Im Vitamix 2,5-3 Min. auf der Höchststufe mixen:

- 10 g Kakaonibs
- 5 g Kakaobohnen
- 10 g Cashewnüsse
- 20 g Chiasamen
- 20 g Honig
- 5 g Ingwer
- Auf 500 ml auffüllen mit Wasser halb kalt, halb kochend

10095. Bolognesoße für Lasagne, Oktober 2016

2 Portionen

- 250 g Champignons
- 80 g Zwiebeln, halbiert
- 170 g Kohlrabi, grob vorgeteilt
- 80 g Möhre, vorgeschnitten
- 1 EL Öl
- 40 g + 50 g Wasser
- 1 Dose Cherry-Tomaten (240 g Abtropfgewicht)
- 50 g Nacktgerste, geflockt
- 2 TL Salz
- 1 gute Prise Pfeffer
- 35 g Tomatenmark

Gemüse zerkleinern (5 Sek./Stufe 7). Mit Öl und 40 g Wasser kurz angaren (5 Min./120 °C/Linkslauf/Stufe 2). Inhalt der Tomatendose zufügen, zerkleinern (3 Sek./Stufe 5). Flocken, Salz, Pfeffer und Tomatenmark zugeben und garen (20 Min./100 °C/Linkslauf/Rührstufe). Sobald es „blubbert" auf 95 °C stellen.

10096. Bechamelsoße (Kichererbsenmehl), Oktober 2016

- 40 g Sahne
- 460 g Wasser
- 1 TL Salz
- 1 Prise Muskatnuss
- 45 g Kichererbsenmehl
- 35 g Butter
- 50 g geriebener Käse

Zutaten bis auf den Käse in den Mixtopf geben und garen (12 Min./100 °C/Stufe 3). Käse hinzufügen und unterrühren (20 Sek./Stufe 3).

10097. Lasagne mit Kaufplatten, Oktober 2016

3-4 Portionen

- 6 Lasagneplatten (Vollkorn)
- Bolognesoße für Lasagne 10095
- Bechamelsoße (Kichererbsenmehl) 10096
- 50 g gemischter geriebener Käse
- Etwas Butter für die Form

Eine rechteckige größere Form (ca. 30 x 40 cm) mit Butter einfetten. Den Boden mit einer dünnen Schicht Bolognesoße bedecken. Drei Teigplatten nebeneinanderlegen, darauf Bolognesoße streichen. Bechamelsoße darüber gießen (etwa die Hälfte), drei Teigplatten darauf geben. Den Rest Bolognesesoße darüber verteilen, mit dem Rest Bechamelsoße übergießen. Mit dem Käse dünn bestreuen.

Ofen auf 180 °C (Heißluft) vorheizen, Form einschieben und 35 Min. bei 180 °C backen. 10-15 Min. abkühlen und in Vierecke schneiden.

10098. Mango-TK-Erdbeeren-FKG, Oktober 2016

2 Portionen

- 2 EL Leinsamen
- 4 EL Nackthafer
- 285 g Mango
- 1 Banane (100 g)
- 175 g Tiefkühlerdbeeren
- 2 EL Sahne
- 8 Mandeln
- 8 Haselnüsse
- 2 Paranüsse

Leinsamen mit dem Getreide flocken, auf zwei Schüsselchen verteilen. Das Obst in grobe Stücke teilen und im Hochleistungsmixer pürieren, über das Getreide geben. Die Sahne darüber gießen und mit den Nüssen dekorieren.

10099. Schokoladensoße Haselnuss 7 mit Honig, Okt. 2016

2 Honiggläser; Vorläufer 9470

- 200 g Honig
- 75 g Kakaopulver
- 25 g Carobpulver (Rohkost)
- 20 g Chiasamen
- 1 Prise Salz
- 50 g Haselnüsse
- 325 g kochend heißes Wasser

Im 0,9-Liter-Becher des Vitamix mixen. Stößel benutzen, später drin hängen lassen und ca. 3 Min. auf der Höchststufe laufen lassen. Noch heiß in Gläser füllen.

10100. Schokosoßenmilchkakao, Oktober 2016

Im Vitamix 3 Min. Höchststufe.

- 45 g Schokosoße, hier Schokoladensoße Haselnuss 7 mit Honig 10098
- 20 g Nackthafer
- 95 g Pflanzenmilch
- 6 g frischer Ingwer
- 100 g Honigwasser (Auflösen von Rest in einem Glas)
- auf 500 ml (Markierung im Becher) mit kochendem Wasser auffüllen.

10101. Berner Schokoladenkuchen X, Oktober 2016

26-cm-Springform; Vorläufer: 11/9824

Flüssige Phase (30 Sek./Stufe 3; 30 Sek./Stufe 4):

- 100 g Mandeln und
- 2 bittere Mandeln, mahlen (TM: 10 Sek./Stufe 8)
- 150 g gekochte rote Linsen
- 125 g Apfelmark
- 330 g Stützcreme
- 300 g Honig
- 2 EL Rum (20 g)

Feste Phase (einarbeiten: 2 x 10 Sek./Stufe 5):

- 1/2 P Weinsteinbackpulver (9 g)
- 1 Prise Salz
- 50 g Kakaopulver
- 100 g Weizen, fein gemahlen

Backofen (Heißluft) auf 160 °C vorheizen. Springformboden mit Backpapier überspannen, Teig hineingießen. In den heißen Ofen schieben und 60 Min. bei 160 °C backen.

10102. Pizzateig Einkorn kleinere Portion, Oktober 2016

Vorläufer: 10070

- 65 g Wasser
- 10 g frische Bio-Hefe (1/4 Würfel)
- 50 g Einkorn
- 80 g Weizen
- 1 Prise Salz
- 2 TL Sonnenblumenöl (10 g)

Hefe in Wasser und Öl auflösen (1 Min./37°C/Stufe 2). Getreide fein mahlen, mit dem Salz in den Mixtopf geben und kneten (2,5 Min./Knetstufe). Teig zu einer Kugel unter Spannung formen und in einer geschlossenen Pengdose aufbewahren. Platzt der Deckel ab, einmal zusammenfalten und erneut gehen lassen. *Öl versehentlich mit Hefe in Kontakt. Hat aber nicht geschadet.*

10103. Aufgebrezelte Pizza Margherita, Oktober 2016

2 kleinere Portionen; Form 24 cm.

- 1 Pizzateig, hier Pizzateig Einkorn kleinere Portion 10101
- 130 g Tomate, in dünnen Scheiben
- 20 g rote Spitzpaprika in feinen Ringen
- 20 g Zwiebel in dünnen Scheiben
- 1/2 TL getr. gerebeltes Basilikum
- 1 P Salz
- 1 Mozzarella (100 g)
- 1 TL Öl und Öl für die Form

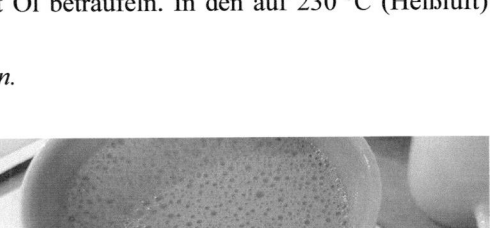

Teig etwa in Größe der Form ausrollen und in die gut geölte Form legen, einen Rand hochziehen. Mit Tomaten auslegen, mit Paprikaringen und Zwiebelscheiben belegen, Basilikum und Salz darüber streuen. Mozzarella klein hacken (Magic, hoch stehendes Messer), auf der Gemüsemasse verteilen. Mit Öl beträufeln. In den auf 230 °C (Heißluft) vorgeheizten Ofen schieben und 18 Min. backen.

Hinweis: *Ein nächstes Mal würde ich 220 °C und 20 Min. probieren.*

10104. Reismehlkakao, Oktober 2016

Im Vitamix 3 Min. Höchststufe:

- 10 g Kakaonibs
- 20 g Reismehl
- 15 g Honig
- 5 g frischer Ingwer
- auf 500 ml mit Wasser/kochendem Wasser 1:1 auffüllen.

10105. Hafertaler aus dem TM, Oktober 2016

- 200 g Honig
- 100 g Butter
- 200 g Weizen, fein gemahlen
- 250 g Nackthafer, geflockt
- 1 P Weinsteinbackpulver
- 1 Prise Salz
- 1/2 gestr. TL gem. Vanille

Butter und Honig im Mixtopf auflösen (7 Min./100 °C/Stufe 1). Die trockenen Zutaten miteinander mischen, in den Mixtopf geben und einarbeiten (20 Sek./Stufe 2/Linkslauf).

Mit einem Teelöffel Portionen abnehmen und zwischen den Händen zu Talern pressen. Die Hände ab und an befeuchten. Nebeneinander auf ein PerfectClean-Blech legen, in dieser Zeit den Ofen auf 160 °C vorheizen. Einschieben und 20 Min. backen.

Hinweis: Die Kekse sind nach dem Backen weich und sehr brüchig, vorsichtig auf einen Kuchenrost legen.

10106. Schneller Schokoladenkuchen mit Nibs, Okt. 2016

26-cm-Springform

TM 30 Sek./Stufe 3; 30 Sek./Stufe 4:

- 150 g gekochte rote Linsen
- 200 g Honig
- 125 g Standardstützcreme
- 80 g Apfelmark
- 45 g Wasser

TM 2 x 10 Sek./Stufe 5 (vorher gemischt):

- 175 g Weizen, gemahlen
- 40 g Kakaopulver
- 1 Prise Salz
- 1/2 TL Vanillepulver
- 1,5 P Weinsteinbackpulver

TM 20 Sek./Stufe 3/Linkslauf:

- 50 g Kakaonibs
- 10 g Kekskrümel (Resteverwertung, können entfallen)

Springformboden mit Backpapier überspannen, Ofen auf 160 °C (Heißluft) vorheizen. Backen 50 Min. bei 160 °C, im ausgestellten Ofen 5 Min. nachbacken. Mit Schokoguss (Schokoguss Hasel 10105) überziehen.

10107. Schokoguss Hasel, Oktober 2016

- 40 g Kakaobutter
- 20 g Honig
- 75 g Schokosoße z. B. 10098
- 20 g gehackte Haselnüsse

Kakaobutter und Honig in einer kleinen Pfanne unter gelegentlichem Rühren lösen (Stufe 5 von 14 bei mir). Schokosoße und Haselnüsse mit dem Schneebesen unterziehen. Auf den Kuchen gießen und mit einem Löffel verteilen. Reicht für 26 cm.

10108. Bohnen-Gemüse mit Spitzpaprika-Top, Oktober 2016

2 Portionen

Als Gemüsepfanne 15 Min.:

- 80 g Wasser
- 50 g Zwiebel, gehackt
- 1 große Knoblauchzehe (8 g), in Scheiben
- 250 g Buschbohnen, in 2-3 cm Stücke
- 40 g Spitzpaprika in feinen Streifen

10109. Bechamel-Soße klein, Oktober 2016

- 20 g Butter
- 20 g Kichererbsenmehl
- 20 g Sahne
- 230 g Wasser
- 1 gute Prise Salz

Butter auf mittlerer Einstellung zerlassen, Kichererbsenmehl einrühren und eine Weile, unter Rühren, garen. Sahne mit Wasser mischen und 2 EL des Gemischs mit dem Salz zur Butter geben, unter Rühren zum Köcheln bringen und den Rest der Flüssigkeit nach und nach einarbeiten, bis es eine glatte Soße ist. Hitze so einstellen, dass die Soße fast noch köchelt und 10 Min. ziehen lassen.

10110. Tomatennudeln, Oktober 2016

2 Portionen

- 125 g Vollkorn-Spiralnudeln
- 20 g getr. Tomaten in feinen Streifen
- 250 g Wasser

Alle Zutaten in einem kleinen Topf vermischen. Zum Kochen bringen und auf kleinerer Einstellung 8 Min. (Angabe auf der Packung) köcheln lassen, gelegentlich umrühren. Sollen die Nudeln nicht in einen Auflauf kommen, sondern so gegessen werden, können sie noch 1-2 Min. länger kochen.

10111. Bohnen-Nudel-Auflauf, Oktober 2016

2 Portionen

- Bohnen-Gemüse mit Spitzpaprika-Top 10106
- Tomatennudeln 10108
- Bechamel-Soße klein 10107
- 50 g Reibkäse

Gemüse und Nudeln mischen. In eine 20-cm-Alupfanne mit hohem Rand füllen, Bechamelsoße darübergießen und mit Käse bestreuen. Ofen auf 220 °C (Heißluft) vorheizen und 20 Min. bei 220 °C backen.

10112. Maronenweichkakao, Oktober 2016

Am Vorabend einweichen:

- 20 g getr. Maronen in
- 100 g Wasser

Morgens:

Im Hochleistungsmixer 2,5 bis 3 Min. auf höchster Stufe:

- Maronen mit Einweichwasser
- 10 g Kakaonibs
- 10 g Chiasamen
- 6 g Ingwer
- 15 g Honig
- auf 500 ml mit Wasser/kochendem Wasser 1:1 auffüllen.

10113. Ofenkartoffeln superknusprig, Oktober 2016

2 Portionen

- 350 g Kartoffeln
- 10-15 g Kokosöl
- 1 gestr. TL Salz

Kartoffeln in 1 cm dicke Scheiben schneiden. Öl mit Salz in einer kleinen Pfanne zerlassen. Kartoffeln von beiden Seiten mit dem gesalzenen Öl einpinseln, nebeneinander in eine PerfectClean-Pizzaform oder auf Backpapier / Dauerbackfolie setzen. In den kalten Ofen schieben und 25 Min. bei 225 °C backen.

10114. Butternusskürbis in Butter, Oktober 2016

2 Portionen

- 50 g Wasser
- 160 g Lauchzwiebeln, klein geschnitten
- 225 g Butternusskürbis, in Stücken
- 20 g Butter
- 2 Prisen Salz

Aus Wasser, Zwiebeln und Kürbis eine Gemüsepfanne (12 Min.) zubereiten. Butter und Salz unterrühren. Bei uns gab es dazu Ofenkartoffeln superknusprig.

10115. Mango-Träumchen, Oktober 2016

2 x Frühstück

- 2 EL Leinsamen
- 4 EL Nackthafer
- 15 g Zitronenfleisch
- 1 große Mango (350 g)
- 1 Banane (100 g)
- 1 Apfel (110 g)
- 2 Kakaobohnen, geschält
- 1 EL Cashewnussbruch

Leinsamen mit dem Getreide flocken, auf zwei Schüsselchen verteilen. Das Obst in grobe Stücke teilen und im Hochleistungsmixer pürieren, über das Getreide geben. Mit Kakaobohnen und Cashewnussbruch dekorieren.

10116. Crememaronen-Kakao, Oktober 2016

Im Vitamix 3 Min. Höchststufe:

- 15 g Kakaonibs
- 20 g Nackthafer
- 1 getr. Marone
- 1 Medjool-Dattel, entsteint
- 8 g frischer Ingwer
- 100 g Stützcreme
- 2 Kardamomkapseln (frisch aus Indien!)
- auf 500 ml mit Wasser/kochendem Wasser 1:1 auffüllen.

10117. Butterreis indisch, Oktober 2016

2 Portionen

- 10 g Butter
- 1 Prise scharfe indische Gewürzmischung (Geschenk)
- 140 g Jasmin-Vollkornreis
- 20 g roter Vollkornreis
- 320 g Wasser

Butter zerlassen, Gewürz hinzufügen. Rühren und erhitzen. Reis zugeben, rühren bis alles glänzt. Wasser hinzufügen und wie gewohnt 35 Min. garen.

10118. Zwiebel-Bohnen-Gemüse, Oktober 2016

2 Portionen

- 50 g Wasser
- 210 g Zwiebeln in gröberen Ringen
- 210 g Stangenbohnen, in Stücken (3-4 cm)

Als Gemüsepfanne 20 Min. Nach Bedarf eine Soße (hier Käsesoße 10117) unterrühren und aufkochen.

10119. Käsesoße, Oktober 2016

- 1/2 TL Salz
- 1 Prise Pfeffer
- 10 g Kichererbsenmehl
- 130 g Wasser
- 50 g gemischter Reibkäse

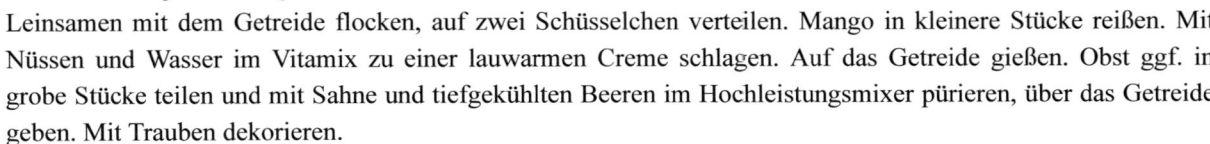

Im Mixer gut verquirlen. Unter das Gemüse rühren und aufkochen.

10120. Freitags-Erdbeer-FKG mit Sahne, Oktober 2016

2 x Frühstück

- 4 EL Nackthafer
- 1 EL Leinsamen
- 40 g getr. Mango
- 30 g Cashewnussmus
- 290 g Wasser
- 1 Banane (90 g)
- 20 g Sahne
- 1 Apfel (115 g)
- 115 g tiefgekühlte Erdbeeren
- 10 g Zitronenfleisch
- Deko: 100 g kernlose grüne Weintrauben

Leinsamen mit dem Getreide flocken, auf zwei Schüsselchen verteilen. Mango in kleinere Stücke reißen. Mit Nüssen und Wasser im Vitamix zu einer lauwarmen Creme schlagen. Auf das Getreide gießen. Obst ggf. in grobe Stücke teilen und mit Sahne und tiefgekühlten Beeren im Hochleistungsmixer pürieren, über das Getreide geben. Mit Trauben dekorieren.

Tipp: Ich hatte keine Cashewnüsse mehr. Es funktioniert auch mit Cashewnussmus, aber ich finde den Geschmack nicht so lecker.

10121. Bohnen-Hirse-Pfanne, Oktober 2016

2 Portionen

- 130 g Hirse
- 85 g Zwiebel, gehackt
- 250 g Bohnen, in 2-cm-Stücken
- 1-2 Prisen Salz

Als Gemüsepfanne 20 Min., dann mit Salz abschmecken.

Tipp: Man kann diese Pfanne einfach mit Zitronensaft und etwas Butter/Öl abschmecken, oder mit einer Soße servieren, wie ich das gemacht habe (Currybechamelsoße 10120).

10122. Currybechamelsoße, Oktober 2016

- 20 g Butter
- 20 g Kichererbsenmehl
- 1/4 TL indisches Currypulver
- 30 g Sahne
- 220 g Wasser
- 1 gute Prise Salz

Butter auf mittlerer Einstellung zerlassen, Kichererbsenmehl mit Curry mischen und einrühren. Eine Weile unter Rühren garen. Sahne mit Wasser mischen und 2 EL des Gemischs mit dem Salz zur Butter geben, unter Rühren zum Köcheln bringen und den Rest der Flüssigkeit nach und nach einarbeiten, bis es eine glatte Soße ist.

Hitze so einstellen, dass die Soße fast noch köchelt und 8-10 Min. ziehen lassen.

10123. Stützcreme mit Nussmus, Oktober 2016

Bis zum Stocken im Vitamix:

- 55 g Rundkornnatur-Reis
- 1 gute Prise Flohsamenschalen (1 g)
- 15 g Cashewnussmus
- 1 Prise Salz
- 360 g Wasser

10124. Nussmusreismilch, Oktober 2016

- 100 g Stützcreme mit Nussmus
- 400 g Wasser

1 Min. im Vitamix schlagen.

10125. Haselnusslebkuchen 2016, Oktober 2016

Vorläufer: 11/8301; 27 Stück.

Fester Anteil:

- 225 g Weizen
- 200 g Haselnüsse
- 2 bittere Aprikosenkerne
- 25 g Chiasamen
- 18 g Lebkuchengewürz Brecht (sollten 16 g sein)
- 1 P Weinsteinbackpulver
- 1 TL gem. Vanille
- 2 TL gem. getr. Ingwer
- 1 gute Prise gem. Muskatnuss

Cremeanteil:

- 4 getr. Feigen, entstielt (70 g)
- 250 g gekochte rote Linsen
- 100 g Stützcreme
- 1 Prise Salz
- 100 g Apfelmark
- 140 g Honig
- 115 g Ahornsirup (oder insgesamt 250 g Honig)

Fester Anteil: Weizen in der Mühle, Haselnüsse mit den Aprikosenkernen im Thermomix (10 Sek./Stufe 8) mahlen. Nüsse zum Mehl geben, alle trockenen Zutaten mit einem Löffel verrühren.

Cremeanteil: Feigen im TM zerkleinern (2 x 5 Sek./Stufe 8); restliche Zutaten des Cremeanteils hinzufügen und verrühren (10 Sek./Stufe 4; 10 Sek./Stufe 10). Trockene Zutaten hinzugeben und mixen (10 Sek./Stufe 5; 2 Min./Knetstufe; 10 Sek./Stufe 5). 30 Min. quellen lassen.

Ofen auf 160 °C (Heißluft) vorheizen. Mit Hilfe eines Löffels (in Wasser getaucht) 8 bis 10 mm hohe Lebkuchen formen, leicht flachdrücken. Lebkuchen einschieben, 10 Min. bei 160 °C backen, dann weitere 20 Min. bei 140 °C backen. Auf einem Gitterrost abkühlen lassen und mit Schokoguss bestreichen.

10126. Salat Athene, Oktober 2016

2 Portionen

- 130 g Eisbergsalat, klein geschnitten
- 85 g frische Maiskörner
- 75 g Gurke, in Halbscheiben
- 90 g gekochte Kichererbsen
- 1 Tomate (85 g), in Scheiben
- 30 g Linsensprossen (von roten Linsen)
- 2 EL eines Vorratsdressings
- 3 EL Wasser
- 75 g Feta

Eisbergsalat in die Tellermitte geben, die anderen frischen Zutaten in kleinen Häufchen im Kreis um den Salat legen. Vorratsdressing mit Wasser vermischen, über den Salat geben. Feta würfeln, auf den Eisbergsalat streuen.

10127. Schokoguss für Lebkuchen Variante, Okt. 2016

Reicht für 26-27 Stück.

- 50 g Kakaobutter
- 60 g Schokosoße
- 25 g Ahornsirup oder Honig
- 5 g Carob (Rohkostqualität)
- 15 g Stützcreme

In einer Pfanne auf kleiner Einstellung (4-5 von 14) unter Rühren mit dem Schneebesen schmelzen, auf 2 von 14 flüssig halten. Mit einem Pinsel auftragen. Reichte genau für 27 Lebkuchen.

10128. Curry-Kartoffeln, Oktober 2016

- 350 g Kartoffeln
- 1/4 TL indischer Curry
- 1/4 TL gem. Koriander
- 1/2 TL Salz
- 10 g Kokosöl

Öl in einer Pfanne mit Salz und Gewürzen zerlassen. Kartoffelscheiben damit von beiden Seiten einpinseln und nebeneinander auf ein PerfectClean-Blech (Dauerbackfolie etc.) setzen.

In den kalten Ofen schieben und 30 Min. bei 225 °C backen.

10129. Auberginen-Zwiebel-Gemüse, Oktober 2016

Als Gemüsepfanne 20 Min. garen:

- 100 g Wasser
- 130 g Zwiebel, grob gewürfelt
- 205 g Aubergine, gewürfelt
- 85 g Süßkartoffel, gewürfelt

Hinweis: *Wir hatten dazu eine Sahne-Stützcremesoße 10129 und Curry-Ofenkartoffeln 10127.*

10130. Sahne-Stützcremesoße, Oktober 2016

- 25 g gekochte rote Linsen
- 1/2 TL Salz
- 1/2 TL Maghreb-Gewürzmischung 9572
- 60 g Stützcreme
- 25 g Sahne
- 30 g Wasser
- 4 g Reismehl (1 Eierlöffel)

Mit dem Mixer (flaches Messer) pürieren und mit dem Gemüse aufkochen.

10131. Roter Pizzabelag Nr. 37, Oktober 2016

Vorläufer 10071; für eine 24-cm-Springform.

- 15 g Tomatenmark (aus dem Glas)
- 1 Prise Salz
- 1 Prise Kümmel
- 3 g Ahornsirup
- 15 g Wasser
- 10 g Apfelessig

Zutaten in einer kleinen Schüssel mit einem Teelöffel gründlich verrühren.

10132. Chia-Brot mit Haselnüssen, Wildhefe, Oktober 2016

Vorläufer 10046

Stufe 1 (12 Std. vorher):

Sauerteigansatz:
- 400 g Roggen
- 420 g Wasser
- 150 g Sauerteig

Wildhefeansatz:
- 200 g Wildhefewasser
- 50 g Kamut
- 150 g Weizen

Stufe 2 (Backen, bei mir am Morgen):
- 100 g Roggen
- 100 g Kamut
- 20 g Salz
- 1 EL Brotgewürz (Brecht)
- 70 g geh. Haselnüsse
- 85 g Kichererbsenkochwasser
- 90 g Wasser
- Gesamter Wildhefeansatz
- 800 g Sauerteigansatz
- 50 g Chiasamen
- 20 g Butter für die Form

Stufe 1: Roggen fein mahlen, mit Wasser und altem Sauerteig mischen. In einer Plastiktüte über Nacht stehen lassen. 150 g von der Stufe 1 abnehmen und in einem gut schließenden Schraubglas in den Kühlschrank stellen für das nächste Backen. Wildhefezutaten mit einem Löffel verrühren.

Stufe 2: Zutaten (außer der Butter) mit einem großen Löffel gründlich verrühren, bis kein Mehl mehr sichtbar ist. Eine 30-cm-Brotform, Profi-Email von Dr. Oetker, gut einfetten. Teig hineingeben, mit der nassen Hand herunterdrücken und glattstreichen. Mit einem scharfen Messer dreimal schräg einschneiden. Form in eine Plastiktüte geben und etwa 1,5 Std. gehen lassen. Brot in den Ofen schieben und den Backofen (Heißluft) so programmieren, dass er in 1 Std. anspringt und 65 Min. bei 200 °C backt.

10133. Pizzateig Kamut kleinere Portion, Oktober 2016

Vorläufer: 10101
- 70 g Wasser
- 10 g frische Bio-Hefe (1/4 Würfel)
- 50 g Kamut
- 80 g Weizen
- 1 Prise Salz
- 1 Prise Koriander
- 1 EL Sonnenblumenöl (10 g)

Hefe in Wasser und Öl auflösen (1 Min./37°C/Stufe 2). Getreide fein mahlen, mit Salz und Koriander in den Mixtopf geben und kneten (2,5 Min./Knetstufe). Teig zu einer Kugel unter Spannung formen und in einer geschlossenen Pengdose aufbewahren. Platzt der Deckel ab, einmal zusammenfalten und erneut gehen lassen.

10134. Hafertaler aus dem TM, getuned, Oktober 2016
- 200 g Honig
- 100 g Butter
- 200 g Weizen, fein gemahlen
- 250 g Nackthafer, geflockt
- 1 P Weinsteinbackpulver
- 1 Prise Salz

- 1/2 gestr. TL gem. Vanille
- 50 g grüne Rosinen
- 25 g Buchweizen

Butter und Honig im Mixtopf auflösen (6 Min./120 °C/Stufe 1). Die trockenen Zutaten miteinander mischen, in den Mixtopf geben und einarbeiten (Linkslauf: 30 Sek./Stufe 2; 20 Sek./Stufe 4; die letzte Stufe hat leider die Rosinen doch zerschnitten).

Mit einem Teelöffel Portionen abnehmen und zwischen den Händen zu Talern pressen. Die Hände ab und an befeuchten. Nebeneinander auf ein PerfectClean-Blech legen, in dieser Zeit den Ofen auf 160 °C vorheizen. Ich brauchte noch ein zweites Blech (nur 1/3 belegt). Einschieben und 15 Min. backen; 5 Min. im ausgestellten Ofen nachbacken.

10135. Pizza Zwiebel-Aubergine, Oktober 2016
2 kleinere Portionen; Form 24 cm.

- 1 Pizzateig, hier Pizzateig Kamut kleinere Portion 10132
- 100 g Zwiebel, in Ringen
- 4 Scheiben einer größeren Aubergine (70 g)
- 40 g Wasser
- 100 g Tomate, in dünnen Scheiben
- 1/2 TL getr. italienische Kräuter
- Salz
- Roter Pizzabelag Nr. 37
- 1 Mozzarella (125 g), in 8 Scheiben
- 1 TL Öl und Öl für die Form

Teig etwa in Größe der Form auseinanderdrücken und in die gut geölte Form legen, einen Rand hochziehen. Mit Zwiebeln (als Gemüsepfanne mit 20 g Wasser 5 Min.) belegen, die Auberginenscheiben (als Gemüsepfanne mit 20 g Wasser 2 Min.) darauf verteilen. Tomaten auf die Lücken zwischen den Auberginen geben, salzen und mit den Kräutern bestreuen. Den Belag dazwischen tropfen. Die Auberginen mit je zwei Käsescheiben belegen. Öl darauf träufeln. In den auf 225 °C (Heißluft) vorgeheizten Ofen schieben und 16 Min. backen.

Hinweis: Der Belag sollte natürlich auf den Teig gepinselt werden, ich hab's vergessen.

10136. Bohnen-Kartoffel-Pfanne, Oktober 2016
2 Portionen

Als Gemüsepfanne 20 Min.:
- 70 g Wasser
- 15 g Kokosöl
- 260 g Kartoffeln, in Scheiben
- 1 Zwiebel (40 g), gewürfelt
- 250 g Bohnen, in Stücken 2-3 cm
- 60 g Aubergine, gewürfelt
- 1 große Tomate (180 g) gewürfelt

Entweder mit Salz und Zitronensaft abschmecken oder mit einer Cremesoße servieren.

10137. Schwer cremige Soße, Oktober 2016
- 1 TL Salz
- 1/2 TL gem. Kümmel
- 50 g Sahne
- 150 g Wasser
- 1 TL gem. Reis
- 25 g Tomatenmark

Im Mixer pürieren, unter das Gemüse rühren und aufkochen.

10138. Erdbirnen-FKG, Oktober 2016

2 x Frühstück

- 2 EL Leinsamen
- 6 EL Nackthafer
- 15 g Zitronenfleisch
- 20 g Sahne
- 1 Banane (95 g)
- 1 große Birne (355 g)
- 565 g tiefgekühlte Erdbeeren
- 8 Walnusshälften
- 1 EL Kokosstreifen

Leinsamen mit dem Getreide flocken, auf zwei Schüsselchen verteilen. Das Obst in grobe Stücke teilen und mit der Sahne im Hochleistungsmixer pürieren, über das Getreide geben. Mit Walnüssen und Kokosstreifen dekorieren.

10139. Herbstpfanne, Oktober 2016

2 Portionen

Als Gemüsepfanne 20 Min.:

- 65 g Wasser
- 15 g Sonnenblumenöl
- 250 g Kartoffeln, in Scheiben
- 105 g Buschbohnen, in Stücken
- 135 g Porree, in Streifen
- 190 g Kürbis, in Würfeln

Tipp: *Dazu gab es bei uns eine Cremesoße, z. B. 10137,*

10140. Schwer cremige Soße II, Oktober 2016

Im Mixer pürieren, unter das Gemüse rühren und aufkochen:

- 1 TL Salz
- 1/2 TL gem. Kümmel
- 1 Prise scharfer Curry
- 50 g Sahne
- 100 g Wasser
- 7 g Zitronenfleisch
- 10 g Kichererbsenmehl

10141. Mein-Geburtstags-FKG, Oktober 2016

- 2 EL Nackthafer
- 1 EL Chiasamen
- 4 EL Wasser
- 2 EL Sahne
- 2 Bananen (180 g)
- 1 EL Buchweizen
- 15 g Walnüsse
- 10 g Schokosoße
- 1 Stück getr. Banane

Getreide flocken, mit den Chiasamen in ein Schüsselchen geben. Mit Flüssigkeiten verrühren und knapp eine Std. quellen lassen. Bananen in Scheiben schneiden, über das Getreide geben. Mit Buchweizen bestreuen. Mit Walnüssen, Schokosoße und Bananenstück dekorieren.

10142. Trockenchili in Essig, Oktober 2016

Vorläufer 7/4573

In ein Honigglas geben:

- 15 g getr. Chili, ganz (original aus Indien)
- 90 g getr. Aprikosen
- Apfelessig bis um Rand

10143. Wildhefe-FKG, Oktober 2016

- 2 EL Nackthafer
- 1 Banane (95 g)
- 1 Apfel (125 g)
- 2 EL Sahne
- 1 zur Wildhefegärung verwendete getr. Aprikose (20 g)
- 15 g Walnüsse
- 20 g Cashewnüsse

Getreide flocken, in ein Schüsselchen geben. Das Obst in grobe Stücke teilen und mit der Sahne pürieren (Nutrition Mixer), über das Getreide geben. Mit den Nüssen bestreuen.

10144. Feldsalatplatte, Oktober 2016

2 Portionen

- 40 g Feldsalat, klein geschnitten
- 1 Tomate (145 g), halbiert und in Halbscheiben
- 100 g Salatgurke, in Halbscheiben
- 1/2 gelbe Paprikaschote (85 g), gewürfelt
- 40 g gekochte große weiße Bohnen
- 1 kleine Avocado (210 g brutto)
- 45 g Mungbohnensprossen
- 2 EL Vorratsdressing
- 2 EL Wasser

Feldsalat in die Mitte zweier großer Teller legen. Tomaten, Gurke, Paprika und Bohnen / Avocadofleisch (Eric mag keine Avocado) jeweils an eine „Ecke" legen. In die Lücken Mungbohnensprossen füllen. Dressing und Wasser mischen, über den Salat geben. Avocado salzen.

10145. Zwiebelgemüse mit mehr, Oktober 2016

2 Portionen

Als Gemüsepfanne in Stufen (insgesamt 20 Min.)

- 50 g Wasser
- 1 Prise Salz
- 230 g grob zerschnittene Zwiebel (5 Min.)
- 1/2 gelbe Paprikaschote, in Streifen (65 g) (5 Min.)
- 180 g Kürbis, gewürfelt (10 Min.)

Bei uns gab es dazu Currynudeln und Kartoffelsahnesoße.

10146. Currynudeln 2, Oktober 2016

2 Portionen

- 150 g Spiralnudeln, Vollkorn
- 1/2 TL Salz
- 1 gute Prise scharfes Curry
- 300 g Wasser

Wie eine Gemüsepfanne 13 Min. (Angabe auf der Packung + 1 Min.) garen. Zum Schluss war nur wenig Wasser übrig. Die Nudeln waren mir weich genug, aber nicht matschig.

10147. Kartoffelsahnesoße, Oktober 2016

- 1 TL Salz
- 1 gute Prise Pfeffer
- 1/2 TL Paprikapulver edelsüß
- 1 kleine Kartoffel, vorgeschnitten (30 g)
- 20 g Sahne
- 5 g Kichererbsenmehl und
- 80 g Wasser, im Mixer pürieren, mit Gemüse aufkochen.

10148. Frühstück bombastica, Oktober 2016

2 x Frühstück

- 25 g Cashewnüsse
- 40 g getrocknete Mango
- 280 g Wasser
- 4 EL Nackthafer, geflockt
- 245 g tiefgekühlte Erdbeeren
- 1 Banane (geschält 95 g), in Stücke gebrochen
- 1 kleiner Apfel inklusive Kerngehäuse (125 g), geviertelt
- 2 EL Sahne (Veganer lassen sie einfach weg)
- 1-2 EL Maulbeeren als Dekoration

Cashewnüsse, Mango und Wasser im Vitamix zu einer glatten Creme schlagen (für andere Mixer vorher im Wasser 6-12 Std. einweichen). Vitamix nicht ausspülen. Haferflocken auf zwei Schüsselchen verteilen, Mangocreme darüber gießen. Das Obst in der angegebenen Reihenfolge mit der Sahne in den Vitamix geben und mit Hilfe des Stößels zu einem Softeis schlagen, in die Mitte der Mangocreme setzen. Mit Maulbeeren dekorieren.

10149. Mango-Sahne-FKG, Oktober 2016

2 x Frühstück

- 6 EL Nackthafer
- 300 g Mango
- 2 EL Sahne
- 10 g Zitronenfleisch
- 1 Banane (100 g)
- 150 g tiefgekühlte Erdbeeren
- 8 Mandeln
- 8 kleine Paranüsse

Getreide flocken, auf zwei Schüsselchen verteilen. Das Obst in grobe Stücke teilen und im Hochleistungsmixer pürieren, über das Getreide geben. Mit den Nüssen dekorieren.

10150. Sahnekakao I, Oktober 2016

Im Vitamix 3 Min. auf der Höchststufe:

- 10 g Kakaonibs
- 10 g Kakaobohnen
- 10 g Sahne
- 20 g Nackthafer
- 20 g Honig
- auf 500 ml (Markierung im Becher) mit Wasser/kochendem Wasser 1:1 auffüllen.

10151. Linsen-Gemüse-Pfanne überbacken, Oktober 2016

2 Portionen

- 115 g rote Linsen
- 85 g Zwiebeln, gewürfelt
- 2 Knoblauchzehen (7 g)
- 130 g grüne Paprika, in Streifen
- 25 g Datteln (Deglet Nour) in Ringen (= 5 Stück)
- 225 g Butternusskürbis, in Streifen
- 1 gute Prise Salz
- 300 g Kichererbsenkochwasser
- 125 g Mozzarella (abgetropftes Gewicht)

Die Zutaten ohne den Mozzarella in der angegebenen Reihenfolge in eine 24-cm-Wollpfanne geben und als Gemüsepfanne 20 Min. dünsten. In den letzten 10 Min. den Ofen auf 220 °C (Heißluft) vorheizen.

Käse in möglichst dünne Scheiben schneiden, auf das Gemüse legen und 10 Min. bei 220 °C überbacken.

10152. Sonntagsknacker, Oktober 2016

2 x Frühstück

- 4 EL Nackthafer
- 25 g Zitronenfleisch
- 115 g tiefgekühlte Erdbeeren
- 1 Birne (255 g)
- 1 Apfel (150 g)
- 2 EL Buchweizen (Deko)
- 8 Mandeln
- 4 kleine Paranüsse

Getreide flocken, auf zwei Schüsselchen verteilen. Das Obst in grobe Stücke teilen und im Hochleistungsmixer pürieren, über das Getreide geben. Mit Buchweizen bestreuen und mit den Nüssen dekorieren.

10153. Schokoladensoße Haselnuss 8 mit Honig, Okt. 2016

2 Honiggläser; Vorläufer: 10098.

- 205 g Honig
- 70 g Kakaopulver
- 30 g Carobpulver (Rohkost wegen des Geschmacks)
- 30 g weiße Chiasamen
- 1 Prise Salz
- 50 g Haselnüsse
- 325 g kochend heißes Wasser

Im 0,9-Liter-Becher des Vitamix mixen. Stößel benutzen, später drin hängen lassen und ca. 3 Min. auf der Höchststufe laufen lassen. Noch heiß in Gläser füllen.

10154. Sahnekakao III, Oktober 2016

Im Hochleistungsmixer, je nach Gerät, 2,5 bis 3 Min. auf höchster Stufe schlagen:

- 55 g Schokoladensoße
- 20 g Nackthafer
- 20 g Sahne
- 5 g frischer Ingwer
- 125 g „Honigwasser"
- auf 500 ml (Markierung im Becher) mit Wasser/kochendem Wasser 1:1 auffüllen.

10155. Hafertaler aus dem TM mit Maulbeeren, Okt. 2016

Vorläufer: 10132

- 200 g Honig
- 100 g Butter
- 200 g Weizen, fein gemahlen
- 250 g Nackthafer, geflockt
- 1 Päckchen Weinsteinbackpulver
- 1 Prise Salz
- 1/2 gestr. TL gem. Vanille
- 50 g getr. Maulbeeren
- 25 g Kakaonibs

Butter und Honig im Mixtopf auflösen (6 Min./120 °C/Stufe 1).
Die trockenen Zutaten miteinander mischen, in den Mixtopf geben und einarbeiten (30 Sek./Stufe 4). Maulbeeren und Kakaonibs einkneten (1 Min./Stufe 1 Linkslauf). Mit einem Teelöffel Portionen abnehmen und zwischen den Händen zu Talern pressen. Die Hände ab und an befeuchten. Nebeneinander auf ein PerfectClean-Blech legen, in dieser Zeit den Ofen auf 160 °C vorheizen. Die 27 Kekse passten auf ein Blech. 15 Min. backen und 5 Min. im ausgestellten Ofen nachbacken.

10156. Lebkuchen Trockenfrucht mit TM, Oktober 2016

23 Stück

- 250 g Datteln
- 250 g Feigen
- 460 g Wasser (100 g für das Rezept verwahren)
- 10 g getr. gem. Zitrusfruchtschale
- 150 g Weizen, gem.
- 25 g Roggen, gem.
- 225 g ungeschälte Mandeln
- 3 bittere Mandeln
- 1 Päckchen Weinsteinbackpulver
- 1 geh. TL Natron
- 1 geh. TL Ingwer, getr.
- 1/2 TL gem. Vanille
- 1 geh. TL Zimt
- 15 g Lebkuchengewürz
- 1 Prise gem. Muskatnuss

Mandeln mahlen (TM 10 Sek./Stufe 10). Mit Mehl und den anderen trockenen Zutaten mischen.

Datteln und Feigen (je nach Größe halbiert oder gedrittelt) in einer Pengdose mit dem Wasser übergießen und etwa 12-24 Std. gut verschlossen stehen lassen. Wasser abgießen (eignet sich hervorragend zum Süßen von Kakao). Die Fruchtmasse mit 100 g vom Einweichwasser homogen mischen (20 Sek./Stufe 8).

Das Mehl-Nussgemisch zum Fruchtgemisch geben und gut vermischen (5 Min./Knefstufe). Mithilfe eines Esslöffels und den feuchten Händen etwa 8 bis 10 mm hohe Lebkuchen formen, leicht flachdrücken. Es gibt etwa 23 Stück, die bei mir genau auf ein Backblech passten.

Ofen (Heißluft) auf 225 °C vorheizen, die Lebkuchen einschieben. Auf 160 °C stellen und 10 Min. backen, dann weitere 20 Min. bei 140 °C backen.

Mit Schokoguss überziehen (Schokoladenguss für Lebkuchen).

Hinweis: *Ich bin von diesen Lebkuchen enttäuscht. Sie waren mal die Topklasse, aber jetzt schmecken mir und Eric die Formelvariante besser. ABER: Nach 24 Std. sind sie ausgesprochen lecker und wieder erstklassig.*

10157. Kleine Chiastützcreme, Oktober 2016

Im Vitamix bis zum Stocken schlagen:

- 60 g Rundkorn-Naturreis
- 1 gestr. TL weiße Chiasamen (2 g)
- 15 g Cashewnüsse
- 370 g Wasser (etwa die Hälfte kochend heiß)

10158. Bärlauchdressing blumenkohlette II, Oktober 2016

Vorläufer: 10030

Im Vitamix schlagen:

- 125 g Sonnenblumenkerne
- 160 g Apfelessig
- 20 g Salz
- 15 g Essigpeperoni 7/4573
- 50 g grüne Rosinen
- 225 g Wasser
- 25 g Einweichwasser von Trockenfrüchten oder Wasser
- 20 g Tamari
- 65 g Blumenkohlgrün-Pesto
- 5 g Gewürzmischung von Sonnentor (= 1 EL), Gute Laune

10159. Weiße Chiamilch, Oktober 2016

- 100 g Kleine Chiastützcreme 10157 und
- 400 g Wasser im Vitamix 1 Min.

10160. Pizzateig Weizen kleinere Portion, Oktober 2016

Vorläufer: 10131

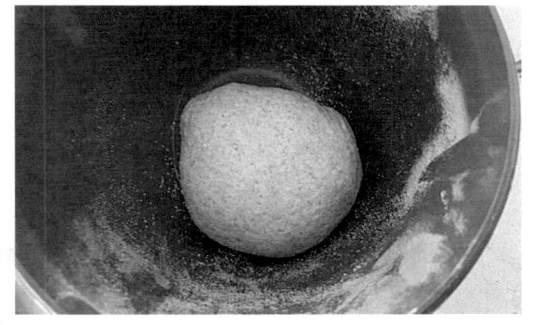

- 70 g Wasser
- 10-15 g frische Bio-Hefe (1/4 Würfel)
- 130 g Weizen
- 1 Prise Salz
- 1 EL Sonnenblumenöl (10 g)

Hefe in Wasser und Öl auflösen (1 Min./37°C/Stufe 2). Getreide fein mahlen, mit Salz in den Mixtopf geben und kneten (2,5 Min./Knetstufe). Teig zu einer Kugel unter Spannung formen und in einer geschlossenen Pengdose aufbewahren. Platzt der Deckel ab, einmal zusammenfalten und erneut gehen lassen.

10161. Roter Pizzabelag Nr. 38, Oktober 2016

Vorläufer 10071; für eine 24-cm-Form

Mit einem Teelöffel verrühren:

- 15 g Tomatenmark (aus dem Glas)
- 1 Prise Salz
- 3 g Ahornsirup
- 15 g Wasser
- 10 g Peperoniessig 7/4573

10162. Pizza Süßkartoffel-Zwiebel, Oktober 2016

Vorläufer 10134; 2 kleinere Portionen; Form 24 cm.

- 1 Pizzateig, hier Pizzateig Weizen kleinere Portion 10160
- Roter Pizzabelag Nr. 38; 10161
- 70 g Batate, in dünnen Scheiben
- 1 kleine Zwiebel, in dünnen Ringen
- 1 Prise Salz
- 1 Tomate (100 g), in dünnen Scheiben
- 1/2 TL getr. italienische Kräuter
- 1 Mozzarella (125 g), in 8 Scheiben
- Öl für die Form

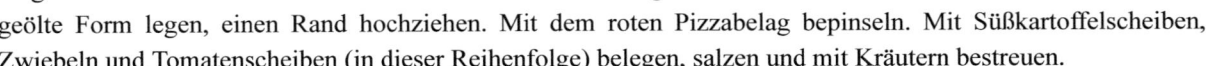

Teig etwa in Größe der Form auseinanderdrücken und in die gut geölte Form legen, einen Rand hochziehen. Mit dem roten Pizzabelag bepinseln. Mit Süßkartoffelscheiben, Zwiebeln und Tomatenscheiben (in dieser Reihenfolge) belegen, salzen und mit Kräutern bestreuen.

In den auf 225 °C (Heißluft) vorgeheizten Ofen schieben und 6 Min. backen. Mozzarellascheiben auf der Pizza verteilen und weitere 8 Min. backen.

10163. Butterreis, Oktober 2016

2 Portionen

- 160 g Jasmin-Vollkornreis
- 1 Prise Salz
- 10 g Butter
- 320 g Wasser

Aufkochen, auf kleiner Einstellung 35 Min. kochen bzw. quellen lassen.

Hinweis: *Eric weiß nicht, ob und dass ich in der Küche mit Butter experimentiere. Heute meinte er zum Reis, der sei aber besonders lecker gewesen, die Beschaffenheit, der Geschmack ... Und das bei gerade mal 10 g Butter auf 160 g Reis, das ist schon erstaunlich.*

10164. Babyspinat mit Zwiebeln, Oktober 2016

2 Portionen

- 10 g Butter
- 40 g Wasser
- 140 g Zwiebeln, fein gewürfelt
- 250 g Babyspinat, grob klein geschnitten

Butter, Wasser und Zwiebeln als Gemüsepfanne 15 Min. dünsten. Spinat hinzufügen, weitere 10 Min. dünsten. Eventuell mit einer Soße andicken, sonst nach Geschmack würzen.

Hinweis: *Bei uns gab es dazu Butterreis 10163 und Rahmsoße gestreckt 10165.*

10165. Rahmsoße gestreckt, Oktober 2016

- 15 g Sahne
- 100 g Stützcreme
- 1 TL Salz
- 1 Prise Pfeffer
- 1 Prise gem. Muskatnuss
- 1 TL Kichererbsenmehl (5 g)
- 75 g Wasser

Im Mixer, flaches Messer, pürieren. Unter das Gemüse geben und unter Rühren aufkochen.

Hinweis: *Hat mich nicht so begeistert. Leider brauche ich die gekochten roten Linsen morgen für die Lebkuchen, sonst hätten die das Ergebnis vielleicht „feiner" gemacht.*

10166. Fruchtwasserkakao, Oktober 2016

Im Vitamix ca. 3 Min. auf höchster Stufe schlagen:

- 10 g Kakaonibs
- 20 g Nackthafer
- 120 g Einweichwasser von Trockenfrüchten (Lebkuchen-
produktion)
- 8 g frischer Ingwer
- auf 500 ml (Markierung im Becher) mit/kochendem Wasser
1:1 auffüllen.

10167. Haselnusslebkuchen 2016 B, Oktober 2016

Vorläufer: 10124; 25 Stück

Fester Anteil:

- 225 g Weizen
- 200 g Haselnüsse
- 2 bittere Aprikosenkerne
- 25 g Chiasamen
- 18 g Lebkuchengewürz Brecht
- 1 P Weinsteinbackpulver
- 1 TL gem. Vanille
- 2 TL gem. getr. Ingwer
- 1 gute Prise gem. Muskatnuss

Cremeanteil:

- 4 getr. Feigen, entstielt (75 g)
- 265 g gekochte rote Linsen (Gesamtmenge von 100 g Rohware + 220 g Wasser)
- 105 g Stützcreme
- 1 Prise Salz
- 100 g Apfelmark
- 250 g Honig

Fester Anteil: Weizen in der Mühle, Haselnüsse mit den Aprikosenkernen im TM (10 Sek./Stufe 8) mahlen. Nüsse zum Mehl geben, alle trockenen Zutaten mit einem Löffel verrühren.

Cremeanteil: Feigen im TM zerkleinern (10 Sek./Stufe 8); restliche Zutaten des Cremeanteils hinzufügen und verrühren (10 Sek./Stufe 4; 10 Sek./Stufe 10). Trockene Zutaten hinzugeben und mixen (3 Min./Knetstufe; 20 + 10 Sek./Stufe 5). 30 Min. quellen lassen.

Ofen auf 160 °C (Heißluft) vorheizen. Mit Hilfe eines Löffels (in Wasser getaucht) 8 bis 10 mm hohe Lebkuchen formen, leicht flachdrücken.

Lebkuchen einschieben, 10 Min. bei 160 °C backen, dann weitere 20 Min. bei 140 °C backen. Auf einem Gitterrost abkühlen lassen und mit Schokoguss bestreichen.

10168. Möhren-Kartoffel-Pfanne, Oktober 2016

2 Portionen

Als Gemüsepfanne 20 Min:
- 10 g Kokosöl
- 85 g Wasser
- 260 g Kartoffeln, in Scheiben
- 45 g Zwiebel, gewürfelt
- 245 g Möhren, in Scheiben
- 125 g grüne Paprika in Streifen

Abschmecken mit:
- 2 sehr gute Prisen Salz
- 1 Prise Pfeffer
- 20 g Butter (in der Kochflüssigkeit zergehen lassen)

10169. Buchweizenknuspriges Erdbeer-FKG, Oktober 2016

2 x Frühstück
- 2 EL Leinsamen
- 4 EL Nackthafer
- 20 g Zitronenfleisch
- 2 Bananen (190 g)
- 1 Apfel (155 g)
- 175 g tiefgekühlte Erdbeeren
- 20 g Cashewnüsse
- 2 EL Buchweizen
- 1 TL getr. Gojibeeren

Leinsamen mit dem Hafer flocken, auf zwei Schüsselchen verteilen. Das Obst in grobe Stücke teilen und mit den Cashewnüssen im Hochleistungsmixer pürieren, über das Getreide geben. Mit Buchweizen bestreuen, in die Mitte ggf. 1 TL Gojibeeren geben.

10170. Rosenkohl mit Hirse, überbacken, Oktober 2016

2 große Portionen
- 110 g Hirse
- 275 g Wasser
- 1-2 Prisen Salz
- 115 g Zwiebel, gewürfelt
- 570 g tiefgekühlten Rosenkohl

Als Gemüsepfanne 18-20 Min. (bei 20 Min. wird der Rosenkohl nach dem Überbacken sehr weich). Ofen (Heißluft) auf 200° C vorheizen. Gemüse mit Soße (hier: Käsesoße mit Rosmarin) übergießen und 15 Min. bei 200 °C backen, 5 Min. im ausgestellten Ofen nachbacken.

Hinweis: *Prinzipiell sehr lecker, leider war der Rosenkohl nach 2 Jahren im Tiefkühlfach nicht mehr so richtig schön.*

10171. Käsesoße mit Rosmarin, Oktober 2016

Im Mixer ohne den Rosmarin gut mischen:

- 60 g Stützcreme
- 85 g Butterkäse (Scheiben), klein geschnitten
- 1 gestr. TL Salz
- 1/2 TL Paprika edelsüß
- 1 gute Prise Pfeffer
- 200 g Wasser
- 1 TL Kichererbsenmehl (7 g)
- 1/2 TL getr. Rosmarin (am Ende mit einem Löffel einrühren)

10172. Möhre mit Hirse, überbacken, Oktober 2016

2 große Portionen; Vorläufer 10170

Als Gemüsepfanne 15 Min.

- 100 g Hirse
- 255 g Wasser
- 1-2 Prisen Salz
- 1-2 Prisen scharfes Curry
- 95 g Zwiebel, gewürfelt
- 450 g Möhren, in Scheiben
- 1 Bechamel-Käsesoße 10173

Ofen (Heißluft) auf 200 °C vorheizen. Gemüse mit Soße übergießen und 15 Min. bei 200 °C backen (5 Min. hätte es im ausgestellten Ofen noch nachbacken sollen).

10173. Bechamel-Käsesoße, Oktober 2016

- 20 g Butter
- 20 g Kichererbsenmehl
- 20 g Sahne
- 230 g Wasser
- 1 gute Prise Salz
- 1 Prise Bockhornkleesaat
- 60-65 g Butterkäse, in Stücke geschnitten

Butter auf mittlerer Einstellung zerlassen, Kichererbsenmehl
einrühren und eine Weile, unter Rühren, garen. Sahne mit
Wasser mischen und 2 EL des Gemischs mit dem Salz zur

Butter geben, unter Rühren zum Köcheln bringen und den Rest der Flüssigkeit nach und nach einarbeiten, bis es
eine glatte Soße ist. Dann die Käsestücke hinzufügen und heiß halten, bis der Käse gelöst ist. Nicht kochen,
sonst flockt er aus. Wenn noch Zeit ist, einige Min. ziehen lassen.

10174. Chia-Brot mit Sesam (Wildhefe 2016/30), Okt. 2016

Vorläufer 10130

Stufe 1 (12 Std. vorher):

Sauerteigansatz:

- 400 g Roggen
- 420 g Wasser
- 150 g Sauerteig

Roggen fein mahlen, mit Wasser und altem Sauerteig mischen. In einer Plastiktüte über Nacht stehen lassen.
150 g von der Stufe 1 abnehmen und in einem gut schließenden Schraubglas in den Kühlschrank stellen für das
nächste Backen.

Wildhefeansatz:

- 200 g Wildhefewasser
- 200 g Weizen

Mit einem Löffel verrühren.

Stufe 2 (Backen, bei mir am Morgen):

- 100 g Roggen
- 100 g Weizen
- 20 g Salz
- 1 EL Brotgewürz (Brecht)
- 100 g Sesamsaat, ungeschält
- 175 g Kichererbsen-Einweichwasser
- Gesamter Wildhefeansatz
- 800 g Sauerteigansatz
- 50 g Chiasamen
- 20 g Butter für die Form

Zutaten (außer der Butter) mit einem großen Löffel gründlich verrühren, bis kein Mehl mehr sichtbar ist. Eine 30-cm-Brotform, Profi-Email von Dr. Oetker, gut einfetten. Teig hineingeben, mit der nassen Hand herunterdrücken und glattstreichen. Mit einem scharfen Messer dreimal schräg einschneiden. Form in eine Plastiktüte geben und etwa 1,5 Std. gehen lassen. Brot in den Ofen schieben und den Backofen (Heißluft) so programmieren, dass er in 1 Std. anspringt und 65 Min. bei 200 °C backt.

10175. Hafertaler aus dem TM mit Apfelmark, Oktober 2016

Vorläufer 10155

- 200 g Honig
- 100 g Butter
- 200 g Weizen, fein gemahlen
- 250 g Nackthafer, geflockt
- 1 P Weinsteinbackpulver
- 1 Prise Salz
- 1/2 gestr. TL gem. Vanille
- 50 g Chiasamen
- 50 g Apfelmark

Butter und Honig im Mixtopf auflösen (7 Min./120 °C/Stufe 1).

Die trockenen Zutaten miteinander mischen, in den Mixtopf geben und mit dem Apfelmark einarbeiten (30 Sek./Stufe 4).

Mit einem Esslöffel Portionen abnehmen und zwischen den Händen zu Talern pressen. Die Hände ab und an befeuchten. Nebeneinander auf ein PerfectClean-Blech legen, in dieser Zeit den Ofen auf 160 °C vorheizen. Die 28 Kekse passten auf ein Blech. 15 Min. backen und 5 Min. im ausgestellten Ofen nachbacken.

10176. Zwiebel-Tomaten-Soße, Oktober 2016

2 Portionen

- 30 g + 50 g + 30 g Wasser
- 190 g Zwiebel, gewürfelt
- 220 g Tomaten, stückig (aus der Dose)
- 1 TL Salz
- 1 gestr. TL Paprika edelsüß
- 1 MS Curry (Original aus Indien)
- 2 EL Sahne (20 g)
- 50 g Apfelmark
- 1 Prise Zimt
- 1 TL Reismehl (5 g)

30 g Wasser und Zwiebeln in einer 22-cm-Pfanne wie eine Gemüsepfanne 15 Min. garen. Tomaten hinzufügen und weitere 10 Min. auf kleiner Einstellung kochen lassen.

Salz, Paprika, Curry, Sahne, Apfelmark, Zimt und 50 g Wasser im Mixer verquirlen, unter das Gemüse rühren und aufkochen. Becher mit 30 g Wasser nachspülen. Dieses Wasser ebenfalls zum Gemüse geben, verrühren und aufkochen.

Tipp: Schmeckt sehr gut zu Reis.

10177. Butterreis mit Knoblauch, Oktober 2016

2 Portionen; Vorläufer 10115

- 10 g Butter
- 160 g Jasmin-Vollkornreis
- 210 g Wasser
- 110 g Kichererbsen-Kochwasser
- 1 Prise Salz
- 5-6 g Knoblauch, fein gehackt

Zutaten in einem Topf verrühren. Aufkochen und auf kleiner Einstellung 37 Min. garen. Mit Anrösten des Reises in der zerlassenen Butter finde ich es leckerer.

10178. Softeis-FKG, Oktober 2016

2 x Frühstück

- 2 EL Leinsamen
- 6 EL Nackthafer
- 15 g Zitronenfleisch
- 280 g tiefgekühlte Erdbeeren
- 2 Bananen (200 g)
- 1 Aprikose (15 g) aus der Wildhefezubereitung
- 3 EL Sahne
- 8 Mandeln
- 2 Paranüsse

Leinsamen mit dem Getreide flocken, auf zwei Schüsselchen verteilen. Das Obst in grobe Stücke teilen und mit der Sahne mithilfe des Stößels im Hochleistungsmixer zu einem Softeis verarbeiten, über das Getreide geben. Mit den Nüssen dekorieren.

10179. Bananenkakao, Oktober 2016

Im Vitamix 3 Min. auf höchster Stufe:

- 10 g Kakaonibs
- 20 g getr. Bananen
- 1 Medjool-Dattel, entsteint
- 10 g frischer Ingwer
- 20 g Nackthafer
- auf 500 ml (Markierung im Becher) mit Wasser/kochendem Wasser 1:1 auffüllen.

10180. Weißkohlsalat zum Vorbereiten, Oktober 2016

4 Portionen Rohkost vor dem Essen.

- 25 g Sonnenblumenkerne
- 2 EL Sonnenblumenöl
- 4 EL Apfelessig
- 1 TL Salz (6 g)
- 1 gute Prise Pfeffer
- 1 MS Curry (Mitbringsel aus Indien, also recht scharf)
- 20 g Honig oder Ahornsirup
- 520 g Weißkohl
- 40 g grüne Rosinen
- 1 kleine rote Paprikaschote (105 g), gewürfelt
- 2 Tomaten (175 g)

Sonnenblumenkerne in einer kleinen Keramikpfanne ohne Fett rösten (Stufe 6 von 14/Induktion), bis sie gebräunt sind und gut duften. Öl, Essig, Gewürze und Süßungsmittel in den TM-Mixtopf geben. Da Honig dazu neigt, am Boden kleben zu bleiben, empfehle ich dann, 2 Min. bei 37°C auf Stufe 2 zu mixen. Weißkohl (bei mir ein kleiner) in Stücke vorschneiden und im TM zerkleinern (6 Sek./Stufe 5). In eine Schüssel umfüllen, Rosinen und gewürfelte Paprika hinzufügen, mit zwei Löffeln gut mischen. In die „endgültige" Schüssel umfüllen, mit den gerösteten Kernen bestreuen. Tomaten vierteln und mit der Wölbung nach oben rechtwinklig am Rand verteilen.

Mit Haushaltsfolie oder Ähnlichem abdecken, vor dem Essen 6-8 Std. im Kühlschrank aufbewahren.

Hinweis: Der Salat schmeckte abends fantastisch, was mich sehr beruhigte, da ich ihn morgens etwas „nichtssagend" fand. Die Gäste haben eifrig nachgenommen.

10181. Salatplatte für drei, Oktober 2016

Drei Portionen

- 200 g Chinakohl, klein geschnitten
- 250 g Tomaten (= 3 Stück)
- 190 g Salatgurke, in Scheiben
- 1 rote Paprikaschote (115 g), in Streifen
- 200 g gekochte Kichererbsen
- 2 EL gekeimte Tellerlinsen (48 Std. Keimzeit)
- 6 EL eines Vorratsdressings, mit 6 EL Wasser verdünnt

Morgens jede Gemüsesorte vorbereiten und in einzelne, gut verschließbare Dosen geben, bis zum Mittag aufbewahren. Dann gleichmäßig in kleinen Häufchen nebeneinander auf je drei Teller geben, den Chinakohl in die Mitte und mit Linsensprossen bestreuen. Dressing mit einem Löffel darüber verteilen.

10182. Aufgekürbiste Ofenkartoffeln, Oktober 2016

3 Portionen

- 1/2 kleiner Hokkaido (360 g)
- 3 nicht zu große Äpfel (430 g)
- 980-1000 g Kartoffeln
- 2 EL Sonnenblumenöl
- 1 TL Salz

Morgens: Kerne aus dem Hokkaido nehmen, dicht mit Haushaltsfolie umwickeln, damit er sich bis abends nicht verfärbt. Wichtig ist auch, dass der Kürbis angeschnitten ist, das finde ich immer das Schwierigste. Da hätte ich Bedenken, dass ich mir in den Finger schneide, wenn die Gäste „um mich herum sitzen". Kartoffeln, wenn erforderlich, unter fließendem Wasser gut abbürsten und in einem Sieb stehen lassen.

Abends: Öl und Salz auf einem Teller verrühren. Kartoffeln (je nach Größe) halbieren oder vierteln, Kürbis in Spalten schneiden und beide mit der Ölmischung einpinseln, nebeneinander auf ein Backblech (bei mir: Perfect-Clean) setzen. Die Äpfel habe ich ohne weitere „Maßnahmen" daneben gesetzt. In den kalten Ofen scheiben und 30 Min. bei 220 °C (Heißluft) backen. Es hätte auch etwas kürzer sein können, aber das richtet sich nach der Kartoffelgröße. Auf Teller geben und servieren.

10183. Blumenkohl auf Kartoffeln, Oktober 2016

2 Portionen

Als Gemüsepfanne 18 Min.:

- 70 g Wasser
- 250 g Kartoffeln, in Scheiben (eine musste ich leider schälen, weil der Dreck nicht abging)
- 370 g Blumenkohl in nicht zu kleinen Röschen
- 1 Käsesoße klassische 10185

Auf zwei Teller geben und mit Soße übergießen.

10184. Brotpizza, Oktober 2016

2 Portionen

- Öl für die Form
- 140 g Brot (= 5 dünne Scheiben, ca. 8 x 11 cm)
- 165 g Tomaten, stückig, aus der Dose
- 20 g Tomatenmark
- 15 g Apfelmark
- 1 gestr. TL Salz
- 1 Prise Pfeffer
- 1/2 TL Paprika edelsüß
- 1 TL Apfelessig
- 35 g Zwiebel, in dünnen Ringen
- 1/2 TL Italienische Kräutermischung
- 1 Tomate (145 g), in dünnen Scheiben
- 1 Mozzarella (125 g Abtropfgewicht), in 8-10 Scheiben

Eine 24-cm-Pizzaform mit Öl einpinseln. Dicht mit dem Brot auslegen, auch die Lücken. Wenn einige Streifen hochstehen, runterdrücken. Das ging bei mir, da ich frisches Brot genommen habe.

Dosentomaten, Tomaten- und Apfelmark, Salz, Gewürze und Essig im kleinen Becher des Mixers pürieren (hoch stehendes Messer), auf dem Brot verstreichen. Mit Zwiebelringen belegen, mit Kräutermischung bestreuen. Mit den Tomatenscheiben belegen. Ofen auf 220 °C vorheizen, Pizza einschieben und 10 Min. backen. Mozzarella vor allem in die Lücken zwischen den Tomaten legen und weitere 5 Min. backen. Im ausgestellten Ofen 5 Min. nachbacken lassen.

Hinweis: *Das Einzige, was bei dieser Pizza nicht so schön ist: Sie bricht beim Heben auf den Teller schon mal zusammen. Eine Lösung wären zwei kleinere Formen, aus denen man direkt essen kann.*

10185. Käsesoße klassisch, Oktober 2016

Vorläufer 10173

- 20 g Butter
- 20 g Kichererbsenmehl
- 20 g Sahne
- 230 g Wasser
- 1 gute Prise Salz
- 7 g Zitronensaft
- 50 g geriebener Gouda

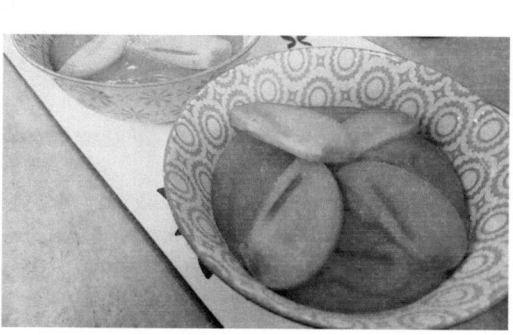

Butter auf mittlerer Einstellung zerlassen, Kichererbsenmehl einrühren und eine Weile, unter Rühren, garen. Sahne mit Wasser mischen und 2 EL des Gemischs mit dem Salz zur Butter geben, unter Rühren zum Köcheln bringen und den Rest der Flüssigkeit nach und nach einarbeiten, bis es eine glatte Soße ist. Dann Käse und Zitronensaft hinzufügen und heiß halten, bis der Käse gelöst ist. Nicht kochen, sonst flockt der Käse aus.

Wenn noch Zeit ist, einige Min. ziehen lassen. Passt gut zu Blumenkohl.

10186. Sommerswiewinters-FKG, Oktober 2016

2 x Frühstück

- 2 EL Leinsamen
- 6 EL Nackthafer
- 1 Banane (90 g)
- 2 EL Sahne
- 1 größerer Apfel (230 g)
- 150 g Ananas
- 120 g tiefgekühlte Erdbeeren
- Deko: 1/2 Kaki (95 g) in 8 Scheiben

Leinsamen mit dem Getreide flocken, auf zwei Schüsselchen verteilen. Das Obst in grobe Stücke teilen und im Hochleistungsmixer pürieren, über das Getreide geben. Mit Kaki-„Flügeln" belegen.

10187. Softkakao, Oktober 2016

Im Vitamix ca. 3 Min. auf der Höchststufe:

- 10 g Kakaonibs
- 20 g Nackthafer
- 4 Soft-Aprikosen
- 10 g frischer Ingwer
- 3 Kardamom-Kapseln (aus Indien)
- auf 500 ml (Markierung im Becher) mit Wasser/kochendem Wasser 1:1 auffüllen.

10188. Aufgekürbiste Ofenkartoffeln für zwei, Okt. 2016

2 Portionen

- 1/2 kleiner Hokkaido (360 g)
- 300 g Kartoffeln
- 1 EL Sonnenblumenöl
- 1/2 TL Salz
- 1 Prise Currypulver

Öl mit Salz und Curry auf einem Teller verrühren. Kartoffeln (je nach Größe) halbieren oder vierteln, Kürbis in Spalten schneiden und beide mit der Ölmischung einpinseln, nebeneinander auf ein Backblech (bei mir: PerfectClean) setzen und 30 Min. bei 220 °C (Heißluft) backen. Es hätte auch etwas kürzer sein können, aber das richtet sich nach der Kartoffelgröße.

Hinweis: *Diesmal gab es eine Soße (Käsesoße) dazu. Mir schmeckt's mit Apfel und ohne Soße besser.*

10189. Käsesoße noch klassischer, Oktober 2016

- 20 g Butter
- 20 g Kichererbsenmehl
- 20 g Sahne
- 230 g Wasser
- 1 gute Prise Salz
- 1 Prise ger. Muskatnuss
- 8 g Zitronensaft
- 45 g geriebener Gouda

Butter auf mittlerer Einstellung zerlassen, Kichererbsenmehl einrühren und eine Weile, unter Rühren, garen. Sahne mit Wasser mischen und 2 EL des Gemischs mit Salz und Muskatnuss zur Butter geben, unter Rühren zum Köcheln bringen und den Rest der Flüssigkeit nach und nach einarbeiten, bis es eine glatte Soße ist. Käse einrühren, mit Zitronensaft abschmecken. Heiß halten, bis der Käse gelöst ist. Nicht kochen, sonst flockt er aus. Wenn noch Zeit ist, einige Min. ziehen lassen.

10190. Kaki-Glupsch-FKG, Oktober 2016

2 Portionen

- 2 EL Leinsamen
- 6 EL Nackthafer
- 10 g Zitronenfleisch
- 1 Banane (100 g)
- 1 großer Apfel (210 g)
- 1 kleine Kaki (185 g)
- 2 EL Sahne
- Deko: 120 g Ananas in Stücken

Leinsamen mit dem Getreide flocken, auf zwei Schüsselchen verteilen. Das Obst in grobe Stücke teilen und im Hochleistungsmixer pürieren, über das Getreide geben. Mit Ananasstücken bestreuen.

10191. Apfelkakao 1, Oktober 2016

Im Vitamix ca. 3 Min. auf höchster Stufe schlagen:

- 10 g Kakaonibs
- 20 g Nackthafer
- 2 Softfeigen (15 g)
- 5 g frischer Ingwer
- 65 g Apfelmark
- auf 500 ml mit Wasser/kochendem Wasser 1:1 auffüllen.

Hinweis: Ich sitze auf mehreren Gläsern Apfelmark, das leider aufgrund von Herstellung im Thermomix Stücke des Innenteils enthält, also weder zum So-Essen noch fürs Kuchenbacken geeignet. Kakaos sind immer eine gute Verwertung. Es hat gut geschmeckt, die Menge würde ich reduzieren.

10192. Sahnestütze, Oktober 2016

Im Hochleistungsmixer bis zum Stocken schlagen:

- 60 g Rundkorn-Naturreis
- 20 g Sahne
- Einige Salzkörnchen
- 330 g Wasser

Hinweis: Auf dieselbe Menge nehme ich sonst 15 g Cashewnüsse. Ich war von der Sahnestütze enttäuscht - sie schmeckt wässrig. Kein Versuch, den ich wiederholen werde.

10193. Kakipudding, Oktober 2016

2 Desserts

- 100 g Stützcreme
- 1 kleine Kaki (180 g)
- 10 g Agavensirup roh (wäre nicht nötig gewesen, es war zur „Sicherheit")
- 2 g Kakaonibs

Stützcreme, grob vorgeschnittene Kaki und Agavensirup im Vitamix pürieren. Auf zwei Schüsselchen verteilen und mit Kakaonibs bestreuen.

10194. Chili con Rizo, Oktober 2016

2 Portionen

- 90 g Jasminreis
- 180 g Wasser
- 1 kleine Prise Salz
- 10 g Öl
- 25 g Wasser
- 100 g Zwiebel, gehackt
- 100 g rote Paprika, gewürfelt
- 200 g gekochte Borlotti-Bohnen
- 250 g Cocktailtomaten aus der Dose
- 60 g tiefgekühlter Mais
- 1 gestr. TL Salz
- 1 Prise Pfeffer
- 1 Prise gem. Chili (evtl. mehr nach Geschmack)
- 1/4 TL gem. Kümmel

Reis mit Wasser und Salz 35 Min. garen. Zwiebeln in Öl und Wasser 10 Min. garen, Paprika hinzufügen, weitere 10 Min. als Gemüsepfanne garen.

Bohnen und Tomaten aus der Dose hinzufügen, einige Min. köcheln. Reis unterziehen. Gewürze mischen, einstreuen und unterrühren.

10195. Kaki-Ananas-FKG, Oktober 2016

2 Portionen

- 2 EL Leinsamen
- 6 EL Nackthafer
- 15 g Zitronenfleisch
- 1 Banane (115 g)
- 1 Birne (215 g)
- 135 g Ananas
- 1 kleine Kaki (170 g; 80 g für Deko verwahren)
- 2 EL Sahne
- 20 g Walnüsse

Leinsamen mit dem Getreide flocken, auf zwei Schüsselchen verteilen. Das Obst in grobe Stücke teilen und im Hochleistungsmixer pürieren, über das Getreide geben. Verbliebene Kakihälfte in 8 Scheiben schneiden, je 4 an den Rand legen, Walnüsse in die Mitte streuen.

10196. Apfelkakao 2, Oktober 2016

Im Vitamix etwa 3 Min. auf der Höchststufe:

- 10 g Kakaonibs
- 20 g Chiasamen
- 2 Softfeigen (20 g)
- 5 g frischer Ingwer
- 80 g Apfelmark
- auf 500 ml (Markierung im Becher) mit Wasser/kochendem Wasser 1:1 auffüllen.

10197. Blumenkohl unter Backhaube, Oktober 2016

2 Portionen

Blumenkohl als Gemüsepfanne (ofenfest) 10 Min.:

- 65 g Wasser
- 1 Prise Salz
- 230 g Blumenkohl in Röschen

Oberschicht, mit einem Löffel verrühren:

- 1 Grundrezept 100 g rote Linsen mit 220 g Wasser gekocht
- 135 g passierte Tomaten
- 75 g Brot, gewürfelt
- 1 gestr. TL Salz
- Pfeffer

Käse:

- 100 g geriebener Gouda

Oberschicht über den Blumenkohl geben, mit Käse bestreuen. Ofen auf 200 °C vorheizen und 15-20 Min. backen.

10198. FKG bisserl Exotika, Oktober 2016

2 Portionen

- 2 EL Leinsamen
- 6 EL Nackthafer
- 20 g Zitronenfleisch
- 1 Kaki (200 g)
- 1 Banane (115 g)
- 200 g Ananas
- 85 g Satsuma
- 1 TL Kakaonibs
- 1 TL getr. Gojibeeren

Leinsamen mit dem Getreide flocken, auf zwei Schüsselchen verteilen. Das Obst in grobe Stücke teilen und im Hochleistungsmixer pürieren, über das Getreide geben. Mit Kakaonibs und Gojibeeren dekorieren.

10199. Apfelkakao 3, Oktober 2016

Im Vitamix etwa 3 Min. auf höchster Stufe schlagen:

- 10 g Kakaonibs
- 20 g Nackthafer
- 2 Softfeigen (20 g)
- 8 g frischer Ingwer
- 45 g Apfelmark
- 135 g Honigwasser (leeres Honigglas mit Wasser ausgespült)
- auf 500 ml (Markierung im Becher) mit Wasser/kochendem Wasser 1:1 auffüllen.

10200. KarHokApf aus dem Ofen, Oktober 2016

F2 Portionen

- 1 EL Öl
- 1/2 TL Salz
- 1/2 TL Paprika edelsüß
- 270 g Kartoffeln, längs halbiert
- 260 g Hokkaido, in 4 Spalten
- 2 kleine Äpfel (260 g)

Öl und Gewürze verrühren, Kartoffeln und Hokkaido damit einpinseln. Mit den „unbehandelten" Äpfeln auf ein Backblech (PerfectClean) geben und in den kalten Ofen schieben. 30 Min. bei 220 °C backen.

Tipp: *Bei uns gab es dazu einen PapPet-Dip 10204.*

10201. Obst mit Krönchen, Oktober 2016

2 Portionen

- 65 g grüne kernlose Trauben
- 80 g gewürfelte Ananas
- 75 g gewürfelte Satsuma

Auf zwei Schälchen verteilen, locker vermischen. Mit Sahne oder Ahorn-Topping 10203 dekorieren.

10202. Einkakikorn-FKG, Oktober 2016

2 Portionen

- 2 EL Leinsamen
- 2 EL Nackthafer
- 2 EL Einkorn
- 25 g Zitronenfleisch
- 1 Banane (125 g)
- 1 Kaki (175 g)
- 1 Apfel (205 g)
- 2 EL Sahne
- 1 Satsuma (Deko; 80 g)
- 100 g grüne Trauben (Deko)
- 8 Mandeln
- 2 Paranüsse

Leinsamen mit dem Getreide flocken, auf zwei Schüsselchen verteilen. Obst in grobe Stücke teilen und mit der Sahne im Hochleistungsmixer pürieren, über das Getreide geben. Mit restlichem Obst und Nüssen dekorieren.

10203. Ahorn-Topping, Oktober 2016

Mit einem Löffel verrühren:

- 50 g Stützcreme
- 10 g Ahornsirup
- 1 g (einige Tropfen) Zitronensaft

Meine Bücher

Ratgeber

- Spiele mit ChatGPT und Bard: Zeitvertreib mit künstlicher Intelligenz. Norderstedt (BoD) 2023.
- Wie erkenne ich KI-generierte Texte? – Ein Ratgeber. Norderstedt (BoD) 2023.
- Rette dein Seelenheil mit ChatGPT: Ein Ratgeber. Norderstedt (BoD) 2023.

Belletristik

- Torge ist verschwunden: Lost Places und Urban Vanishing (mit Janina Schmiedel). Norderstedt (BoD) 2024.
- Iphorismen II: Nachfolger der Iphorismen. Norderstedt (BoD) 2024.
- Iphorismen: Kritische Ausgabe unter Mitwirkung der Professoren Ptaček, Bardeloni und Sibingskin. Norderstedt (BoD) 2024.
- Zitatezirkus: Erkenne den Fake. 2. Bd. der Reihe Textcollagen. Norderstedt (BoD) 2023.
- Wilkesmann von A bis Z – Ein Leben in 26 Buchstaben. Norderstedt (BoD) 2023.
- Freundschaft als Installation. Norderstedt (BoD) 2023.
- Fantastisches Tagebuch. (mit Janina Schmiedel). Norderstedt (BoD) 2023.
- Kriminalalphabet. Norderstedt (BoD) 2023.
- Bernadette K. – Das Leben einer Königin. 1. Bd. Der Reihe Textcollagen. Norderstedt (BoD) 2023.
- Die Iden des Jumi: Ein archäologischer Bestseller. Norderstedt (BoD) 2023.
- Gedanken zum Gedenken: Gedenk-, Aktions- und Feiertage. Norderstedt (BoD) 2023.
- Wer steckt hinter Spam? Ein Roman. Norderstedt (BoD) 2023.
- Chimären: Was Menschen bisher nicht wussten. Norderstedt (BoD) 2023.
- Seite 22, Zeile 22 (mit Janina Schmiedel.) Norderstedt (BoD) 2022.
- Märchen von heute: 61 wundersame Geschichten. Norderstedt (BoD) 2022.
- Präpositionen. Norderstedt (BoD) 2022.
- Eine Hand greift die andere. Norderstedt (BoD) 2022.
- Iphorismische Short Stories. Norderstedt (BoD) 2022.
- Iphorismen. Norderstedt (BoD) 2021.
- OneBBO's Castle lädt ein. Schau uns über die Schulter. Norderstedt (BoD) 2007.

Ernährung

- Am besten vegetarisch mit der Thermo-Küchenmaschine. Potsdam (Dort-Hagenhausen) 2016.
- Hartz IV in aller Munde. Norderstedt (BoD) 2013.
- Indisch inspiriert. München (Dort-Hagenhausen) 2013.
- Jetzt wird gesnackt! Norderstedt (BoD) 2013.
- Immer öfter vegetarisch. München (Dort-Hagenhausen) 2012.
- Rohkost statt Fasten Teil 2: Rezepte für ein Rohkostjahr. Norderstedt (BoD) 2011.
- Mein Kollege kocht Vollwert. Norderstedt (BoD) 2010.
- Schokolade. Norderstedt (BoD) 2010.
- Gemüse in aller Munde. Norderstedt (BoD) 2009.
- Hartz IV in aller Munde. Norderstedt (BoD) 2009.
- Schrot statt Schrott. Norderstedt (BoD) 2008.
- Vollwert? Gold wert! Norderstedt (BoD) 2008.
- Brötchen statt Brot. Norderstedt (BoD) 2007.
- Konfekt statt Sünde. Norderstedt (BoD) 2007.
- Rohkost statt Fasten. Norderstedt (BoD) 2007.

Reihe: Meine Rezeptebibliothek:

- Band 1: 1998 bis März 2006, Rezepte 1-769. Norderstedt (BoD) 2024
- Band 2: März 2006 bis April 2007, Rezepte 770-1503. Norderstedt (BoD) 2024
- Band 3: April bis November 2007, Rezepte 1504-2163. Norderstedt (BoD) 2024.
- Band 4: November 2007 bis September 2008, Rezepte 2164-2913. Norderstedt (BoD) 2024.
- Band 5: September 2008 bis August 2009, Rezepte 2914-3676. Norderstedt (BoD) 2024.
- Band 6: August 2009 bis Dezember 2010, Rezepte 3677-4404. Norderstedt (BoD) 2024.
- Band 7: Januar 2011 bis Dezember 2012, Rezepte 4405-5290. Norderstedt (BoD) 2024.
- Band 8: Dezember 2012 bis Juni 2014, Rezepte 5291-6142. Norderstedt (BoD) 2024.
- Band 9: Juni 2014 bis April 2015, Rezepte 6143-7914. Norderstedt (BoD) 2024.
- Band 10: April bis Oktober 2015, Rezepte 7915-8018. Norderstedt (BoD) 2024.
- Band 11: Oktober 2015 bis April 2016, Rezepte 8019-9046. Norderstedt (BoD) 2025

Stichwortverzeichnis

Frühstück - FKG